U0492931

本书是国家社科基金项目“国内外学术成果出版规范与标准比较研究”
（13BXW017）结项成果

国内外学术成果出版规范与标准比较研究

张小强 著

知识产权出版社
全国百佳图书出版单位
—北京—

图书在版编目（CIP）数据

国内外学术成果出版规范与标准比较研究 / 张小强著 . —北京：知识产权出版社，2024.5

ISBN 978-7-5130-8975-3

Ⅰ.①国… Ⅱ.①张… Ⅲ.①学术工作—出版物—图书出版—规范—研究—世界 Ⅳ.① G239.1-65

中国国家版本馆 CIP 数据核字（2023）第 218508 号

内容提要

本书对国内外学术成果出版规范和标准的体系、文本内容和适用情况进行了系统比较，研究对象涵盖国内外自然科学和人文社会科学主流的学术出版规范和标准；并通过问卷调查、访谈和内容分析方法对国内学术成果出版单位在适用出版规范和标准时存在及遇到的问题进行了梳理，提出我国学术出版规范和标准修订应达到的目标和具体修订方案，形成了可供完善我国学术出版规范和标准参考的结论，对学术出版的基础理论、学术成果出版和管理、学术评价均具有重要意义。

本书适合学术出版的管理者及研究者、规范与标准的制定者、学术成果的发表者和编辑出版者阅读使用，也可供普通读者了解和熟悉学术出版规范和标准时阅读使用。

责任编辑：李海波　　　**责任印制**：孙婷婷

国内外学术成果出版规范与标准比较研究

GUONEIWAI XUESHU CHENGGUO CHUBAN GUIFAN YU BIAOZHUN BIJIAO YANJIU

张小强　著

出版发行：知识产权出版社有限责任公司　　网　址：http://www.ipph.cn

电　话：010-82004826　　http://www.laichushu.com

社　址：北京市海淀区气象路50号院　　邮　编：100081

责编电话：010-82000860 转 8582　　责编邮箱：laichushu@cnipr.com

发行电话：010-82000860 转 8101　　发行传真：010-82000893

印　刷：北京中献拓方科技发展有限公司　　经　销：新华书店、各大网上书店及相关专业书店

开　本：720mm × 1000mm　1/16　　印　张：20.25

版　次：2024 年 5 月第 1 版　　印　次：2024 年 5 月第 1 次印刷

字　数：350 千字　　定　价：98.00 元

ISBN 978-7-5130-8975-3

前言

本书是在笔者主持的国家社科基金项目“国内外学术成果出版规范与标准比较研究”（13BXW017）结项报告（鉴定等级为“良好”）基础上修改完善而成的。与结项报告相比，本书主要修订了文字错误并更新了部分规范、标准和数据。

支持本书研究的项目申请之时，笔者刚从学术期刊编辑转岗为从事教学科研的专职教师。在发表新闻传播学成果时，笔者对我国学术成果出版规范与标准的重要性有了更为直观的感受。让笔者颇为意外的是，一个学科的不同学术期刊在论文的形式规范上竟然并未统一。每给一个期刊投稿，笔者就要重新学习一次新的规范，光是参考文献格式的转换就要耗去不少精力。如果这是劳力，那么一些期刊在审稿、用稿上的不规范则是劳心，打击了作者们的学术热情。部分学术期刊的用稿极不透明，有些期刊根本不给任何回复，稿件投出去如石沉大海。上述从编辑到作者的身份转换，让笔者深刻体会到学术成果出版中编辑的行为规范对作者和整个学风的巨大影响。

本书主要从学术成果出版规范的概念和体系、规范与标准内容、学术期刊参考文献标准适用情况、学术规范适用情况几个方面比较了国内外的不同并提出了一些对策建议。除此以外，本书还分析了新媒体传播环境、数据出版和国际出版等新的出版传播环境对学术成果出版规范与标准的挑战。最后，基于问卷调查、质性访谈和对规范或其他相关文本定量与定性的分析，本书提出了我国学术成果出版规范与标准完善的对策建议，以期能为我国学术成果出版规范与标准的完善提供参考。当然，本书既可供出版规范与标准的研究者和制定者参考，也可供学术成果出版单位或学术机构完善本单位的相关规范与标准时参考，还可供为了给学术期刊投稿而不得不学习各类学术成果出版规范与标准的作者们参考。书中涉及学术不端及其规范的研究，也可供学术成果的编辑、作者和读者朋友在遇到相应问题时参考，希望本书的出版能对我国的学风建设有一些贡献。

通过研究笔者发现，虽然在课题研究过程中我国已经出台了一些学术成果出版的标准，但完善我国的学术成果出版规范与标准依然任重而道远。因为学术成果出版既有一些共性问题，不同学科、不同出版单位也有很多个性化的问题，还有很多新出现的问题。例如：如何引用抖音等新型平台上的科普或学术性内容？人工智能参与写作的学术成果如何规范？这就要求规范和标准要足够灵活、给予使用者主动性，能够让编辑、作者在未来的学术成果出版活动中创造性地不断完善规范和标准，但规范和标准又不能都是原则性的规定，具体规则还要有一定的覆盖面。本书将我国学术成果出版规范与标准的完善总结为处理好几个方面的关系，包括体系化和层次性、著作与论文、作者规范与编辑规范、中国特色与国际接轨、完整详细和简单易用、学术性和技术性、规范性和知识性、统一性和多样性、传统规范与新型出版形式、研究制定和宣传实施。

在研究过程中，通过对编辑和作者的访谈、对文本的研读、对学术出版单位公布的各类规范性文本的分析，笔者还发现学术成果出版规范与标准的形成和执行是一个多主体参与的社会化行为，既要面对历史形成的习惯，又要面对未来不断变化的学术成果出版和传播环境。本书的研究不足是局限于学术成果规范和标准文本及学术成果出版单位如何适用这些标准和规范，从社会层面深入调查还不够。有些问题只是发现和提出，但对这些问题形成的社会原因和解决方法缺少分析。学术成果出版规范与标准非常庞杂，限于笔者的时间和精力，本书只研究了相对流行的规范和标准，对部分学科（如法学）的规范和标准研究不够，这些都有待未来进一步完善。

此外，虽然努力修改，但是笔者精力和水平有限，还有很多不足之处，敬请读者朋友们批评指正。感谢鉴定专家在结项时提出的宝贵修改意见，感谢知识产权出版社的编辑老师对本书出版的帮助，感谢课题组成员对调研提供的帮助和笔者的博士生、硕士生们在数据采集与分析过程中的辛勤付出。

目录

第一章　研究背景与研究设计

第一节　研究背景

在课题申报时，课题组对国内外学术成果出版规范和标准相关研究做了简要梳理，并提出了研究思路。获得资助后，课题组对国内外学术成果的研究及新的动态做了调查和分析。调查发现，编辑出版是一个实务性而不是理论性的研究领域，因而国内有关标准和规范的研究以标准执行中遇到的问题为主，较为零散和琐碎。在课题立项后（在撰写本书时做了更新），课题组使用CNKI的知识计量工具对大量文献做了计量可视化分析，在计量分析的结果上进一步综述国内外的研究现状。同时，课题组也把新的调查结果与课题论证时的调查结果做了比较，在比较的基础上调整了研究设计及后面章节的结构和内容。

一、课题申报时的简要论证

（一）选题的价值和意义

学术成果包括学术论文和学术著作，我国在学术成果出版的规范化和标准化方面尚存许多不足，导致学术不端和部分学术成果在学术交流中被边缘化。对此，教育部、科技部、原新闻出版总署等均出台过相关文件规范学术成果的出版，虽有一定效果，但实践中仍需要更加具体和细致的相关规范。为解决我国学术成果出版的规范化和标准化问题，本书力求从新闻传播学视角，运用规范的实证研究方法，注重学术出版的内在规律，注重学术出版的基本数据和事实，对国内外学术成果出版的规范与标准进行系统的比较研究，提出我国学术出版规范和标准应达到的目标和具体修订方案，形成可供参考的重要成果，这对学术出版的基础理论、学术成果出版和管理、学术评价均具有重要意义。

（二）国内外研究现状述评

国内研究可归纳为以下几个方面。

1. 学术出版机构的用稿制度

第一，审稿和定稿机制。用稿机制的核心是审稿制度，不少学者指出了专家审稿存在的问题，如有学术期刊编辑从统计数据分析出当前一些学术期刊审稿专家责任心不强、审稿不认真的问题。鉴于专家审稿的局限，也有学者提出应强化编辑在审稿中的作用。还有学者指出匿名评审的缺陷，提出进行开放式审稿。在审稿制度上，还有一些介绍国际经验的成果，如对《自然》（*Nature*）等国际知名期刊的审稿制度介绍。对最终定稿机制，有学者提出参考国际做法，用编审分开的模式克服当前学术期刊用稿制度的不足。还有学者指出了学术期刊用稿“指标”“费用”等潜规则的危害、成因及对策。部分学者介绍了国外出版社的匿名审稿制度。

第二，发表收费制度。对于学术期刊收取版面费和出版社收费出书的问题，一直存在争议。有代表性的成果是《自然辩证法通讯》杂志的系列文章，从2009年到2010年该杂志共发表有关版面费的论文26篇，从多角度、多学科、深层次地探讨了版面费问题，观点大致分为两种：一种支持学术期刊收取版面费，认为版面费和学术不端无关；另一种观点认为版面费限制了学术自由、助长学术不端之风。还有多位学者介绍了国外期刊的收费制度。

第三，学术不端的治理。主要集中在一稿多投的原因、防止及治理，一稿多投的著作权分析，期刊与作者版权协议的签订，学术不端检测系统在编辑工作中的应用，学术期刊对于抄袭、剽窃的防范机制等。少数成果结合作者国际交流实践，介绍了国外学术出版机构的相关经验。

2. 学术成果与学术规范及标准

对于学术成果与学术规范及标准的研究成果，按照研究的主体大致可归纳为以下三类。

第一，学术出版机构编辑的研究成果。期刊和出版社编辑对学术规范的研究主要从成果如何达到国家标准和相关规范为出发点，主要包括成果格式、图表、量和单位、数字等的标准化、规范化，参考文献的著录、文字的规范使用等。有不少成果介绍了国外期刊和出版社的相关经验，有一定参考价值。当然，稍显不足的是这些成果大多局限于编辑加工中的具体问题，系统总结讨论学术规范或详细介绍国外学术成果出版规范和标准的论文较少。

第二，学者的研究成果。在学术规范方面较为混乱的是社会科学，如注释格式不统一等问题至今未解决，这已经引起社会科学学界重视。邓正来、杨玉圣、方流芳、张曙光、盛洪等法学界和经济学界知名学者对学术出版机构及学者应遵循的学术规范进行了开拓性的研究，形成了《中国学术规范化讨论文选》。该文选不仅有对学术规范问题实际的思考，也有理论层次的探讨。除了该文选，叶继元教授的论文《中国人文社会科学学术期刊编辑出版规范的调查分析》是具有代表性的成果，该论文对全国各系统 220 名学术期刊主编进行了问卷调查，涉及学术规范的提问有多项。也有其他学者对部分学科的学术规范情况进行了量化分析。还有学者总结了现有参考文献国家标准不适合社会科学的情况。当然编辑与学者的努力并非完全独立，在学者和编辑的共同努力下，近年来召开了一系列推动学术出版规范的会议。

第三，相关部委出台的学术规范及国家标准的修订。在治理学术不端的大背景下，教育部社会科学委员会学风建设委员会 2009 年组编了《高校人文社会科学学术规范指南》，教育部科学技术委员会学风建设委员会 2010 年组编了《高等学校科学技术学术规范指南》，科学技术部科研诚信建设办公室 2009 年组编并发布了《科研活动诚信指南》。这三个指南的出台不仅对治理学术不端有着重要的指导和规范意义，更明确了学术成果出版应遵循的标准。这三个指南既是规范，也是相关研究成果的集合，对国际经验也有一定的介绍。当然，这三个指南还不统一和需要进一步完善。为规范学术著作的出版，新闻出版总署于 2012 年发布《关于进一步加强学术著作出版规范的通知》，要求加强学术著作的出版规范。而我国的参考文献著录规则等与学术出版相关的国家标准也进行了修订。

检索 SSCI 等相关数据库，发现国外专门讨论学术成果出版规范和标准的文献较少，而讨论学术不端及治理的文献较多，也有少量文献从实证角度分析了国外学术期刊的审稿和发表周期等具体稿件处理中涉及的问题。国外学术期刊的用稿和学术规范大多公布于期刊网站，用稿制度和学术规范均比国内期刊详尽。英国等国和国际标准化组织有大量与学术出版相关的规范和标准。美国心理学会的《美国心理学会出版手册》（以下简称“APA 手册”）和芝加哥大学出版社的《芝加哥手册：写作、编辑和出版指南》（以下简称“芝加哥手册”）内容非常详细，有较大影响，而国内还缺少类似的能够作为学术出版机构操作指南的手册。

本书主要从四个方面对国内外学术成果出版规范和标准进行全面而细致的比较研究并归纳考察结果。

第一，国内外学术成果用稿规范和标准比较，包括审稿、定稿机制、退稿退修机制、学术不端检测与处理、版权许可、学术不端惩戒制度等。

第二，国内外学术成果出版规范比较，包括成果格式、署名、基金标准、编辑校对规范、引用、参考文献及注释规范。

第三，国内外学术成果出版适用具体规范和标准文本比较，对各国学术出版机构适用的主要规范和标准内容进行分析比较。

第四，国内外学术成果数字出版规范和标准比较，比较各国学术成果出版规范和标准针对数字出版的变化及特点。

（三）研究思路

第一步，确定拟考察的国内外学术出版机构和相关学术出版规范与标准。利用有影响力的引文数据库，在调查相关文献并充分考虑国别、地区、语种、学科的分布及调研的难易程度等情况后，选取典型的学术出版机构和有影响力的学术出版规范与标准作为调研对象。

第二步，调研。设计详细的调研计划和方案，采集不同学术出版机构的相关资料和数据，对数据进行初步整理。

第三步，结果的归纳和整理。归纳出前期调研成果中的规律，进一步通过 SPSS 等专业统计学软件对前期调查结果进行分析，将国内外情况进行对比，发现国内学术成果出版规范化和标准化存在的具体问题并提出解决方案。

（四）研究方法

（1）文献调研。收集国内外相关文献，并整理出其中关于国内外学术成果出版规范与标准方面的结论性成果。针对已经出版的学术文献分析其学术规范。

（2）网络调查。从国内外学术和出版机构网站收集相关规范与标准。

（3）问卷调查。利用各种学术界和学术出版界的会议发放问卷调查学术出版规范与标准，调查对象包括编辑，也包括作者和审稿人。

（4）统计学及文献计量学分析。利用 SPSS 等专业的统计分析软件，分析调研获得的数据和具体标准或规范的内容。

（5）归纳分析方法。对实证分析结果进行归纳总结，得出规律性的结论。

（五）创新之处

本书首次系统比较国内外学术成果出版规范和标准，对我国学术出版规范和标准进行科学评价，从而指出其不足及完善路径；将学术论文和学术著作的出版规范与标准一起研究，凸显了二者的一致与差异。

课题的调研获得与国内外学术论文和学术著作出版有关的大量原始数据，不仅可以用于学术出版规范和标准的考察，对学术评价和管理也有重要意义；运用新闻传播学研究中的内容分析法等方法分析国内外学术出版的规范和标准，并将定性和定量研究方法相结合，力求研究方法创新。

二、学术成果出版规范与标准研究文献的计量可视化分析

（一）整体研究状况

课题组成员调查后讨论获得共识，有关编辑出版标准或规范的研究因为大多来自业界实践经验总结，属于实践领域，缺乏一个能够统领全部研究的理论体系，整体上多而杂。因此，可使用计量可视化工具来辅助课题组发现研究重点。

通过中国知网做的初步调查，以及课题组成员中期刊或出版社编辑论文发表体会均表明，关注学术成果出版规范与标准的期刊主要是《编辑学报》《中国科技期刊研究》，上述两本期刊主要刊载对科技期刊编辑出版的研究。此外，在《科技与出版》《出版发行研究》《出版科学》中也有一些相关文章。其他编辑出版类期刊，如《编辑之友》《中国出版》等研究偏向大传播和大出版，不是特别关注学术成果出版以及其中的标准或规范问题。因而，首先以“规范”“标准”为关键词（篇名、关键词或摘要出现均可）在上述五本期刊中检索相关论文；其次利用中国知网[1]（www.cnki.net）的“计量可视化”功能对检索结果进行分析。

获得文献数量结果见表 1.1。鉴于《编辑学报》《中国科技期刊研究》的作者群主要是科技与医学等自然科学类学术期刊编辑，《科技与出版》则是出版社与期刊、学术出版与非学术出版的从业者兼而有之，《出版发行研究》《出版科学》更关注图书的出版，可以得出结论：与出版社的编辑相比，科技期刊编辑更为关注学术成果的出版规范与标准。对文献的初步浏览还发现，《出

[1] 检索位置位于校园网，可视化分析网址：http://kns.cnki.net/KVisual/ArticleAnalysis/index?t=1550041455561。

版发行研究》《出版科学》关注的标准与规范领域，往往是学术出版和非学术出版都会遇到的问题。而《编辑学报》《中国科技期刊研究》中则有大量文献讨论学术出版特有的规范与标准问题。

表 1.1　五本编辑出版学术期刊中涉及规范与标准研究的文献数量

期刊	文献数量 / 篇
编辑学报	787
中国科技期刊研究	785
科技与出版	509
出版发行研究	351
出版科学	253

图 1.1 是四本期刊的发文走势图，从走势图可以看出，出版规范与标准一直是编辑出版领域的研究热点。最早出现在数据库中的相关文献是 1988 年的，三十年来整体上呈增加趋势。特别是 2000 年以后有一个增长期，而 2010 年左右又有更快的增长期。这是因为 2010 年前后恰好教育部和科技部颁布上述几个学术指南、2012 年新闻出版总署发布《关于进一步加强学术著作出版规范的通知》、2015 年国家颁布有关参考文献的著录标准《信息与文献　参考文献著录规则》(GB/T 7714—2015)(以下简称“GB 7714”)，引发学术出版界的讨论。2018—2019 年虽然有所回落，但《编辑学报》《中国科技期刊研究》《出版发行研究》2017—2019 年每年关于规范和标准的研究文献都在 20 篇以上。

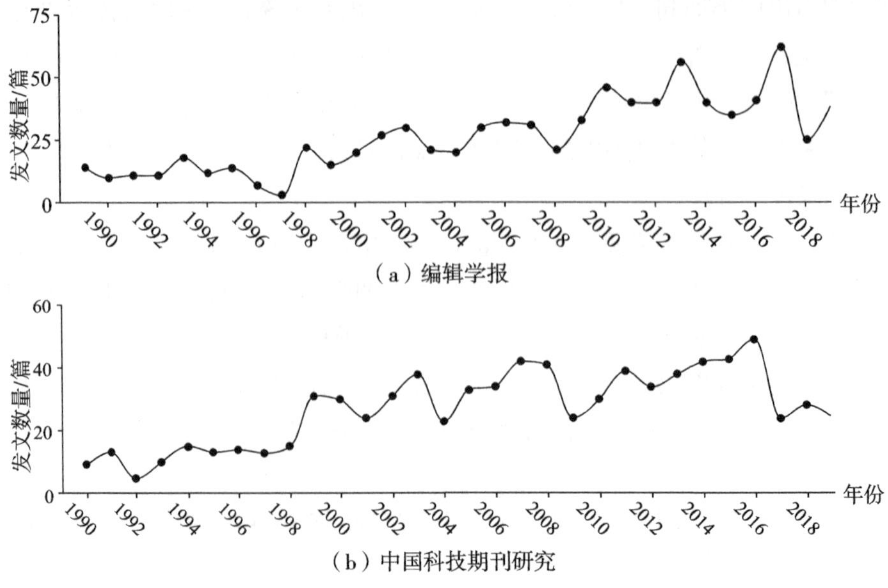

(a) 编辑学报

(b) 中国科技期刊研究

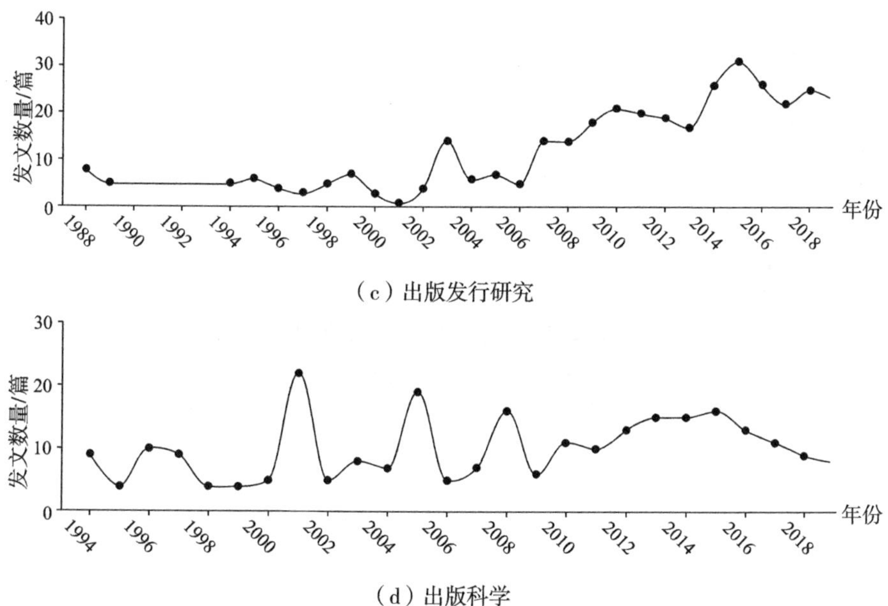

（c）出版发行研究

（d）出版科学

图 1.1　四本编辑出版期刊有关规范与标准研究的文献数量走势

（二）高频主题与关键词

图 1.2、图 1.3 分别为五本编辑出版期刊有关规范与标准研究的高频主题和高频关键词。高频研究主题和高频关键词反映了上述五本期刊稿件刊载侧重点的不同。如前两本期刊的主题和关键词中“科技期刊”“学术期刊”“医学期刊”出现频次较高，后两本期刊中则“出版物”“出版社”出现频次较高。这说明前者关注学术期刊出版的规范与标准问题，后者关注的是图书出版中的规范与标准问题。

从各个期刊的研究主题和高频关键词分布来看，本书初步设计的研究内容均出现在热门主题和热门主题词之中，如用稿规范中的审稿机制、学术不端检测、版权等，出版规范中的引用和参考文献等，与数字出版相关的 DOI 等也在其中。还有一些研究热点，属于科技书刊编辑关注的传统问题，如量和单位、名词、标点符号。

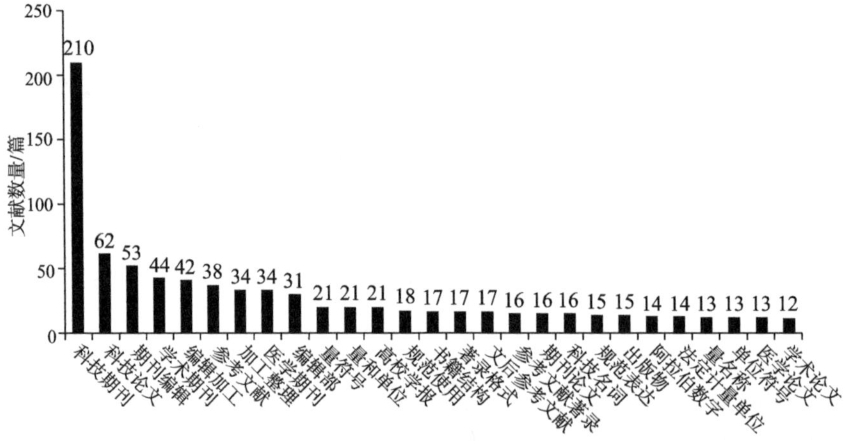

（a）编辑学报

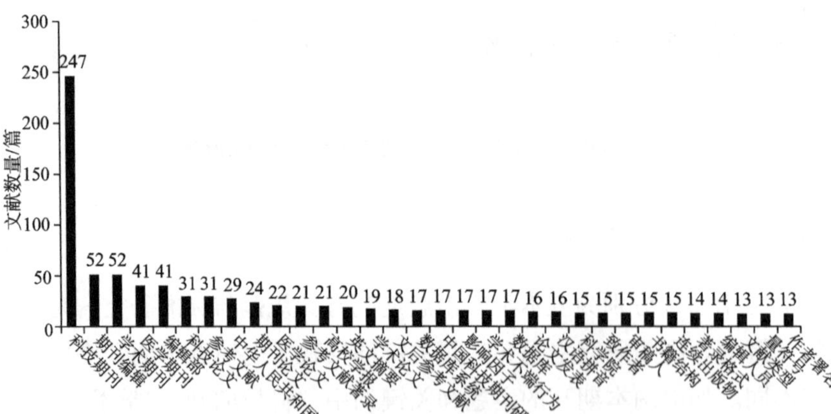

（b）中国科技期刊研究

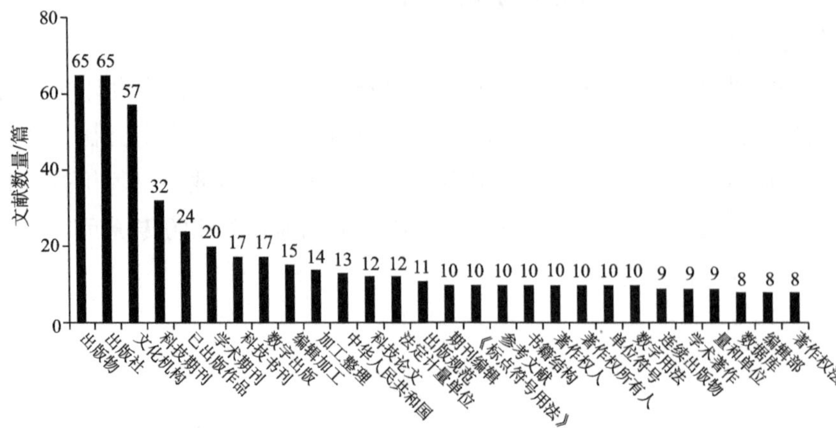

（c）科技与出版

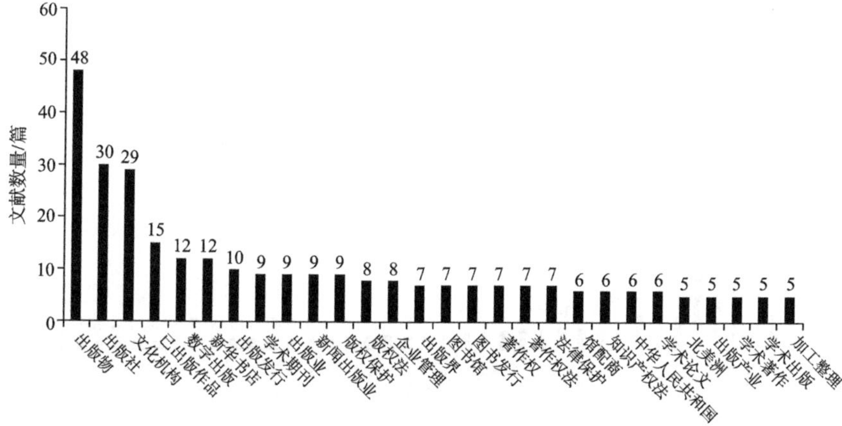

（d）出版发行研究

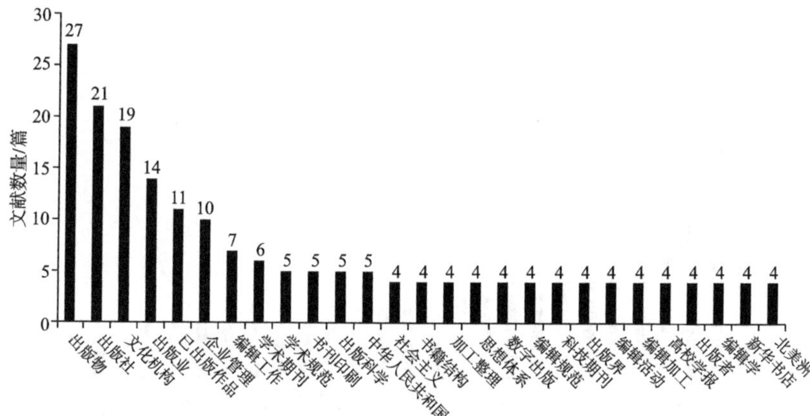

（e）出版科学

图 1.2 五本编辑出版期刊有关规范与标准研究的高频主题

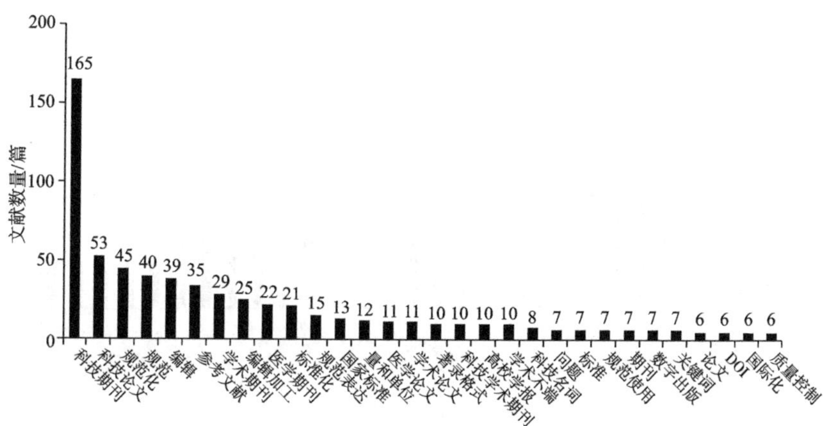

（a）编辑学报

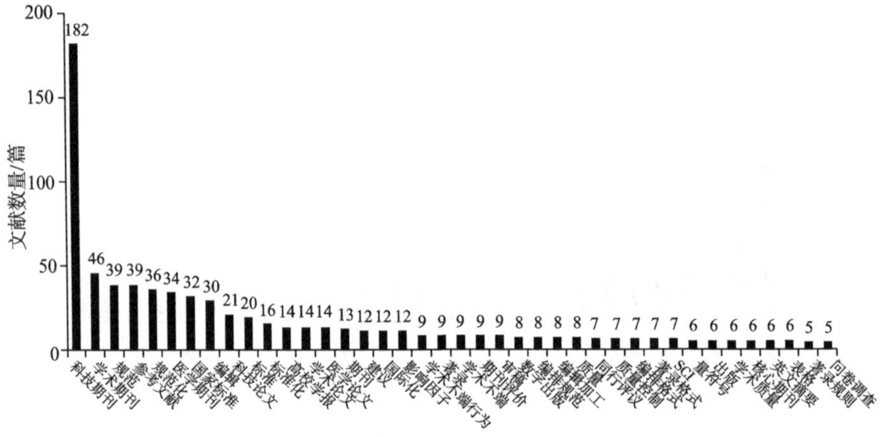

（b）中国科技期刊研究

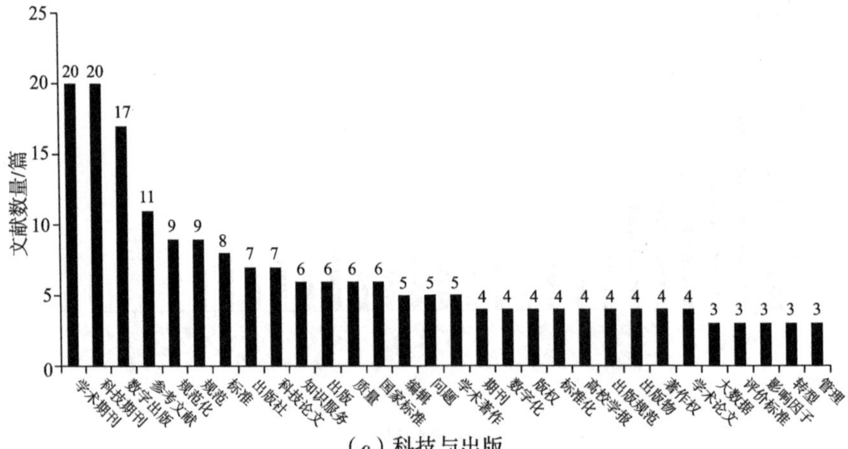

（c）科技与出版

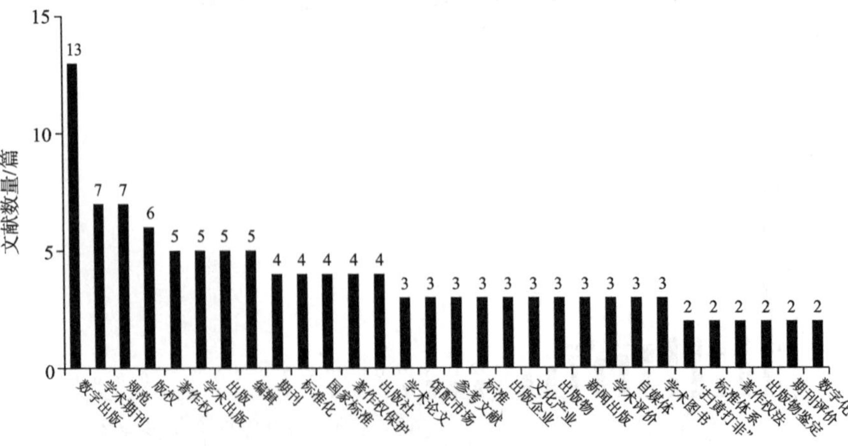

（d）出版发行研究

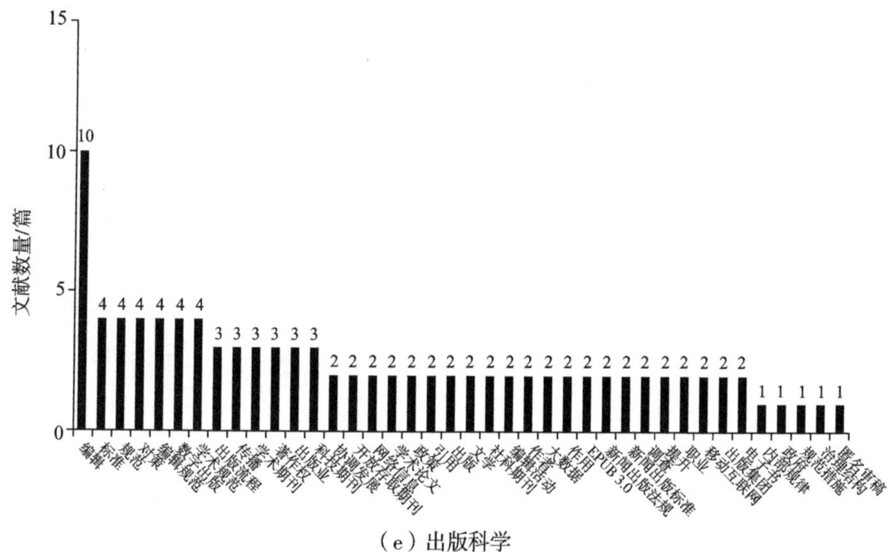

（e）出版科学

图 1.3　五本编辑出版期刊有关规范与标准研究的高频关键词

为了进一步分析这些文献之间的关联，笔者利用中国知网作出了高频关键词之间的共现关系，结果如图 1.4 所示，其中线的粗细代表两个关键词节点之间的共现次数多少，节点大小代表关键词出现频次。图 1.4（a）（b）显示《编辑学报》《中国科技期刊研究》研究标准和规范的论文中高频关键词主要是与科技期刊相关的规范化、标准化问题，并且已经形成了比较紧密的关键词共现网络，说明这两本期刊对学术成果出版规范与标准研究的主题非常集中。因而，从图 1.4（a）（b）两本期刊关于规范和标准研究主题词共现关系可以发现，参考文献的著录标准是学术期刊出版界最为关心的规范和标准问题。《科技与出版》与上两本期刊接近，但其网络要稀疏很多。《出版发行研究》《出版科学》则还没有形成共现网络，但可以从中看出图书出版界在研究标准或规范时，关注焦点也与期刊出版界相同，关键词之间形成共现关系的研究集中在学术规范和学术出版。

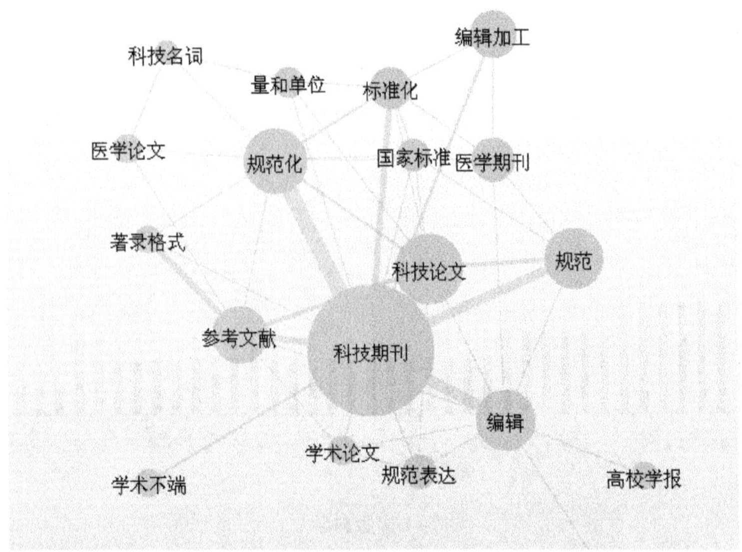

（a）编辑学报

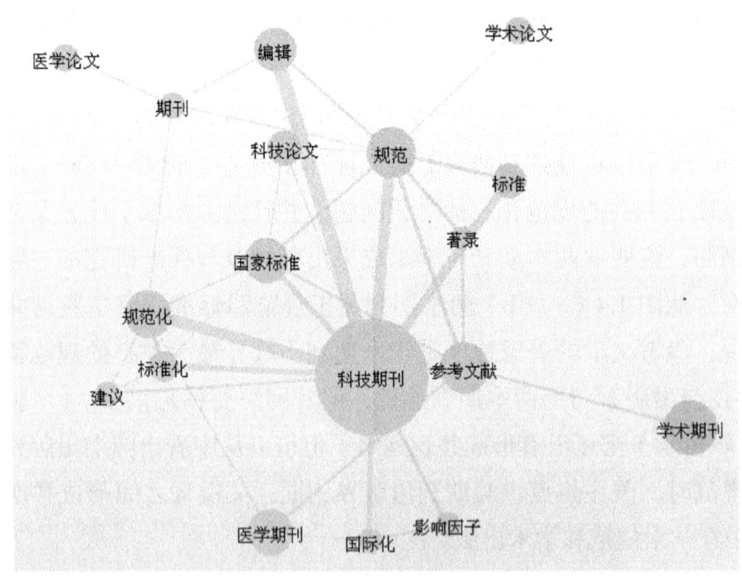

（b）中国科技期刊研究

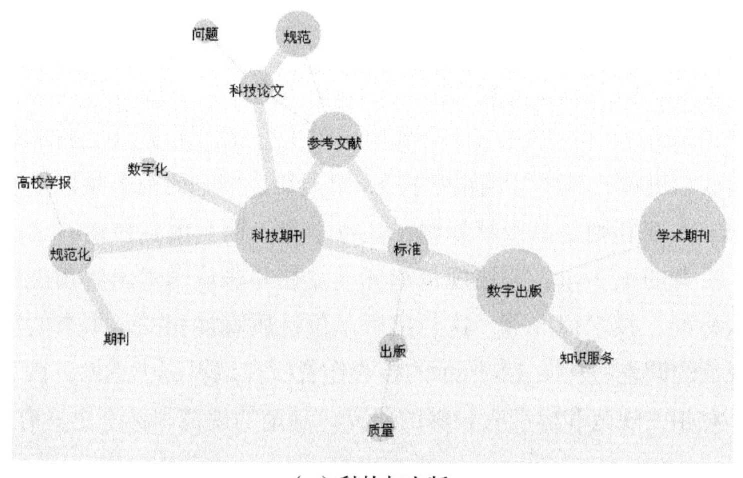

（c）科技与出版

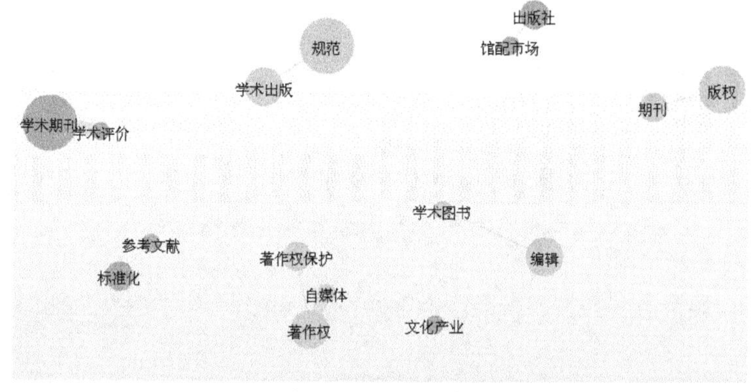

（d）出版发行研究

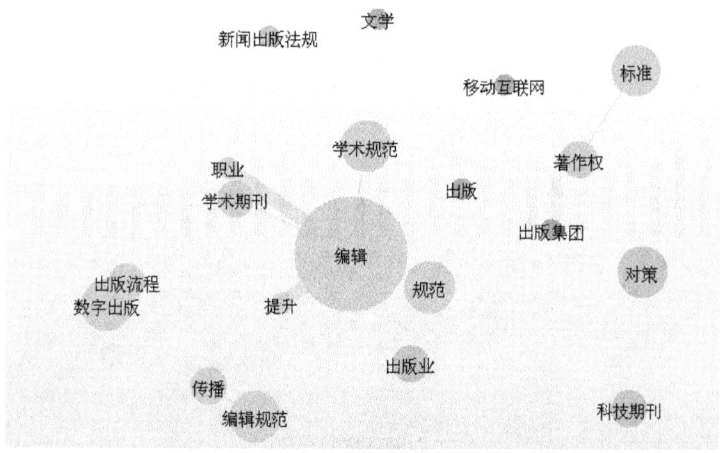

（e）出版科学

图 1.4　五本期刊关于规范与标准研究文献高频关键词共现图

（三）核心作者与核心机构

为了进一步厘清调查对象和调研方向，本书分析了五本期刊中有关学术规范和学术研究的核心作者与核心机构。图 1.5、图 1.6 显示了五本期刊的核心作者和核心机构，其中《编辑学报》《中国科技期刊研究》是以期刊编辑为主，其他三本期刊则是出版社编辑、高校学者、期刊编辑兼而有之。值得注意的是，后者的很多作者关注规范和标准往往并非从学术出版角度出发，如数字出版标准、技术标准等，这与出版单位性质直接相关。未来的期刊使用标准和规范的调查将从图 1.5 所示的核心作者所在编辑部中选取，因为这些期刊编辑部对相关规范和标准有较深的研究，制定的规范和标准更具有代表性。

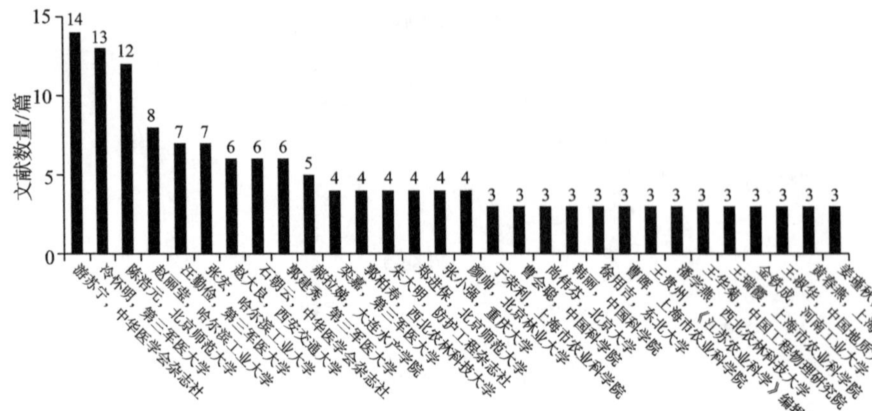

（a）编辑学报

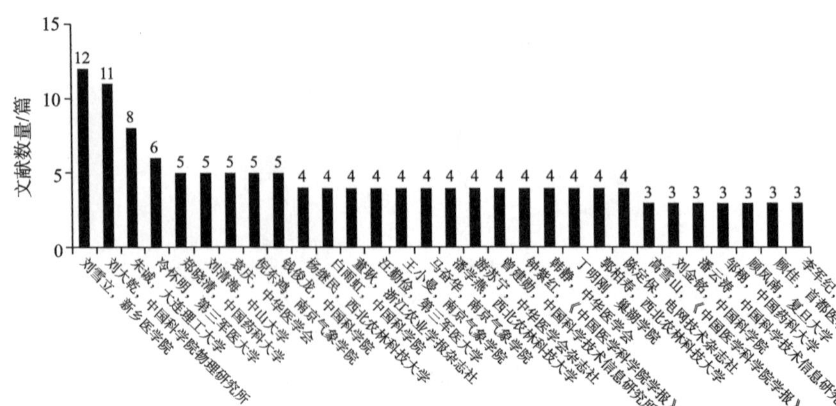

（b）中国科技期刊研究

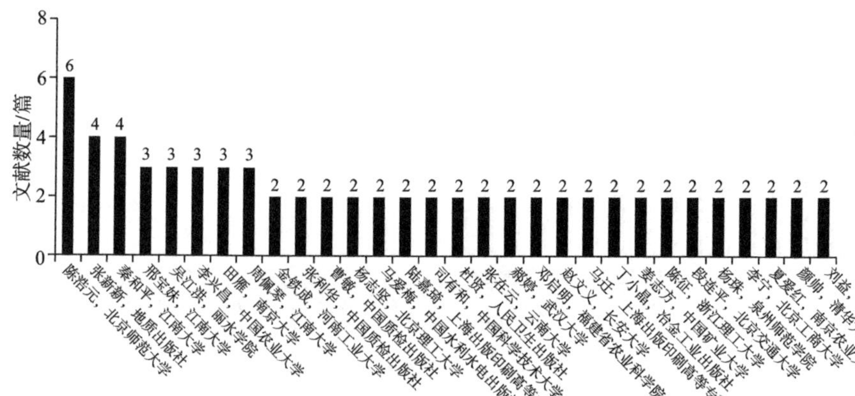

（c）科技与出版

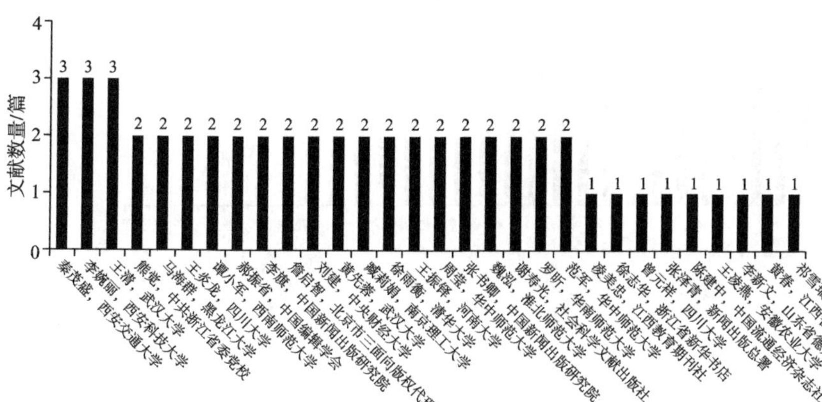

（d）出版发行研究

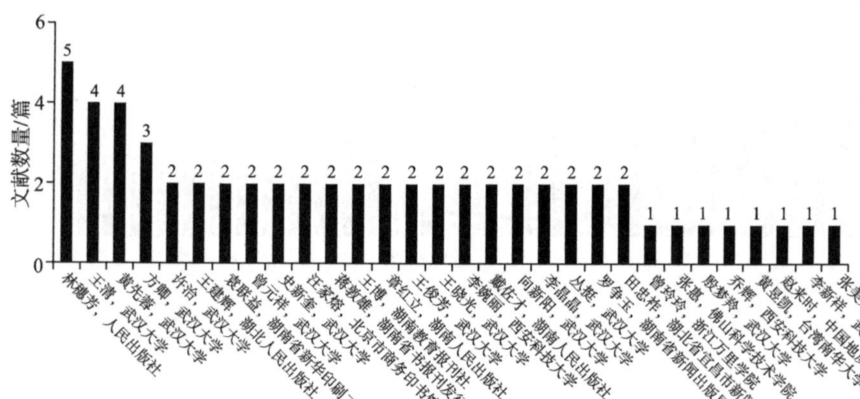

（e）出版科学

图 1.5 五本期刊关于出版规范与标准研究的核心作者

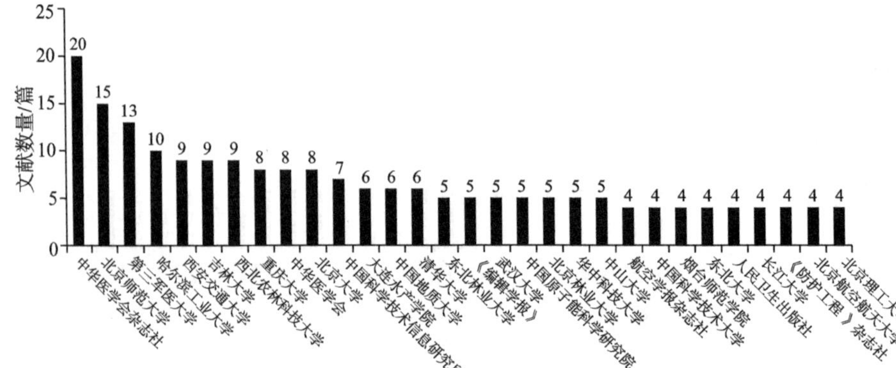

（a）编辑学报

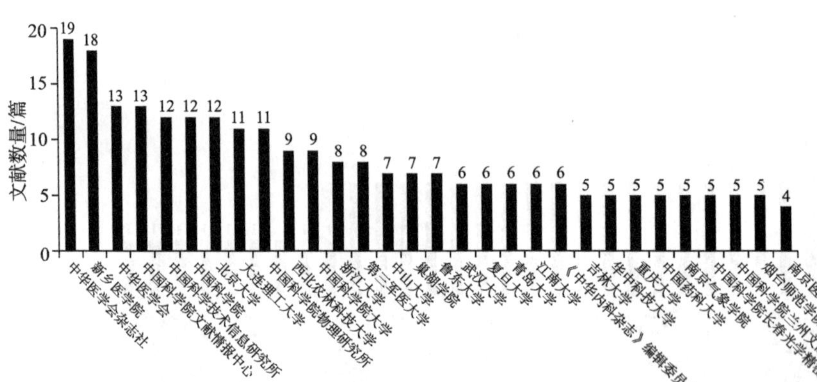

（b）中国科技期刊研究

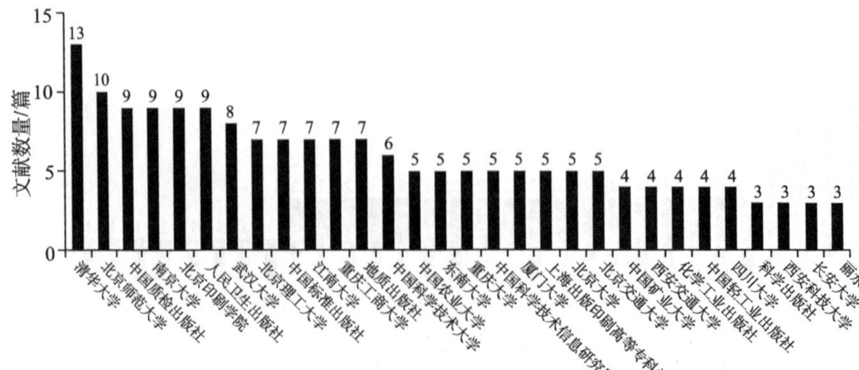

（c）科技与出版

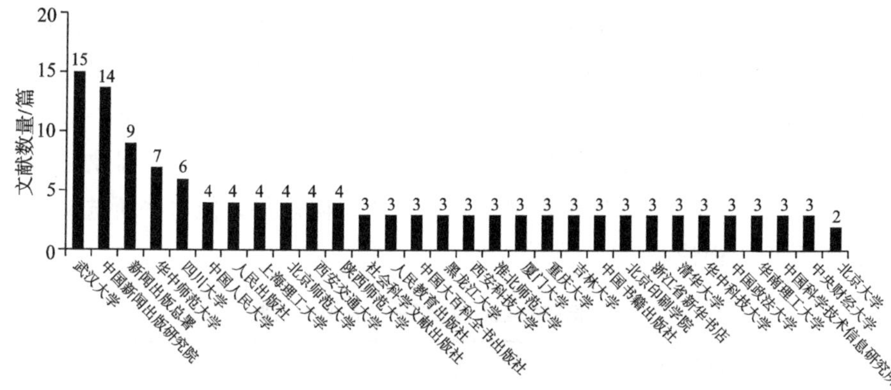

（d）出版发行研究

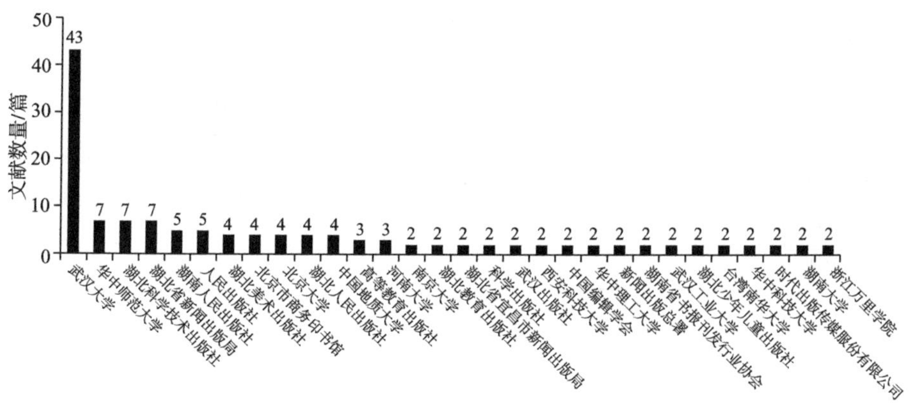

（e）出版科学

图 1.6　五本期刊关于出版规范与标准研究的核心机构

在检索完上述五本期刊之后，课题组还通过“学术规范”“学术不端”“出版标准”“GB 7714”“参考文献”“学术期刊”“科技期刊”“学术论文”“匿名评审”“版权”“著作权”等核心关键词再次在中国知网全数据库中检索相关论文，挑选其中的 425 篇期刊文献（见本书所附参考文献中的期刊论文部分）作为本书国内的论文类参考文献。这些论文大部分讨论规范或标准的执行问题。

（四）代表性文献及其核心参考文献

为了进一步观察国内关于学术出版规范和标准的研究深度，本书从 425 篇文献中按照各个年份抽取 200 篇（分析数量的上限）分析期刊上发表的有关出版规范和标准论文的引用等情况。表 1.2 是这些文献的基本数据，这些文献总的来说平均下载量并不高，但篇均被引数达到 3.48 次，说明相互印证的情况比较普遍。图 1.7 所示的互引网络显示被引网络中有一些是大家共同引证的，但篇均参考文献数非常低，说明这些文献大多数不是规范的学术研究，而是实务性、实践性研究。图 1.8 给出的所选文献、参考文献、引证文献数量则显示，这些所选文献近年来参考文献数量呈下降态势，但这些所选文献被引证的次数增长很快。

表 1.2 选取的 200 篇代表性文献基本情况

具体项目	数据
文献数 / 篇	200
总参考数 / 次	952
总被引数 / 次	695
总下载数 / 次	40220
篇均参考文献数 / 条	4.76
篇均被引数 / 次	3.48
篇均下载数 / 次	201.1
下载被引比	57.87

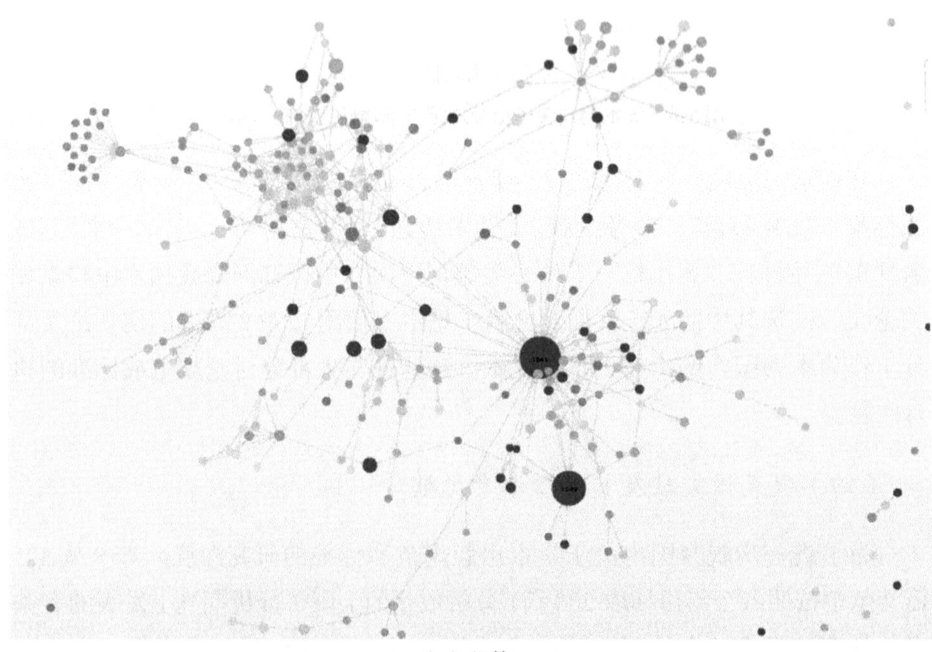

（a）整体

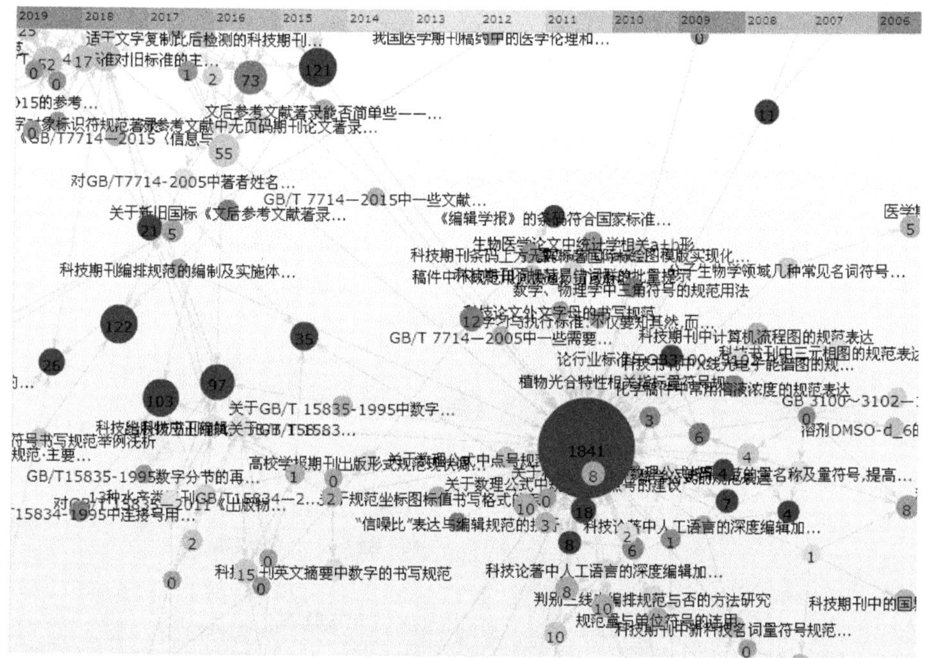

（b）主要部分的局部

图 1.7　200 篇出版规范与标准研究文献形成的互引网络

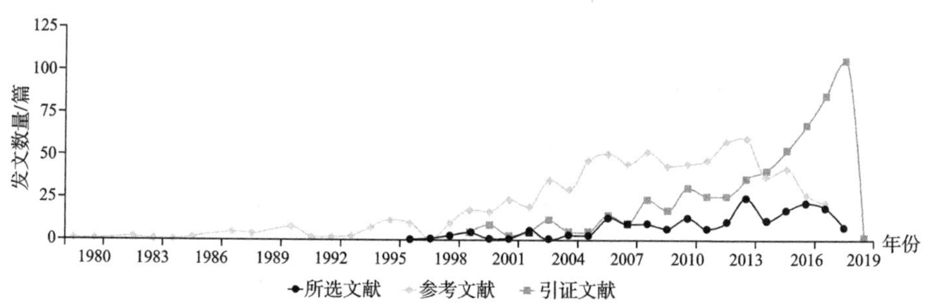

图 1.8　所选文献、参考文献、引证文献数量变化趋势

图 1.9 所示是选取文献的关键词共现网络，从中可以发现，科技期刊编辑加工工作中的参考文献著录是这些文献最核心的研究议题，其次是符号的编辑加工，这也将作为本书研究的重点。

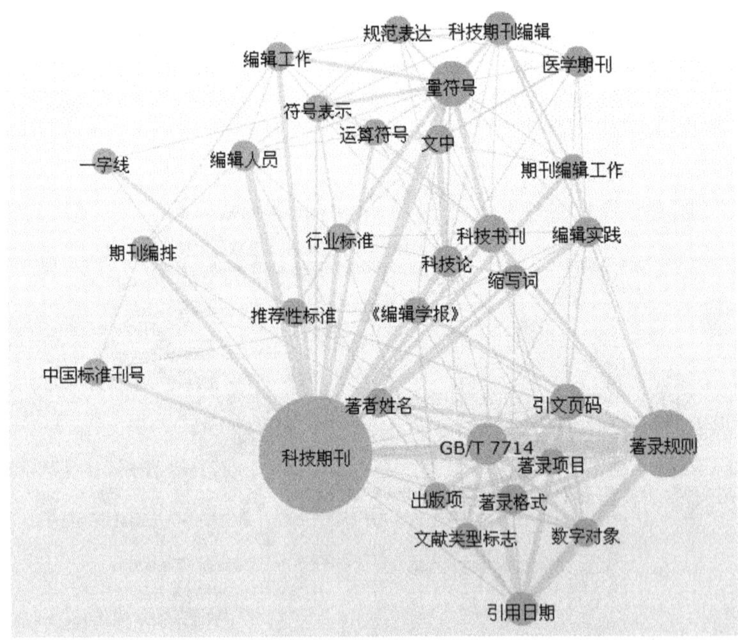

图 1.9　抽取文献的关键词共现网络

图 1.10 是这些文献核心作者中最大的合著网络，是以《第三军医大学学报》编辑部主任冷怀明为核心的作者群，他们集中讨论了医学论文涉及的实验伦理、不当署名、图片的编校、参考文献著录及学术不端等学术论文编辑出版中遇到的规范或标准问题。❶

---

❶ 代表性论文如下：张维，熊鸿燕，邓强庭，冷怀明.医学论文中涉及动物实验和临床试验的伦理规范调查及案例分析［J］.中国科技期刊研究，2017，28（4）：300–305；张维，汪勤俭，邓强庭，冷怀明.医学论文作者单位署名不当现象的调查分析及伦理规范探讨［J］.中国科技期刊研究，2017，28（4）：306–311；栾嘉，徐迪雄，华兴，邓强庭，冷怀明.关于医学论文中影像学图片编校问题及其规范的建议［J］.编辑学报，2016，28（4）：341–343；王福军，谭秀荣，冷怀明.科技期刊中常见学术不端现象分析与思考［J］.编辑学报，2014，26（5）：452–455；汪勤俭，郭建秀，冷怀明.对参考文献中无页码期刊论文著录规范的建议［J］.编辑学报，2014，26（2）：149；汪勤俭，郭建秀，栾嘉，吴培红，冷怀明. 84 篇因学术不端退稿稿件追踪分析与思考［J］.编辑学报，2012，24（2）：131–133.

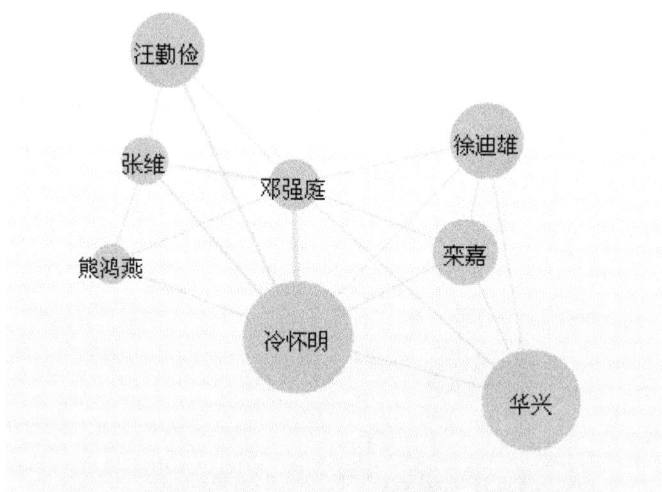

图 1.10 关于学术期刊出版规范与标准研究最大的合著网络

为进一步观察有关编辑出版规范与标准研究的合著网络在整个编辑出版研究合著网络的位置，课题组于 2018 年 5 月在 CSSCI 引文数据库检索并下载了《编辑学报》《编辑之友》《出版发行研究》《出版科学》《科技与出版》《现代出版》《中国出版》《中国科技期刊研究》这八本被认定为编辑出版学 CSSCI 期刊于 2012—2017 年所发的所有文献，共 13343 篇，每篇文献的数据信息记录包括篇名、作者及机构、文献类型、学科类别、中图类号、基金项目、来源期刊、年代卷期、关键词和参考文献等。在导入 CiteSpace 进行数据转换和去重后，论文数量为 13266 篇，转换率为 99.42%。

利用 CiteSpace 软件在操作界面的参数设置上选择作者（Author）作为网络节点类型，对这八本期刊的载文进行作者共现分析，可更加形象地展示编辑出版领域科研的主流群体和代表人物，得到 2012—2017 年编辑出版领域作者共现网络图谱，2267 位发文作者间有 1917 条连线，形成了以刘雪立、刘冰、游苏宁、王晴、姚远、冷怀明、赵大良、赵文义、刘志强等为关键节点的最大子网络（图 1.11）和以许洁—方卿—曾元祥—刘锦宏—徐丽芳、丁佐奇—郑晓南—张静等为关键节点的两大次网络，这三大网络的线性传播特征明显。同时，以王关义—谢巍—刘益—张敏、张志强—肖洋—李武、张扬—朱拴成—张建军—任延刚等为核心节点的作者群体也在不断壮大，编辑出版领域形成了一大核心网络主导、其他新兴作者群体并存、部分学者“单干”、众星云集的格局。

图 1.11　2012—2017 年编辑出版研究合著网络

在图 1.11 显示的合著网络中，以刘雪立、刘冰、中华医学会杂志社的游苏宁、王晴、西北大学的姚远、第三军医大学的冷怀明、西安交通大学的赵大良、长安大学的赵文义、上海大学的刘志强为主要节点（核心作者），连线的粗细、颜色的深浅代表作者相互合作次数的多少和开始合作时间的早晚。近 300 位作者中，有许多来自同一机构，如来自西北大学的姚远、郭晓亮、亢小玉；第三军医大学的冷怀明、邓强庭、张维；清华大学的颜帅、刘森；沈阳工业大学的郭雨梅、吉海涛；中华医学会杂志社的游苏宁、石朝云、李静、霍永丰、沈锡宾、李鹏、刘冰、姜永茂等。由于研究的领域偏向医学类期刊，也吸引了首都医科大学附属朝阳医院的顾佳、中华放射学杂志社的张晓冬、人民卫生电子音像出版社有限公司的董良广等参与到合作当中，也正是由于研究领域有重合与交叉，冷怀明、游苏宁等来自不同机构的学者进行了研究合作。此外，王晓峰—丁洁—胡艳芳等学者形成的浅色连线，代表该网络仍有进一步扩大的趋势。

从图 1.11 能够看出，2012—2017 年在编辑出版规范与标准研究上，形成了以冷怀明为中心较大规模的核心作者群，这个合著作者群还延伸到其他地区的其他出版单位。

论文的参考文献是其研究基础，利用中国知网整理出的该 200 篇文献的共被引网络（共被引次数大于 10 次）如图 1.12 所示。其中陈浩元主编的《科技书刊标准化 18 讲》是核心文献中共被引次数最多的文献，1998 年由北京师范大学出版社出版。该书主要针对科技图书与期刊的编辑实务中遇到的标准化问题，由出版界资深编辑根据实际工作做了梳理归纳，实用性很强，相对于零散的规范和标准，又比较全面。其总被引次数超过 1800 次，是研究出版规范与标准问题被引用最多的文献。由于陈浩元还是参考文献国家标准 GB 7714 的制定者之一，因而他所著关于参考文献标准的论文也出现在高被引之列。[1] 除了《科技书刊标准化 18 讲》，另一个被引用最多的是王立名主编的《科学技术期刊编辑教程》，1995 年由人民军医出版社出版，该书对科技期刊出版中的规范和标准的讲解也较为全面。这两本指南型图书被引次数最多正是上述编辑出版规范与标准研究的绝大多数论文来自出版工作者的反映，这样的手册方便在工作时随时查阅。

---

❶ 陈浩元. GB/T 7714新标准对旧标准的主要修改及实施要点提示［J］. 编辑学报，2015，27（4）：339-343.

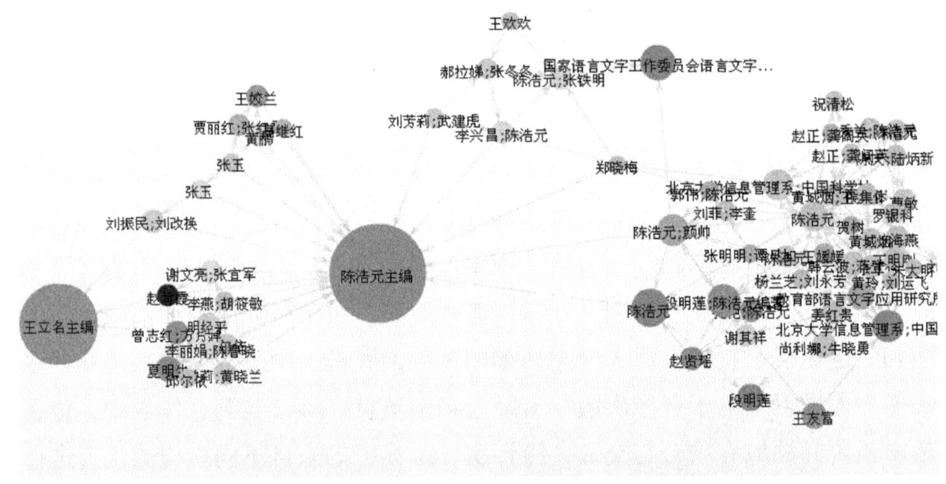

图 1.12 学术出版规范与标准研究的共被引网络（强度大于 10 的文献）

三、国内外学术出版规范与标准研究的新动态

（一）学术传播的数字化带动规范和标准研究与修订的转向

从上述文献计量分析结果来看，虽然课题研究及报告撰写过程跨度时间较长，但 2012—2017 年编辑出版规范与标准研究的大格局和重点依然没变。调查发现，对编辑出版规范与标准的研究大格局没有改变，整体研究的主体依然是出版单位的一线工作者，但 2012—2017 年编辑出版研究整体也转向了数字化趋势。对八本 CSSCI 期刊刊载的相关文献的关键词进行共词分析，得到了编辑出版领域研究的关键词共现图谱，如图 1.13 所示。图 1.13 显示八本 CSSCI 期刊研究核心关键词是学术出版领域，上述计量可视化分析中获得的参考文献著录、版权等编辑出版规范与标准中的研究热点相关关键词也在其中，而微博、微信等新媒体也出现在其中。图 1.14 是课题组在 CSSCI 数据库中采集八本编辑出版期刊 2012—2017 年所有论文后绘制的编辑出版领域研究关键词共线时区图谱。从图 1.14 可以清晰地看到 2012—2017 年编辑出版领域研究热点在时间维度上的演进及关键词之间的互相影响。从图 1.13、图 1.14 可看出，近年来编辑出版的研究热点转向了新媒体、大数据、人工智能等对出版业的影响，在学术出版领域同样如此。

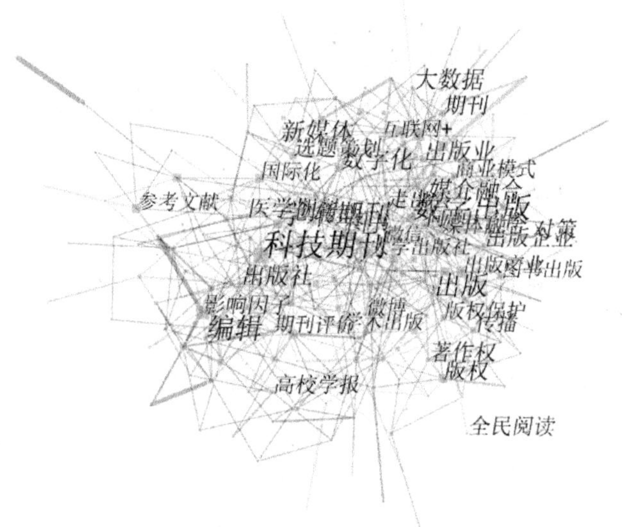

图 1.13　八本编辑出版期刊 2012—2017 年发表论文关键词共现关系

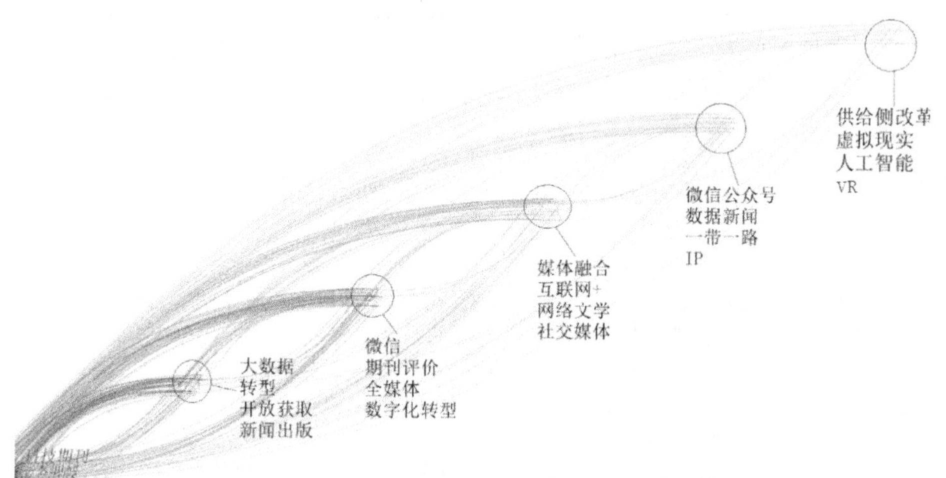

图 1.14　编辑出版领域研究关键词共线时区图谱（2012—2017 年）

数字化转型同样涉及规范与标准问题，既包括技术性数据[1]和内容加工标准[2]，也包括如何利用信息技术手段防范学术不端。特别是随着学术不端检测系统在学术出版实践中应用的深入，部分出版单位不再简单地以复制比来

---

❶ 张童．基于 CNONIX 标准的数据对接初探［J］．出版发行研究，2016（9）：47-49.

❷ 陈磊，张继国，彭劲松，郭树岐．国际数字出版内容加工标准综述［J］．出版发行研究，2016（11）：79-82.

判断是否存在学术不端，而是认识到检测结果需要辩证地分析。[1]对学术不端检测软件的使用，不仅在出版界引起重视，在学术界也引起重视。叶继元教授在《图书馆论坛》主持专栏讨论了学术不端检测软件与学术规范建设的关系，有三篇论文针对技术性的学术不端检测软件的算法等问题与社会性的学术规范和研究教育的关系，提出了一些对策。[2]这些研究对学术出版规范的研究也有借鉴意义，而研究生群体本身是学术出版的主要作者群体之一，能否在学术生涯初期有效规范他们的学术行为也涉及学术出版规范能否有效执行的问题。

随着微信、微博等社交媒体开始被出版单位用来传播学术出版内容，国内出版界开始关注这些新型传播模式带来的版权问题[3]，版权也是出版规范问题之一。国内对社交媒体带来的出版实践关注较多，而对社交媒体带来的学术规范或标准问题涉及较少。新型传播模式带来的主要是学术引用的问题，这一点却在国内出版界被忽视。例如，从某学术期刊微信公众号查阅论文并引用，从忠实于来源说，应该标注微信公众号而不是原期刊。对于新媒体带来的学术规范问题，国外有关的规范大多做了修订以回应新型传播模式。例如，2014 年科学编辑者协会将《科学风格和格式：CSE 作者、编者、出版者手册》（以下简称“CSE 手册”）修订为第八版[4]，2016 年美国现代语言学会将《MLA 手册》修订为第八版，2017 年芝加哥大学出版社将芝加哥手册

---

[1] 代表性论文有：丁明刚.适于文字复制比后检测的科技期刊编辑出版规范探讨——以2014年 CSSCI“新闻学与出版学”期刊为例［J］.中国科技期刊研究，2015，26（8）：856-861；吴昔昔，贾建敏，吴健敏，王小同.低重复率稿件中的学术不端行为检测与防范［J］.编辑学报，2016，28（3）：266-269；王育花.利用远程稿件处理系统和 AMLC 鉴别可疑学术不端的方法［J］.编辑学报，2017，29（1）：60-63.

[2] 张彤.我国图书馆学硕士论文研究方法使用的调查与分析——以七所“双一流”建设大学为例［J/OL］.图书馆论坛，2019（3）：1-9［2019-02-17］. http：//kns.cnki.net/kcms/detail/44.1306.G2.20180930.1550.008.html；毕丽萍，叶继元.学士学位论文重复率检测及其规范化提升策略探讨［J/OL］.图书馆论坛，2019（3）：1-9［2019-02-17］.http：//kns.cnki.net/kcms/detail/44.1306.G2.20180930.1542.006.html；郭卫兵，叶继元.学术失范、不端检测软件的功能、局限与对策——以学术研究规范为视角［J/OL］.图书馆论坛，2019（3）：1-8［2019-02-17］. http：//kns.cnki.net/kcms/detail/44.1306.G2.20180930.1541.004.html.

[3] 赵文青，崔金贵，陈燕.学术期刊微信传播著作权侵权风险分析与防范［J］.中国科技期刊研究，2015，26（11）：1181-1186；张鲸惊，韩健，黄河清.科技期刊微博发布中的版权问题［J］.中国科技期刊研究，2014，25（6）：797-799.

[4] Cho H M . Scientific style and format：The CSE manual for authors，editors，and publishers［J］. 8th ed. Reference Reviews，2015，2（1）：44-45.

修订为第 17 版。以上三种国外影响力较大的学术出版规范手册分别适用于不同学科领域，但它们修订内容的共同点是面向新的传播模式增加了新的引文类型，特别是补充了对推特（Twitter，现改名为 X）、油管（YouTube）、脸书（Facebook）等社交媒体以及其他新媒体内容的引用规范。上述内容也将作为本书重点研究内容之一。

（二）学术规范与出版标准的修订完善动态

国内不少自然科学、工程技术相关学科与国际接轨较早，形成了一套成形的表达模式，较容易达成规范，而社会科学则正在经历建立学术规范的过程。继 2005 年叶继元教授《学术规范通论》（2017 年修订为第二版）[1]出版、2010 年社会科学界通过《中国学术规范化讨论文选》[2]对学术规范相关问题进行了系统研究和集中讨论之后，2014 年《图书馆学学术规范与方法论研究》出版，该书系统阐述了图书馆学研究和学术成果表达规范，其中的引文规范和成果发表规范属于学术成果出版规范与标准范畴[3]。该书的出版对图书馆学学术出版规范的统一有推动作用。2016—2018 年，“学术规范与学科方法论研究和教育丛书”出版，当时已经出版的包括《马克思主义理论学科学术规范与方法论研究》《哲学学术规范与方法论研究》《法学学术规范与方法论研究》《政治学学术规范与方法论研究》《历史学学术规范与方法论研究》[4]，这五本对马克思主义、哲学、法学、政治学学术规范和方法论系统研究的专著中也都涉及学术出版中的引用、投稿等内容。更为重要的突破是，上述五本由我国社会科学学术界撰写的学术规范与研究方法论著作不仅涉及学术著作出版时的形式规范，也涉及社会科学论著写作中的实质规范，弥补了国内出版界研究学术成果出版规范与标准时重形式轻实质内容的不足。到 2020 年，该丛书陆续出版了历史学、艺术学、外国语言文学、语言学、经济学五个学科的学术规范和方法论，但尚有部分学科未出版。这一套涵盖社会科学学科的学术规范

---

[1] 叶继元．学术规范通论［M］. 2 版．上海：华东师范大学出版社，2017.

[2] 邓正来．中国学术规范化讨论文选［M］. 修订版．北京：中国政法大学出版社，2010.

[3] 叶继元．图书馆学学术规范与方法论研究［M］. 北京：科学出版社，2014.

[4] 张亮．马克思主义理论学科学术规范与方法论研究［M］. 南京：南京大学出版社，2016；夏保华，赵磊．哲学学术规范与方法论研究［M］. 南京：南京大学出版社，2016；李可，叶继元．法学学术规范与方法论研究［M］. 南京：南京大学出版社，2016；刘伟．政治学学术规范与方法论研究［M］. 南京：南京大学出版社，2017；胡阿祥，颜岸青．历史学学术规范与方法论研究［M］. 南京：南京大学出版社，2018.

和方法论专著初步形成了我国的社会科学学术规范体系，既有统一性，又体现了不同学科的各自特点。

在出版标准的修订方面，2015 年国家参考文献著录标准《信息与文献 参考文献著录规则》（GB/T 7714—2015）做了较大修订，主要修订内容针对“数字对象唯一标识符（DOI）”和各类电子资源的引用，如电子图书、电子学位论文、电子期刊、电子资源；同时取消了对文献类型标识强制著录的规定，变为电子文献必备但其他类型选择性著录，也增加了新的文献类型标识符号，如“A”档案、“CM”舆图、“DS”数据集等。这些修订是面向数字时代的一些重要变化。因而，2015 年前后编辑出版界围绕参考文献新国标的适用及不足展开了讨论。新的标准出台，编辑出版界有一个消化吸收的过程[1]，对新标准的理解未必一致，以至于标准制定者对相关解析中的问题也做了分析，或者就对新标准的错误理解做了简要说明[2]。也有出版界作者对新标准在适用中的不足进行了分析，如示例与标准的规定不一致、部分术语的采用等。[3]这说明即使在修订之后，我国的参考文献国家标准还有进一步完善的空间，也凸显了本书研究的意义。

除了国家标准的修订，我国学术出版方面的行业标准也有了重要进展，国家新闻出版广电总局在 2015 年颁布了一系列学术出版的行业标准，主要

---

❶ 曹敏．参考文献著录标准 GB/T 7714 的最新修订内容解析［J］. 科技与出版，2014（4）：74–76；张宏，李航，赵丽莹．GB/T 7714—2015 中一些文献项目的著录格式探讨［J］. 编辑学报，2016，28（S1）：16–18；祝清松．基于 GB/T 7714—2015 的参考文献著录趋势分析［J］. 编辑学报，2016，28（4）：352–354；陈海燕．《信息与文献 参考文献著录规则》（GB/T 7714—2015）部分条款解读［J］. 中国科技期刊研究，2016，27（3）：237–242；王媛媛．出版类期刊参考文献著录常见不规范问题分析［J］. 编辑学报，2018，30（2）：148–152；高继平，马峥，潘云涛，武夷山．参考文献中中国专利引文不规范分析及解决建议［J］. 中国科技期刊研究，2017，28（8）：716–720；黄城烟，王春燕．参考文献新国标若干重要概念的理解和著录方法［J］. 编辑学报，2016，28（3）：239–242.

❷ 陈浩元．关于GB/T 7714—2015编校失误答同人问［J］.编辑学报，2016，28（1）：2；陈浩元．正确理解、规范著录参考文献的“页码”［J］. 编辑学报，2017，29（3）：303；冯秀兰，陈浩元．对《GB/T 7714—2015〈信息与文献 参考文献著录规则〉标准解析》中几个问题的辨析［J］. 科技与出版，2016（4）：39–41；史强，包雅琳．参考文献数字对象标识符规范著录的编校实践［J］. 中国科技期刊研究，2018，29（9）：901–905；黄城烟．参考文献中标准著录格式的新规定及其影响——以 GB/T 7714—2015 为例［J］. 中国科技期刊研究，2016，27（3）：243–248.

❸ 余丁．GB/T 7714—2015参考文献新标准的不足及修订建议［J］.出版科学，2016，24（6）：45–49；余丁．GB/T 7714—2015 参考文献新标准的重大修改及疑点［J］. 中国科技期刊研究，2016，27（3）：249–253.

包括《学术出版规范 一般要求》(CY/T 118—2015)、《学术出版规范 科学技术名词》(CY/T 119—2015)、《学术出版规范 图书版式》(CY/T 120—2015)、《学术出版规范 注释》(CY/T 121—2015)、《学术出版规范 引文》(CY/T 122—2015)。同时，在《学术出版规范 一般要求》(CY/T 118—2015)中明确了学术出版应该遵循的国家标准：标点符号的使用应符合GB/T 15834的规定；数字的使用应符合GB/T 15835的规定；量和单位的名称、符号和书写规则应符合GB 3100、GB 3101和GB 3102.1-13的规定；文后参考文献应符合GB 7714的相关规定；也明确说明了科技符号应符合相关学科的规定。这一套行业规范的出台，使我国学术出版在出版标准方面初步形成了体系。但与上述参考文献国家标准不同的是，这一套行业标准在出版单位中反响不及预期，很少有编辑出版论文讨论上述规定。这说明行业标准的宣传和执行仍有待加强，也反映了出版单位对行业标准反响不及预期有可能是行业标准的适用性有待提高，还需要继续完善。例如，该套行业标准没有图书索引编制的规范，对于部分重要的学术出版伦理规范也未涉及，如署名规范、基金、匿名评审的具体规范都缺失。这就使该套行业标准对于学术出版实践的指导性和适用性还有完善的空间，这可能是出版单位反响不热烈的原因。

2016年6月，教育部公布了由部长办公会议通过的《高等学校预防与处理学术不端行为办法》，该办法第二十七条规定了学术成果出版时应遵守的学术规范："经调查，确认被举报人在科学研究及相关活动中有下列行为之一的，应当认定为构成学术不端行为：(一)剽窃、抄袭、侵占他人学术成果；(二)篡改他人研究成果；(三)伪造科研数据、资料、文献、注释，或者捏造事实、编造虚假研究成果；(四)未参加研究或创作而在研究成果、学术论文上署名，未经他人许可而不当使用他人署名，虚构合作者共同署名，或者多人共同完成研究而在成果中未注明他人工作、贡献……"

2018年5月，中共中央办公厅、国务院办公厅出台《关于进一步加强科研诚信建设的若干意见》，该文件第(七)条也规定了学术成果出版中的诚信要求："科研人员要恪守科学道德准则，遵守科研活动规范，践行科研诚信要求，不得抄袭、剽窃他人科研成果或者伪造、篡改研究数据、研究结论；不得购买、代写、代投论文，虚构同行评议专家及评议意见；不得违反论文署名规范，擅自标注或虚假标注获得科技计划(专项、基金等)等资助；不得弄虚作假，骗取科技计划(专项、基金等)项目、科研经费以及奖励、荣誉等；不得有其他违背科研诚信要求的行为。"2018年7月，教育部办公厅发布《关于严厉查处高等学校学位论文买卖、代写行为的通知》，督促高校严查论文买卖和代写行为，而论文买卖和代写也是严重违反学术出版伦理规范的行为。

2019 年 5 月，我国颁布了首个学术出版规范期刊学术不端行为的行业标准《学术出版规范　期刊学术不端行为界定》（CY/T 174—2019），该规范界定了论文作者、审稿专家、编辑三类主体的学术不端行为类型。

我国近年来不论是学术出版的具体标准，还是学术出版的规范都有了重要的进展，但相比于国外，还缺少系统性的有关出版标准和学术规范的百科全书式指导手册。而上述教育部出台的办法和国务院的文件中都只是说明不得有抄袭、剽窃、不当署名等行为，但没有说明具体依据什么学术规范来认定这些行为，在操作中导致不同学术机构认定标准不一、无公信力强的规范可循。因而，有必要进一步梳理比较国内外关于学术出版的学术规范，为我国学术成果出版规范与标准的完善提供借鉴。

（三）国内外学术出版规范与标准研究的其他动态

总的来说，相对于课题论证时，近年来国外除了上述因应网络传播新形势对各种出版规范性手册做了大量修订工作，关于学术出版规范开始关注干扰出版秩序的掠夺性期刊和劫持期刊问题。前者是以收取版面费牟利的期刊，但合法。[1] 为了牟利，掠夺性期刊大多通过电子邮件向作者发送征稿信息，这也带来了垃圾邮件的问题。[2] 后者是利用钓鱼网站劫持合法期刊的网站，拦截作者投稿，使用欺诈手段获利。[3] 二者都严重干扰了国外的正常学术出版秩序。可见，虽然国外的学术出版伦理规范形成较早，但在利益的驱使下，仍然有大量违反出版伦理甚至违法的行为。

国外对学术出版中涉及用稿规范的讨论，依然集中在对同行评议制度的讨论上，因为匿名评审也有一些缺陷，在实践中国外期刊早在 2000 年前后就开始寻找匿名评审的替代模式，包括预投稿同行评议、发表后评议，以及对传统匿名评议做一些调整，如开放评议过程、将审稿意见与文章一起发

---

❶ XIA Jingfeng. Predatory journals and their article publishing charges［J］. Learned Publishing，2015，28（1）：69–74.

❷ KOZAK M，IEFREMOVA O，HARTLEY J. Spamming in scholarly publishing：A case study［J］. Journal of the Association for Information Science & Technology，2016，67（8）：2009–2015.

❸ DADKHAH M，BORCHARDT G . Hijacked journals：An emerging challenge for scholarly publishing［J］. Aesthetic Surgery Journal，2016：sjw026.

表、在线张贴同行评议意见等。[1] 但这些实践并没有摸索出一套被国外学术界接受的能够替代当前匿名评审模式的新模式。因而，国外有大量文献讨论同行评议，除了论文，近年来也有专著系统地讨论匿名评审的失效和伦理问题及如何完善。[2] 也有学者跳出编辑出版实践的框框，研究了匿名评审中专家的话语方式。[3] 但总的来说，国外学术界和出版界并未否定同行评议制度。[4]

当然，国内外对于同行评议研究总的来说还是基于编辑出版的具体实践取向，从社会学、伦理学等理论角度的研究还比较欠缺。国内除了出版界的研究，也有个别学者在课题资助下对学术出版规范和标准做了比较性研究，这类研究突破了编辑实践导向研究的局限，更加宏观，并且使用了搜索引擎调查等新方法对学术规范的普及做了调查。[5] 当然，编辑出版界也开始注重研究和调查方法的规范性，问卷调查开始逐步使用，研究也开始关注学术评价标准对学术规范的影响。[6] 有的研究也开始把论文作为文本做了较大规模的调查，突破了编辑出版研究以自身实践为基础的局限。[7] 这些都为本书的研究在内容和方法上提供了重要借鉴。

---

❶ 黑姆斯．科技期刊的同行评议与稿件管理［M］．张向谊，译．北京：清华大学出版社，2012.

❷ STARCK J M. Scientific peer review：Guidelines for informative peer review［M］. Wiesbaden：Springer Fachmedien，2017.

❸ PALTRIDGE B. The discourse of peer review：Reviewing submissions to academic journals［M］. London：Palgrave Macmillan，2017.

❹ NICHOLAS D，WATKINSON A，JAMALI H R，et al. Peer review：Still king in the digital age［J］. Learned Publishing，2016，28（1）：15-21.

❺ 李婉丽．中美学术文献著录标准规范的差异研究——《芝加哥手册》与《GB/T 7713》和《GB/T 7714》的对比研究［J］．中国出版，2012（19）：63-66；李婉丽．译美国写作体例《芝加哥手册》之目录对写作、出版体例方面的方向性启示［J］．科技与出版，2012（9）：55-58；李婉丽，秦茂盛．科研诚信基础层建设对我国学术写作、出版标准建设的启示［J］．出版发行研究，2012（4）：49-51；李婉丽，秦茂盛．从大学体例标准知识教育看美国学术出版标准体系建构［J］．出版发行研究，2015（8）：87-90；李婉丽，肖阳．基于互联网搜索我国与美国写作、出版体例标准的比较研究［J］．出版科学，2013，21（3）：61-64.

❻ 张春丽，倪四秀，宋晓林．科技期刊学术不良行为认知与管控研究——基于作者、编辑和审稿专家的问卷调查分析［J］．中国科技期刊研究，2018，29（12）：1201-1207.

❼ 王珍．学术期刊论文摘要撰写与著录规范调查分析——以编辑出版类CSSCI期刊为例［J］．科技与出版，2013（11）：55-59.

第二节 研究设计

一、研究的整体框架

通过上述对国内外学术出版规范与标准及规范的梳理，笔者认为就标准和规范的内容或类型来看，国内的讨论主要集中在两个方面：参考文献著录标准及其实施；出版过程中涉及的各种学术伦理规范。因此，这也成为本书研究的主要内容，与课题论证时的研究设计也是一致的。借鉴现有文献中的研究方法，为了体现研究的科学性，课题组采用访谈法、问卷调查、标准和规范文本分析、使用内容分析方法调查国内外期刊发表的论文及其官方网站采集的文本。

课题研究的实施框架，即本书的结构如下。

第一章研究背景与研究设计。调查学术出版规范与标准研究和实施现状，对研究进行整体设计。

第二章学术成果出版规范与标准概念界定和体系梳理。主要是梳理界定本书中的核心概念，以及对本书中重点分析的相关学术出版标准或规范的基本情况进行调查，同时规范相关标准或规范名称的表达，以避免后续章节中重复介绍和名称不统一。

第三章国内外学术成果出版主要规范与标准核心内容比较。主要从两个方面对国内外学术成果出版的规范与标准内容进行比较：一是参考文献规范与标准文件内容比较。二是由主管部门或相关学会协会制定的主要学术出版伦理性规范文件内容比较。为了弥补国内伦理规范文件的缺失，国内部分规范性文件将以制定较为科学、有一定影响力的出版单位伦理规范代替国内规范与标准和国外的规范与标准进行比较。

第四章国内外学术期刊参考文献标准适用情况调查与比较。主要对期刊论文或出版社已经出版的图书中执行的参考文献著录标准进行调查，分析比较国内外学术出版物执行的主要参考文献著录规范及其差异。在分析时以调查获得的定量数据为主，以访谈或期刊网站调查的数据为辅。

第五章国内外学术出版单位学术出版规范适用情况调查与比较。主要通过问卷调查、访谈和使用内容分析方法对出版单位公布的征稿简则等文件进行调查，分析比较国内和国外、不同学科或不同出版单位在执行学术出版规范上的差异。

第六章学术成果出版数字化与国际化及其对出版规范与标准的挑战。主要对国内学者国际发表情况、国内外出版单位利用社交媒体传播的情况、数据出版等进行调查，分析这些变化对我国学术出版规范与标准完善带来的挑战。

第七章我国学术出版规范与标准需求调查和完善建议。通过前面章节的调查分析，以及访谈获得的数据，分析我国学术成果出版规范与标准存在的不足，给出具体的完善建议。

本书确定的研究重点是以期刊论文的出版标准和规范为主，因为期刊论文是目前国内外最主要的学术评价手段，期刊论文的规范也会影响到学术专著、学位论文等其他学术成果的规范。前期研究发现，学术成果出版规范与标准存在的问题集中体现在期刊论文的出版规范与标准上。上述框架已经把原始研究设计转化到各个章节中，在课题原始设计中，有一个研究内容是“国内外学术成果数字出版规范和标准比较”，在课题研究进行到一定程度及进行文献综述后发现，有关数字出版带来的学术成果出版特有的规范变化本身就在参考文献著录等规范中有所体现。针对数字出版特有的规范，往往偏向于技术标准，本书的研究并非立足于技术性调查学术成果出版规范，而是立足于学术出版需要遵守的学术规范，故对于数字出版规范和标准的研究不再独立成章，但是上述第六章也将对数字环境给学术出版规范与标准带来的挑战作分析。

二、主要样本和数据采集

（一）深度访谈和参与式观察

深度访谈的主要对象是学术期刊和出版社的编辑或管理人员，通过访谈，调查了解学术期刊或出版社编辑在编辑出版实践中是如何操作的，会遇到哪些具体的问题，以及他们对制定学术出版标准或规范的具体需求。由于课题组成员来自不同地区的不同学术期刊和出版社编辑一线单位，因而，课题组成员也有便利的调研条件，课题组成员个人的参与式观察作为访谈数据的补充。学术出版过程中还涉及审稿专家和作者，课题组也以便利样本——课题组所在高校专任教师中学术成果较为丰富的教师和担任国内外期刊评阅专家的教师作为访谈对象。访谈对象或课题组参与式观察实施人员的基本情况见表 1.3（为了保护受访者隐私，省略了性别等个人信息）。

表 1.3　访谈或调查对象基本情况

访谈对象编号	职称	学术出版过程中的角色	出版单位或所在学术机构性质	出版物及检索情况（本栏信息由调研对象提供）	访谈地点	调研方式
1	编审（30 年编龄）	曾担任社长，现为主编	综合大学期刊社	综合性社会科学、自然科学、专业社会科学和专业自然科学期刊，英文版；CSSCI、CSCD、EI 检索均有；科技处管理	调研对象办公室	深度访谈
2	编辑（6 年编龄）	责任编辑	综合大学出版社	教育、机械类学术图书和教材	调研对象办公室	深度访谈
3	编审（22 年编龄）	主编	综合大学学报	工科综合、EI 检索	调研对象办公室	深度访谈
4	编审（30 年编龄）	主编	综合大学举办的专业期刊	社会科学、管理学、优化决策、人力资源（属于社会科学和自然科学综合）	调研对象办公室	深度访谈
5	副社长	副社长	期刊社	理科、英文版（SCI）、技术期刊	调研对象单位会议室	深度访谈
6	编审	主编	综合社科期刊	CSSCI 期刊	调研对象办公室	深度访谈
7	编审	主编	综合社科期刊	CSSCI 期刊	调研对象办公室	深度访谈
8	编审	主编	专业工学	EI 检索	调研对象办公室	深度访谈
9	编审（30 年编龄）	副主编	经济管理类专业期刊编辑部	经济学宏观、管理学、财政、金融工商管理	调研对象办公室	深度访谈
10	副编审（12 年编龄）	数字出版中心副主任	综合大学出版社	社科类、科技类；数字出版	调研对象办公室	深度访谈
11	编审	主编	英文版	SCI 检索	会议室	深度访谈
12	编审（25 年编龄）	编辑部主任	医科大学编辑部	专业神经科学英文刊、医科大学学报、医学教育	调研对象办公室	深度访谈
13	编辑（6 年）	责任编辑	社科类专业出版社	法律类图书与学术专著（学术图书 2/3，市场化图书 1/3）	调研对象办公室	深度访谈

续表

访谈对象编号	职称	学术出版过程中的角色	出版单位或所在学术机构性质	出版物及检索情况（本栏信息由调研对象提供）	访谈地点	调研方式
14	副编审（8年）	责任编辑	社科类专业出版社	法学和经济管理学术图书	调研对象办公室	深度访谈
15	编审（超过20年）	副社长	综合大学期刊社	兼具文理的期刊社；CSSCI、CSCD	调研对象办公室	深度访谈
16	编审（超过20年）	社长	综合大学期刊社	文、理、医学、工程类期刊；EI、CSSCI、CSCD	期刊界会议酒店	小组访谈
17	编辑（5年）	责任编辑	综合大学期刊社	教育类期刊	期刊界会议酒店会议室	小组访谈
18	编辑（10年）	责任编辑	专业高校期刊社	英文期刊	期刊界会议酒店会议室	小组访谈
19	副编审（14年）	编辑部主任	综合大学期刊社	工程技术期刊，CSCD	期刊界会议酒店会议室	小组访谈
20	副编审（16年）	责任编辑	医科大学编辑部	医学期刊，CSCD	期刊界会议酒店会议室	小组访谈
21	编审（30年）	期刊社社长	综合性大学期刊社	文、理、医学、工程类期刊；EI、CSSCI、CSCD		参与式观察
22	编审（30年）	编辑部主任	医科大学编辑部	医学专业期刊，SCI		参与式观察
23	副编审（20年）	副社长	综合大学出版社	工程技术、社会科学、数字出版		参与式观察
24	副编审（25年）	编辑部主任	政法大学编辑部	法学，CSSCI		参与式观察
25	副编审（17年）	责任编辑	综合性大学期刊社	工程技术，CSCD		参与式观察
26	研究员	作者和审稿人	综合性大学文科学院	CSSCI期刊投稿者与审稿人	会议室	小组访谈
27	副教授	作者和审稿人	综合性大学文科学院	SSCI期刊作者、CSSCI期刊审稿人	会议室	小组访谈
28	副教授	作者和审稿人	综合性大学文科学院	CSSCI期刊审稿人和作者	会议室	小组访谈
29	教授	作者和审稿人	综合性大学文科学院	CSSCI期刊审稿人和作者	会议室	小组访谈

续表

访谈对象编号	职称	学术出版过程中的角色	出版单位或所在学术机构性质	出版物及检索情况（本栏信息由调研对象提供）	访谈地点	调研方式
30	教授	作者和审稿人	综合性大学工科学院	SCI 期刊作者和审稿人	会议室	小组访谈
31	讲师	作者	综合性大学工科学院	SCI 期刊作者	会议室	小组访谈
32	副教授	作者	综合性大学工科学院	CSCD、EI 期刊作者	会议室	小组访谈
33	讲师	作者	综合性大学工科学院	CSCD 期刊作者	课题组成员单位办公室	小组访谈
34	讲师	作者	综合性大学文科学院	CSSCI 期刊作者	课题组成员单位办公室	小组访谈
35	副教授	审稿人和作者	专业文科高校	CSSCI 期刊审稿人和作者	课题组成员单位办公室	小组访谈
36	讲师	作者	综合性大学文科学院	CSSCI 期刊作者	课题组成员单位办公室	小组访谈
37	讲师	作者	综合性大学文科学院	CSSCI 期刊作者	课题组成员单位办公室	小组访谈
38	副教授	作者	工科高校	EI、CSCD 期刊作者	课题组成员单位办公室	小组访谈
39	副教授	作者	医科高校	SCI、CSCD 期刊作者	课题组成员单位办公室	小组访谈
40	教授	审稿人和作者	综合性大学理科学院	SCI、CSCD 期刊作者和审稿人	课题组成员单位办公室	小组访谈
41	教授	审稿人和作者	综合性大学工科学院	EI、CSCD 期刊作者	课题组成员单位办公室	小组访谈
42	副教授	审稿人和作者	综合性大学文科学院	CSSCI 期刊作者	课题组成员单位办公室	小组访谈
43	讲师	作者	综合性大学文科学院	CSSCI 期刊作者	课题组成员单位办公室	小组访谈

续表

访谈对象编号	职称	学术出版过程中的角色	出版单位或所在学术机构性质	出版物及检索情况（本栏信息由调研对象提供）	访谈地点	调研方式
44	讲师	作者	综合性大学文科学院	CSSCI 期刊作者	课题组成员单位办公室	小组访谈

由于编辑出版工作者是调研的重点，采用深度访谈，其他人员采用开放式的访谈，具体访谈提纲见附录一。

（二）问卷调查

部分问题，特别是涉及用稿过程中的问题，通过访谈无法有效获取真实信息，如关系稿处理等情况。因此，根据研究内容设计了调查问卷，通过问卷对编辑出版工作者在实际工作中的用稿、审稿、具体学术出版标准或规范执行等情况进行调查。在前期调查时发现，网络发放的问卷填写质量和回收情况普遍不理想，而且样本的代表性无法保证。为了使调查样本具有代表性，课题组采取利用各种期刊界学术会议发放问卷的方式，主要在长沙、重庆、乌鲁木齐、北京等地举行的高校学报年会、科技期刊会议或培训等学术期刊编辑特别集中的地方发放问卷，共发出 600 份问卷，回收问卷 423 份，其中有效问卷 410 份。在发放问卷时，课题组成员特别说明（问卷上也有说明）一个期刊编辑部最多填写一份问卷。这样问卷具有较好的代表性，避免同一出版单位重复填写，带来样本的代表性不足的问题。问卷回收后录入 SPSS，利用描述性统计、交叉分析等基本功能完成数据分析。完整的问卷见附录二。

（三）论文文本和出版单位网站文档内容分析法调查

对于国内外期刊参考文献著录和实施出版规范与标准的情况，课题组采用的是新闻传播学常用的内容分析方法，把从中国知网和其他外文数据库中下载的期刊论文，以及通过调查国内外期刊网站获得的征稿简则等文本数据作为内容分析的样本，将文本数据转化为分类变量数据之后再利用 SPSS 进行分析。2017—2019 年以 1918 家国内外中英文期刊作为调查对象，具体见表 1.4，在调查时无法获取数据的部分样本将在采集时剔除。

表 1.4 期刊论文和网站采集与分析的原始样本数量[①]

期刊类型	原始样本数量 / 家	备注
CSSCI 中文期刊	553	
CSCD 中文期刊	684	
CSCD 英文期刊	201	
国外期刊	480	随机从数据库抽取，其中社会科学和自然科学医学各占一半，主要来自 SAGE、Taylor Francis、Springer、Cambridge Journals、Elsevier、Wiley、Science、Nature 等数据库

注：① 根据具体数据情况，后面的分析数据可能与此有差别。

为了保证数据采集质量，在调查实施之前，课题负责人和课题组成员先整理出一个详细的编码说明（共计 16000 多字），把国内外主要参考文献著录规范的主要特点做了详细的梳理归纳（见附录三），并对用稿规范等具体内容的界定给出了很多实例。

在整理编码表过程中，课题负责人发现对参考文献做编码的主要障碍是国外部分参考文献著录格式之间很难区分，对此，课题组除了整理出各种规范之间的细微差异供编码员参考之外，还将其划分为循环数字编码格式、连续数字编码格式、著者 - 出版年格式、特殊格式几大类。编码表内容如下（完整编码表见附录三）：

对于国外期刊参考文献著录究竟采用的是哪种规范，以期刊网站自我给出的具体格式为准，这样就避免了编码员主观判断带来数据不准确的问题。对于无法准确判断的，为了保障数据的有效性，减少编码中的错误，国内期刊将 GB 7714 作为单独的一类。而对于国外期刊，或者国内非采用国家标准的参考文献，编码表中将其划分为以下几大类。

2 = 各种循环数字编码格式

第一，正文中引用参考文献时使用数字，具体格式可能是数字，圆括号、方括号括起来的数字，在上角标或不在上角标均有，如 CSE 引用 – 顺序体系。第二，文后的参考文献使用数字编号（常见情况），还有一种特殊情况是正文用数字，但文后的参考文献使用字母顺序编号，如 CSE 引用 – 姓名体系。这种模式的特点是编号循环使用，一个文献对应一个编号，按照在正文中引用的顺序或字母顺序给予每个文献一个唯一编号，多次引用使用相同编号。调查期刊正文时如果某个引用序号重复出现多次一般是这种模式，与我国国家标准 GB 7714 的方法相同。理工科的期刊大多喜欢采用这种模式。

3 = 各种连续数字编码格式

正文中也是使用数字标示被引文献，每次引用使用一个编号，如果文献重复引用就重复编号。在参考文献列表中第一次出现文献时著录完全，后面这个文献再次引用时，列于参考文献表的著录可以简化，如省略题名、出版项等信息。MHRA 采用的是这种格式，芝加哥格式中的注释 + 参考文献列表也与之类似，但不同的是芝加哥格式把注释著录在脚注之后再重复在文末列出参考文献列表，而参考文献列表中的文献不再重复著录。如果调查期刊论文的参考文献表时，发现同一个文献被多次著录（后面的著录可能采用简略模式）就是这种格式。也可以调查期刊正文，如果正文中引用的文献是从 1 逐渐增大并且没有重复即这种格式，一般在人文科学期刊中采用。

4 = 各种著者 – 出版年格式

很多格式采用这种模式，如 APA、MLA、CSE 中的著者 – 出版年格式，芝加哥格式中的著者 – 出版年格式等，这是一种非常流行的格式。其特点是在正文中使用著者和年份（有时还使用页码，或者加入页码信息）表示引用情况，文末按照字母表顺序著录参考文献。具体示例参见后面的 APA 等格式。

5 = 特殊格式

一般而言，上述几大类基本能够涵盖全部类型的参考文献著录。但也有少数无法划入上述几大类的格式，通常是注释 + 参考文献这样的特殊模式，其特点是参考文献既在注释中也在文末列表。如芝加哥格式中的注释 + 参考文献格式，虽然可以列入连续数字编码格式，但与其他连续数字编码格式相比多了注释，而且其参考文献列表采用的是字母顺序模式。严格来说，这属于一种特殊的混合模式。也有一些期刊仅有注释（脚注或尾注），不再在文末列出参考文献列表。这种模式往往与上述参考文献和注释有无中的 2、3 两种情况对应。

另外的特殊格式是指法学论文，美国的期刊通常采用《哈佛法律评论》牵头发布的《蓝皮书：一种统一的引用系统》（*The Bluebook: A Uniform System of Citation*），以及后来由法学写作指导者协会（Association of Legal Writing Directors）发布的《ALWD 引用手册》（*The ALWD Citation Manual*），若法学期刊中未特别指明使用哪种格式，则把其当作特殊格式对待。主要是法学引用涉及庞杂的案例、法律法规体系，故在英国和美国形成了自成一体的体系。

在英国还有一种牛津格式（Oxford Format），也是一种特殊格式，这种格式把参考文献列为每页的脚注，用数字在每页重新编号。

The 'Oxford' format is one of the most commonly used footnote citation styles in the UK. When using this format, citations should therefore be supplied as footnotes—that is, they should appear in a numbered list at the bottom of each page, with corresponding numbers being supplied in the main body of your essay, directly after a particular author and/or text has been referred to.

对于其他学术规范内容的数据编码，课题组也在前期做了充分调研，考虑到各种不同的情况。对于部分可以采集到具体数据的采集具体数据，不能采集具体数据的以分类数字来编码，并给出了实例供编码员学习参考。为了提高编码准确性和效率、降低对英文资料的编码难度，部分项目还给出了关键词。以下为部分编码表示例（完整编码表见附录三）：

第十，检测系统百分比数值要求。

还可用百分比作为搜索关键词，如%。

0 = 无相关信息

（采集到的百分比数值）= 具体的百分比，这里以具体的百分比作为编码数据，如下例的征稿简则中的"15%"：

本刊已启用学术不端检索（注：原文如此）系统，凡复制比达到或者超过15%的文章直接退稿。

第十一，发现抄袭后的惩戒措施。

检索关键词：plagiarised、plagiarism、抄袭、剽窃、legal action。

0 = 无相关信息

1 = 明确发现抄袭的措施

示例：

Where an article, for example, is found to have plagiarised other work or included third-party copyright material without permission or with insufficient acknowledgement, or where the authorship of the article is contested, we reserve the right to take action including, but not limited to: publishing an erratum or corrigendum (correction); retracting the article; taking up the matter with the head of department or dean of the author's institution and/or relevant academic bodies or societies; or taking appropriate legal action.

……以及抄袭他人论文等现象。一旦发现有上述情况，该作者的稿件将被作退稿处理，同时通知所在单位严肃处理，并向电气工程领域兄弟期刊通报。我刊将拒绝发表本文主要作者的所有投稿。

在编码完成后，由三位编码员进行初步的编码表测试，在测试后又发现有调研项目遗漏及编码表表述不清晰之处，课题组成员讨论之后做了修订。主要问题是一些现实情况在编码表中没有被囊括进去，这时就增加新的编码分类类目或调整编码表。修订完成并测试编码没有问题之后，又通过两位编码员同时对多条数据进行编码，检测发现两位编码员的编码能够达到完全一致。出现这种情况的主要原因是本书所做的调查中需要作主观价值判断的编码内容非常少，大多数只是客观地记录数据。而且不少征稿简则的结构和内容具有相似性。在编码表完成后，对编码员进行编码培训并观察编码效果，达到要求后即开始进行编码。在编码过程中，要求编码员对不能确定的编码内容先提交课题组成员共同讨论确定，并将讨论结果告知全体编码员，这样能够最大限度地保证编码结果的一致性和准确性。共有包括课题组成员、课题组成员所培养的博士研究生和硕士研究生团队计 17 人参与了内容分析中的编码工作。由于人员过多，难免出现错误。全部编码工作完成后，课题负责人抽查了每位编码员的 20 条编码，发现是人为失误性错误的打回编码员重新核查编码。之后又请 5 位编码员对全部编码重新核查，直到没有错误为止。

第二章　学术成果出版规范与标准概念界定和体系梳理

第一节　核心概念界定

一、学术成果及其出版

在国内学术界一度有一种观点认为"学术"一般指社会科学，但在国外语境下学术一直是人文社会科学和自然科学与技术等领域中专业知识及相关活动的总称。学术的实质是"创新"，而不是其具体领域。[1]因此，本书学术成果包括各个学科和领域中的科学研究成果，不特指人文社会科学。出版也有广义与狭义之分，广义的出版指内容的公开，狭义的出版仅指专业的出版单位出版发行的内容。我国新闻出版行业标准《学术出版规范　一般要求》（CY/T 118—2015）使用的是"学术作品"，其给出的定义是"经过评审、编辑加工和复制向受众传播的专业出版活动"。这里指的就是狭义的学术成果出版，即执行严格的同行评审并经过专业出版从业者加工的学术作品。

教育部科学技术委员会学风建设委员会组编的《高等学校科学技术学术规范指南》将学术成果定义为："学术成果是指人们通过科学研究活动，如实验观察、调查研究、综合分析、研制开发、生产考核等一系列脑力和体力劳动所取得的，并经过同行专家审评或鉴定，或在公开的学术刊物上发表，确认具有一定的学术意义或实用价值的创新性结果。"该定义赋予学术成果的本质特征是"创新"，该指南还进一步指出"只有创新和发展，才可称得上是真

---

[1] 叶继元．图书馆学学术规范与方法论研究［M］．北京：科学出版社，2014：2.

正的学术成果"。[1]这是因为学术成果正是有了"创新"才具备学术评价功能，才能促进社会的知识生产和传播。

学术成果的形式是多样的，包括摘要、会议展示、书评、综述文章、技术标准、词典、期刊论文、书的章节、专著或其他类型著作、论文集、咨询建议、基金申报、结题报告，甚至博客、微博、微信公众号或朋友圈、视频或音频在线分享等各种形式都能够让学术成果在学术共同体中传播。在我国部分高校甚至出现了将社交媒体中具有相当影响力的文章也视为与论文相当的学术成果的新现象，这说明学术成果的范围和形式也因为新的数字化传播态势正在发生改变。

虽然学术成果的形态多样，然而具有重要学术评价功能的学术成果是出版社出版的学术图书和期刊出版单位出版的学术论文。国内外传统意义上的学术成果出版标准与学术规范主要是围绕学术论文和著作的出版而形成和制定的。学术论文的载体是期刊，学术著作的载体是图书，都由出版单位正式出版。本书研究中所说的学术成果出版，主要是指发表在学术期刊上的学术论文和由正规出版社出版的图书的出版。当然，其他的出版形式并非无意义，其他形式的学术成果也正在获得越来越大的影响力。如学术期刊和学者们的微信公众号，也日益成为学术圈获得学术信息的重要来源。这些非传统的出版方式对学术规范和学术标准的影响是，如果参考或引用了这类信息来源如何著录的问题，这正是上文所述国外的学术出版相关标准和规范近年来修订的主要原因。在本书的第六章的研究内容中会对此进行进一步分析。

这里需要进一步说明的是，虽然学术图书和学术期刊是两种主要的学术成果，然而最为重要的学术成果出版形式是学术期刊。其主要原因是规范的学术期刊大多有严格的匿名评审过程，有更严格的学术评价过程。调查发现，部分课题组成员所在高校虽然也对学术专著给予科研奖励，但在职称晋升时，大多以学术期刊论文为主要考察标准而非专著。在国内外学术界，学术期刊成为学术评价的代替物已是不争的事实。[2]虽然这种通行的做法招来一些批评，但目前还不能找到更好的替代模式。

有鉴于此，在学术规范与标准具体实施调查方面，以学术期刊作为重点调查对象，而以学术图书为次要调查对象。

---

❶ 教育部科学技术委员会学风建设委员会.高等学校科学技术学术规范指南［M］.北京：中国人民大学出版社，2010.

❷ 杨玉圣.学术期刊与学术规范［J］.清华大学学报（哲学社会科学版），2006(2)：43-49.

二、学术出版规范与标准

标准和规范在词义上本身就有重合，在含义上有相似性。我国原国家标准《标准化工作导则　第 1 部分：标准的结构和编写》（GB/T 1.1—2009）（现已修订为 GB/T 1.1—2020，新标准中删除了规范的定义，标准的定义未更改）中将“规范”定义为：“规定产品、过程或服务需要满足的要求的文件。”该国家标准中将“标准”定义为：“通过标准化活动，按照规定的程序经协商一致制定，为各种活动或其结果提供规则、指南或特性，供共同使用和重复使用的文件。”[1]上述两个词的定义有两点共同之处：第一，正式的规范和标准都是文件。第二，规范和标准都提供了一种可以遵循的要求或规则等。甚至有学者认为“所谓规范，意为标准”[2]。在国家标准的定义中，标准的范围大于规范，规范是更为严格的标准，即标准还可以有指南性质，而规范是需要满足的要求。但《中华人民共和国标准化法》（2017 年修订）第二条将标准定义为：“本法所称标准（含标准样品），是指农业、工业、服务业以及社会事业等领域需要统一的技术要求。”这一定义则又与 GB/T 1.1—2009 中“规范”的定义更为接近。因此，可以说标准和规范在某种程度上是混用的。例如，我国学术出版方面的行业标准名称是《学术出版规范　一般要求》（CY/T 118—2015），名称中使用的就是“规范”。

与标准密切相关的另一个概念是“标准化”，我国原国家标准 GB/T 1.1—2009 中将“标准化”定义为：“为了在既定范围内获得最佳秩序，促进共同效益，对现实问题或潜在问题确立共同使用和重复使用的条款以及编制、发布和应用文件的活动。”[3]这一定义与国际标准化组织（International Organization for Standardization，ISO）对标准化的定义相似。ISO 对标准化的定义为：“标准化就是针对实际或潜在的问题、以获得某种给定的背景中最优程度秩序为目标，来制定共同遵守并且可以重复使用的规定。”[4]这一定义也被美国国家标

---

❶ 中国标准出版社，全国标准化原理与方法标准化技术委员会 . 标准化工作导则国家标准汇编［M］. 6 版 . 北京：中国标准出版社，2018：8.

❷ 叶继元 . 学术规范通论［M］. 2 版 . 上海：华东师范大学出版社，2017.

❸ 中国标准出版社，全国标准化原理与方法标准化技术委员会 . 标准化工作导则国家标准汇编［M］. 6 版 . 北京：中国标准出版社，2018：85.

❹ DE VRIES H J. Standardization：A business approach to the role of National Standardization Organizations［M/OL］. New York：Springer Science+Business Media，1999. DOI：10.1007/978-01-4757-3042-5.

准化组织所采纳。其中有两层重要的含义：标准化活动包含了制定发布和实施标准的过程；标准化的重要意义在于针对特定目标改善提高产品、过程和服务的适用性，减少贸易和技术合作利用的障碍。ISO 对标准的定义为："文件，该文件建立在共识和被公认的实体通过的基础上，该文件提供共同遵守和可重复利用的规则、指南或活动及其结果的特征，并以获得某种给定的背景中最优程度秩序为目标。"[1] 值得注意的是，我国法律和国家标准、ISO 及美国标准中对标准的定义都是取的成文标准，但在实际的标准化活动中也有不成文的标准，它也可以是一套解决方案，只要这个方案能够获得认可和团体成员共同遵守。这一点将在下一部分梳理标准与规范体系时予以分析。简而言之，在 ISO 的定义中，标准就是标准化活动的结果，是标准化活动过程中形成的文件。因此，逻辑上一般先定义标准化再定义标准。

根据上述定义，课题组将学术出版标准化定义为："为了在学术成果出版活动中获得最佳秩序，促进包括出版者、作者、同行评议人在内的学术共同体的共同利益，对学术出版活动中出现的各种现实问题或潜在问题确立共同使用和能够被重复使用的条款以及编制、发布和实施相关文件的活动。"学术出版标准即学术出版标准化活动中产生的各种文件。广义来讲，标准就是规范，但从学术界习惯上来看，学术出版规范的范围又要宽于学术出版标准。学术出版标准往往指国家标准、行业标准或企业以"标准"名义发布的文件，而学术规范则不仅包括以标准名义发布的文件，也包括学术共同体长期形成的一种共识性知识。部分知识外化为学术出版标准，还有部分知识可能并未外化。故我国学术界对学术规范的定义中规范的内涵与上述对标准的定义有一定差异。

如有学者将学术规范定义为："所谓学术规范是指学术共同体根据学术发展规律参与制定的有利于学术积累和创新的各种准则和要求，是长期学术活动中的经验和概括。"[2] 其落脚点是经验，而不是文件，即明显包含了不成文但达成共识的规则。《高等学校哲学社会科学研究学术规范（试行）》（2004）第二条规定："本规范由广大专家学者广泛讨论、共同参与制订，是高校师生及相关人员在学术活动中自律的准则。"《高等学校科学技术学术规范指南》中

---

❶ DE VRIES H J. Standardization：A business approach to the role of National Standardization Organizations［M/OL］. New York：Springer Science+Business Media，1999. DOI：10.1007/978-01-4757-3042-5.

❷ 叶继元 . 学术规范通论［M］. 2 版 . 上海：华东师范大学出版社，2017.

将学术规范定义为："学术规范是从事学术活动的行为规范，是学术共同体成员必须遵循的准则，是保证学术共同体科学、高效、公正运行的条件，它从学术活动中约定俗成地产生，成为相对独立的规范系统。"❶《高校人文社会科学学术规范指南》中将学术规范定义为："学术规范是根据学术发展规律制定的有关学术活动的基本准则，反映了学术活动长期积累的经验。学术共同体成员应自觉遵守。"❷这两个定义同样以"行为规范""准则"而不是"文件"为核心词汇来定义学术规范。上述两个指南和一个文件，都是教育部组织专家论证起草的，可见在学术界看来，"学术规范"不仅包括成文文件，也包括一种不成文的行为准则。

通过上面对"学术规范"概念的梳理，笔者认为"学术出版规范"是"学术规范"中涉及学术成果出版的相关行为规范或准则。学术规范主要约束学术成果生产者的学术活动，而学术出版规范则主要约束学术成果出版者的出版活动。学术出版规范也有自己独特的规则体系。以学术期刊为例，"学术期刊的基本规范是指所有期刊编辑都必须遵守的一些公认的主要准则和要求。这些准则和要求是从长期的学术期刊实践工作中总结出来的，既吸收了学术规范中的基本规范，也包含了对学术期刊编辑素质的基本要求"❸。因而，学术期刊的学术规范分为基本规范、审稿规范、编辑规范、著录规范、出版规范、评价规范。❹在上述学术规范指南和办法中，也都包含了学术引文规范、学术成果呈现规范、学术评价规范，这也属于出版规范中约束学术成果作者的部分。但上述指南和办法中还缺少约束编辑的规范，如编辑对作者、对审稿人涉及的行为规范，故学术出版规范属于学术规范与出版规范的交叉部分，其中既有属于学术规范的内容，也有其独特的部分。其原因在于二者制定和适用主体有重合，也有差异。国外部分期刊与出版社实施的学术标准和规范中，就既有出版单位制定的，也有相关学会制定的。

此外，在定义上，除了话语中透露出成文或不成文的特点有差异，"学术出版标准"与"学术出版规范"另一个差异在于，"学术出版标准"的技术性

---

❶ 教育部科学技术委员会学风建设委员会.高等学校科学技术学术规范指南［M］.北京：中国人民大学出版社，2010：2.

❷ 教育部社会科学委员会学风建设委员会.高校人文社会科学学术规范指南［M］.北京：高等教育出版社，2009：3.

❸ 叶继元.学术期刊与学术规范［J］.学术界，2005（4）：57-68.

❹ 叶继元.学术期刊与学术规范［J］.学术界，2005（4）：57-68.

更强，而“学术出版规范”的伦理性更强。前者往往容易形成成文的文件供学术共同体执行；后者由于涉及伦理道德，很多内容需要学术共同体成员自律。当然，一些技术性标准本身也具有伦理性，如引文和参考文献国家标准中要求对参考文献的规范著录本身就包含了通过规范著录防范学术不端，而漏引或假引也违反了学术伦理，署名规范同样如此，二者是不可能截然分开的。只是学术界或出版界在提及“标准”或“规范”时有一个习惯性认知。在调研中课题组发现，提及标准时，出版单位的编辑往往理解为按照一定程序制定颁布并实施的国家标准或行业标准；在提及规范时，出版单位的编辑往往理解为一稿多投、抄袭剽窃等涉及出版伦理的行为准则。

鉴于“学术出版标准”和“学术出版规范”之间的联系与差异，本书使用“学术出版规范与标准”将二者统一起来，它既包括由标准化组织或其他主体在学术出版标准化活动中制定的文件，也包括学术共同体长期在学术出版活动中形成的约束成果研究者和出版者的成文或不成文的行为准则。正因为如此，国外的部分综合指南型学术出版规范一般被称为“格式（Style）”。

第二节　学术出版规范与标准的分类和体系

一、学术出版规范与标准的不同分类标准

（一）按照适用范围划分

一般的标准按照制定主体和适用范围来划分，可分为：国际标准——“由国际标准化组织或国际标准组织通过并公开发布的标准”，适用于国际上的多个国家；区域标准——“由区域标准化组织或区域标准组织通过并公开发布的标准”，适用于区域内的国家；国家标准——“由国家标准机构通过并公开发布的标准”；行业标准——“由行业机构通过并公开发布的标准”；地方标准——“在国家的某个地区通过并公开发布的标准”；企业标准——“由企业通过供该企业使用的标准”。[1]就学术出版规范与标准而言，从整体上看是学术出版领域的行业标准与规范。但学术出版既有国际化的情况，也有各国国

---

[1] 中国标准出版社，全国标准化原理与方法标准化技术委员会.标准化工作导则国家标准汇编［M］.6版.北京：中国标准出版社，2018：87-88.

内的情况。以我国学术期刊为例，既有国内作者在国外期刊发表论文，也有国外作者在国内英文期刊发表论文，还有国内作者在国内期刊发表论文，在上述不同场合适用的学术规范与标准也不尽相同。因此，学术出版规范与标准既有国际标准，如 ISO 690 对参考文献的规范，也有国家标准，如我国的 GB 7714 对参考文献的规范、美国参考文献著录国家标准。由于学术期刊或图书的流通一般是全世界或全国，不会限制在某一区域或某一地方，因此，一般没有以区域或地方标准化机构为主体制定的正式规范或标准，但有可能形成在某一特定区域的标准或规范。

学术成果出版物与其他商品或服务相比有自己独特的一面，不同学科的学术共同体经过长期的学术传播活动形成了相似但又有独特一面的学术出版规范与标准。而不同学科的研究者和出版者并不会局限在一国之内，因此，国际上学术出版规范与标准还有一个大致的学科领域划分。以参考文献著录规范为例，APA（美国心理学会）规范在社会科学领域流行，MLA（美国现代语言学会）规范在人文和语言学领域流行，上述两种规范在我国不少人文社会科学中也在适用。而自然科学与技术一般采用数字编号模式的参考文献著录规范。我国国内的大部分自然科学或社会科学期刊使用我国的国家标准 GB 7714，美国的部分医学期刊使用美国标准 ANSI/NISO Z39.29。但这些规范或标准的适用都并非由强制力推动，因而并不能形成一种绝对整齐划一的标准。在世界和我国范围内，都存在着同一学科适用不同规范与标准的情况，这是学术规范与标准和其他类型的规范与标准最大的不同之处。在下文分析学术规范与标准效力问题时将进一步解读。

学术出版规范与标准的另一个特点是，不同高校等学术机构、不同出版单位也根据自己需要或历史、习惯等，或者根据国际、国家及其他标准制定自己的学术规范或标准。因而，即便是同一个标准，也会衍生出很多有变化的版本。

（二）按照制定主体划分

学术出版规范与标准的制定主体是多元化的，主要有以下主体。

第一，标准化组织。它包括国际、国家和行业的标准化组织，这一类主体制定的学术出版规范和标准是非常正式的。例如，我国的学术出版相关标准制定应该按照《中华人民共和国标准化法》《国家标准管理办法》及一系列规范标准化工作的国家标准进行。我国新闻出版行业标准还应遵照《新闻出版行业标准化管理办法》（2013）来制定和管理。由标准化组织制定的标准，其优势是遵循严格程序、由富有标准化管理经验的机构组织制定，制定出来的标准或规范文件本身在形式上规范，缺点是制定的成本高、修订往往滞后。

第二，各学科的学会。相关学科的学会或协会为了统一本学科的学术成果出版规范与标准，常常发布带有规范性质的指南或手册，经过长期的使用和不断完善，具有很大影响力。如美国心理学会（American Psychological Association，APA）、美国现代语言学会（Modern Language Association，MLA）、美国医学会（American Medical Association，AMA）、美国人类学学会（American Anthropological Association，AAA）、美国化学学会（American Chemical Society，ACS）、英国当代人类学研究协会（Modern Humanities Research Association，MHRA）等都发布有自己的学术出版规范。其中，APA、MLA 的影响力早就超出了本学科，成为多个学科的出版规范。这些学会不仅是研究者组织，也是吸收了众多学术期刊的出版者组织，因此其发布的规范既有效地约束了本学会主办期刊的作者，也通过本学会主办的各种学术期刊进一步扩大了影响力。

第三，出版界的行业协会。为了统一学术出版规范，出版界的行业协会作为自律组织也制定了各自的学术成果出版规范，这些行业协会制定的规范约束着本协会的会员单位，会员单位作为出版单位又约束着本单位的编辑出版工作者和投稿作者。较有影响力的学术成果出版形式规范方面，如国际医学期刊编辑协会（International Committee of Medical Journal Editors，ICMJE）在温哥华讨论通过的学术出版规范，称为温哥华格式；还有科学编辑者协会（Council of Science Editors，CSE）的格式等。而国外期刊界在出版伦理规范方面，主要由出版伦理委员会（Committee on Publication Ethics，COPE）推动，该委员会制定的《期刊编辑行为准则和最佳实践指南》是公认的学术期刊和出版社编辑行为准则。调查国外期刊的征稿简则时发现，很多期刊直接在征稿简则中说明该刊是 COPE 成员，表明认可 COPE 制定的约束编辑和作者的出版伦理规范。

第四，出版单位。大多数出版单位都至少会有一个成文的征稿简则或来稿须知，其中会说明或给出其遵循的学术出版标准或规范。其适用范围是出版单位的编辑或投稿作者，具有最直接的影响力。因此，出版单位制定或适用的学术出版规范也是本书研究的重点内容之一。然而，部分知名出版单位制定的学术出版规范也会超出其单位而成为一定范围内的规范。最为著名的是芝加哥大学出版社（The University of Chicago Press）制定的芝加哥格式（Chicago Style）。其他出版单位，如牛津大学出版社的出版规范也在一定范围内有影响力。有的时候几家出版单位会联合制定学术规范，如在英美法系国家占主流的法学引文格式《蓝皮书：一种统一的引用系统》（*The Bluebook: A Uniform System of Citation*）（以下简称“Blue book”）就是由《哥伦比亚法律评论》《哈佛法律评论》《宾夕法尼亚法律评论》《耶鲁法律评论》等五家期刊共同制定的。

第五，高等院校等学术机构。为了指导本机构内的学生撰写学术成果，高校也会制定或选择适用特定的学术规范，其中当然包括学术成果的出版规范，特别是针对参考文献著录等学生较为头疼的规范问题。然而，在这一点上国内与国外有很大差别，国外学术机构在制定或指导学生时比较注意公开学术出版规范，而国内高校则明显不足。以搜索引擎搜索结果为数据的研究表明，以国外知名学术出版规范作为关键词，搜索结果中有很多指向大学的网站，而我国则主要指向搜索引擎自己的页面，指向学术机构的非常少。[1]课题组在 2019 年 1 月以“GB/T 7714”作为关键词检索，发现在前面的检索结果中都不是出版单位或高等院校。这说明我国高等院校在指导本机构的学生或教师使用相关出版规范方面做的工作还不够，其后果是造成学术出版物的作者群对相关学术出版规范不了解，给标准和规范的实施带来一定阻力。多位课题组成员的参与式观察表明，部分作者对执行国家标准或其他学术出版规范并不关心。很多情况下，诸如要求作者补充参考文献著录项目或者要求作者将正斜体或量和单位符号按照国家标准著录，部分作者的态度是敷衍了事。而那些在读硕士研究生、博士研究生时经过规范学术训练的作者群相对要严谨得多。

第六，学术出版规范与标准的研究者和使用者的参与。这些研究者既包括学者，也包括编辑出版工作者。从第一章的文献梳理可以看出，我国编辑出版研究的期刊就是以实践为导向，其中有大量的文献讨论各种学术出版规范与标准。这些讨论有助于在编辑出版界就一些学术规范或标准中存在争议或不足之处达成共识，促进标准的实施和修订完善。当在实际工作中遇到问题时，除了与同事商议，参考相关权威论文是一个重要途径。例如，第一章

---

[1] 李婉丽，肖阳.基于互联网搜索我国与美国写作、出版体例标准的比较研究［J］.出版科学，2013，21（3）：61-64.

的调查就发现，我国 GB 7714 参考文献标准的制定者之一陈浩元教授关于 GB 7714 的论文就有非常高的引用率，说明编辑出版界比较关注标准制定者对标准的解释。陈浩元主编的《科技书刊标准化 18 讲》也是我国编辑出版研究被引用最多的图书（引用总次数超过 1800 次）。调研时发现，不少书刊编辑以该书作为编辑出版工作的入门教材和日常工作中经常查阅的指南。而《科技书刊标准化 18 讲》是对我国学术成果出版相关规范与标准的研究和解释，虽然它不是规范文件，但实质上对学术出版规范与标准起到了很好的解释和补充作用。

不仅我国如此，由于国外的参考文献著录格式众多，给作者特别是初入门的本科生、研究生带来很多困惑。为了帮助作者更好地理解不同学术出版规范和标准，国外也有不少类似的图书，有的图书是介绍多种学术规范，有的图书是诸如 APA 手册、芝加哥手册或法学界规范手册 Bluebook 的简化版，这些图书在帮助初学者快速掌握相关学术出版规范的同时，也宣传了这些规范。例如，由杜拉宾（Turabian）基于芝加哥格式撰写的给学生做参考的小册子《研究论文、期末论文和学位论文写作者手册》就非常流行，以至于芝加哥格式在很多使用者中被称为杜拉宾格式。[1]

上述情况是在标准和规范出台后研究者或使用者通过解释、简化形成对规范的进一步传播。在互联网时代，为了促进规范的进一步完善，相关规范的维护者还对规范进行讨论，把规范因滞后于传播模式发展的部分在博客或其他社交媒体中开放讨论。APA 手册和芝加哥手册均有维护者运营的博客或论坛，博客和论坛中对使用者遇到的问题作出快速解答，特别是那些手册中没有的问题，已经形成了对手册的补充。例如，芝加哥手册第 16 版中并没有对推特、脸书等社交媒体内容的引用规范，但其博客中则由权威使用者给出了如何引用社交媒体内容，在 2017 年修订为第 17 版时，新版手册就吸收了博客中的内容。

因而，学术出版规范与标准的研究者和使用者通过上述参与模式，形成了对学术出版规范与标准内容的影响力。这也说明学术出版规范与标准的形成是一个开放的互动和协商的过程，而不是某一方强加给另一方的约束性规范。

（三）按照适用主体划分

学术成果的出版实质上需要遵守出版界、学术界两套标准和规范体系，

---

[1] Chicago Manual. Chicago，MLA，APA，AP：What’s the Difference?［EB/OL］.（2019-02-19）［2019-03-01］. https：//cmosshoptalk.com/2019/02/19/chicago-mla-apa-ap-whats-the-difference/.

学术成果的载体是期刊和图书，因而需要遵守出版行业有关的标准体系，这些体系往往较为明确和容易遵守界定，相对容易统一。同时，学术成果的出版也要遵守学术界的规范体系。学术成果主要通过学术界的匿名评审制度来保障学术成果符合学术规范，也有一系列成文的规范体系要求学术界遵守。学术成果作为学术研究的结果，同样要遵守科学研究伦理。例如，贺某奎违反研究伦理进行了人类的基因编辑，若他发表相关论文，必然会被正规学术期刊拒稿，原因是学术规范要求学术成果的产出过程遵守各个学科的研究伦理。学术成果也有一套独特的出版伦理来促使学术成果在内容和形式上均符合学术共同体的要求。

大部分的学术出版规范或标准一般既适用于作者，也适用于编辑出版工作者，也即综合了上述两套体系。例如，GB 7714 中明确说明："本标准适用于著者和编辑著录参考文献，而不是供图书馆员、文献目录编制者以及索引编辑者使用的文献著录规则。"芝加哥手册、APA 手册这样的综合型指南型学术规范同样既适用于作者，也适用于编辑出版者，因为诸如引用和参考文献规范、学术成果形式规范、标点符号、数字用法等是所有学术成果都需要遵守的。但为了吸引使用者，这两本手册中都增加了其他方面的知识，APA 手册更多是从作者即研究者角度出发，如 APA 手册的第一章便是"行为科学和社会科学写作"，芝加哥手册第一部分的 4 章为"出版流程"，可见二者针对的读者对象是不完全相同的，前者对论文写作者更为实用，后者则对编辑人员更为实用。

MLA 为了让其学术规范手册更为实用，干脆分别出版了针对作者的《MLA 研究论文写作手册》和针对编辑出版者的《MLA 学术出版手册与指南》，前者与后者在文献引用等内容上是重合的，但也分别有专门针对作者和编辑出版者的内容。虽然编辑和作者要遵守很多学术成果出版共同的规范与标准，但也有很多规范与标准是专门针对作者或编辑的。如 COPE 的《期刊编辑行为准则和最佳实践指南》就是专门约束编辑的行为规范。世界研究诚信大会（World Conference on Research Integrity）2010 年在新加坡发布了两个有影响力的学术出版伦理规范《负责任的研究出版：作者国际标准》《负责任的研究出版：编辑国际标准》，也是分别针对作者和编辑发布的伦理规范。甚至学科不同，也会带来适用的学术出版规范和标准有差别，因为部分学科有自己独特的伦理，如医学及相关学科的动物实验、人体实验、药物实验伦理，在相关期刊发表论文同样要遵守这些研究伦理。

（四）按照具体内容划分

具体内容的划分也有不同的逻辑，这里作出划分主要是为了更深刻地理解学术出版规范和标准，为后面的调查分析打下基础。笔者认为从具体内容来看，学术出版规范与标准的主要划分逻辑有以下几方面。

第一，单纯规范型和知识杂糅型。单纯规范型是指相关学术出版规范和标准的绝大多数内容是规范或标准，没有杂糅其他内容。而知识杂糅型是指相关规范和标准手册中不仅有规范和标准内容，也杂糅了很多论文写作或编辑出版方面的知识。单纯规范型标准与规范的优点是简洁、易读性强。知识杂糅型标准与规范的缺点是过于繁杂、查阅不便，但其实用性更强。因为作者或编辑更愿意有一本能够指导他们实际学术或出版活动的手册，通过杂糅更为实用的知识，这些学术出版规范和标准得到了广泛的传播。因此，西方学术出版界较为流行的芝加哥手册、APA 手册、MLA 手册都是知识杂糅型的学术出版规范与标准，因为它们更贴近用户。在网络传播时代，为了克服繁杂带来的查阅不便，这些手册还开发了数字版本，用户在网上可以很方便地检索相关章节，克服了内容繁多带来的问题。而我国的学术出版规范与标准大多为单纯规范型。

第二，单一规范和多元规范。单一规范是指该规范或标准中仅涉及学术成果出版某一方面的内容，如 GB 7714、ISO 690 都是关于参考文献著录的标准。多元规范是指规范或标准中涉及学术出版中多个方面的内容。上述知识杂糅型规范多数属于多元规范，其中不仅包括具体的格式、术语，也包括科研伦理。

第三，适用于学术出版的特殊规范与出版物通用规范。前者是指专门适用于学术出版的标准或规范，后者是指所有出版物都需要遵循的出版标准或规范。调查显示，我国的国家和行业标准中特别适用于学术出版物的标准并不多，主要原因是针对学术出版的标准没有整体规划，适用性还不强。[1] 当然，一些标准虽然不是针对学术出版物而是针对所有出版物或非出版物制定的，但针对学术出版物而言也有很强的适用性，如科技类学术成果出版物的“量和单位”。

为了调查我国与学术出版相关的标准现状，课题组在国家标准化组织维护的标准检索网站（http：//www.gb688.cn/bzgk/gb/gbMainQuery）以相关关键词进行了检索，结果如下。

在 2022 年 8 月 21 日，以“出版”为关键词检索，共获得 39 部国家标准，

---

[1] 李旗 . 学术出版标准编制初探［J］. 中国标准化，2015（2）：88-91.

其中33部现行，1部即将实施，1部已经废止，4部被代替，结果见表2.1。类别中的"推标"表示属于推荐性标准，"是否采标"即是否采纳了国际标准，有7部现行标准采纳了国际标准，但其中与学术出版相关的标准仅有5部（标准名称加粗）。

表2.1　名称中包含"出版"的国家标准

序号	标准号	是否采标	标准名称	类别	状态	发布日期	实施日期
1	GB/T 41471—2022		数字教材　中小学数字教材出版基本流程	推标	即将实施	2022-04-15	2022-11-01
2	GB/T 40989—2021		新闻出版　知识服务　知识对象标识符（KOI）	推标	现行	2021-11-26	2022-06-01
3	GB/T 40366—2021	采	电气设备用图形符号列入IEC出版物的导则	推标	现行	2021-10-11	2022-05-01
4	GB/T 38640—2020		盲用数字出版格式	推标	现行	2020-04-28	2020-11-01
5	GB/T 38376—2019		新闻出版　知识服务　主题分类词表编制	推标	现行	2019-12-31	2020-07-01
6	GB/T 38377—2019		新闻出版　知识服务　知识资源建设与服务基础术语	推标	现行	2019-12-31	2020-07-01
7	GB/T 38378—2019		新闻出版　知识服务　知识关联通用规则	推标	现行	2019-12-31	2020-07-01
8	GB/T 38379—2019		新闻出版　知识服务　知识单元描述	推标	现行	2019-12-31	2020-07-01
9	GB/T 38380—2019		新闻出版　知识服务　知识资源通用类型	推标	现行	2019-12-31	2020-07-01
10	GB/T 38381—2019		新闻出版　知识服务　知识元描述	推标	现行	2019-12-31	2020-07-01
11	GB/T 38382—2019		新闻出版　知识服务　知识资源建设与服务工作指南	推标	现行	2019-12-31	2020-07-01
12	GB/T 9999.1—2018		中国标准连续出版物号　第1部分：CN	推标	现行	2018-06-07	2018-10-01
13	GB/T 9999.2—2018	采	中国标准连续出版物号　第2部分：ISSN	推标	现行	2018-03-15	2019-04-01
14	GB/T 16499—2017	采	电工电子安全出版物的编写及基础安全出版物和多专业共用安全出版物的应用导则	推标	现行	2017-07-12	2018-02-01

续表

序号	标准号	是否采标	标准名称	类别	状态	发布日期	实施日期
15	GB/T 33662—2017		可录类出版物光盘 CD-R、DVD-R、DVD+R 常规检测参数	推标	现行	2017-05-12	2017-12-01
16	GB/T 33663—2017		只读类出版物光盘 CD、DVD 常规检测参数	推标	现行	2017-05-12	2017-12-01
17	GB/T 33664—2017		CD、DVD 类出版物光盘复制质量检验评定规范	推标	现行	2017-05-12	2017-12-01
18	GB/T 33665—2017		声像节目数字出版物技术要求及检测方法	推标	现行	2017-05-12	2017-12-01
19	GB/T 30330—2013		中国出版物在线信息交换　图书产品信息格式规范	推标	现行	2013-12-31	2014-07-01
20	GB/T 30108—2013	采	**信息与文献　图书馆和档案馆的图书、期刊、连续出版物及其它纸质文献的装订要求　方法与材料**	推标	现行	2013-12-17	2014-04-15
21	GB/T 17933—2012		电子出版物　术语	推标	现行	2012-12-31	2013-06-01
22	GB/T 28579—2012		出版物物流　退货作业规范	推标	现行	2012-06-29	2012-10-01
23	GB/T 28578—2012		出版物物流　接口作业规范	推标	现行	2012-06-29	2012-10-01
24	GB/T 28227.5—2011		文化服务质量管理体系实施指南　第 5 部分：音像及电子出版物复制	推标	废止	2011-12-30	2012-05-01
25	GB/T 27936—2011		出版物发行术语	推标	现行	2011-12-30	2012-03-01
26	GB/T 27937.1—2011		MPR 出版物　第 1 部分：MPR 码编码规则	推标	现行	2011-12-30	2012-03-01
27	GB/T 27937.2—2011		MPR 出版物　第 2 部分：MPR 码符号规范	推标	现行	2011-12-30	2012-03-01
28	GB/T 27937.3—2011		MPR 出版物　第 3 部分：通用制作规范	推标	现行	2011-12-30	2012-03-01
29	GB/T 27937.5—2011		MPR 出版物　第 5 部分：基本管理规范	推标	现行	2011-12-30	2012-03-01
30	GB/T 27937.4—2011		MPR 出版物　第 4 部分：MPR 码符号印制质量要求及检验方法	推标	现行	2011-12-30	2012-03-01
31	GB/T 15835—2011		**出版物上数字用法**	推标	现行	2011-07-29	2011-11-01

续表

序号	标准号	是否采标	标准名称	类别	状态	发布日期	实施日期
32	GB/Z 25101—2010	采	音乐、电影、视频、录音和出版产业内容传递与权益管理标识符和描述符的功能要求	推标*	现行	2010-09-02	2010-12-01
33	GB/T 24182—2009	采	金属力学性能试验　出版标准中的符号及定义	推标	现行	2009-06-25	2010-04-01
34	GB/T 16499—2008	采	安全出版物的编写及基础安全出版物和多专业共用安全出版物的应用导则	推标	被代替	2008-05-28	2009-01-01
35	GB/Z 18906—2002		开放式电子图书出版物结构	推标*	现行	2002-12-04	2003-05-01
36	GB/T 9999—2001	采	中国标准连续出版物号	推标	被代替	2001-11-14	2002-06-01
37	GB/T 17933—1999		电子出版物　术语	推标	被代替	1999-12-30	2000-10-01
38	GB/T 11668—1989	采	图书和其它出版物的书脊规则	推标	现行	1989-10-12	1990-06-01
39	GB/T 3792.3—1985		连续出版物著录规则	推标	被代替	1985-02-12	1985-10-01

* 是网站原始数据，应为“指标”，即指导性国家标准。

注：“推标”即推荐性国家标准，“是否采标”即是否采纳了国际标准，下同。

以“量和单位”为关键词检索，共获得 13 部国家标准，并且全部采用了国际标准，但其中 11 部为 1994 年实施，相对陈旧。同时，这些“量和单位”标准也多数以较为常见的物理和化学为主，对于其他学科，如工学、医学、农学等则不涉及，结果见表 2.2。

表 2.2　名称中包含“量和单位”的国家标准

序号	标准号	是否采标	标准名称	类别	状态	发布日期	实施日期
1	GB/T 2900.91—2015	采	电工术语　量和单位	推标	现行	2015-09-11	2016-04-01
2	GB/T 3102.10—1993	采	核反应和电离辐射的量和单位	推标	现行	1993-07-01	1994-07-01
3	GB/T 3102.1—1993	采	空间和时间的量和单位	推标	现行	1993-07-01	1994-07-01
4	GB/T 3102.13—1993	采	固体物理学的量和单位	推标	现行	1993-07-01	1994-07-01

续表

序号	标准号	是否采标	标准名称	类别	状态	发布日期	实施日期
5	GB/T 3102.2—1993	采	周期及其有关现象的量和单位	推标	现行	1993-07-01	1994-07-01
6	GB/T 3102.3—1993	采	力学的量和单位	推标	现行	1993-07-01	1994-07-01
7	GB/T 3102.4—1993	采	热学的量和单位	推标	现行	1993-07-01	1994-07-01
8	GB/T 3102.5—1993	采	电学和磁学的量和单位	推标	现行	1993-07-01	1994-07-01
9	GB/T 3102.6—1993	采	光及有关电磁辐射的量和单位	推标	现行	1993-07-01	1994-07-01
10	GB/T 3102.7—1993	采	声学的量和单位	推标	现行	1993-07-01	1994-07-01
11	GB/T 3102.8—1993	采	物理化学和分子物理学的量和单位	推标	现行	1993-07-01	1994-07-01
12	GB/T 3102.9—1993	采	原子物理学和核物理学的量和单位	推标	现行	1993-07-01	1994-07-01
13	GB/T 4669—2008	采	纺织品　机织物　单位长度质量和单位面积质量的测定	推标	现行	2008-08-06	2009-06-01

以“期刊”为关键词检索，共获得 12 部标准，其中现行 9 部，已经废止 1 部，2021 年颁布的有 2 部，2017 年颁布的有 2 部，其他颁布时间较早，具体见表 2.3。除了 4 部标准是图书馆将期刊列为馆藏时适用以外，其他标准都适用于期刊出版或期刊评价，包括期刊的数字出版。其中，较为重要的标准是《人文社会科学期刊评价》（GB/T 40108—2021），这是我国学术期刊评价走向规范化的标志。

表 2.3　名称中包含“期刊”的国家标准

序号	标准号	是否采标	标准名称	类别	状态	发布日期	实施日期
1	GB/T 40959—2021		期刊文章标签集	推标	现行	2021-11-26	2022-06-01
2	GB/T 40108—2021		人文社会科学期刊评价	推标	现行	2021-05-21	2021-12-01
3	GB/T 34053.3—2017		纸质印刷产品印制质量检验规范　第 3 部分：图书期刊	推标	现行	2017-12-29	2018-07-01
4	GB/T 35430—2017		信息与文献　期刊描述型元数据元素集	推标	现行	2017-12-29	2018-04-01

续表

序号	标准号	是否采标	标准名称	类别	状态	发布日期	实施日期
5	GB/T 30108—2013	采	信息与文献　图书馆和档案馆的图书、期刊、连续出版物及其它纸质文献的装订要求　方法与材料	推标	现行	2013-12-17	2014-04-15
6	GB/T 13417—2009	采	期刊目次表	推标	现行	2009-09-30	2010-02-01
7	GB/T 3179—2009	采	期刊编排格式	推标	现行	2009-09-30	2010-02-01
8	GB/T 19730—2005	采	缩微摄影技术　期刊的缩微拍摄　操作程序	推标	现行	2005-04-19	2005-10-01
9	GB/T 13417—1992	采	科学技术期刊目次表	推标	被代替	1992-03-10	1992-12-01
10	GB/T 3179—1992	采	科学技术期刊编排格式	推标	被代替	1992-03-10	1992-12-01
11	GB/T 3793—1983		检索期刊条目著录规则	推标	现行	1983-07-02	1984-04-01
12	GB/T 3468—1983		检索期刊编辑总则	推标	废止	1983-01-29	1983-11-01

以“图书”为关键词检索标准数据库，共获得 37 个结果，其中现行标准 34 部，2021 年发布 5 部，2020 年发布 2 部，结果见表 2.4。其中大部分标准是与图书馆有关的内容，仅有少数与学术出版相关，而且属于上述学术出版中的通用规范。

表 2.4　名称中含有“图书”的国家标准

序号	标准号	是否采标	标准名称	类别	状态	发布日期	实施日期
1	GB/T 35660.3—2021	采	信息与文献　图书馆射频识别（RFID）　第 3 部分：分区存储 RFID 标签中基于 ISO/IEC　15962 规则的数据元素编码	推标	现行	2021-11-26	2021-11-26
2	GB/T 40952—2021		公共图书馆听障人士服务规范	推标	现行	2021-11-01	2021-11-01
3	GB/T 40987.1—2021		公共图书馆业务规范　第 1 部分：省级公共图书馆	推标	现行	2021-11-01	2021-11-01
4	GB/T 40987.2—2021		公共图书馆业务规范　第 2 部分：市级公共图书馆	推标	现行	2021-11-01	2021-11-01

续表

序号	标准号	是否采标	标准名称	类别	状态	发布日期	实施日期
5	GB/T 40987.3—2021		公共图书馆业务规范　第3部分：县级公共图书馆	推标	现行	2021-11-01	2021-11-01
6	GB/T 39658—2020		公共图书馆读写障碍人士服务规范	推标	现行	2020-12-14	2020-12-14
7	GB/T 39594—2020		图书发行物联网应用规范	推标	现行	2020-12-14	2021-07-01
8	GB/T 37058—2018		图书馆编码标识应用测试	推标	现行	2018-12-28	2019-07-01
9	GB/T 36719—2018		图书馆视障人士服务规范	推标	现行	2018-09-17	2019-04-01
10	GB/T 36720—2018		公共图书馆少年儿童服务规范	推标	现行	2018-09-17	2019-04-01
11	GB/T 34053.3—2017		纸质印刷产品印制质量检验规范　第3部分：图书期刊	推标	现行	2017-12-29	2018-07-01
12	GB/T 35427—2017		图书版权资产核心元数据	推标	现行	2017-12-29	2018-04-01
13	GB/T 35433—2017	采	信息与文献　图书馆及相关组织的注册服务	推标	现行	2017-12-29	2018-04-01
14	GB/T 35660.1—2017	采	信息与文献　图书馆射频识别（RFID）　第1部分：数据元素及实施通用指南	推标	现行	2017-12-29	2017-12-29
15	GB/T 35660.2—2017	采	信息与文献　图书馆射频识别（RFID）　第2部分：基于ISO/IEC 15962规则的RFID数据元素编码	推标	现行	2017-12-29	2018-07-01
16	GB/T 35661—2017		图书冷冻杀虫技术规程	推标	现行	2017-12-29	2018-07-01
17	GB/T 31219.5—2016		图书馆馆藏资源数字化加工规范　第5部分：视频资源	推标	现行	2016-08-29	2017-03-01
18	GB/T 32702—2016		电子商务交易产品信息描述　图书	推标	现行	2016-06-14	2017-07-01
19	GB/T 31219.2—2014		图书馆馆藏资源数字化加工规范　第2部分：文本资源	推标	现行	2014-09-30	2015-01-01
20	GB/T 31219.3—2014		图书馆馆藏资源数字化加工规范　第3部分：图像资源	推标	现行	2014-09-30	2015-01-01
21	GB/T 31219.4—2014		图书馆馆藏资源数字化加工规范　第4部分：音频资源	推标	现行	2014-09-30	2015-01-01

续表

序号	标准号	是否采标	标准名称	类别	状态	发布日期	实施日期
22	GB/T 13666—2013		图书用品设备产品型号编制方法	推标	现行	2013-12-31	2014-12-01
23	GB/T 30227—2013		图书馆古籍书库基本要求	推标	现行	2013-12-31	2014-12-01
24	GB/T 30330—2013		中国出版物在线信息交换　图书产品信息格式规范	推标	现行	2013-12-31	2014-07-01
25	GB/T 30108—2013	采	信息与文献　图书馆和档案馆的图书、期刊、连续出版物及其它纸质文献的装订要求　方法与材料	推标	现行	2013-12-17	2014-04-15
26	GB/T 29182—2012	采	信息与文献　图书馆绩效指标	推标	现行	2012-12-31	2013-06-01
27	GB/T 27703—2011	采	信息与文献　图书馆和档案馆的文献保存要求	推标	现行	2011-12-30	2012-05-01
28	GB/T 28220—2011		公共图书馆服务规范	推标	现行	2011-12-30	2012-05-01
29	GB/T 13191—2009	采	信息与文献　图书馆统计	推标	现行	2009-03-13	2009-09-01
30	GB/T 3792.2—2006		普通图书著录规则	推标	被代替	2006-06-30	2007-02-01
31	GB/Z 18906—2002		开放式电子图书出版物结构	推标*	现行	2002-12-04	2003-05-01
32	GB/T 12451—2001		图书在版编目数据	推标	现行	2001-12-19	2002-08-01
33	GB/T 12450—2001	采	图书书名页	推标	现行	2001-12-19	2002-08-01
34	GB/T 788—1999	采	图书和杂志开本及其幅面尺寸	推标	现行	1999-11-11	2000-05-01
35	GB 9669—1996		图书馆、博物馆、美术馆、展览馆卫生标准	强标	废止	1996-01-29	1996-09-01
36	GB/T 11668—1989	采	图书和其它出版物的书脊规则	推标	现行	1989-10-12	1990-06-01
37	GB/T 3792.2—1985		普通图书著录规则	推标	被代替	1985-01-31	1985-10-01

* 是网站原始数据，应为“指标”，即指导性国家标准。

注：“强标”即强制性国家标准。

与学术出版相关，特别是与科学技术类学术期刊密切相关的国家标准是各类学术术语。在对编辑进行访谈时，学术术语也是科学技术类期刊编辑反映标准不统一最多的领域。以“术语”为关键词检索标准，共获得 1969 部国家标准，其中现行 1240 部、即将实施 29 部、被代替 658 部、废止 42 部。检索日期为 2022 年 8 月 21 日，其中，距检索日期近一年发布的有 16 部、近三年发布的有 194 部、三年以上的有 1775 部。可见这一领域的标准发布和修订比较频繁，给学术出版执行国家标准带来困难。这些术语标准分布的主要领域见表 2.5，这些术语基本涵盖了大多数的学术期刊来稿领域。

表 2.5 我国术语标准所属领域分布

标准所属领域	标准数量 / 部
综合、术语学、标准化、文献	378
机械制造	119
建筑材料和建筑物	78
农业	74
信息技术、办公机械	75
木材技术	62
纺织和皮革技术	67
社会学、服务、公司（企业）的组织和管理、行政、运输	65
冶金	58
电气工程	59
电信、音频和视频工程	51
道路车辆工程	47
机械系统和通用件	57
造船和海上构筑物	45
食品技术	49
医药卫生技术	50
采矿和矿产品	46
计量学和测量、物理现象	44
数学、自然科学	47
环保、保健和安全	43
化工技术	39
成像技术	37
橡胶和塑料工业	31
电子学	28
流体系统和通用件	27
货物的包装和调运	22

续表

标准所属领域	标准数量 / 部
航空器和航天器工程	24
试验	23
玻璃和陶瓷工业	16
涂料和颜料工业	15
铁路工程	14
家用和商用设备、文娱、体育	20
服装工业	16
石油及相关技术	11
造纸技术	5
精密机械、珠宝	5
土木工程	1

从上述调查可以看出，我国国家标准中属于学术出版特殊标准的较少，大量的标准要么是从技术角度规范学术成果的载体——期刊或图书，要么是量和单位、各学科名词术语等术语标准或符号标准。前者是指“界定特定领域或学科中使用的概念的指称及其定义的标准”，后者是指“界定特定领域或学科中使用的符号的表现形式及其含义或名称的标准”[1]。而基础标准、规范标准、指南标准较少。从上述标准的标准号也可以看出，这些标准是分布在各个领域的，缺少针对学术出版的标准体系。近年来，我国也加强了针对学术出版的标准制定，2021 年颁布的人文社科期刊评价标准《人文社会科学期刊评价》（GB/T 40108—2021）就是相关标准的代表。

如果说我国有针对学术出版的特殊国家标准，最重要的可能就是参考文献国家标准，课题组将在上文检索时未检索出来的与学术出版相关的国家标准整理在表 2.6 中。其中只有参考文献、文摘等相关国家标准与学术出版的关系较为密切。

[1] 中国标准出版社，全国标准化原理与方法标准化技术委员会.标准化工作导则国家标准汇编［M］.6 版.北京：中国标准出版社，2018：90.

表 2.6　其他与学术出版相关的国家标准

标准号	是否采标	标准名称	类别	状态	发布日期	实施日期
GB/T 7714—2005	采	文后参考文献著录规则	推标	废止	2005-03-23	2005-10-01
GB/T 7714—1987		文后参考文献著录规则	推标	废止	1987-05-05	1988-01-01
GB/T 23289—2009	采	术语工作　文后参考文献及源标识符	推标	现行	2009-03-13	2009-09-01
GB/T 7714—2015	采	信息与文献　参考文献著录规则	推标	现行	2015-05-15	2015-12-01
GB/T 15834—2011		标点符号用法	推标	现行	2011-12-30	2012-06-01
GB/T 16159—2012		汉语拼音正词法基本规则	推标	现行	2012-06-29	2012-10-01
GB/T 28039—2011		中国人名汉语拼音字母拼写规则	推标	现行	2011-10-31	2012-02-01
GB/T 16159—1996		汉语拼音正词法基本规则	推标	废止	1996-01-22	1996-07-01
GB/T 3259—1992		中文书刊名称汉语拼音拼写法	推标	现行	1992-02-09	1992-11-01
GB/T 14706—1993	采	校对符号及其用法	推标	现行	1993-11-16	1994-07-01
GB/T 14707—1993	采	图像复制用校对符号	推标	现行	1993-11-16	1994-07-01
GB/T 6447—1986		文摘编写规则	推标	现行	1986-06-14	1987-06-01
GB/T 12906—2008		中国标准书号条码	推标	现行	2008-01-09	2008-08-01
GB/T 5795—2006	采	中国标准书号	推标	现行	2006-10-18	2007-01-01
GB/T 5795—2002	采	中国标准书号	推标	废止	2002-01-04	2002-08-01
GB/T 12906—2001		中国标准书号条码	推标	废止	2001-04-09	2001-10-01
GB/T 7713.1—2006	采	学位论文编写规则	推标	现行	2006-12-05	2007-05-01
GB/T 7713—1987		科学技术报告、学位论文和学术论文的编写格式	推标	现行	1987-05-05	1988-01-01

对于学术出版而言，除了 GB 7714 可以视为针对学术出版的国家标准，还有新闻出版行业标准：《学术出版规范　一般要求》（CY/T 118—2015）、《学术出版规范　科学技术名词》（CY/T 119—2015）、《学术出版规范　图书版式》（CY/T 120—2015）、《学术出版规范　注释》（CY/T 121—2015）、《学术出版规范　引文》（CY/T 122—2015）、《学术出版规范　中文译著》（CY/T 123—2015）、《学术出版规范　古籍整理》（CY/T 124—2015）。这是一套主要适用于学术著作的新闻出版行业规范。

第四，技术性、伦理性的规范与标准。对学术出版规范与标准而言，还可以划分为技术性与伦理性，技术性规范和标准的目标是让学术成果的信息和内容形式达到一定程度的一致性，促进学术交流；伦理性规范和标准则是为了保障学术诚信，如禁止一稿多投和抄袭剽窃、避免利益冲突、确保署名规范等。技术性规范和标准以学术成果出版的最终“产品”学术论文或著作为规范对象，而伦理性规范不仅涉及最终的论文或著作，更主要的是要保证在论文和著作出版过程中的学术诚信，还约束学术共同体。技术性规范往往由学术成果出版单位在进行出版物质量把关时通过编辑加工、校对等环节予以具体实施。最终的论文或学术成果中体现的技术性规范也是容易检查或评价的。而伦理性规范往往是通过道德或者说内心强制约束相关主体自觉遵守，这些行为往往是不透明的，如用稿和审稿、作者的数据是否真实等，依赖相关主体的自我约束。当然，一旦有越轨行为，也有相应的惩戒措施，涉及对个体或出版单位的惩戒问题，故与伦理性规范配套的还有程序性规范。教育部《高等学校预防与处理学术不端行为办法》就规定了涉及学术不端时的认定程序，各个高校、部分出版单位也有相应的认定学术不端的程序，其中往往会由学术委员会处理，必要的时候也要专家介入。但判断在学术出版时是否涉及学术不端问题，对一些行为依然要依据具体的学术出版伦理规范判断。课题组梳理的上述学术出版相关的国家标准多属于技术性规范，而第一章梳理的教育部和科技部出台的学术规范指南则属于伦理性规范，遗憾的是目前还没有明确这些指南是处理学术不端的实体规范依据。

（五）按照出版流程划分

原国家新闻出版广电总局数字出版司认为新闻出版业的三大环节是出版、印刷、发行，这三大业务环节被划分为两大模块——版权标准体系和出版信息标准体系。因此，新闻出版业标准体系被划分为五大体系，分别是三大业务环节的标准体系，包括新闻出版标准体系、出版物印刷标准体系、出版物发行标准体系，以及两大始终贯穿上述各个业务流程的版权标准体系和出版信息标准体系。此外，在上述五大标准体系之中，还设置了若干行业工程项目标准体系，即针对特殊领域制定的标准体系，包括电子书标准体系、学术出版标准体系、数字印刷标准体系、绿色印刷标准体系、数字版权保护工程标准体系、数字复合出版工程标准体系、数字化转型升级项目标准体系。[1] 上述是按照大的

---

[1] 国家新闻出版广电总局数字出版司.新闻出版标准化工作手册［M］.北京：中国质检出版社，中国标准出版社，2015：76.

行业模块来划分的，其出发点是便于按照主管部门的职责主管相关业务。笔者认为，学术成果出版规范与标准并不能严格地套用上述体系，学术成果的主要特点在于学术性，因而标准与规范的核心价值是促进学术交流和学术创新。从出版流程来看，学术成果出版的规范与标准可以划分为以下两大模块。

一是用稿规范，是指约束决定采用哪些稿件的规范，包括收稿、审稿、用稿、投稿中学术不端的认定和惩戒、版权许可等环节。用稿模块的规范解决的是用标准化的方法，公正公平地选择哪些稿件能够在学术出版单位出版的问题。

二是出版规范，是指约束稿件质量和形式的规范，包括稿件的形式规范、内容规范、内容涉及的学术不端问题、署名规范、基金标注规范、编辑校对规范、引用及注释规范。出版模块的规范解决的是用标准化的方法，严格地让最终能够传播的信息符合学术共同体的要求的问题。出版环节的很多规范其实在作者撰写稿件时就应该遵守，这正是一些以出版单位使用为导向的学术出版规范手册也能够在作者中流行的原因。这一模块也涉及出版后发现学术不端等问题的处理，如稿件撤回等制度解决的就是出版后的规范问题。

用稿规范和出版规范两大学术出版的规范与标准模块并非截然分开的，稿件的形式规范等内容也是不少出版单位在初审时审查稿件的标准。

（六）按照是否成文划分

学术出版活动中既有标准化组织发布的文件，也有形成惯例的非标准化组织发布的文件。调查发现，大多数学术出版规范与标准属于成文的规范和标准，即由特定组织以特定程序制定或协商出来让相应的学术或出版职业群体共同遵守和实施的文件。但也有一些规范或标准文件不能解决实际问题或者由于规范和标准的修订跟不上学术出版的新形势导致一些做法只能依据惯例，由此在不同学术出版领域形成了一些非成文的习惯和惯例。课题组成员所在出版单位在实际的编辑出版工作中就有这类问题。上述APA手册、芝加哥手册的维护者在社交媒体上由相关专家运用手册中的知识对新的社交媒体引注问题进行解释也不是在规范文件之中的成文规范，而是类似于判例法系中由法官通过判例造法，只是这里是通过使用者来解释补充规范。即便如此，上述规范也属于成文规范，但其特点是带有不成文的解释予以补充。

由于学术出版规范和标准本身就是在使用中形成的，在极特殊的情况下，也出现了不成文的规范。典型的例子就是哈佛格式的参考文献著录标准，该标准与其他学术出版规范与标准最大的区别在于没有一个机构维护它。但这个规范也有相当大的影响力，在英国等国较为流行。哈佛格式就是一种不成文的、没有一个规范手册的学术出版规范。因为没有专门机构维护，这种由习惯形成的学术出版规范较为灵活，部分出版单位就在其基础上开发自己的出版规范。如世界知名出版机构 SAGE 就以哈佛格式为基础，制定了 SAGE- 哈佛格式的参考文献著录规则。

二、学术出版规范与标准的效力渊源和实施

从上述调查还发现，我国在学术出版领域并没有强制性标准，大量存在的是推荐性国家标准。虽然上述我国与学术出版相关的国家标准都是推荐性标准，不是强制性标准，但并不是说现有的国家标准或各种规范没有强制力。我国的推荐性标准及一些学术出版界的习惯仍然会通过以下几个因素具有强制力，部分规范甚至有很强的强制力。

（一）法律法规

法律法规解决的是各种主体权利义务关系，而标准解决的是产品、服务或过程的统一性问题。即便有些行为同时涉及侵权和学术不端，但也不能完全等同，对此本章第三节将详细分析。我国有学者把新闻出版标准与新闻出版法规进行比较[1]，这种比较从体系协调来谈标准体系的完善是有一定意义的，但法律法规和标准是不同性质的规范，本身是没有可比性的。标准和规范是一种可依照操作的具体规程，而法律法规是约束社会中各种主体行为的行为规范。在学术出版领域，我国的不少法律法规或规范性文件确立了相关学术规范和标准的效力。

我国新闻出版领域目前位阶最高的行政法规《出版管理条例》第二十八条规定："出版物的规格、开本、版式、装帧、校对等必须符合国家标准和规范要求，保证出版物的质量。出版物使用语言文字必须符合国家法律规定和有关标准、规范。"这里使用的是"必须"这样的强制性规定，而非任意性规定，可见上述国家标准虽然为推荐性标准，但是在没有其他国家标准可以替代的情况下，部分推荐性标准就会经由法律法规转化为强制性标准。《期刊出

---

[1] 黄先蓉，郝婷. 新闻出版标准与新闻出版法规体系的关系［J］. 现代出版，2012（1）：16-20.

版管理规定》第三十条及《图书出版管理规定》第二十五条都进一步强化了《出版管理条例》中的规定。我国新闻出版主管部门早期颁布的《社会科学期刊质量管理标准（试行）》（1995）、《社会科学期刊质量标准及质量评估办法（试行）》（1995）虽然较为简略，但也要求社会科学类学术理论类期刊遵守国家标准，在文件中有很多类似规定："标题、目录、图表、注释、公式、参考文献等编排规范；标点符号、数字及计量单位等书写格式符合国家规定。"

《报纸期刊审读暂行办法》（2009）也把国家标准和行业标准作为审读的标准，其第九条规定："报刊审读包括以下各项……（九）出版质量是否符合报刊质量管理的有关要求，出版形式是否符合报刊出版形式规范的有关要求；（十）出版质量是否符合现行国家标准和行业标准，使用语言文字是否符合国家通用语言文字法的规定。"

在图书期刊质量管理部门规章中，上述原则性规定被进一步细化。《图书质量管理规定》（2004）第三条规定："图书质量包括内容、编校、设计、印制四项，分为合格、不合格两个等级。"《报纸期刊质量管理规定》（2020）第三条规定：报纸、期刊质量包括内容质量、编校质量、出版形式质量、印制质量四项。这一条将《图书质量管理规定》中的"设计"改为"出版形式"，包含的范围更广。

《图书质量管理规定》第五条规定："差错率不超过万分之一的图书，其编校质量属合格。差错率超过万分之一的图书，其编校质量属不合格。图书编校质量差错的判定以国家正式颁布的法律法规、国家标准和相关行业制定的行业标准为依据。图书编校质量差错率的计算按照本规定附件《图书编校质量差错率计算方法》执行。"上述规定不仅重申以国家标准作为判定图书是否有差错的标准，同时还增加了行业标准，可见部分行业标准也通过部门规章成为强制性标准。例如，《图书质量管理规定》第七条规定："符合中华人民共和国出版行业标准《印刷产品质量评价和分等导则》（CY/T 2—1999）规定的图书，其印制质量属合格。不符合中华人民共和国出版行业标准《印刷产品质量评价和分等导则》（CY/T 2—1999）规定的图书，其印制质量属不合格。"

《报纸期刊出版质量综合评估办法（试行）》（2011）除了把国家标准和行业标准细化进各类指标体系在质量综合评估所占比重以外，还针对学术期刊对学术规范的执行情况，在出版能力指标中增加了一项仅适用于学术期刊的"学术诚信度"。该指标体系对学术诚信度的定义为："是指期刊尤指学术期刊所发文章的学术观点原创率。具体考察期刊编辑出版的学术论文是否恪守学术道德，尊重知识产权，对抄袭、剽窃等不规范现象是否做到有效控制。"这说明不仅学术出版的技术性标准和规范经由国家法律法规具有一定强制力，伦理性的学术出版规范也通过部门规章具有了强制力。

（二）主管部门的管理和行业自律

对于学术出版物而言，主管部门的日常管理与学术出版行业的行业自律实质上是融合的。因为学术出版物不同于一般出版物，对学术出版物的质量管理往往依赖于行业专家，主管部门的作用是发起和组织对质量的评估检查。《报纸期刊审读暂行办法》（2009）第二条规定："报刊审读是新闻出版行政部门和报刊主管单位在报刊出版后组织有关人员，依法对报刊出版质量进行的审阅和评定，是报刊出版事后管理的重要制度。"对学术期刊而言，上述规定中的"有关人员"，在实践中就是各个地区学术期刊中有多年学术编辑出版工作经验的资深编辑，他们在各地新闻出版主管部门的组织下对本地区学术期刊进行审读是一项重要的工作。审读结果将作为各地学术出版行政主管部门对期刊分级、评奖，对不合格期刊给予相应处罚的依据。

在审读过程中，审读的业界专家又对相关学术出版规范和标准做了二次解读，这些解读通过审读报告传递给各个学术期刊出版单位。虽然有时会有争议，但大多数情况期刊会根据审读结果调整自己的编辑加工策略。审读专家对学术出版规范与标准的解释，比规范和标准文件更具有约束力，因为这直接涉及期刊在审读中能否获得好的评价，甚至决定期刊能否合格。

除此以外，有时主管部门也会委托各级各地的行业协会审读学术期刊，部分学会也会定期或不定期审读其主办的学术期刊，属于通过行业自律来实施国家或行业标准与规范。2010 年，中国高校科技期刊研究会在其网站公布了《2010 年高校科技期刊编辑质量审读意见汇总》。课题组将该意见汇总中涉及的各种问题及示例摘录于表 2.7 中[1]，从中可见审读工作是非常细致的，其中不仅有具体的表达，也有很多涉及对学术出版参考文献著录、量和单位、英文字母、名词术语等国家标准的执行。当然，对于审读的部分结果，也有出版单位并不认同，发生这种情况的原因是审读专家和出版单位编辑对国家标准的理解不同，有时审读专家也可能误读国家标准。[2]这类情况也说明进一步完善学术成果出版标准和规范有重要意义。

---

[1] 中国高校科技期刊研究会秘书处. 2010年高校科技期刊编辑质量审读意见汇总［EB/OL］.［2019-02-21］. http://www.cujs.com/Upload/Attach/News/20101122140021.doc.

[2] 陈浩元. 请期刊编校质量评审专家慎重判错［J］. 编辑学报，2017，29（1）：45.

表 2.7 科技期刊审读的具体问题示例

问题类型	问题小类	具体示例
期刊编排格式	封一	刊名中有繁体字
	目次表	“目录”应为“目次”
	字体字号	全刊正文用小 5 号字排印，字小，会给读者阅读造成困难。建议用 5 号字
	其他问题	上角标文献序号放在了行首。 刊登企业形象广告附带医疗产品介绍时，必须遵照有关法规，需要刊出广告审查批准文号和医疗器械注册证号
论文编排格式	题名	“褪黑素对脂多糖刺激小鼠体内炎症反应”似应改为“脂多糖刺激时褪黑素对小鼠体内炎症反应的影响”
	署名	作者单位的英文表示应使用全称
	摘要与关键词	摘要未体现出独立性和自明性，即阅读该文摘要后，不能清晰地获得相关的信息。 英文摘要中，时态、语态、谓语动词单复数，以及单词拼写错误较多。 英文摘要中，“0 ~ 20 cm”应为“0–20 cm”，因英文中无“ ~ ”
	引言	“1 引言”应为“0 引言”。若引言篇幅不长，建议连“0 引言”也省去
	正文中的问题	“我科”——第一作者的工作单位是“福建省第二人民医院二化分院耳鼻喉科”，第二、三、四作者的工作单位是“南京军区福州总医院耳鼻咽喉头颈外科”，说“我科”，不知所指
	参考文献文内标注	文献表中的文献序号全未注入正文中的引文处。 “研究表明[7]……”应为“研究[7]表明……”
	文后参考文献表	1 雷幼导，崔联和，徐维光等.——应为：[1] 雷幼导，崔联和，徐维光，等. C. Buehle, M. Bose and L McMillan.——应为：Buehle C, Bose M, McMillan L. 中国科学（D 辑）——应为：中国科学：D 辑
	致谢	（志谢：感谢北京朝阳医院曹彬教授在本刊采访过程中的大力帮助！）——感谢的是曹教授，而不是“大力帮助”；无必要加括号；感谢词用了楷体，“志谢：”就无必要，删去，若要保留，“志谢”2 字建议用黑体。建议改为： 在本刊采访过程中，北京朝阳医院曹彬教授给予了大力帮助，谨致谢意
	层次标题与列项说明	1 企业信用体系概述 1.1 企业信用体系的概念 ——层次标题序号与标题之间应留 1 个字距的空格，即改为： 1 企业信用体系概述 1.1 企业信用体系的概念
	统计学用语问题	临床疗效与对照组相当（$P > 0.05$）。——改为：临床疗效与对照组比较差异无统计学意义（$P > 0.05$）

续表

问题类型	问题小类	具体示例
量和单位	量名称错用	“分子量”应为“相对分子质量”。 “10%（g/g）”改为“质量分数 10%”,“1%（V/V）”改为“体积分数 1%”
	量符号错用	“T /℃”应为“t /℃”或“θ /℃”
	单位错用	“照明用电可达 3 225 亿度”应为“照明用电可达 3 225 亿 kWh”。 “第 4d”应为“第 4 天”
	未用单位的国际符号	“5 次 / 小时”应为“5 次 /h”或“5h^{-1}”。 “浪高 2 ～ 4 米”应为“浪高 2 ～ 4 m”,“300 米高度”应为“300 m 高度”
	单位不合书写规则	“60g”应为“60 g”。 边坡度“50 ～ 60°”应为“50° ～ 60°”
	外文字母正斜体用错	指数函数“e”排成了斜体，应为正体。 量符号，如密度ρ、血压 P（应为 p）、雷诺数 Re 等，全部排成了正体
	量值的表示问题	试件尺寸“63 × 150 × 200”，应在各数字后加上单位。 极大值差别较大，分别为 55% ～ 68% 和 42%。——极大值是一确定数值，不应是一个范围
	数学式	数学式转行后，“=”应置于上行的末尾，而不应放在下行的开头。 “△ n=1”应为“Δn=1”
图表	图表的共同问题	“年龄（岁）”应为“年龄 / 岁”，“血糖达标时间（d）”应为“血糖达标时间 /d”
	图的问题	既有标值，纵、横坐标尾部就无须画箭头
	表的问题	表身中如果是“未发现”应当用“—”，而不是“/”
数字	该用阿拉伯数字而用成汉字数字	“十三个方面”应为“13 个方面”，“十三类产品”应为“13 类产品”
	该用汉字数字而用成阿拉伯数字	6、7 个月以上的航海生活——“6、7 个月”应为“六七个月”
	多位数字未分节	“在 8000 r/min 条件下”应为“在 8 000 r/min 条件下”
	数词“亿”“万”问题	“年收益 12 384 万元”改为“年收益 1 亿 2 384 万元”，可读性好
	数字及偏差范围问题	“1 ～ 3 万亿美元”应为“1 万亿～ 3 万亿美元”

续表

问题类型	问题小类	具体示例
字词句	未使用规范的科技名词术语（括号内是正确的）	5- 氟尿嘧啶（氟尿嘧啶） X 光（X 线） X 片（X 线片）
	别字或未用首选字（括号内是正确的）	报导（道） 常（长）年咳嗽 成份（分）
	用词不当	当今的“俄国”，应说成“俄罗斯”。 “不同程度的发生”应为“不同程度地发生”。 “边界条件的处理也变的相当简便”应为“边界条件的处理也变得相当简便”
	成分残缺	目前认为，脂肪细胞的分化……。——缺主语。“目前认为”改为“目前有研究者认为”
	搭配不当	“为了完成科学任务目标”改为“为了实现科学任务目标”
	语序颠倒	“试验结果表明（表 1）……”改为“试验结果（表 1）表明……”
	结构混乱	23 时在（116°E，26°N）附近出现高值中心为 360 K。——改为：23 时在 116°E、26°N 附近出现 θ se 高值中心，θ se 为 360 K
	详略失当	“在实际生产实践中”改为“在实际生产中”或“在生产实践中”
	句子组织不好	从单味药的研究向进行复方的研究过渡。——改为：从单味药向复方药的研究过渡
标点符号（限于篇幅只摘录了部分类型）	该用而未用顿号	研究表明，模型速度，气体弹性，通气率，泄气率，流场压力、模型后体和空化器阻力系数都会对通气超空泡形态的稳定性产生影响。——后 4 个逗号改为顿号
	不该用而用了顿号	又名“化州橘红”、“化州陈皮”、“柚皮橘红”等。——改为：又名“化州橘红”“化州陈皮”“柚皮橘红”等，即连续引号之间的顿号可以省略
	该用而未用逗号	硝酸铁、硫酸铁均为国产分析纯。——改为：硝酸铁、硫酸铁均为国产，分析纯
	标号使用不当	“2006 年 5 月 -8 月”应为“2006 年 5—8 月”
漏校	“变化及及积累”应为“变化及积累”。 “多媒课课室”应为“多媒体课室”。 “剪切力作用力下”应为“剪切力作用下”	

来源：中国高校科技期刊研究会秘书处 . 2010 年高校科技期刊编辑质量审读意见汇总［EB/OL］.［2019-02-21］. http://www.cujs.com/Upload/Attach/News/20101122140021.doc.

调查发现，国外除了对淫秽色情等违反法律内容出版物的执法，对于整个新闻出版业的日常管理行为相对较少。管理职能往往由出版行业协会承担，如美国大学出版社协会、美国期刊出版商协会、英国的发行稽核局、法国全国出版联合会、德国的布尔森协会、韩国出版物伦理委员会等就承担行业自律、提供信息和培训服务、组织评选等功能。除了各国国内的协会，一些协会还是跨国组织，如上文所述的COPE，就在出版伦理建设方面形成了全球标准。在学术出版领域同样如此，上文所述在国外大范围流行的学术出版规范有两大类，一类由出版界的行业协会制定和维护，另一类由学术界的学会制定和维护。相比之下，我国学术出版的管理和行业自律，政府主管部门是主导者，相关的行业协会则是协助政府主管部门进行行业管理的实施者。当然，随着我国政府职能的转变和不断优化的机构改革，我国政府出版主管部门也逐步把一些职能下放给行业协会或其他事业单位。

（三）出版单位和学术机构的约束与社会化

上述法律法规和主管部门、行业协会对学术出版规范实施的约束属于外部因素。新闻传播学界对新闻生产过程的研究表明，对记者而言，在工作中涉及具体的伦理规范问题时，影响他们实施具体行为的因素不是法律法规或成文的伦理规范等外部因素，而是新闻生产过程中的内部因素，如内部的管理、同事之间的影响，也即新闻工作者的社会化等因素。有学者将新闻生产中的内部因素划分为正式因素和非正式因素，前者包括管理、编辑规范等正式制度因素，后者包括社会化、同行评价、读者反馈、其他个体之间的接触或交流等非正式的渠道。[1]而内部因素中的社会化因素甚至具有比外部因素更为重要的作用。社会化是指职场新人学习新闻或出版活动的过程，在这一过程中一些人与人之间接触交流的非正式因素让他们对职业规范产生认知。在遇到相关问题，需要运用职业伦理判断决策时，让他们能够快速作出决定而不需要再去查阅相关手册。[2]

学术出版与新闻是相似的，都是在一套严格的规范体系下生产内容。因而，上述理论也可以适用于学术出版活动。笔者认为，学术出版活动中是否遵循学术出版规范和标准，也有外部因素和内部因素。外部因素主要是相关学术规范及出版单位或学术机构的内部管理制度。规范本身作为外部因素会

---

[1] McQuail D. Journalisms and society [M].London: SAGE Publications Ltd., 2013: 162.

[2] SIVEK S C. Social media under social control: Regulating social media and the future of socialization [J]. Electronic News, 2010, 4 (3): 146-164.

影响到编辑对具体标准的实施情况。在访谈时，多位调研对象，包括出版社编辑和期刊编辑都表示，当行业标准和国家标准有冲突时，大部分作者虽然有意见但也会按照编辑的意见修改过来，也有少数作者坚持行业标准而拒绝执行出版单位要求的国家标准。这说明学术规范本身是否明确或一致将影响学术规范的具体执行。

学术出版活动与新闻生产也有着很大差异。主要差异在于新闻生产中体制外的主体直接参与较少。学术出版活动是编辑组织作者和审稿人进行的学术和出版活动，属于学术活动和出版活动的交叉领域，作者在学术活动中首先受到的是本单位的学术道德约束，在学术成果完成投稿后同时受到出版单位执行的学术规范约束，这时又有审稿专家通过评审活动参与到学术出版活动中。而新闻生产中的内容生产是由体制内记者完成的，仅需要单纯的新闻伦理约束。因此，学术出版活动因上述多种主体参与的特点导致其外部和内部控制因素更加复杂。

学术出版单位约束作者和编辑的具体规范对作者而言是最有效的外部因素。其原因在于虽然国内外都有各种国家甚至国际标准或其他学术规范，但具体的落实仍然在于出版单位。在国外，学术出版规范与标准种类非常多，具体执行哪一种规范或标准，需要学术成果的出版单位作出选择。同时，出版规范和标准非常庞杂，很难涵盖学术出版中可能出现的各种情况，也很难照顾到各种出版单位，出版单位在适用不同学术规范与标准的同时也会增加一些适应该出版单位特点的内容，或者出版单位不制定成文的规范，但编辑在执行时会根据实际情况调整。作者相对于出版单位处于弱势，为了论文或专著能够出版，他们只能按照出版单位的要求修改稿件。一种学术出版标准或规范能否流行，关键看有多少学术出版单位适用这种标准或规范。

作者在实施学术出版规范过程中的反馈对编辑而言也是一种内部因素。当作者受到的双重约束中的具体规范没有冲突时，对于编辑而言约束作者不会有阻力，一旦作者本学科的规范与出版单位的要求有冲突，就会产生阻力。在访谈时，调研对象 2（出版社编辑）和调研对象 8（期刊主编）等几位出版社和期刊社编辑都表示在执行参考文献国家标准时，作者的规范意识并不强，很多作者没有按照编辑的要求认真核实文献。出现这种情况的原因是作者在读硕士研究生和博士研究生阶段没有形成良好的规范意识，作者所在单位也在要求作者遵守学术规范方面做得不够。对作者的访谈表明，高校等作者所属单位关心的是学术成果质量或数量，对学术成果是否符合学术规范的重视程度不够。访谈对象 36 就表示，其所在单位科研管理部门经常把访谈性质的采访、会议综述认定为学术论文，并不审查学术成果是否符合学术规范要求。这种情况也使得该作者所在单位的不少同事认为遵守学术规范意义不大。

编辑人员的社会化对于学术规范与标准的执行，特别是那些涉及学术和出版伦理，并无明文规范的执行具有重要影响。访谈对象 23（课题组成员）在谈到其学术期刊编辑职业生涯时就表示，在初入职时编辑部同事的各种行为及与同事之间正式或非正式的交流对其执行编辑出版标准和规范影响很大。当其开始做责任编辑负责收取所有编辑的稿件时，在检查中若发现同事编辑加工不仔细，对国家标准和学术规范执行不严，他的工作态度也会“松”一些。对于不符合标准或需要进一步核查的情况会放松要求，这不仅体现在对其自己负责编辑加工的稿件，也体现在他作为责任编辑对同事的约束上。而对于审稿环节的把关和“关系稿”的处理同样受到年长同事的影响。有业界专家指出应做好对新入职编辑的引导[❶]，实质上这种引导过程就是一个新入职编辑的社会化过程，对其执行学术出版规范与标准有重要影响。

在学术出版行业内部，同样有一所无形学院。通过各种学术会议，学术出版单位的编辑会有一个信息交流渠道，通过了解其他出版单位编辑如何执行规范，他们也会据此调整自己的行为。在我国，新闻出版主管部门除了上述的审读活动，也会要求编辑出版人员每年参加一定学时的培训，培训内容就包括学术出版规范和标准。此外，评奖和评优也是促进各学术出版单位认真执行编辑出版规范和标准的手段之一。当然，这种活动的效果会因各地的执行情况而有所不同。调研对象 3（期刊编辑）就表示：“（出版局的培训）大家都有意见，培训工作没达到预期目的，学习不到位，就是旅游加收费。强制责任编辑注册又要求学时，学时不够没办法续展。”包括调研对象 4 在内的多名期刊编辑在接受访谈时表示，当地新闻出版行政主管部门对政治内容的审核把关比较严，但是对国家出版标准和规范的把关相对较松。当然，上述观点本身也表明，出版单位人员认为新闻出版行政主管部门在实施学术出版标准和规范中能够起到重要作用。

---

❶ 李玲，钟小族 . 新编辑入职需做好三项引领［J］. 中国编辑，2018（8）：49-52.

三、国内外主要学术出版规范与标准梳理及比较

以下对国内外主要的学术出版规范和标准进行梳理，在梳理后对国内外学术成果出版规范与标准整体情况进行比较，在分析之后确定课题研究的主要规范文本。

（一）国内主要学术出版规范与标准

1.《信息与文献　参考文献著录规则》（GB/T 7714—2015）

该国家标准的全称是《信息与文献　参考文献著录规则》（GB/T 7714—2015），为叙述简洁，本书简称为“GB 7714”。该标准是单一针对参考文献著录的国家标准。原全国文献工作标准化技术委员会（后更名为“全国信息与文献标准化技术委员会”）第六分委员会在 1983—1986 年依据国际标准起草了一系列关于图书馆编目使用的文献著录标准，包括《文献著录总则》（GB/T 3792.1—1983 ）、《普通图书著录规则》（GB/T 3792.2—1983）、《连续出版物著录规则》（GB/T 3792.3—1983）等 7 部国家标准。这 7 部国家标准针对的是图书馆编目而非学术出版，但也算是我国最早关于文献的著录标准。1987 年，ISO 全面修订了其 1975 年制定的关于参考文献著录的标准，对外发布了《文献工作　文后参考文献　内容、形式与结构》（ISO 690）第二版，该标准相对较为完善。其实早在 1982 年 ISO 就发布了修订草案，使得我国起草自己的参考文献标准有了参照。在 ISO 690 修订的时候，全国信息与文献标准化技术委员会也开始组织调研，着手制定我国的参考文献著录标准。1987 年，在 ISO 690 基础上制定的《文后参考文献著录规则》（GB/T 7714—1987）颁布，1988 年实施。❶

2005 年，为了应对互联网给文献著录带来的冲击，该标准进行了第一次修订，这次修订参照了 ISO 690 1987 年的第二版和 1997 年增加的第二部分，形成了《文后参考文献著录规则》（GB/T 7714—2005）。这一版在吸收 ISO 规则的同时，也体现了自己的特色，特别是使用了《中国学术期刊（光盘版）检索与评价数据规范》。该规范是清华同方开发的期刊论文数据库的企业标准，最大的特点是给每一类文献设定了不同的文献标识码，以便用计算机快速识别文献类型。当然，因为这一特点与世界上其他任何参考文献著录标准或规

---

❶ 段明莲，陈浩元．文后参考文献著录指南［M］. 北京：中国标准出版社，2006：4–10.

范均不相同，在实践中也受到编辑出版界的质疑。2015 年，该标准修订为《信息与文献　参考文献著录规则》(GB/T 7714—2015)。如上文所述，这次修订主要是修改了名称，增加了电子图书、电子学位论文、电子期刊等新的文献类型示例，将文献类型标识增加了一些新的标识码，同时把文献类型标识设定为电子文献必备，其他文献任选。虽然修订后编辑出版界在实践中发现了该标准的一些不足，但我国绝大多数期刊或图书出版单位将 GB 7714 作为参考文献著录标准，我国学位论文格式国家标准也采用该标准。2015 年的修订依然是紧跟 2010 年修订的 ISO 690 第三版，一致性程度为非等效，笔者调查后也发现 ISO 690 与 GB 7714 在很多方面有较大差异，对此将在本书第三章予以分析。

2. 新闻出版“学术出版规范”行业标准

2015 年 1 月 29 日，国家新闻出版广电总局发布了我国新闻出版行业标准中的“学术出版规范”系列标准，该系列标准一共有 7 部，包括《学术出版规范　一般要求》(CY/T 118—2015)、《学术出版规范　科学技术名词》(CY/T 119—2015)等（具体标准上文已述及）。该标准按照国家标准化法依据 GB/T 1.1—2009 给出的规则起草，由国家新闻出版广电总局提出，归口全国新闻出版标准化技术委员会（SAC/TC 527），起草单位是社会科学文献出版社、中国新闻出版研究院，起草人是来自上述单位的谢寿光、童根兴、傅祚华、李旗、高传杰。虽然其中的部分标准如《学术出版规范　科学技术名词》(CY/T 119—2015）中明确其既适用于学术图书，也适用于学术期刊，然而从起草单位来看，该标准主要是图书出版界专家起草。标准制定者透露出来的信息也表明，该系列标准起草的主要目的就是规范学术著作（图书），而不针对学术期刊。因此，该系列标准中的内容是针对学术图书，对学术期刊并不完全适用或者说适用效果有限。例如，《学术出版规范　一般要求》(CY/T 118—2015）4.3 规定的“学术出版应实行选题论证和三审三校制度，宜实行同行评议”是典型的学术图书出版时的通行做法，同行专家匿名评审才是学术期刊界的通行做法，是必须进行的规范要求，而不是如上述标准中所规定的只是推荐性做法。系列标准中的图书版式规范、中文译著规范、古籍整理规范均为针对学术图书的标准。

该系列标准让我国的学术著作出版有了依据，是一个巨大进步。但笔者调查之后发现，该系列标准也有很多不足。

第一，制定中的研究和协商不足。标准的制定需要大范围协商获得一致，从现有文献和新闻看，该标准在制定过程中的研究和讨论都不足，只有一两篇文献讨论该标准的制定，而且都是较浅地从整体方面讨论，标准具体内容没有深入的研究成果。

第二，仅针对学术著作导致标准影响力有限。学术著作和学术期刊的作者群体是相同的，因此学术著作出版标准不可能独立于学术期刊。国外的学术出版规范与标准一般不区分著作和论文，原因在于著作除了索引等特点外，在内容的表达规范、引文和参考文献等方面与论文是一致的。而学术出版规范系列行业标准中的不少内容没有考虑与期刊界做法的协调一致，在制定时没有考虑制定统一的学术出版规范。期刊出版单位对作者实施学术出版规范的影响要大于图书出版单位。单独制定学术图书出版标准，降低了该标准的影响力。

第三，部分标准内容有学科局限。一项标准要能够广泛适用，需要适应不同学科，若仅针对某些学科则影响力也会受限。该系列标准中的部分内容明显倾向于人文科学，这可能与标准制定者的背景有关。如 CY/T 121—2015 对注释的规定，借鉴了 MLA 的格式，属于人文类学科的习惯。其他应用社会科学并不习惯这种格式，而工科、医学等学科也有各自更为简洁的格式。学科的局限导致非人文社科的学者很难接受该标准。

第四，内容的不完整和不一致。该系列标准中注释采用人文社科中的 MLA 格式标引文献，但参考文献著录则采用 GB 7714，二者其实有冲突。对于学术著作作者而言，参考文献列表和正文注释采用两种著录格式无疑加重了工作量。对于图书而言，索引是重要的部分，所以芝加哥手册等国外出版规范中都有索引编制的规范。而该系列标准仅在《学术出版规范　一般要求》（CY/T 118—2015）中有一句话“索引编制应简明、准确、客观揭示重要主题或特征信息，便于检索”。显然，没有具体的索引编制规范，仅这一句话很难指导出版单位在实践中编制索引。有关表格和插图的规范同样如此，仅规定了版式要求，而没有规定具体的学术规范要求。

3. 教育部、科技部学术规范指南

2009 年 6 月，教育部社会科学委员会学风建设委员会出版了《高校人文社会科学学术规范指南》，以下简称“教育部《社科学术规范指南》”；2009 年 11 月，科学技术部科研诚信建设办公室发布了《科研活动诚信指南》，以下简称为“科技部《诚信指南》”；2010 年 6 月，教育部科学技术委员会学风建设委员会出版了《高等学校科学技术学术规范指南》，以下简称“教育部《科技学术规范指南》”。上述三部学术规范指南都是在我国学风建设的大背景下出台的，分别由我国的教育主管部门和科学研究主管部门组织相关领域专家编写，具有指导性，但也有规范意义。其中，教育部《社科学术规范指南》适用于在我国高校从事人文社会科学学术研究的教师和研究生，当然也包括相关的管理人员；教育部《科技学术规范指南》适用于高等学校自然科学和工程技术类即理工农医专业的教师、学生、科研和管理人员。笔者认为，上述两部指南同样适用于各学科的学术著作和学术期刊编辑，因为其中的学术成果出版规范是作者和编辑需要共同遵守的。科技部《诚信指南》则包含了自然科学和人文社会科学中与自然科学研究具有共性的内容，“适用对象包括政府部门、科研资助机构、高等学校和科研机构的管理人员、教学科研人员以及研究生、企业科研人员和科技出版单位编辑等”。

从内容上看，这三部指南都包括了知识和概念介绍、学术活动应遵守的具体规范、学术不端行为的界定问题方面的内容。虽然这三部学术规范主要是针对教学科研人员制定的，但其中涉及学术成果出版的规范也是约束编辑出版人员的规范，而学术成果出版只是科研活动的最后环节，也会延伸到学术成果撰写以及与撰写相关的实验、调查等环节。

课题组通过问卷对期刊编辑是否了解上述三部指南进行了调查（*N*=410），结果发现，36.8% 的期刊编辑选择“经常查阅”，46.3% 的期刊编辑选择“偶尔翻翻”，但也有 16.8% 的编辑表示从未接触过相关学术规范指南。这说明已经有部分期刊编辑将上述学术规范指南作为其工作中依据的标准，但大多数期刊编辑尚未将教育部和科技部指南作为日常工作的指南，只是偶尔翻翻甚至从未接触过，也说明这三部学术规范指南在编辑出版人员中的宣传做得还不够。

4. 国内的其他学术出版规范与标准

除了上述学术出版规范与标准，国内还有学术界近年来出版的各学科的学术规范，其中也涉及学术出版规范。具有代表性的是本书第一章提到的2016—2018 年出版的“学术规范与学科方法论研究和教育丛书”，当时该丛书已经出版的包括《马克思主义理论学科学术规范与方法论研究》《哲学学术规范与方法论研究》《法学学术规范与方法论研究》《政治学学术规范与方法论研究》《历史学学术规范与方法论研究》。到 2020 年，该丛书陆续出版了历史学、艺术学、外国语言文学、语言学、经济学五个学科的学术规范和方法论，由于学科针对性强，增加了这套丛书的适用性。但不足的是国内目前还没有自然科学和工程技术等相关学科的学术规范出版。上述丛书在编撰时没有吸收学术成果出版单位专家参与，导致其在学术出版界影响力弱，降低了该丛书代表的学术规范的影响力。只有学术出版单位接受并愿意推广的学术规范才能影响和约束作者群体。

在上文中，课题组也梳理了与学术出版相关的国家标准，结果显示这些标准并没有根据学术出版的特点成为体系，而是零散地分布在不同体系的标准之中。

（二）国外主要学术出版规范与标准

1. ISO 690：2021

ISO 690：2021 是 ISO 制定的参考文献著录标准，文件起草可以追溯到 1975 年，但正式、稳定的标准是 1987 年颁布的《文献工作　文后参考文献　内容、形式与结构》（ISO 690）第二版，1997 年 ISO 通过增加一部的形式对 1987 年版的标准进行了补充，因而从 1997 年至 2010 年，ISO 690 分为两个部分，新增的 ISO 690-2：1997 主要针对电子文献的引用。[1] ISO 690 在 2010 年被修订为第三版，这一次修订将上述两个部分合二为一，应对数字化资源带来的新型资源类型。其名称也改为《信息与文献　信息资源参考文献著录与引用指南》（*Information and Documentation—Guidelines for Bibliographic References and Citations to Information Tesources*）。2021 年，ISO 690 修订为第四版，有三个变化：引用电子资源的指南做了大幅度拓展；增加了使用永久标识符；永久链接和网络存档的使用指南、整体重构增加了可读性。ISO 690 的文献类型要比 GB 7714 多，由于国外法学引用有自己独特的标准，ISO 690 中明确说明其不适用于法学引用。ISO 690 中除了著录规范，也提供了著者 - 出版年制和数字序号模式的参考文献标注法，前者来源于哈佛格式。因而，ISO 690 也吸收了不同国家学术界的习惯，特别是哈佛格式流行的英国、澳大利亚等国，正因为如此，英国国家标准直接采纳 ISO 690 为自己的国家标准，英国标准的名称为“BS ISO 690”。本书将《信息与文献　信息资源参考文献著录与引用指南》（ISO 690）简称为“ISO 690”。

2. ANSI/NISO Z39.29—2005（R2010）、**温哥华格式**（Vancouver Format/Style）

美国国家标准 ANSI/NISO Z39.29—2005（R2010）的题名是《参考文献》（*Bibliographic References*），本书将其简称为“ANSI/NISO Z39.29”。该标准是

---

[1] ISO 690：2010 Preview. Information and documentation—Guidelines for bibliographic references and citations to information resources［EB/OL］.［2019-02-21］. https://www.iso.org/standard/43320.html.

一个独立的文后参考文献著录标准，由美国国家信息标准化组织（National Information Standards Organization，NISO）制定，与我国 GB 7714 和国际标准 ISO 690 都是专门的参考文献著录标准。从该标准文本中的参考文献列表看，该标准在制定中也参考了其他参考文献标准，如 ISO 690（1987 年和 1997 年版）、美国法学界的 Bluebook 和 ALWD 格式，以及其他与文献著录相关的国际标准。ANSI/NISO Z39.29 最早一版出台于 1977 年，在 2005 年针对新出现的电子文献资源做了非常大的修改，增加了很多新的文献来源类型。2010 年 2 月 1 日，NISO 对其进行了再次评估和确认，其标准编号中的“R2010”即表示这次确认。与 ISO 690 和 GB 7714 相比，ANSI/NISO Z39.29 的最大特点是规定非常细致，ISO 690 正文加附录是 40 页，GB 7714 正文加附录是 31 页，而 ANSI/NISO Z39.29 的正文加附录共 160 页。在内容上，ISO 690、GB 7714、ANSI/NISO Z39.29 都以如何著录文献为主，但 ISO 690 和 GB 7714 中有如何在正文中引用的内容，ANSI/NISO Z39.29 并没有正文中引用的相关内容，只针对文献的著录。

这一格式早在 1977 年就已经诞生，但 2007 年前后国际医学期刊编辑协会（ICMJE）在温哥华讨论了新的修订内容，故又被称为温哥华格式。美国国家医学图书馆在温哥华讨论基础上编写了指导医学相关学科引用的手册《医学引用：NLM 风格作者、编者、出版者指南》（*Citing Medicine*：*The NLM Style Guide for Authors*，*Editors*，*and Publishers*）（2018 年第二版），这就是温哥华格式手册最新版。ICMJE 制定的温哥华格式以美国标准 ANSI/NISO Z39.29 为基础，只是更加详细，针对性更强。当然，二者也有一些细节上的差异。在第三章，笔者将更为细致地比较 GB 7714、ISO 690 和 ANSI/NISO Z39.29。

3. 哈佛格式（Harvard Style）

哈佛格式或哈佛体系是一种参考文献引用格式，它并非由哈佛大学制定或维护的格式，哈佛大学不同的学科也采用其他格式，如商科采用芝加哥格式，法学使用 Bluebook，之所以被命名为哈佛格式，原因是该格式起源于哈佛大学动物学家爱德华·劳伦斯·马克（Edward Laurens Mark，1847—1946）。1881 年，该教授发表了一篇细胞学方面的论文，在论文中第一次使用了著者 – 出版年格式的正文引用并且在脚注中对引用进行了拓展。[1] 这种格式是在

[1] CHERNIN E. The “Harvard system”: A mystery dispelled［J］. BMJ，1988，297（6655）：1062–1063.

正文中插入引用，因此也被称为“插入格式”的参考文献引用。该格式在英国、澳大利亚和南非较为流行，同时也被 ISO 690 吸收。哈佛格式最大的特点是上文所述的不成文特征，即该格式是一种统称，并没有机构维护该格式，部分出版或高等教育机构在其基础上制定自己特有的格式。哈佛格式虽然流行，但由于没有一个稳定的规范性文件，导致有多种变体和版本。因此，本书仅在这里作整体介绍，在后面的研究中不单独将它同其他学术出版规范与标准作比较研究。

4. APA 手册（APA Style）

美国心理学会（APA）发布的学术规范《美国心理学会出版手册》（*Publication Manual of the American Psychological Association*），最新版为 2009 年出版的第六版[1]，第六版的修订同样也针对电子文献等格式做了扩充。若无特别说明，本书将其简称为“APA 手册”，学界也将其简称为“APA”。APA 手册以其特有的著者 – 出版年格式的参考文献著录格式出名，有相当多的国内和国外期刊采用 APA 的参考文献格式。这种格式 1929 年由一些社会科学家们制定。APA 手册是一部知识和规范兼具、出版标准和伦理兼具的综合性手册，对于社会科学等相关学科的作者来说较为实用。它包括了写作知识、稿件结构、语言表达和研究伦理、符号和正斜体的使用、结果展示中图表的规范表达、引用规范和参考文献著录规则。当然，APA 手册也有一些变体，即部分出版单位在 APA 手册基础上开发了适合自己的参考文献著录格式，有时这些变体也被统称为 APA 格式。笔者在对各种学术出版规范进行比较时，以 APA 手册为准，而不考虑其变体。整体来看，APA 手册的要求较为严谨，如在参考文献著录时对符号有着严格的要求，这就使得 APA 手册识别度非常高。APA 手册也有很多其他学者撰写的简明口袋版本，这些都促进了 APA 格式的流行。APA 的参考文献著录格式不仅在社会科学期刊中应用，在一些自然科学中也有使用。

5. MLA 手册（MLA Style）

美国现代语言学会（MLA）撰写维护的两部手册，分别是针对作者的《MLA 研究论文写作手册》（目前最新为 2009 年第七版）和针对编辑出版者的《MLA 学术出版手册与指南》（目前最新为 2008 年第三版）。2016 年，MLA 出版《MLA 手册（第八版）》，针对参考文献著录部分做了更新，因应数字出

---

[1] 见 APA 网站：https：//www.apastyle.org/manual。

版环境做了一些修订，让作者能够引用更多资源。[1] 2021 年 4 月，MLA 出版了新的《MLA 手册（第九版）》，这一次除了继续完善资源引用，在其中增加了如何避免剽窃、如何正确引用他人观点等涉及学术规范的内容，也增加了指导作者在写作涉及宗教、种族、性别等内容时如何正确使用语言的内容。本书将上述三个手册都统称为“MLA 手册”，但在研究出版伦理规范时是指前两部手册，在研究参考文献著录时是指 2016 年版的 MLA 著录规范。MLA 手册起源于 1883 年语言研究学家们成立的美国现代语言学会（MLA），截至 2022 年，该学会有超过 2 万名来自 100 多个国家的会员。MLA 也出版一些较为知名的期刊，但该学会更以其为作者撰写的写作指南而出名，写作指南与 APA 手册一样是一部兼具知识和规范的综合性著作，详细介绍了研究和写作中的主要事项、学术伦理。MLA 系列手册最初是由参考文献格式发展起来的，1970 年 MLA 出版了“MLA 风格表格”，形成了其独特的参考文献著录格式，1977 年第一版 163 页的 MLA 手册出版并获得学生群体的关注。MLA 手册在人文、语言学科使用较为广泛。MLA 也是一个开放的手册，其内容实质上也包含 MLA 在其网站不断更新，这是为了解决手册更新总是慢于学术研究实际需求的问题，如 2019 年 3 月 MLA 就在其网站公布了如何引用谷歌地球上的位置信息。

6. 芝加哥手册（Chicago Style，CMOS）

芝加哥手册是指由芝加哥大学出版社维护的《芝加哥手册：写作、编辑和出版指南》（*The Chicago Manual of Style*：*The Essential Guide for Writers, Editors and Publishers*），本书简称为“芝加哥手册”。该手册第一版早在 1906 年就已经出版，目前最新版是 2017 年修订之后的第 17 版（笔者组织的课题组购买了网络版）。若未特别说明，本书指的是第 17 版。芝加哥手册的特点是把知识性和规范性融为一体，带有出版和写作教程性质。虽然芝加哥手册的名称中包含作者，但该手册的编辑出版导向非常明确，其中有大量编辑出版的专业知识。例如，其开篇第一章就是对图书、期刊和网络出版的介绍，手册中还有大量编辑校对知识。芝加哥手册中有两种参考文献著录格式：适用于人文学科的注释和参考文献格式、适用于科学和商业相关学科的著者 - 出版年制。芝加哥手册由于太厚，作为编辑工作的案头书是可以的，但对于学术研究的入门者，如硕士研究生、博士研究生等群体来说太烦琐。因此，芝

---

[1] 见 MLA 网站：https：//style.mla.org/whats-new。

加哥手册也有很多其他作者撰写的简明版，其中最知名的是杜拉宾的写作手册，有时芝加哥格式甚至被称为杜拉宾格式。芝加哥手册同样是一个开放的体系，一些最新的问题会以专家回答或讨论的形式出现在芝加哥手册的讨论博客或推特上。在第 17 版的修订内容中，部分就来源于网络上的讨论。而第 17 版中没有包含的很多内容，如对新型社交媒体内容的引用也出现在其博客上。芝加哥手册中的文献著录格式有两套体系，即注释和参考文献体系与著者 - 出版年体系，前者在部分人文学科中流行，后者在一些应用社会科学中流行。

7. CSE 手册

其全称是《科学风格和格式：CSE 作者、编者、出版者手册》（*Scientific Style and Format: The CSE Manual for Authors, Editors, and Publishers*），本书将其简称为“CSE 手册”，这一手册是由出版者行业协会——科学编辑者协会（CSE）制定和维护的。CSE 手册也被简称为 SSF，即“Scientific Style and Format”（科学风格和格式），第八版就被简称为 SSF8。目前最新版是 2010 年启动修订，于 2014 年正式出版的第八版。目前该手册也交给芝加哥大学出版社维护，本书研究的文本是在芝加哥大学网站购买的第八版电子版。[1] 虽然 CSE 手册的名称意味着它是一本对作者、编辑和出版者通用的手册，但由于该手册由科技期刊出版者的行业协会制定维护，因此其内容偏重编辑和出版领域。在适用学科上，该手册与上述 APA 手册、芝加哥手册和 MLA 手册偏向人文社会科学不同，主要适用于自然科学期刊。科学编辑者协会的前身是生物学编辑协会（Council of Biology Editor，CBE），该协会于 1957 年与美国生物科学研究院合作成立，在 2000 年 1 月 1 日改为 CSE。CBE 在 1960 年就制定了自己的风格手册，最初是为微生物学、植物学、动物学、医学领域提供写作和出版指导。1995 年的第六版拓展到需要观察和实验的学科，2006 年的第七版拓展到物理和生命科学。2014 年的第八版修订主要是在文献类型方面增加了电子和在线资源。[2] 手册的主要内容既包括出版和版权知识、出版形式、技术、伦理规范，也针对科学类学术成果的特点提供表达规范，如化学公式、疾病、基因、药物、地球等各学科特有的表达如何规范的问题。这是 CSE 手册与上述三个手册的主要区别。CSE 提供了三种引用体系，即著者 - 出版年、

---

[1] 网址：https：//www.press.uchicago.edu/ucp/books/book/chicago/S/bo13231737.html。

[2] 网址：https：//www.scientificstyleandformat.org/book/ed8/front/pref.html。

引用 - 姓名体系和引用 - 顺序体系（就是常见的循环数字格式）。

8. AMA 手册（AMA Style）

该手册是美国医学会（AMA）编撰的指导作者和编辑的手册，全称是《AMA 风格手册：作者和编辑指南》，目前最新版为 2020 年出版的第 11 版。本书研究的文本为在其网站购买的第 10 版电子版。[1] AMA 手册起源于《美国医学会学报》（*Journal of American Medical Association*）的一位编辑在 1938 年撰写的医学写作图书。第一版出版于 20 世纪 60 年代，由《美国医学会学报》的编辑集体编撰，仅有 70 页。经过多年的积累和修订，其不断更新，形成目前的第 11 版。因此，AMA 手册也被称为 JAMA 手册，其参考文献格式也被称为 JAMA 格式。AMA 手册中既有技术性标准和规范，如量和单位、名词术语、缩写、参考文献著录，也有研究和出版伦理规范。AMA 手册在学科上倾向于医学相关领域，一般应用于医学、药学、护理等相关学术出版物。AMA 参考文献标准采用的是温哥华格式，与美国国家标准基本相同但也略有差异。

9. ACS 手册（ACS Style）

该手册是美国化学学会（ACS）编撰的针对化学相关学科的学术成果写作和出版规范，全称是《ACS 风格指南：科技信息的有效传播》（*The ACS Style Guide: Effective Communication of Scientific Information*）。[2] 目前最新版为 2006 年出版的第三版。该手册分为两大部分，第一部分“科学传播”主要介绍出版知识和稿件评审等出版的学术伦理规范，第二部分“风格指南”则包括参考文献在内等具体的出版技术性规范，其第 13 章专门介绍了化学学科的惯例和习惯。ACS 手册中未说明该手册起源于哪一年，但说明了该手册在 1997 年出版了第二版，目前是第三版。第三版主要增加的内容包括科学传播伦理、如何通过网络投稿、图表和化学结构等规范、对电子资源的著录和引用等，第三版还重新撰写了同行评议、编辑过程和写作风格等内容。ACS 手册中有两种参考文献著录方式，即数字循环编码格式和著者 - 出版年格式。

10. AIP 手册（AIP Style Manual）

该手册是美国物理研究所（American Institute of Physics，AIP）制定的

---

❶ 网址：http://www.amamanualofstyle.com/view/10.1093/jama/9780195176339.001.0001/med9780195 176339.

❷ COGHILL A，GARSON L. The ACS style guide：Effective communication of scientific information[Z]. 3rd ed. American Chemical Society，2006.

写作指导手册，适用于物理学、天体物理学和天文学，故其引用格式也被称为“物理、天体物理和天文学格式（Physics，Astrophysics，and Astronomy Citations）”。该手册包含了物理学相关学科论文写作中的各种规范，相对于上述几个篇幅很长的手册，AIP 手册显得比较简洁。其 1990 年的第四版加上附录整体上也仅有 56 页。其参考文献著录格式的介绍也非常简短，这与其参考文献著录时可以省略题名的极简风格一致。AIP 手册第一版出版于 1951 年，是应一个出版委员会的要求出版的，而这个出版委员会是由所有成员协会期刊的编辑们组成。其第二版 1959 年出版，第三版 1978 年出版，第四版 1990 年出版（目前第五版）。1990 年的第四版[1]最大的变化是它不再局限于满足 AIP 自身期刊的要求，而是吸收了不同规则。由于 AIP 手册较为简洁，其参考文献著录格式特点也较为简洁，节省版面。

11. COPE 与世界研究诚信大会的伦理规范

上述综合性手册中也有研究和出版伦理规范，但是其中的出版伦理规范的针对性和操作性从学术成果出版实践角度来看还不强。对学术出版界，特别是学术期刊界而言，近年来在学术出版活动中不断出现的作者、审稿人或编辑的学术不端问题的界定和处理问题日益突出。为了应对上述问题，国外学术出版界成立了出版伦理委员会（COPE）。COPE 为其会员或其他学术出版单位提供各种培训、咨询服务，并在其网站定期公布案例和各种指南供出版单位参考。近年来，越来越多的国外学术期刊加入 COPE，我国也有不少期刊加入。凡是在网站公布自己是 COPE 成员的出版单位，也意味着这些出版单位接受了 COPE 的出版伦理规范和指南。COPE 因此也成为一种出版伦理和操作规范。在 COPE 的网站能够下载诸如《新编辑有伦理的编辑活动简短指南》《同行评议人伦理指南》《学术出版最佳透明原则》《作者指南》《如何应对署名争议：新研究人员指南》《关于学位论文出版相关问题最佳实践的讨论文档》等，除了上述成文文档，COPE 也会提供关于处置一稿多投、抄袭剽窃等问题的具体操作建议。

COPE 系列规范和实践指南有很强的应用性，因而被很多学术成果出版单位接受，近年来 COPE 也开始与国内学术出版界接触，推广其规范和服务。除了 COPE 的实践导向的伦理规范，在国外较有影响力的伦理规范是世界研

---

[1] AIP 手册第四版全文获取网址：http://www.physics.byu.edu/faculty/rees/416/Class%20Materials/AIP_Style_4thed%20-%20searchable.pdf。

究诚信大会2010年在新加坡发布的两个有影响力的学术出版伦理规范《负责任的研究出版：作者国际标准》《负责任的研究出版：编辑国际标准》。这两个规范的特点是非常简明，是不以具体操作实践为目的，而是以唤起作者和编辑职业伦理意识为目的的伦理规范。这两个宣言式的规范最初的作者之一就是COPE的副主席，但这两个宣言相对于COPE的规范是独立的。

12. 国外的其他学术出版规范

除了上述较为通用的学术出版规范，国外还有很多独特的出版规范，如在英美法系国家法学界较为通用的Bluebook引用格式，以及法学写作指导者协会（Association of Legal Writing Directors，ALWD）的ALWD引用格式，在法学领域《芝加哥大学法律评论》还制定了其自己的引用和参考文献著录标准《褐皮书》（*The Maroonbook*）。美国政治科学学会（American Political Science Association，APSA）、美国人类学学会（American Anthropological Association，AAA）、英国当代人类学研究协会（Modern Humanities Research Association，MHRA）、美国气象学会（American Meteorological Society，AMS）、电气和电子工程师协会（Institute of Electrical and Electronics Engineers，IEEE）、美国数学协会（American Mathematical Society，AMS）等都有针对作者或编者的指南，或独立的参考文献著录指南。在物理领域，除了AIP，还有美国物理学会（American Physical Society，APS），它也制定了自己的风格指南。在英国，还流行一种脚注格式的参考文献著录格式，被称为“牛津（Oxford）格式”。此外，各个出版单位也有自己的格式，如SAGE出版集团将哈佛格式修订为SAGE-哈佛格式的参考文献著录规则，Taylor & Francis出版集团则开发了《Taylor & Francis标准参考文献格式》（*Taylor & Francis Standard Reference Style*）。位于纽约的学术图书出版社Edwin Mellen也制定了自己的风格指南。[1]

（三）国内外学术出版规范与标准体系的差异

在对国内外主要的学术成果出版规范与标准进行梳理之后，发现国内与国外学术成果出版规范与标准体系的主要差异如下。

第一，整体上国内关于学术成果出版的规范与标准数量较少，国外较多。严格来说国内专门针对学术成果出版的规范与标准并不多，大多数国家

[1] RICHARDSON H. The style manual of The Edwin Mellen Press［M］. New York：The Edwin Mellen Press，2012.

标准是针对所有出版而非特别针对学术出版的。而国外关于学术出版的规范和标准种类繁多，仅上文列出的就有20种以上。相对而言，我国的标准单一，导致学科适应性差，这可能是部分国内出版单位未能很好地执行我国现行学术出版标准的原因之一。辩证地看待这一问题，数量少也有优势，那就是统一起来阻力相对较小。对于学术成果的出版者、编辑、作者而言，不需要掌握庞杂的规范和标准体系，节约了时间成本。笔者认为，如果完善了相关的规范和标准，解决了适用性的问题，规范和标准的数量不应太多。以笔者所在的新闻传播学科为例，同一学科的几种重要期刊参考文献和著录规范都没有统一，使作者们投稿时在文献和注释格式的修改完善上花费了大量精力。

第二，国外的学术出版规范与标准注重服务性，我国则注重规范性。从规范与标准的整体来看，国外很多学术出版规范带有指南性质，综合了规范与写作和编辑实践指南。这其实是通过提供知识"服务"来吸引作者和编辑使用相关规范，进而起到很好的推广作用。国内的学术出版规范与标准带有较强的规范意味，提供的知识性内容不多。而提供了知识性内容的教育部、科技部学术规范指南影响力有限，在提供指南的同时，配套的案例和针对作者和编辑的实践操作指南没有跟上。

第三，国外规范的出版形式多样、开放性好，国内较为单一。由于国外学术出版规范的制定维护者大多是相关协会或出版单位，因此，他们为了销售更多的规范手册获利，有动力以各种形式出版发行其手册，如电子书、网络版等。数字化的出版和传播模式使这些规范很容易传播和方便使用者检索相关内容。由于相关手册内容繁多，为了方便使用，部分学术规范手册还在其网站公布参考文献著录的简明指南。为了增加其标准和规范的适用性，这些规范和手册也通过开通博客、社交媒体来收集使用建议或解答使用者的问题，并在适当的时候将这些内容吸收进新的版本。国外有的规范维护单位还制作了视频发布在社交媒体上，教用户正确理解和使用其规范。相比之下，我国的标准和规范大多是由标准化组织或行政主管部门主导制定的，在制定后缺少维护环节。因而，我国对相关标准和规范的讨论主要依赖编辑出版类学术期刊。但学术期刊的影响力不如社交媒体。由于缺少依据社交媒体等网络平台的日常维护环节，标准在使用中发现的新问题无法及时反馈给标准制定者。我国的学术规范标准和指南也缺少配套的简明指南或解释供使用者查阅。开放性的另一个表现是国外的部分学术规范之间并不排斥，而是相互引用补充，如CSE手册就引用了APA手册、芝加哥手册。

第四，国外的学术出版规范与标准体系已经成形和固化，国内的尚在形成中。梳理中发现，国外的很多学术出版规范与标准有着较长的历史，最长的甚至上百年。这些学术出版规范和标准都在不断地更新，发布新版本。由于历史悠久，很多学术出版规范与标准已经锁定了相当多的作者和编辑，导致他们很难改变自己的习惯。在标准的适用上，有一种网络效应。一旦用户使用了某种标准，要转向另一个标准就要付出学习新标准的转移成本。因而，旧标准就会对使用者形成锁定。目前国外的大部分学术成果出版单位都已经被某种学术出版规范或标准锁定。国外学术成果出版规范与标准的多元化体系已经很难改变。反观国内，我国的学术成果出版规范与标准体系其实仍然在完善之中。这也给我国制定科学合理的学术成果出版规范与标准带来了机遇。因为种类繁多的标准与规范并不利于学术交流，也增加了作者的学习成本。在国外，熟悉各种引用格式已经成为大学生、研究生和学者们的负担。

第三节　法律法规与学术出版规范的差异

在开始调查研究之前，有必要解决一个认识误区，这个认识误区就是把法律法规与学术出版规范，特别是涉及学术不端的一稿多投、抄袭剽窃等与版权法上的版权侵权混为一谈。笔者在对编辑出版人员访谈时，多位被访谈对象直接认为版权侵权就是学术不端，还认为版权法能够解决一稿多投问题。但事实上，版权法属于法律领域，学术出版规范既涉及法律，更涉及道德领域。对出版中涉及学术不端问题的界定，主要依据是各国的学术共同体长期形成的学术出版规范，而版权侵权依据的主要是各国版权法。抄袭剽窃等学术不端和版权侵权是学术出版需要解决的两个突出问题，但它们既有区别，又有联系。因为部分学术不端行为确实侵犯版权，故社会各界呼吁用法律手段特别是版权法来解决学术不端问题。然而，学术界和出版界对二者的关系认识比较模糊或存在误区，不利于解决学术出版中的学术不端和版权侵权问题。笔者在本书中从中美版权法比较视角切入，以厘清二者界限，旨在让学术出版物编辑能够分辨两种行为并选择正确的处理策略，同时也是为了进一步明确后续的研究内容。

一、版权法与学术不端

版权法能够规制学术不端行为的原因在于部分学术不端行为的确侵犯版权，主要类型有：第一，侵犯作者的人身权，即版权中的精神性权利。主要是发表权和署名权，如将他人未发表学术论著以自己或利益相关人名义发表（同时侵犯发表权和署名权），擅自在论文上添加署名作者或未经同意而将他人姓名署在作品上（侵犯署名权）。第二，侵犯复制权等财产性权利。主要指大量剽窃他人学术论著的情况。

中美两国版权法在上述精神权利和财产权利方面规定的不同导致两国版权法在适用于学术不端问题上的差别。我国版权法有直接可应用于学术不端的规定，而美国版权法（包括制定法和判例）并未直接涉及学术不端问题。

首先，我国版权法确认了精神权利，而美国版权法则没有。我国版权法将版权视为一种法定权利——故版权中既有精神权利也有财产权利。而一些学术不端行为与我国版权法中规定的精神权利侵权类型相吻合。《中华人民共和国著作权法》（2020 年修订）不仅在第十条中明确规定了人身权中的发表权和署名权，还在第五十二条规定了具体的侵权类型："有下列侵权行为的，应当根据情况，承担停止侵害、消除影响、赔礼道歉、赔偿损失等民事责任：（一）未经著作权人许可，发表其作品的；（二）未经合作作者许可，将与他人合作创作的作品当作自己单独创作的作品发表的；（三）没有参加创作，为谋取个人名利，在他人作品上署名的；（四）歪曲、篡改他人作品的；（五）剽窃他人作品的……"上述第（一）款为侵犯发表权的类型，第（二）款属于典型的既侵犯合作作者发表权也侵犯署名权的行为，第（三）款则是侵犯署名权的行为。这三种侵权类型，均能找到不当署名、抄袭剽窃等学术不端行为与之对应。

与我国不同，美国将版权视为一种利益平衡，更多视版权为财产权，未承认精神权利。虽然 1988 年美国加入《伯尔尼公约》后部分承认精神权利，但也仅限于"视觉艺术（Visual Art）"这类作品，而无法适用于学术作品。对于署名权等精神权利的保护，美国版权法通过经济权利间接保护，或通过保护商标权的《蓝哈姆法》（*Lanham Act*）及合同法、侵权法、不正当竞争法等其他法律来保护。因此，当一些学术不端行为侵犯原作者版权中的精神权利时，美国版权法中并无可适用的条款。

其次，在财产性权利方面，我国版权法明确规定"剽窃"为侵权的一种形式，而美国版权法却没有。《中华人民共和国著作权法》第五十二条第（五）款规定了侵权类型之一："剽窃他人作品的。"早期版权法还有"抄袭"，2001年修订时去掉了。从 1999 年国家版权局《关于如何认定抄袭行为给 ×× 市版权局的答复》中看，去掉的原因是立法者认为抄袭、剽窃为同一概念。美国版权法制定法中并无与剽窃相类似的词，甚至学者及法官在界定版权侵权时使用的"非法使用（Unlawful Appropriation）"也未出现在美国版权法中。

出现上述差别的原因是中美两国学者对剽窃的认识不同。在我国，无论是版权法出台之前还是出台之后，以及近年来都有学者认为剽窃当然是一种版权侵权行为，学术剽窃必然要承担的法律责任之一就是版权侵权责任。早期的文献中，在法学界和期刊界都不乏这样的认识[1][2][3]，而后期对这一问题的认识则更加深入，但也未完全把法律上的侵权和学术不端行为严格区分开来。

美国法学界认为剽窃并非法律术语，与学术不端并无必然联系。与我国版权法著作中必须阐述剽窃的概念及界定不同，美国权威版权法著作《尼默论版权》中关于剽窃仅在精神权利相关章节中有一小段，主要观点认为剽窃并非法律用语，剽窃不是法律意义上的侵权而是伦理上的冒犯，故应该由学术权威而不是法庭来规制剽窃，剽窃的实质在于是否错误地把其他人的文字用作自己的，而不在于被剽窃作品是否受版权保护。[4] 大法官、法经济学家理查德·波斯纳也总结了剽窃和版权侵权的关系，他指出："显然，并非所有的复制行为都是剽窃，甚至并非所有不合法的复制行为——版权侵权行为——都是剽窃。版权侵权行为和剽窃之间有相当大的重叠部分，但是并非所有的剽窃都侵犯了版权，也并非所有侵犯版权的行为都是剽窃。"[5] 简言之，美国法学界对于学术不端和版权之间的界限分得非常清楚，即除了部分剽窃既是学术不端也同时侵犯版权以外，版权侵权不必然构成学术不端行为，而学术不端行为也不必然构成版权侵权。

我国长期以来就存在将剽窃一类的学术不端行为认定为必然侵犯版权的

---

❶ 沈仁干 . 文人与"小偷"——谈谈当前的剽窃行为［J］. 中国出版，1983（6）：54-56.

❷ 周友苏 . 侵犯著作权中的"剽窃、假冒、篡改"行为刍议［J］. 现代法学，1990（2）：29-32.

❸ 秦珂 . 抄袭、剽窃的判断与法律责任［J］. 图书与情报，2008（5）：68-71.

❹ NIMMER M B，NIMMER D. Nimmer on copyright［M］. New York：Matthew Bender & Company，Inc.，2008.

❺ 理查德·波斯纳 . 论剽窃［M］. 沈明，译 . 北京：北京大学出版社，2010.

误区，早期我国著作权法的相关规定更加强化了这种认识，法学界认为版权法能够较为周延地规制学术剽窃等学术不端行为正是基于法律的有关规定。[1] 这个认识误区影响到学术界，就导致另一个认识误区，认为版权侵权是学术不端的一种表现。例如，2007 年中国科协通过的《科技工作者科学道德规范（试行）》明确界定“侵犯或损害他人著作权”为学术不端的表现形式之一；同年发布的《中国科学院关于加强科研行为规范建设的意见》也明确界定“损害他人著作权”为科研不端行为之一。与我国不同，美国较为流行的芝加哥格式手册、APA 手册及各高校和科研机构的学术规范中都特别强调不能侵犯著作权，也说明引用需要获得授权许可，部分规范也认为侵犯著作权是学术不端的表现之一，但都没有将侵犯版权与学术不端等同的绝对化表述。

事实上，学术不端与版权侵权虽有部分重叠，但二者也有区别，也即学术不端并非一定侵犯版权，版权侵权也不必然就构成学术不端。主要原因是版权法主要保护表达而不保护思想，但是从学术伦理角度看，不管是剽窃他人思想还是剽窃他人表达都属于剽窃。访谈对象 28 就举了一个剽窃思想的例子：在某次学术会议上，访谈对象 28 提出了一个新的研究思路，但过了一段时间后，访谈对象 28 发现该思路已经被参加同一个会议的另一位学者写成论文发表了，并且在论文中并没有引用或对他进行致谢。严格来说，这也算是一种剽窃。以下从两个方面分析学术不端和版权侵权的差异。

二、学术不端不必然构成版权侵权

无论是法学界还是期刊界都存在将一些并未侵犯版权的学术不端行为作为版权侵权对待的误区。学术不端虽然容易与版权侵权混淆，但若从以下几个方面分析，会发现很多学术不端行为不会构成版权侵权。

其一，认定为版权侵权必须达到一定程度，而学术不端并不以达到一定程度为要件。中美两国版权法在认定版权侵权时都有一定的标准。美国版权法由判例法确定了“实质性相似（Substantially Similar）”标准；我国版权法虽然没有规定具体标准，仅给出了类型化的侵权行为，但是法官在司法实践中也基本认可了“实质性相似”标准。此外，1999 年国家版权局《关于如何认定抄袭行为给 ×× 市版权局的答复》虽然指出不以抄袭的具体程度来判断版

[1] 方流芳．学术剽窃和法律内外的对策［J］．中国法学，2006（5）：155-169.

权侵权，而仅以侵权法的四个构成要件——违法性、损害、因果关系和过错来认定剽窃和抄袭，但侵权法理论和司法实践都表明要构成侵权法上的侵权行为，侵权行为必须达到一定程度。例如，侵权法意义上的损害是受到严格限制的，即损害要有可救济性，从质的方面来说必须是侵权法所保护的法益，从量的方面来说必须达到一定程度，对于未达到法律要求程度的损失，侵权法不认定为“损害”。欧美国家侵权法甚至在某些情况下规定了最低起诉标准。具体到易与版权侵权混淆的学术不端行为，即抄袭剽窃是否侵犯版权，必须根据抄袭和剽窃的程度来判断。

对学术不端的判断则可仅从行为的定性上判断，无须依据程度的轻重。学术不端与版权侵权判断标准的不同必然导致很多学术不端行为不会构成版权侵权。剽窃程度轻微，如仅剽窃一句话，显然不能构成版权侵权，但是从学术诚信的角度看，这已经构成学术不端，若这句话是关键性或创新性结论，甚至会构成严重的学术不端行为。从侵权法角度看，很多这类的学术不端行为还达不到对权利人侵权法意义上的“损害”。

其二，版权本身受到合理使用的限制，而学术不端是学术共同体对学术诚信的要求，没有例外的排除规则。正因为版权是要在公众使用和对权利人的激励之间制造一种平衡，所以在赋予权利人权利的同时，又衍生出对相关权利进行限制的制度——合理使用。合理使用制度起源于美国，其版权法第107条（17U. S. C. § 107）规定了合理使用的判断原则，并规定了法庭判断合理使用考虑的四个因素：使用目的和特征，作品的属性，使用在质、量上所占比例，使用对潜在市场或作品价值的影响。我国版权法虽然未规定一般性的合理使用制度，但在“权利的限制”一节中列出了几种使用但不侵权的利用方式，我国学者一般认为这就是我国的合理使用制度。在学术不端的认定上，只要损害学术诚信就可认定为学术不端，不存在类似合理使用的例外情况。有时候是版权上的合理使用，如上述的使用他人学术作品极少的比例未造成版权法意义上的损害，但仍然可能构成学术不端。

其三，版权法上有很多不受保护的作品，而学术出版规范适用于所有作品。剽窃不受版权保护的作品不会构成版权侵权但依然构成学术不端。举例来说，若某学者把进入公共领域的上一个世纪发表的学术论文改头换面发表，从版权法角度侵犯了精神性权利，但并未侵犯财产性权利。中美两国版权法均规定了不受保护的作品，主要包括：第一，过了保护期的作品。我国版权法保护期与《伯尔尼公约》一致，一般为50年；美国的版权保护期比较复杂，一般是 70 年，且经常被各种法案延长。无论保护期再长，相关作品总有进入公共领域的一天。第二，政府文件、法律，以及单纯事实消息，历法、通用数表、通用表格和公式等涉及公共利益的内容。这一点我国版权法和美国版权法是相同的，都有明确规定。美国版权法第 205 条规定任何政府作品均不能获得版权。《中华人民共和国著作权法》第五条也规定："本法不适用于：（一）法律、法规，国家机关的决议、决定、命令和其他具有立法、行政、司法性质的文件，及其官方正式译文；（二）单纯事实消息；（三）历法、通用数表、通用表格和公式。"

从学术出版规范角度看，剽窃不受版权保护的作品从行为性质上看仍然属于学术不端行为。其本质原因在于：很多经典论著都过了保护期，依然被经常引用，这是对创作者在学术价值上的承认；若过了版权保护期就可任意"抄袭"，会降低仍然处于学术生产活跃期的作者们创作"经典"的激励，这与版权从经济上激励作者创作更多优秀作品的原理是相同的。对于官方文件，否定其版权也不意味着否定其中的思想、观点或学术价值。

其四，版权法不保护思想与表达二分法中的思想性内容，而学术不端则不区分思想与表达。美国版权法 102（b）规定："在任何情况下，对作者的独创作品的版权保护，决不延及任何思想、程序、过程、体系、操作方法、概念、原理或发现，不论在作品中上述项目是以什么形式被描述、说明、图示或体现的。"我国版权法没有规定思想与表达二分法，但《计算机软件保护条例》第六条规定："本条例对软件著作权的保护不延及开发软件所用的思想、处理过程、操作方法或者数学概念等。"我国著作权法第五条第（二）（三）款将事实消息，历法、通用数表、通用表格和公式排除在版权保护之外，与美国版权法的思想与表达二分法是一致的。我国司法实践中也有法官运用这一原则判断作品或元素是否应受版权保护。学术不端并不问思想与表达的区分，凡是故意让人以为别人的创作是自己创作的就可以认定为学术不端行为。例如，一些学者的学术论著中的关键结论往往是思想性内容，不受著作权保护，但若有人将这些思想性内容作为自己的发现发表，是非常严重的学术不端行为。

其五，版权侵权有权利相对人，而学术不端存在权利人同意的情况或没有权利相对人。很多情况下，权利人同意不会构成版权侵权，但依然是学术不端行为。事实上，版权权利人"主动"让渡权利的学术不端行为在我国甚至相当普遍。调查发现，编辑工作中常见的有下级帮上级写论文、学生帮教师写论文、教师帮“有用”的学生写论文、教师帮给予课题经费的企业相关负责人写论文、朋友之间的论文“赠送”。这类行为往往非常隐蔽，以至于编辑在学术出版工作实践中无法处理，多个访谈对象表示对于作者的不当署名很难判断和规范，原因是这种隐蔽的行为很难发现和求证。中美两国著作权法大体上都属于民商法，意思自治是基本原则，这种情况一般不会引起诉讼，少数情况下会引起有关学术不端的举报。另外一类学术不端行为根本就不存在权利相对人，如篡改数据、伪造结果，也就不存在版权侵权的可能性，损害的是社会的学术诚信和降低作者自身的学术信用。

其六，版权侵权需要公开或发表，而学术不端行为并不以公开为要件。这是因为版权法关注结果，而学术诚信关注的是过程。例如，一稿多投、剽窃在投稿时被发现，课题申报书抄袭已经发表的论文或出版的专著，都因为相关行为未公开而尚未构成版权侵权，但已经是严重的学术不端行为。

三、侵犯版权也不必然就是学术不端

上文已经指出，当前存在将侵犯学术作品版权当然认定为学术不端的误区。当我们检视一些侵犯学术作品版权的侵权行为时，会发现虽然表面来看易与学术不端混淆，但二者的实质是完全不同的。原因就在于，一些版权侵权行为并无将他人学术作品让读者误认为自己作品的意思。主要有以下几种情况。

第一，版权侵权并未改变署名或发表信息。例如，侵犯精神权利中的发表权时，将他人学术作品不更改署名而予以发表，这并非学术不端，仅仅是典型的侵犯发表权的行为。现实中发生最多的是侵犯复制权和发行权的行为，如盗印学术作品，或未经学者同意将其论文收录到数据库或论文集中，这些行为虽然侵犯版权，但因为并未改变署名和发表信息，并非学术不端行为。因为学术不端的实质在于“盗取”社会对他人的学术评价，典型的如引用而不标注的情况；版权侵权的实质在于经济利益，上述版权侵权行为中侵权人的动机在于经济利益，而不在于让社会大众或学术共同体误认为所侵权作品为侵权人所著。在网络环境中，侵犯信息网络传播权的行为则更为普遍，如各种未经版权权利人同意将其论文发布到网络的行为，但这些行为显然不能定性为学术不端。

第二，复制构成著作权侵权，但规范地标注的情况。最易与学术不端混淆的版权侵权行为是引用原作品并按照学术规范要求标注，这样的行为虽然侵犯版权，但符合学术规范，只能说这样的学术作品没有创新。除非大量引用形成了过度引用的学术不规范行为，否则就只能是版权侵权而非学术不端。在学术论文或专著中，引用其他论文的插图或他人的摄影作品非常常见，但事实上很多论文插图和摄影作品有单独的版权，在未获权利人许可的情况下，这时虽然标注了出处依然是版权侵权行为，但并非学术不端。

第三，作者将财产性权利转让给其他出版机构后，又在不改变作品发表信息的情况下以另外的形式出版作品。这要与典型的学术不端行为——重复发表区别开，对于重复发表而言，作者是隐瞒首次发表信息而进行的再次发表行为。而在很多情况下，由于版权意识不够强，很多学者在与其他期刊社或出版社签订独家使用协议后，又违反协议以另外的方式出版作品并注明了首次发表的信息，如收录进作者的论文集、专著甚至网络出版。这显然侵犯了期刊社或出版社的版权，但由于标明了首次发表信息，因而不构成学术不端。

四、学术不端与版权侵权的区分

从中美两国版权法对比来看，中国版权法规定了精神权利和剽窃，部分条款可直接适用于规制学术不端行为，美国版权法则没有规定。中国版权法有可直接适用于学术不端的规定，让我国在治理学术不端问题上过多依赖法律——希望能够完善针对学术不端的法律制度，甚至出现了将之加入刑法的呼声。事实上中国版权法在治理学术不端上的规定比美国更完备，但我国学术不端问题并未因此而得到有效根治。另外，从整个法律制度和司法体系上看，美国虽然比较成熟，但美国治理学术不端问题并未选择法律作为主要手段，而是选择由学术共同体的学术规范解决。这说明治理学术不端，法律并非主要手段。因为学术不端损害的是学术共同体的学术诚信，属于道德领域；而版权着重于给作者的激励，更看重经济性利益，属于法律领域，二者理念完全不同。

从上文分析可知，学术不端与版权侵权有重叠，但本质上是两种性质不同的行为。笔者对国内外案例数据库的调查发现，在学术抄袭和剽窃相关案例中，被抄袭者起诉抄袭者版权侵权的案例所占比例很小。在美国，因学术不端引起的诉讼，主要是被处理者起诉程序不公，以及抄袭者“反咬一口”的名誉权诉讼。原因在于，一般明目张胆地大段抄袭的情况比较少见，在部分抄袭的情况下，被抄袭者很难界定因抄袭或剽窃给自己带来的损失。抄袭剽窃起诉若败诉，对于被抄袭者来说面临极高的名誉侵权诉讼风险。近年来西方兴起的反版权的运动，也让部分版权侵权获得了某种程度的“正当性”，这就更弱化了学术不端与版权侵权之间的联系。

对于学术出版机构编辑出版实践和完善学术出版规范而言，在处理版权侵权和学术不端问题时，首先应判断所遇到的情况到底属于版权侵权和学术不端重叠的部分，还仅仅是单一的版权侵权或学术不端问题。本书中的分析，可以为学术出版机构的判断提供参考。若仅是单一的版权侵权或学术不端问题，则策略选择就比较简单。对于二者重叠部分，学术出版机构如何处理，存在着应对策略的选择问题。笔者认为，要分析当事人的行为目的主要是获得经济利益还是学术利益。一般而言，学术不端行为当事人即使同时侵犯版权，其主要目的往往是获得学术上的利益。因此，学术惩戒对这类行为更加有效。因为版权诉讼胜诉最多导致当事人赔偿金钱，而论文的撤回、在期刊上公布学术不端行为，甚至将作者打入投稿黑名单等学术手段会让当事人损失更大。对于一些以获取经济利益为主的侵犯版权的学术不端行为则要在学术惩戒的同时评估法律风险，再考虑是否运用法律手段维权。

正因为如此，笔者认为不能将版权问题完全地等同于学术出版规范问题。但版权问题是编辑出版中的一个重要方面，版权转让是否规范也是出版单位编辑出版工作是否规范的重要方面。在学术出版规范中若能增加版权授权等知识或规范，能够增强相关规范和手册的适用性。学术出版中的版权问题虽然复杂，但并非特殊的版权问题，本书不全面讨论比较，仅重点研究各种学术出版规范中涉及版权的部分。但在最后讨论新型出版模式时，会分析新型出版模式带来的版权风险，以及在学术出版规范中如何对此予以规范。

第三章　国内外学术成果出版主要规范与标准核心内容比较

基于第一章和第二章的分析，本章主要从对学术出版而言最重要的两个方面对国内外主要学术出版规范和标准的具体规定进行比较：一是参考文献著录规范；二是学术出版中独特的出版伦理规范。一些技术性和术语性规范、各学科独特的表达规范，并不是所有学科共同面对的问题，如社会科学中就很少有化学式、分子式的表达问题，因此本书重点研究各学科都面临的参考文献著录规范和学术出版伦理规范。

第一节　国内外主要参考文献著录规范比较

这里主要比较独立的参考文献著录标准 GB 7714、ISO 690、ANSI/NISO Z39.29（温哥华格式），在人文社会科学和部分自然科学与工程技术学术出版物中流行的 APA 手册、芝加哥手册、MLA 手册中的参考文献著录规范，以及在自然科学和医学中较为流行的 CSE 手册、AMA 手册、ACS 手册中的参考文献著录规范。AIP 手册课题组仅获得第四版，没有获得最新的第五版，这里仅以第四版和其他期刊的做法为基础作部分比较，而不作整体比较。哈佛格式的参考文献著录虽然也在国外和国内有广泛应用，但哈佛格式没有一个统一的规范文件，各种出版单位或学术机构在使用时都有自己的模式。部分标准，如 ISO 690 等中也吸收了哈佛格式的著者 - 出版年格式，因此不对哈佛格式作独立的比较研究。上述 10 种参考文献著录规范，基本覆盖了大部分国内外学术出版物的参考文献著录规范。

一、参考文献的定义和著录原则比较

（一）GB 7714

GB 7714 将参考文献定义为“对一个信息资源或其中一部分进行准确和详细著录的数据，位于文末或文中的信息源”。GB 7714 的特点是定义了阅读型参考文献和引文参考文献。阅读型参考文献被定义为“著者为撰写或编辑论著而阅读过的信息资源，或供读者进一步阅读的信息资源”。引文参考文献被定义为“著者为撰写或编辑论著而引用的信息资源”。GB 7714 中没有参考文献著录的原则性、提纲性规定。

（二）ISO 690

ISO 690 对参考文献的定义是，“描述来源或其一部分的数据，该数据准确和翔实以确定该来源和使其能够被定位”，并在其脚注做了补充，“参考文献可以是：一系列信息资源的一部分；摘要或批评性评阅的标题；文本的脚注，在页脚或文末；或者嵌入文中的陈述”。这个定义比 GB 7714 更为详细，但基本含义相似。

ISO 690 正文确定了参考文献著录的五项原则，笔者分别将其归纳为以下几项原则。

第一，信息充分原则。参考文献列表提供的信息应该足够充分以确定被引用的材料。

第二，层次适当原则。著录者需要根据引用与使用的目的慎重考虑著录的适当层次，例如，是整个文献还是文献的具体部分。

第三，忠于来源原则。参考文献中包含的数据应尽可能来自被引用的信息来源，即直接从参考阅读过的信息来源中获取参考文献的相关数据。

第四，版本具体原则。这一条原则主要针对有多个版本的来源，为了避免混乱，参考文献著录的数据应该反映使用过的具体版本或文件实例。按照这个原则，如果是在线文档一定要记录版本、网络地址和访问该文档的具体时间。

第五，格式统一原则。不管使用哪一种风格的参考文献著录规则，同一文档中所有的参考文献格式应该统一。

（三）ANSI/NISO Z39.29

ANSI/NISO Z39.29 在 1.1 中明确了文献著录有益于研究和出版的两大功能。

一是通过给予此前对本研究有贡献的学者或机构致敬来确保知识诚信。

二是能够使参考文献的使用者确定并且准确定位那些对当前研究有贡献的材料。

ANSI/NISO Z39.29 指出的上述参考文献的两大功能，分别是致敬功能和定位功能，前者对被列入参考文献的作者而言是一种奖励，对参考文献著录者而言则是有效避免学术不端的必要手段；后者则是为了读者能够准确查找、定位参考文献，促进学术交流。随着学术研究中的分工越来越细，不参阅一篇学术成果的参考文献，有时很难获知其创新程度。

ANSI/NISO Z39.29 将参考文献定义为“一系列用来引用一项文献的著录元素，能够完整到为了特定的著录需要提供该文献唯一的身份识别”。ANSI/NISO Z39.29 列出了四个参考文献著录原则，笔者分别将其归纳为以下几个原则。

第一，符合逻辑原则。参考文献的各种著录元素和子元素在被呈现出来时应该有逻辑。

第二，顺序明确原则。参考文献中共同的元素在被呈现时应该按照特定顺序。

第三，层次适当原则。这一原则和 ISO 690 类似，是指参考文献在著录时应该以合适的层次呈现，具体是什么层次根据引用需要确定。

第四，忠于来源原则。这与 ISO 690 的著录原则类似，即参考文献的著录应该基于来源上的数据。

（四）APA 手册

APA 手册 2.11 对参考文献的定义是“参考文献承认前人的工作并且提供定位该工作的可靠方法”。其与 ANSI/NISO Z39.29 一样，认为参考文献有致敬前人和定位来源两大功能。

APA 手册中虽然没有直接给出参考文献著录原则，但从其文本中可以看出，APA 提倡的参考文献著录原则是“创新性贡献”原则，即对学术作品的创新有贡献的参考来源都应该著录，而对于没有创新性贡献的来源可不著录。例如，APA 手册第六章为“引用资料”，其中明确指出“在写作中重要的一个方面是帮助读者把你的贡献通过引用其他影响了你的研究者放在学术背景之中”，可见按照 APA 手册中的界定，引用的目的之一是观察文献的学术创新程度。在“何时引用”这一节，APA 手册再次强调“引用那些思想、理论、研究直接影响过你的个体们的作品”，还指出引用一篇文献意味着个人阅读过该文献，并指出还应该著录那些提供了非常识性知识的事实和图形。APA 手册 4.42 中讲述对统计方法的引用时也明确指出，对于大家都在使用的统计方法不要给出参考文献，其用词是“不要（do not）”，而且这种情况对所有的期刊论文都适用。需要给出参考文献的统计方法主要是那些不常用，或者是新近出现并且只在期刊中能够找到的方法；以及用非行业惯例或矛盾的方法使用一个统计方法时；或者统计方法本身就是文章的核心。

（五）芝加哥手册

芝加哥手册（第 17 版）14.1 指出了引用来源的目的是“伦理、版权法或对读者的尊重要求作者们确认那些直接引用或解释的来源，以及任何不是通识或不能够轻易查到的事实或观点”。这一阐述和上述 APA 手册中的内容相近，都是要求对文章创新有贡献的来源必须引用。芝加哥手册还指出了不同学科及出版商和作者的偏好、特定的作品都会影响引用习惯。该手册中也指出引用应该遵循“信息充分”原则，即不管来源是何种形式、是否出版，对来源的引用都应提供足够的信息来引导读者获取来源或虽然不能获取但也能够明确地识别。但是芝加哥手册的用户还有图书出版者，因此，其中也对参考文献的种类进行了划分，分为：完整参考文献，可以列出没有在正文中提及的文献；若没有文献被列入，则用“引用的作品”；如果没有全部列出，则使用“精选的参考文献”。[1]

芝加哥手册中还认为引用应该遵循“灵活性”和“一致性”原则。一致性是指同一文献中的引用格式必须一致，但在坚持一致性基础上，只要作者和出版者同意，那些与芝加哥手册第 15 章不一致但是有逻辑和理由的改变也是允许的。当然，该手册也提醒使用者一般期刊是不允许这种改变的。[2]

（六）MLA 手册

MLA 手册（编辑版，第三版）6.1 指出引用目的有三个：第一，承认来源在该作品中的使用。第二，给读者提供每个来源的具体信息和作者如何获取该来源的信息。第三，让读者定位和核查作者引用的来源。第一、第二和第三分别对应 APA 手册中指出的致敬和定位功能。MLA 于 2016 年出版的专门

---

❶ 芝加哥大学出版社.芝加哥手册：写作、编辑和出版指南［M］.吴波，等译.北京：高等教育出版社，2014：703.

❷ The Chicago manual of style［M/OL］. 17th ed. Chicago：University of Chicago Press，2017［2021-03-21］. https：//doi.org/10.7208/cmos17.

针对参考文献手册的第八版中则使用“引用作品（work cited）”来界定参考文献。其中提出了 MLA 文献引用的以下三个原则。

第一个是简便原则，即在引用时，引用大多数作品都有的特征。这样做的目的是使引用不受媒介形式的影响，因此改版 MLA 手册最大的改变是不再以出版格式为中心，而是关注各种文献共同的事实，如著者、题名等。

第二个是多样性原则，即不同的情况需要不同参考文献著录方法。例如，仅仅对借用了的材料给予致敬（标引）和对具体版本的考证所需要的详细程度是不同的。一些特殊情况下作者可能需要更详细的引用。

第三个是有益读者原则，即引用的目的除了展示作者完整的研究，给予原始来源致敬，还有个功能是确保读者能够找到所参阅的文献以便对作者的讨论作出自己的判断。

在其后的内容中，新版 MLA 手册把引用和如何避免抄袭剽窃联系起来。MLA 还给出了作者在著录参考文献时的 5W 原则：谁（who）是来源的作者？来源的标题是什么（what）？来源是怎样（how）出版的？哪里（where）可以找到来源？来源是何时（when）出版的？

（七）CSE 手册

CSE 手册中指出参考文献的两个重要功能：一是给予那些已发表作品对汇报中的研究成果有贡献的个体或机构致敬。二是给用户提供足够的信息来识别和定位一个已出版的作品。其实这也是致敬和定位两大功能。

（八）AMA 手册

AMA 手册中使用的是“引用（citation）”而不是“参考文献（references）”来定义参考文献，而且明确指出“每一条参考文献都必须在正文、表格、图形中以数字形式引用”，并且允许参考文献只在图表而不在正文中引用。

（九）ACS 手册

ACS 手册中关于参考文献的原则性描述，主要是强调参考文献的准确性是作者的责任。

（十）AIP 手册

AIP 手册第四版中同样申明了参考文献著录时的两个原则：一是忠于来

源原则，即直接从原始来源标引参考文献，而不能依赖可能发生信息错误的转引。二是能够获取原则，即应该避免尚未出版和很难获取的文献。如果需要标引未出版的材料，可以考虑将材料提供给 AIP 供人查阅。

通过梳理上述各种学术出版规范与标准中对参考文献的定义和原则性规定，笔者发现国外的参考文献著录规范或标准中都没有“阅读型参考文献”这一类型。大部分标准中都要求参考文献必须在正文中引用。这是因为参考文献的一大功能是向对研究有贡献的前人致敬，让读者知道其他作者对研究的贡献。因而，对于研究没有贡献的文献不必标引。APA 手册甚至强调对没有贡献的文献不得标引。芝加哥手册也有类似的表述。“阅读型参考文献”的规定至少会带来以下几个方面的问题。

第一，大大扩大了参考文献的范围。作者在撰写学术成果时阅读过的成果最终并不一定都会对其研究有贡献，而推荐给读者阅读的文献本来是一些教材类型的图书中的做法。前者按照上述国外学术出版规范和标准中的做法属于不应该被列入参考文献的来源。后者的做法也不是列入参考文献，而是在每个章节的最后有一个“推荐阅读”之类的文献推荐，而文献推荐和文献引用是两回事。GB 7714 中并没有规定要区分两种类型的参考文献。

第二，将使参考文献失去现有功能。参考文献的致敬前人功能不仅是伦理上的，这种制度通过影响因子等制度也转变成学术界对学术期刊的评价，有时被引用情况也直接成为对学者学术水平的评价。而上述学术评价功能能够形成的理论基础，便是参考文献是对研究有直接贡献的成果，也即被标入参考文献的成果对后续的研究有贡献，这样才能够表明被引用的参考文献作者的学术水平和学术贡献。阅读型参考文献是把没有直接贡献的文献也列入参考文献，实质是错误地表达了学术贡献。

第三，阅读型参考文献在期刊论文和要求严格的学术专著中无法按照现有规则著录。正如 AMA 手册中所指出的，每一条参考文献都必须在正文的文字或图表中引用。因此，参考文献并不仅仅是文末的参考文献列表，它和正文中的标引是一套体系。而阅读型参考文献由于没有被引用，即便列入文末参考文献，也无法在正文中标引。

因此，阅读型参考文献即便存在也应该予以明显的标注，正如芝加哥手册中的规定，如果所有文献都被引用可以使用“引用作品”等来描述参考文献表。如果对文献进行了筛选应该使用“精选文献”。如果只是指示进一步阅读的文献，即 GB 7714 中的阅读型参考文献，则应该使用“建议读物”“进一步阅读”等明显的提示信息，与引用型参考文献区别开来。

通过比较还发现，国外参考文献规范中提出的一些原则值得关注和借鉴，如“忠于来源”“层次适当”“格式统一”等原则的确是参考文献著录应该遵循的普遍原则。此外，部分手册中参考文献著录也提出了灵活性原则或者明确提醒参考文献著录有多种格式。这说明参考文献著录只要在遵循共同规律、能够做到自身逻辑和格式统一的前提下，有些著录规范并未严格限定必须遵守自己的规范。这种更为灵活的规定反而增加了相关规范的灵活性和适用范围，便于其他出版单位根据自身特点调整其参考文献著录模式。

上述梳理也显示出，制定主体类型不同、所适用的领域不同、制定者所秉持的理念不同，让不同规范在参考文献定义和制定原则上有差异。这些原则性差异自然会影响到后面参考文献具体著录规范，这个影响是整体上的。因而，我国在完善参考文献著录规范时，不仅应当研究参考文献著录的具体规范，也应该对不同规范中参考文献著录的原则和理念进行研究。只有在一个科学合理、先进的原则指导下，才能够制定出科学合理的参考文献著录规范。当然，不同规范之间仍然有一些共同的原则，如对参考文献的定义和对参考文献功能的描述，不少规范的参考文献著录原则也有相似内容。

二、文献著录项与著录顺序比较

对各种规范和文本的调查发现，国内外参考文献的著录项和著录顺序总体上较为统一，上述10种参考文献著录规范和标准的制定基础是相似的，因而核心的著录项主要包括著者（责任者）、题名、版本信息、出版项（出版地、出版者、出版时间）、页码、析出信息、其他附加信息等。但是不同标准之间仍然有差异，这些差异主要是对上述信息的分类不同和具体细节略有差异。笔者将10种学术出版规范与标准中对参考文献元素的整体划分和该规范中独有的特征列示于表3.1中。

表3.1　不同规范参考文献著录项元素的划分

规范名称	对著录项元素的整体划分与著录顺序	特征
GB 7714	主要责任者、题名、其他题名信息、文献标识类型（任选）、出版地、出版者、出版年、引文页码、更新或修改日期、引用日期、获取和访问路径、数字对象唯一标识符	整体上以专著和期刊著录元素为核心，对新型来源的适用性较差。但也因此变得简单易懂，便于使用查阅。文献标识类型是其典型特征，例如：专著用“M”标识、期刊用“J”标识

续表

规范名称	对著录项元素的整体划分与著录顺序	特征
ISO 690	著者、题名、媒介、版本、生产信息、日期、系列标题（如果有）、期、标准识别码（如果有）、获取信息（访问或位置信息）、附加通用信息	考虑到了不同媒介和文献类型
ANSI/NISO Z39.29	作者组、题名组、版本组、连接词、容器组、痕迹组、物理描述组、系列陈述组、注释组	划分有逻辑性，对各种信息进行分组，不同组别下又有更为详细的规定。适用性强，能够适应各种来源和载体。但由于规定过于烦琐，理解消化该标准需要一定时间。在著录元素中，期刊类型的出版物要求出版日期精确到月份。例如：Gardos，George；Cole，Jonathan O.；Haskell，David；Marby，David；Paine，Susan Schniebolk；Moore，Patricia. The natural history of tardive dyskinesia. J Clin Psychopharmacol. 1988 Aug；8（4 Suppl）：31S–37S.
APA 手册	著者和编者信息、出版日期、题名、出版信息、电子资源和定位信息、向电子资源提供出版信息	参考文献元素有缩写规则，例如：ed. 表示 Edition，Vol. 表示 Volume 等
芝加哥手册	对著录项没有统一的信息分类，以不同来源具体的实例来指导著录，也包括上述规范中的著者、题名、出版信息等各种著录项	无统一的著录项规定。在注释－参考文献类型中，对重复引用的文献有简短引用规则，第二次出现时可省略标题等著录项
MLA 手册	针对编辑的手册（第三版）分别给出了期刊或图书等类型参考文献的著录元素，期刊包括：作者名、文章名、期刊名、系列名（如果有）、卷、期、媒介类型（例如：印刷，第八版示例中取消了该项目）、附加信息。第八版将著录元素简化为：作者姓名、题名、出版者（出版信息）、定位元素几类，在期刊类参考文献著录顺序上，与其他手册不同的是卷期在出版年之前，例如：…*PMLA*，vol. 107，no. 1，Jan. 1992，pp. 131–44.	MLA 手册第八版借鉴了上述部分标准中的做法，以各种元素来介绍参考文献著录，更有逻辑性。但新版的示例仍要与其他手册配合使用才行。在期刊论文的著录项中也要求有出版月份，而著录顺序上其年份放置在卷期后面
CSE 手册	作者、题名、版本、内容和媒介指示符、出版地、出版者、日期、卷和期、作品中位置（页码等）和作品长度、物理状态描述、系列、注释	著录项所包含信息类型丰富，能够覆盖大多数来源。有时会同时标识出内容和媒介，例如："[dissertation on microfilm]" and "[bibliography on CD-ROM]"，分别标识存储在微缩胶片上的学位论文和存在只读光盘上的参考文献列表。 作品长度是指部分类型作品的整体长度，如页数、卷数、CD 数等

续表

规范名称	对著录项元素的整体划分与著录顺序	特征
AMA 手册	给出了最少的著录项要求示例，分别是期刊：著者、题名、出版年、卷期、页码（电子期刊需要链接和访问日期）；图书：著者、题名、版本号、城市、出版者所在州或国家、出版者、版权年（电子书需要访问链接和日期）；网站：著者、题名或网站责任者、网站名、访问链接和日期	AMA 采用的是基于美国标准的温哥华格式，但 AMA 手册中的规定以示例出现，更为简洁，不像 ANSI/NISO Z39.29 有一个非常细致的分类
ACS 手册	期刊最低要求：作者姓名、缩写的期刊名称、出版年、卷（如果有期数）、起始页码（若有起止页码更好）；图书最低要求：著者或编者姓名、书名、出版者、出版城市、出版年；其他材料需要提供足够多的能识别和定位来源的信息	ACS 要求的著录项特点是简洁，期刊论文可以省略题名
AIP 手册	给出了文献著录示例，基本涵盖上述手册常见的著录项，但 AIP 的著录顺序与上述规范不同，其出版年放置于最后。示例：R. Plomp，“Rate of decay of auditory sensation,” J. Acoust. Soc. Am. 36，277–282（1964）.	同样可以省略期刊著录项，著录项顺序较为独特

从表 3.1 可以看出，总体来看国内外参考文献著录项有一定程度的一致性，即不同出版规范与标准大体都包含了能够识别和定位来源的元素，如著者、题名、出版信息等元素。不同之处在于对著录项和著录项的详细程度要求不一样。例如，MLA 和 ANSI/NISO Z39.29 要求期刊出版信息中著录出版的月份，其他规范中则无要求。还有的规范要求更详细的对文献载体等信息的描述。而 ACS、AIP 则可以省略期刊论文的题名，目的是让参考文献看起来更简洁，也节约期刊版面。因为参考文献的著录原则是能够识别和定位来源，省略部分项目也能满足上述最低要求。

各种著录项的著录顺序除了有系统性差别，即著者 - 出版年制的出版年份著录在著者之后，其余大部分规范和标准中的出版年大致著录在出版者之后，即期刊著录在期刊名之后、专著著录在出版单位之后，而电子文献等其他文献要著录更细致的日期。但这也不是统一的规范，例如，AIP 期刊类文献著录规则是把出版年放到页码之后，MLA 规则是把出版时间置于卷期之后。

其实在数字环境下，即便省略期刊论文页码也并不影响准确识别和定位来源。上述所有学术出版规范和标准中的著录规则都能满足参考文献的两大基本功能。这些规范和标准之所以没有统一，是因为不同学科和不同领域的学术出版规范和标准都已经形成了很多年，出版单位也形成了自己的使用习惯，很难改变。

值得注意的是，若规定有矛盾或者不能达到识别参考文献的功能，就需要改进。例如，我国国家标准 GB 7714 在 2015 年修订后，对部分文献类型不再强制要求著录文献标识码，除非是电子文献。但若对学位论文这一类的文献省略文献标识码“D”，就失去了文献标识类型。而国外学术规范对学位论文的通用规范是都需要加注文献类型，以免将学位论文误认为其他类型的文献。

三、参考来源种类比较

笔者将参考文献来源的种类做了整理（表 3.2），表 3.2 中的“有”或“无”并非指依据该规范或标准的原则性规定能否正确著录该类型文献，而是指该规范或标准有没有专门详细列出该类文献的著录方法。各种规范和标准中的划分逻辑不一样，为了简洁，表 3.2 中的划分把一些大致相同的类别做了归类。但各种规范的具体规定中的相关划分逻辑并不相同，如 MLA 分得更为细致，还有卡通作品、表演等。AMA 手册中不仅说明了软件如何引用，也把软件手册单独列为一类。CSE 把数据库等形式都列入电子格式（非互联网）给予其统一的著录规则。

表 3.2 国内外主要学术出版规范与标准中的参考文献来源类型

规范名称	文献类型																						
	1	2	3	4	5	6	7	8	9	10	11	12	13	14	15	16	17	18	19	20	21	22	23
GB 7714	√	√	√	√	√	√	√	√	×	×	×	×	×	×	×	×	×	×	×	×	×	×	×
ISO 690	√	√	√	√	√	√	√	√	×	×	×	×	×	×	×	√	√	×	√	×	×	×	×
ANSI/NISO Z39.29	√	√	√	√	√	√	√	√	×	×	×	√	√	×	√	√	√	√	√	√	×	√	√
APA 手册	√	√	√	√	√	√	√	√	√	×	×	√	×	√	√	√	√	√	×	×	×	×	√
芝加哥手册	√	√	√	√	√	√	√	√	√	√	√	√	√	√	√	√	√	√	√	√	√	√	√
MLA 手册	√	√	√	√	√	×	√	√	√	×	×	√	√	×	√	√	×	×	√	√	×	×	√
CSE 手册	√	√	√	√	√	√	√	√	√	×	×	√	√	×	√	√	√	√	√	√	×	√	√

续表

规范名称	文献类型																						
	1	2	3	4	5	6	7	8	9	10	11	12	13	14	15	16	17	18	19	20	21	22	23
AMA 手册	√	√	√	√	√	√	√	√	√	×	×	√	√	×	×	√	√	√	×	×	×	√	√
ACS 手册	√	√	√	√	√	√	√	√	×	×	√	√	√	×	×	×	×	√	×	×	×	×	×

注："√"表示有，"×"表示无。1——图书和期刊（含析出文献）；2——电子图书和电子期刊等正式出版物电子资源；3——报告（研究报告等）；4 学位论文；5——会议论文或论文集；6——标准和专利；7——报纸（含析出文献，部分规范把报纸和期刊都视为连续出版物）；8——网站和网页或其中的电子资源；9——法律或公共文件（有的规范把专利也列入这一大类，如 APA 手册）；10 ——博客；11—— 社交媒体；12 ——网络论坛、讨论列表、电子邮件等电子信息；13——人际交流与访谈信息（有的规范把个人信件也列入）；14——评论或评议（书评、音乐评论）；15——手稿、档案或存档文件等；16——视听材料（包括电影、广播等，部分规范把电影与视听材料分开计算）；17 ——计算机软件（程序）；18——数据库、数据集等；19——图形作品或地图；20——其他艺术品或特殊作品（雕塑、音乐、古书、广告、表演等）；21——App 内容；22——参考文献列表或作品（指其他文献的参考文献列表）；23——未出版或即将出版的文献。

综合规范文本与表 3.2 可以看出，国内外主要学术出版规范与标准中的参考文献来源类型有以下几个特点。

第一，参考文献来源的种类非常丰富，只要能够提供信息给予学术成果，就可能被上述规范列入参考文献。

第二，虽然各种规范和标准中已经设置了一般的著录规则，大致可以参照执行，但一些新型的来源类型依然值得作特别规定或示范。因为参考文献给出的信息主要是为了识别和定位，而新型传播方式有新的识别和定位方式。例如，微博、推特、视频分享类社交媒体与传统网站的访问方式就有很大的不同。微博等社交媒体除了可以用网页链接访问，还涉及账号和名称，因此其著录信息与网页不能完全相同，若按照现有网页著录规则，不能很好地识别和定位来源。由于个人账户类型的社交媒体变化快，有可能被用户删除，有的规范如芝加哥手册中还规定应该在引用的同时对来源进行复制保存，这也是新的规则。

第三，与国外的标准和规范相比，GB 7714 中列出的文献类型过少，这与国外规范和标准的修订方向不一致。国外的芝加哥手册是参考文献种类最多的规范，因为它的第 17 版是 2017 年修订完善的，所以增加了社交媒体等新型的参考来源。而 GB 7714 不仅在 2015 年修订时缺少对新型来源类型的回应，对于部分学科而言可能是必要的参考文献也没有体现，如部分人文社会科学常常需要引用的档案文件、电影等视听作品，在未来修订时可适当增加文献类型以提高我国标准的适用性。

第四，各种规范和标准中给出的文献类型带有示范性，而不是强制规定这些类型的文献必须被引用。到底需要著录哪些类型的参考来源，应该由出版单位根据情况具体规定。例如，CSE 手册 29.3.1.1 就指出以下类型的材料可以由出版单位和他们的编辑决定是否包含在参考文献列表中：一是已经录用但尚未出版的文献；二是全文尚未发表，但论文或其摘要提交给会议的作品；三是个人交流信息，如电子邮件或信函；四是被记录的个人对话；五是内部文档，如备忘录；六是商业文档，如制造商的目录或指导手册。❶

第五，对于文献类型而言，规范与标准之间可以借鉴引用。如 APA 手册中关于法律材料的规定引用了 Bluebook 的规则。这说明对于本学科不常用的文献类型，可以直接采用其他规范与标准。

四、著录用符号系统比较

参考文献著录元素除了题名等信息，还有分隔题名或提示参考文献种类的著录用符号。对于著录用符号，有的标准规定必须使用其特定符号系统，有的规定在统一的情况下并不强制使用特定符号系统。笔者将各种规范中符号系统是否强制梳理列示于表 3.3 中，其中 ISO 690 等两种标准不强制使用特定符号系统，其他大部分强制使用符号系统。还有一种特殊情况，即 ANSI/NISO Z39.29 对部分符号系统有强制规定。ANSI/NISO Z39.29 提出了两种类型的符号：第一种是用来标识特定类型参考文献元素的信息、修饰信息或来源上没有的信息，这一类信息使用的著录符号必须严格按照标准执行；第二类是用来分隔不同参考文献元素的符号，这类符号可以不按照标准执行。简而言之，第一种符号其实是标识符号，第二种其实属于分隔符号，即标识符号应严格按照标准著录，而分隔符号允许不按照标准著录。

表 3.3　不同学术出版规范与标准是否强制使用特定符号系统统计

规范	是否强制使用	特点
GB 7714	√	“//” 为独特的符号
ISO 690	×	规定符号系统应该统一，无推荐符号系统

❶ 29.3.1.1 What to Include in a Reference List [EB/OL]. [2019-03-17]. https://www.scientificstyleandformat.org/book/ed8/pt4/ch29/asec03.html#d2903071205.

续表

规范	是否强制使用	特点
ANSI/NISO Z39.29	部分强制	要求使用符号系统，但并不规定必须使用特定系统，示例中推荐 NLM 的符号系统。对于注释性文字强制使用该标准的符号，对于分隔符号不强制使用
APA 手册	√	标点符号在参考文献中的使用与其他使用一起规定为硬规则
芝加哥手册	√	没有单独的符号规则，但在对具体著录项的说明中，规定了不同符号的使用场合
MLA 手册	√	独特的符号系统，使用正斜体和双引号
CSE 手册	√	NLM 符号体系
AMA 手册	×	使用“可以”表示推荐符号，但没有强制使用
ACS 手册	√	没有单独的符号规则，但在对具体著录项的说明中，规定了不同符号的使用场合

注：“√”表示是，“×”表示否。

虽然各种规范和标准中符号的使用有很大差异，但也有一些相对统一的使用习惯，即有多个标准使用相同的符号。例如，方括号用来放置非来源上的信息，如访问日期、文献类型、其他需要补充说明的信息等；冒号一般用来区分标题和副标题；句号（点号）一般用来分隔各个完整元素；分号和逗号用来分隔著录项；图书或期刊名用斜体。

此外，虽然部分学术出版规范和标准中没有强制使用符号系统，其示例中的符号系统也并非需要强制执行，但在使用中示例中的符号往往成为惯例。同一规范在适用时使用相同的符号系统，更有利于其推广。

因而，符号系统的使用本无对错，但需要符合参考文献著录的大原则，ANSI/NISO Z39.29 中的规定其实是在执行“忠于来源”这一原则，对不是来源上的信息必须使用特定符号标示。“忠于来源”原则在各种标准中的体现就是上述使用方括号或其他符号标示出非来源信息上的信息或说明信息，如题名的别名、有多个同名作者时标出作者的单位、模糊或错误信息的更正等。对于这一符号的使用，我国的国家标准 GB 7714 中还有一些遗漏的地方，与 ISO 690 的规定还有一定差距。ISO 690 中明确了参考文献著录时尽量呈现原文，原文的错误可以使用方括号标示出更正信息，但不宜直接更正。以对出版年的规定为例，ISO 690 的 9.3.4 规定：如果出版年没有给出但能够查明，应提供；如果不知道准确日期，但知道大致日期，应该用问号或“ca.”予以标注；如果估计日期也没有，则标注“无日期”。GB 7714 的 8.4.3.3 则规定：

出版年无法确定时，可依次选用版权年、印刷年、估计的出版年。但其给出的示例中版权年、印刷年分别用小写英文字母“c”（放置于出版年前）和“印刷”（放置于出版年后）来标示，未使用ISO 690中一律把非准确的出版年放置于方括号的方式。根据上文的分析，估计的出版年应置于方括号内，否则很容易被误认为是参考来源上标注的信息。未来修订时，建议把上述非来源上的信息严格要求使用方括号或其他符号予以区分。

五、文内标注模式比较

虽然参考文献规范与标准的主要内容是文末参考文献列表的著录方式，但参考文献在正文中的引用也有不同模式。笔者已经在整理编码表时对各种学术出版规范与标准中正文的引用规范做了分析，参考其他文献的划分及对各种出版规范的调查，发现主要有以下几种正文引用模式。为了节约篇幅，这里不再对各种格式进行更为详细的比较，具体示例参见附录三中的编码表。

（一）循环数字编码格式

第一，正文中引用参考文献时使用数字，具体格式可能是数字，圆括号、方括号括起来的数字，在上角标或不在上角标均有，如CSE引用–顺序体系。第二，文后的参考文献使用数字编号（常见情况），还有一种特殊情况是正文用数字，但文后的参考文献使用字母顺序编号，如CSE引用–姓名体系。这种模式的特点是编号循环使用，一个文献对应一个编号，按照在正文中引用的顺序或字母顺序给予每个文献一个唯一编号，多次引用使用相同编号。我国国家标准GB 7714中也有这种模式。

（二）连续数字编码格式

正文中也是使用数字标示被引文献，每次引用使用一个编号，如果文献重复引用就重复编号。在参考文献列表中第一次出现文献时著录完全，后面这个文献再次引用时，列于参考文献表的著录可以简化，如省略题名、出版项等信息。MHRA采用的是这种格式，芝加哥格式中的注释+参考文献列表也与之类似，但不同的是芝加哥格式把注释著录在脚注之后再重复在文末列出参考文献列表，而参考文献列表中的文献不再重复著录。

（三）著者 – 出版年格式

很多格式采用这种模式，如 APA、MLA、CSE 中的著者 – 出版年格式，芝加哥格式中的著者 – 出版年格式等，这是一种非常流行的格式。其特点是在正文中使用著者和年份（有时还使用页码，或者加入页码信息）表示引用情况，文末按照字母表顺序著录参考文献。但在正文中的著录细节也有差异，例如，MLA 手册在正文中标注的是作者和引用文献的页码，而不是出版年份，大多数规范和标准标注的是作者和出版年。我国国家标准 GB 7714 中同样有这种模式。

（四）特殊格式

一般而言，上述三大类基本能够涵盖全部类型的参考文献著录。但也有少数无法划入上述几大类的格式，通常是注释 + 参考文献这样的特殊模式，其特点是参考文献既在注释中也在文末列表。如芝加哥格式中的注释 + 参考文献格式，虽然可以列入连续数字编码格式，但与其他连续数字编码格式相比多了注释，而且其参考文献列表采用的是字母顺序模式。严格来说，这属于一种特殊的混合模式。也有一些期刊仅有注释（脚注或尾注），不再在文末列出参考文献列表。这种模式要么仅有注释，要么既有注释也有参考文献。

另外的特殊格式是指法学论文，美国的期刊通常采用《哈佛法律评论》牵头发布的《蓝皮书：一种统一的引用系统》，以及后来由法学写作指导者协会发布的《ALWD 引用手册》（*The ALWD Citation Manual*），若法学期刊中未特别指明使用哪种格式，则把其当作特殊格式对待。主要是法学引用涉及庞杂的案例、法律法规体系，故在英国和美国形成了自成一体的体系。

比较文内引用的不同模式，对于我国学术出版规范的完善有以下几点启示。

第一，有的规范只有一种文内标注模式，有的规范有多种标注模式。例如，CSE 手册中就有三种标注模式，ISO 690 和 GB 7714 中则有两种，而 APA 手册、MLA 手册中仅有一种标注模式。对于规定多种标注模式的，应该特别留意著者 – 出版年模式的著录顺序与数字模式的著录顺序之间的差异。对此，ISO 690 在指明出版项等具体元素的著录顺序时做了提示，但 GB 7714 中在部分规定中没有说明著者 – 出版年格式的标注方式著录顺序的不同。在示例中，也很少给出著者 – 出版年制的著录模式。这导致采用 GB 7714 的出版单位基本就是采用循环数字模式，而很少采用著者 - 出版年模式。本研究第四章的调查结果显示，采用 GB 7714 的学术期刊，不管是哪一个学科，大多是循环数字模式的著录方式。但从信息表达的清晰性而言，部分社会科学期刊使用著者 - 出版年模式更好。

第二，参考文献在文内的标注解决的往往是技术上的问题，与引文规范是不同的，但二者也有关联。例如，部分规范中指出不能将数字模式的参考文献标注在正文中的数字上，形成“25^2”这样的表达，否则，会让读者误认为是25的平方，而应该选择将其标注在文字上方。引文规范则涉及伦理问题，即解决的是什么情况需要标引参考文献的问题。引文规范是正文中参考文献标注的基础。作者只有在先了解引文规范的基础上，才能够正确地在文内标注参考文献。对于何时引用，各类标准都无法完全把各种情况列举出来，这也属于伦理上对作者内心的约束而很难转化为外在的规则，因此大部分学术出版规范与标准中都没有引文规范。

六、部分著录项著录规则比较

对不同著录项的著录细则，各种规范之间也并未统一，这里仅选取作者姓名著录、多个作者、多个出版地、多个出版者的处理来观察各个规范之间的差异，结果见表 3.4。表 3.4 表明，仅从作者姓名著录就可看出不同规范有不同的习惯，最流行的是所有作者均姓前名后，也有仅要求第一作者姓前名后或忠于来源的情况。对于多个作者的情况，处理方式最多样化。多个出版地一般规定著录第一个出版地，而部分规范中没有对多个出版者的情况作出规定。可见部分著录项的著录遵循的是一种习惯或惯例，这类规范应着力于尊重作者或学科的习惯，并根据期刊版面情况允许出版单位调整，很多规范并未作强制性规定。

表 3.4　部分著录项著录规范比较

规范	作者姓名著录	多个作者	多个出版地	多个出版者
GB 7714	所有作者姓前名后	不超过三个照录，超过三个取前三加“等”	著录第一个或处于显要位置的	著录第一个或处于显要位置的
ISO 690	忠于来源（部分情况，如外文可变通）	三位及以内全部给出，四位及以上应尽量给出，即便省略一位作者也应在第一作者后标示“等（and others 或 et al.）”	只著录第一个出版地	只著录第一个出版者

续表

规范	作者姓名著录	多个作者	多个出版地	多个出版者
ANSI/NISO Z39.29	所有作者姓前名后	第一位作者必须给出，其他作者根据情况可省略	著录最显著和第一个出现的出版地。补充规定出版地的选择要考虑读者的获取	无规则，对于出版者名称可部分省略通用的“公司”“出版社”等词语
APA 手册	所有作者姓前名后	1～7 位：写出作者姓的全部和名的首字母缩写；8 位及以上：写出前 6，插入省略号	列第一个	无
芝加哥手册	独立作者姓前名后，多位作者时仅第一作者需要姓前名后	2～3 位：按顺序列出；4～10 位：所有都列出；10 位以上：只列 7 位，加“等”，也可以只列 6 位，超过 6 位只列前 3	只列第一个	联合品牌全部列出；共同出版只列出与引用者更相关的一家
MLA 手册	所有作者姓前名后，还有特殊规则	超过三个作者可仅给出第一作者	只列第一个	无
CSE 手册	第一作者姓前名后	2～10 位作者列出所有作者，11 位及以上作者列出前 10 位作者，加“et al.”	列第一个	列第一个，或者来源上标黑、字体更大的那一个
AMA 手册	所有作者姓前名后	6 位及以内作者所有作者均列出，7 位及以上的作者只列前 3（这是 AMA 与 NLM 的差异，NLM 列出所有作者）	列第一个	无
ACS 手册	所有作者姓前名后	列出所有作者，但提示其他规范可能只列出 10 位作者	标注显要的城市	无

第二节　国内外学术出版的主要伦理性规范比较

参考文献著录规范的技术性比较强，而学术出版的伦理规范则比较复杂，有一些规范是伦理道德对人内心的强制而很难转化成一种规范的操作模式，如伪造数据等严重的学术不端行为，最主要的是要通过伦理规范让作者形成一种学术自律。但有的伦理规范，则涉及一定的知识，作者或编辑需要了解之后才能更好地规范自身在学术出版活动中的行为，如署名规范、一稿多投、与引用相关的抄袭剽窃等。与参考文献的著录规范和标准不同的是，对于出版伦理的约束，往往是靠出版单位的具体实践而不是成文的规范，不同出版单位情况不同，其具体实践也不相同。因而，一些综合性的学术出版规范和标准中往往缺少具体的出版伦理规范，仅在强调正确引用时才简要地介绍抄袭剽窃等内容，如 APA 手册、芝加哥手册、MLA 手册，但也有的手册中对出版伦理有较为详细的解读，如 CSE 手册、AMA 手册。同时，现实中涉及出版伦理问题的情况往往比较复杂，而且会不断出现新的情况，很难制定能够依照操作的规范。正是基于上述原因，专门给出版单位提供出版伦理服务的 COPE 才会把自己的操作指南修改为“具体实践”，把一些实际案例的操作建议定期整理出来提供给出版单位参考。

本节主要比较 CSE 手册、AMA 手册中的伦理性规范，教育部《社科学术规范指南》、科技部《诚信指南》、教育部《科技学术规范指南》三大学术规范指南中的内容，以及《学术出版规范　期刊学术不端行为界定》(CY/T 174—2019)、COPE 与世界研究诚信大会的伦理规范和世界研究诚信大会《负责任的研究出版：作者国际标准》(以下简称 WCRI《作者国际标准》)、《负责任的研究出版：编辑国际标准》(以下简称 WCRI《编辑标准》)。

在第一章的文献综述中，笔者发现西安交通大学期刊中心和《第三军医大学学报》编辑部对出版伦理有较多研究，形成了两个相关的研究群体。查阅两家出版单位网站发现，他们制定有约束作者、审稿专家和编辑的具体出版伦理规范，因此国内以这两家的规范作为补充与上述相对应的伦理规范作比较。

一、署名规范

在学术出版活动中，署名不规范的情况非常多，但又无法举证要求作者更改，包括没有参与研究的人员被列为作者，或者作者顺序不能正确反映对论文的贡献等情况。这些情况，有时是作者自愿的行为，有时是被迫的行为。如对作者们的访谈发现，他们在论文投稿或者课题结题时有时甚至遇到过编辑或科研管理部门的人员要求在他们的成果上署上姓名的情况。因此，署名规范涉及的群体其实不仅是论文作者。由于署名事关对研究的贡献，也事关学术利益，从 20 世纪 90 年代开始，在国外学术界特别是自然科学领域，出现了非常多的长署名名单——有大量的作者共同署名为第一作者等情况。笔者调查甚至发现，知名期刊《自然》的子刊上，甚至出现了 200 多位作者共同署名为第一作者的情况。200 多位作者，很难说每一位作者对论文究竟有多少贡献。对于这类情况是否需要规范，目前也没有统一的操作指南。

笔者对上述学术出版规范中主要的署名规范内容梳理如下。

（一）AMA 手册

AMA 手册采用的是 ICMJE 的规范，而 ICMJE 的标准已经成为学术界公认的署名规范标准之一。其核心内容是认为只有在有充分的参与和实质性贡献的情况下才能在作品上署名，具体的标准包括以下四个方面。❶

第一，对作品的思路或设计、作品中数据的解释有充分的参与或实质性贡献。

第二，起草作品或对重要的知识内容做了关键修改。

第三，同意将该版本作品发表。

第四，同意对作品的各个方面负责，以确保与作品任何部分有关的准确或诚信问题能够得到合适的检查或解决。

其中，第四条为 2013 年新增，加入这一条主要是让署名者明确其义务。AMA 手册规定要成为作者，必须满足以上四条，不能满足以上四条的人员只能以致谢等方式声明而不能成为署名作者。AMA 手册不仅具有规范性，还顺带做了知识性介绍和案例分享。例如，编辑可以操作的方法是让作者签署书面声明，说明其在论文中的贡献。还有的期刊，在论文中列出作者贡献。有的期刊让某一位作者作为“保证人”对整个论文的诚信负责。

AMA 手册中也补充了一些规范，如禁止赠予或成为荣誉作者。手册中指出虽然有时不满足上述标准，导师、系主任等有学术地位的人员通常在署名中有一个位置，但这不应被允许，因为他们的署名贬低了署名的意义；并引用了 ICMJE 的特别声明——仅仅指导研究团队的工作不足以获得署名资格，仅仅参与基金的获取、数据的采集也不能获得合法署名资格。

（二）CSE 手册

CSE 手册中也部分引用了 ICMJE 的标准，只是引用的是修订之前的老标准，因此没有 2013 年以后加入的第四条。CSE 手册中还明确了在署名或署名争议中作者和编辑各自的责任。

---

❶ 引自课题组购买的 AMA 手册网络版，网址：http://www.amamanualofstyle.com/view/10.1093/jama/。

作者的责任主要包括[1]：在研究开始时就应该决定如何署名。所有作者都应认识到他们将被指定为作者并且同意参与到项目中，同时同意所有的论文投稿。当项目有进展时，研究计划和作者角色可以更改，但这些更改必须记录下来并且获得所有作者的同意。作者有义务在投稿前了解期刊的政策。最后，作者还应该与那些不满足署名资格但对论文有贡献的人员联系，把他们的名字加入声明之中。

编辑的责任主要包括：编辑要明确署名的三条标准（旧的 ICMJE 标准），作者要同时满足三条标准才能署名。当有多个群体合作完成作品时，这一群体应该指定一些能够对文稿负直接责任的人，而这些人也必须满足署名的标准。

CSE 手册也指出了编辑常用的操作模式：要求作者签署他们符合署名标准的声明；列出各个作者的贡献并在论文上公布；有的期刊还要求在声明中出现的人员也签署同意声明。CSE 手册中列出的这些做法，其实都是从程序上保证署名符合学术规范。

（三）COPE 指南与实践

COPE 在其网站公布有《如何应对署名争议：新研究人员指南》，其中大部分内容来自 ICMJE。主要包括以下规则。

第一，署名顺序。署名顺序需要所有的作者予以确认，作者们还要做好解释署名顺序的准备。提醒作者最好在研究开始前就讨论署名顺序，以减少后期的署名争议。这一点与 CSE 手册中的内容相似。

第二，作者数量。COPE 的指南中明确说明对于作者数量没有规范。但实践中有部分期刊限制了作者数量。

第三，赠予作者。赠予作者是指不满足署名标准但又在作品上署名者，通常是地位高的人员。COPE 指南中还指出另一种赠予署名的模式——交换署名，即两个作者各自发表文章时在自己的文章加上对方的名字，但都对对方的作品没有任何贡献。上述情况都是不被允许的。

第四，幽灵作者。一类是指参与写作但其角色往往不被公开的人员。如商业公司的职业写手，作者有可能支付报酬让他们修饰文稿的文字甚至内容。这类人员通常不满足作者的标准，因为他们没有实质地参与研究。另一类是

---

[1] 引自课题组购买的 CSE 手册网络版，网址：https://www.scientificstyleandformat.org/book/ed8/。

对论文有重要贡献，满足 ICMJE 的作者标准，但是没有被列为作者的情况。后一种情况是被谴责的违反学术伦理的行为。其原因是有重大贡献的人没有被列入作者，相当于夸大了署名作者的学术贡献。课题组在做访谈时，发现国内的学者有时为了合作单位的需要，会用自己课题的内容撰写论文但不在论文署名，让合作单位人员署名，相当于“论文赠予”。但在编辑出版实践中很难予以证明，因为论文的写作过程毕竟不是公开的，所以署名规范不仅是操作问题，也是一种道德约束。

（四）教育部《社科学术规范指南》

该指南明确指出以下规范。

第一，署名应该真实。“个人发表学术论著，有权按照自己意愿署名。没有参与论著写作的人，不应署名。不应为了发表论文随意拉名人署名；主编、导师没有参与论文写作，又没有直接提供资料和观点，不应要求或同意署名。”

第二，署名顺序应该按照贡献大小。“合作论著应联合署名，署名次序应按对论著的贡献排列，执笔者或总体策划者应居署名第一列，不可按资历、地位排列次序。贡献大致相同者也可按音序或笔画排列，由于承担义务和权利与署名排序有关，不按贡献排序时，需要明确说明，在这种情况下，署名人均可按第一顺序呈报成果。”当然，该指南也说明了在有些情况署名意味着权利和义务，这时可适当调整署名顺序，但应该明确各个署名人的贡献，或者声明该作品对各个署名人都意味着第一顺序。

第三，学位论文原则上署获得学位者的名字。“学位论文作为专著出版时，应由完成者署名，导师的观点和指导作用可在书中相关部分用注释或在前言、后记中说明。师生合作的论文视所起主要作用决定署名先后。学生听课后协助导师整理的讲稿，不应要求署名，更不可未经导师许可，用自己的名义发表，其整理的功劳可在相关处由作者说明。署名者必须对成果承担相应的学术责任、道义责任和法律责任。”

（五）教育部《科技学术规范指南》

该指南同样规定有实质性贡献者才能署名：“研究成果发表时，只有对研究成果做出实质性贡献（在从选题、设计、实验、计算到得出必要结论的全过程中完成重要工作）者，才有资格在论文上署名。对研究有帮助但无实质性贡献的人员和单位可在出版物中表示感谢，不应列入作者名单。对于确实在可署名成果（含专利）中做出重大贡献者，除应本人要求或保密需要外，不得以任何理由剥夺其署名权。对于合作研究的成果，应按照对研究成果的贡献大小，或根据学科署名的惯例或约定，确定合作成果完成单位和作者（专利发表人、成果完成人）署名顺序。署名人应对本人做出贡献的部分负责，发表前应由本人审阅并署名。反对不属实的署名和侵占他人成果。”

该指南同时规定署名必须用真实姓名：“署名要用真实姓名，并附上真实的工作单位，以示文责自负。”这一规定与我国著作权法中关于署名权的规定不一致。我国著作权法中规定署名权也包括不署名和署假名的权利。但笔者认为，出版单位有权要求作者署真名，因为学术作品较为特殊，不同于其他类型的作品。

（六）科技部《诚信指南》

与科研人员相关的具体署名规范包括：“1. 署名者应当是对概念构思、研究设计、数据获取、数据分析和解释等做出了实质性贡献，或起草、修改了手稿中的重要内容，并能够对研究结果负责的人。提供研究经费、实验条件、样本、标本或难以公开获得的资料的人员，或仅提供了一般性管理、语言翻译和文字润色等辅助性劳动的人员，不应当署名为作者或成果完成人。”“2. 所有作者或成果完成人均应当事先审阅并同意发表任何有其署名的成果，并对其中自己所完成或参与的部分工作负责。”这两条给出了署名标准，与上述国际标准基本一致。

“3. 合作研究产生的作品或成果的署名顺序，一般应当由所有作者或成果完成人共同决定，通常应当按各自对成果所做贡献大小排序。也可以按照学科的署名惯例或合作者之间的约定安排署名顺序。”这一条给出了合作署名的规范。“4. 对于不具有在成果上署名的资格、但对研究工作有所贡献或帮助的个人或组织，应当在发表物中说明他们的贡献和帮助并致谢。”这一条也与上述国际标准一致，指出对成果有贡献但不符合署名标准者可以通过致谢等说明。

以下三条阐述了署名中禁止的学术不端行为。

“5. 不应当以增加自己发表作品、参与项目或获得奖励的数量为目的，与导师、同事、同学、学生等在各自所完成的作品或成果上互相署名。”

“6. 在发表或公布成果时，不得冒署他人姓名，即为了提高作品或成果的发表、出版、获奖机会等目的，擅自将他人列为作者或成果完成人。”

“7. 对于在研究中做出符合作者或成果完成人身份要求的贡献者，除本人要求或有保密需要者外，不能以任何理由剥夺其署名权。对于其中丧失行为能力或去世者，仍然应当被署名为作者。”

该指南还对“导师、项目负责人和行政领导”应遵循的署名规范做了规定：“1. 不应当要求或允许他人将自己列为没有做出实际贡献的成果的完成人。”“2. 对于自己同意署名的成果，要为其真实性和准确性等承担相应的责任。”

（七）WCRI《作者国际标准》

由于这是一个宣示型规范，对于署名仅有一条：“研究出版物上的署名应该准确并且反映对作品或报告的贡献。”

（八）《学术出版规范　期刊学术不端行为界定》（CY/T 174—2019）

2019 年 7 月生效的这一行业标准虽然没有从正面说明应该如何正确在学术期刊论文上署名，但该规范界定了署名中的不端行为。不当署名的表现形式包括：“a）将对论文所涉及的研究有实质性贡献的人排除在作者名单外。b）未对论文所涉及的研究有实质性贡献的人在论文中署名。c）未经他人同意擅自将其列入作者名单。d）作者排序与其对论文的实际贡献不符。e）提供虚假的作者职称、单位、学历、研究经历等信息。”值得注意的是，该行业标准除了禁止上述其他规范中禁止的不当署名行为，也把作者个人信息著录不真实视为不当署名。

（九）国内出版单位规范

《第三军医大学学报》的署名标准与上述 AMA 一样，采用的是 ICMJE 标准。对署名顺序，则规定：“作者署名原则上按贡献大小排序，由论文署名作者共同商定，并在投稿时确定。作者和单位署名一般不得更改，如确需变更时，论文主要负责人（第一作者和通信作者）需向编辑部提交书面变更申请，陈述理由，并由所有署名作者签字认可，不得擅自在修改稿中更改。”《〈第三军医大学学报〉出版伦理规范（一）》中还规定通信作者只能有一位，若要增加也应该是其他不同的研究机构或研究小组的学术负责人。

该伦理规范还规定了署名时声明同等贡献的情况："具有同等贡献的作者，应在投稿时标明。同等贡献者一般不超过 2 位，若为规范的多中心或多学科协作研究，确实超过 2 位的，可酌情增加。增加的同等贡献者应来自合作研究的不同研究机构或不同研究小组。"❶

西安交通大学期刊中心的规定则较为简洁："2.7 署名规范，责任共担。署名是作者的权利，是对作者劳动的认可和尊重，也是对学术责任和道德责任担当的明确。论文作者应包涵所有对论文研究工作有实质性贡献的人员并按贡献大少或惯例排序，同时所有署名作者对研究结果负有责任，包括学术责任和道德责任。"❷

从上述梳理结果可以看出，对于署名规范，不管是教育部、科技部相关指南，还是我国学术成果出版单位的规范，都基本上与国际上的相关标准接轨。其中，ICMJE 的署名标准成为国内外较为通用的标准。而国内出版单位也吸收了国际上的最新研究成果，有对署名更为详细的规定，如共同署名为通信作者、声明同等贡献等特殊情况。当然，上述梳理也表明，不同规范之间关于署名的详略程度和具体内容也有很大差异。例如，CSE 手册中的署名标准就因为修订不够及时，落后于其引用的 ICMJE 标准。

二、一稿多投与重复发表的相关规范

一稿多投与重复发表是最为典型的与学术成果密切相关的学术规范，也是出版单位最为关注的学术规范之一。这些规范不仅有伦理问题，有的还有理论争议，如对于学位论文的再次发表问题。这一规范也涉及编辑的具体实践问题。其中，一稿多投是指将一篇稿件同时投给两家以上的出版单位，而重复发表是指一篇稿件或其中的内容在两家以上的出版物上发表。

（一）AMA 手册

AMA 手册中明确提出了应对重复发表的编辑策略，主要是要求作者在投稿时必须明确告知编辑其所提交材料的任何部分有以下事项。

第一，有其他未发出版的形态，如较大的数据集或不在投稿中的数据；第二，被另一家期刊考虑中；第三，已经或将要在其他地方出版。AMA

---

❶ 来源于《第三军医大学学报》编辑部网站：http://aammt.tmmu.edu.cn/docs/cbll/default.aspx。

❷ 来源于西安交通大学期刊中心网站：http://qkzx.xjtu.edu.cn/info/1099/1521.htm。

手册还说明，对于高度相似的论文，作者需要将其他论文或稿件提供给编辑，以便编辑来决定内容是否重复或者这个重复是否影响到所投稿件的首发权。

对于一稿多投，AMA 并没有给出定义，只是说明当编辑发现一稿多投时，需要迅速行动。可见，AMA 手册中把一稿多投视为作者和编辑都应该知道的知识。该手册中也明确了编辑需要让作者对一稿多投作出解释，若退稿是因为一稿多投，也要明确告知作者。

对于重复发表，AMA 手册中同样简要给出了编辑的操作指南，如发现重复发表时，需要联系作者并要求作者作出书面解释。还可以与其他期刊就作者的行为进行联系。若两家期刊都确认了重复发表，则通知作者期刊将会在随后的期刊上就作者的一稿多投行为作出声明。同时指出，声明最好有作者的签名或者作者的解释信函。根据情况，当发现重复发表时可以选择通知作者所在机构的领导（系主任等）来协助获得作者的信函。而重复发表的声明需要出现在期刊的目录中。

从上述规定来看，AMA 手册主要是给编辑实际工作提供具体的指导，并没有对一些认定一稿多投和重复发表更为复杂的情况作出规定，如有关学位论文的再发表问题。

（二）CSE 手册

CSE 手册与 AMA 手册相比，总结了一些允许重复发表的情况，具体如下。

第一，最初的发表已经由新的数据和新的发现得到加强，在这种情况下原始数据和发现必须与新的有明显区别。

第二，一些在一个国家用一种语言发表的重大发现，有正当理由在另一个国家用另一种语言发表，以到达另一群受众，否则他们无法获取这一发现。在这种情况下，两个国家的期刊编辑和出版者都应该被告知而且要同意这种重复发表（因为这还涉及版权问题）。

第三，一些在一种专业或职业期刊发表的重大发现，有正当理由在另一种专业或职业的期刊发表，以到达另一群受众，否则他们可能不会获取这一发现。这里同样需要两家期刊的编辑和出版者知情并同意这种重复发表。

第四，该出版只是打算取代已经发表过的摘要、预览版或室内的报告，没有评议过的研讨会论文集，以及其他类似的被定义为灰色的文献。在所有上述情况中，期刊编辑应该被告知早期的作品。但 CSE 手册同时提醒，部分期刊会禁止灰色文献的再次发表。

CSE 手册也说明了“切香肠式”重复发表——把本应作为一篇文献发表的论文，分割成两篇及以上的文献来发表以增加论文篇数。

（三）COPE 指南与实践

COPE 指南中在一稿多投与重复发表方面，重点针对争议较大的学位论文再次发表问题公布了指南《关于学位论文出版相关问题最佳实践的讨论文档》。在这个指南中，COPE 首先梳理了学位论文的两种类型：第一种为传统的学位论文，即由多个章节组装在一起的论文。第二种是通过发表完成的学位论文，即学位论文由已经发表在学术期刊的论文组成。同时，其指出学位论文作者获得学位后通常会把论文以书或者专著的形式交给商业或非商业的出版商出版。

其进而指出：当学位论文或其章节中包含有未发表过的作品，如对实验的第一手描述等情况，不应该被视为已经在先发表，甚至在学位论文能够通过大学的存档库免费获取也能够适用。对于预印本也可以适用这一条规则。

但若学位论文中包含已经发表过的论文，那么这些论文将被视为在先发表而不能再次被作为全新作品发表。CSE 手册与 AMA 手册类似，也指出了允许再次发表的情况，即透明原则，第二次发表必须征得首次发表期刊的同意，而且第二次发表的期刊知道是再次发表。

COPE 指出学位论文内容再次投稿应该遵循以下规则。

第一，投稿时应该声明投稿内容来自学位论文并且引用。

第二，当论文发表时也应该引用并且声明该内容来自学位论文。

第三，相同的原则适用于投稿中来源于学位论文的数据、图表。

第四，如果学位论文的任何部分有合作作者，则应该适用透明原则并且投稿需要征得合作作者的同意。

第五，作者还应有意识及有责任知道他们所在大学关于学位论文发表的政策，以确保在任何期刊发表都不会违反那些政策。

COPE 将其学位论文发表的指南总结为两个部分。对期刊而言：一是应该有关于学位论文内容再次发表的明确政策，在大多数情况下应将它们视为预印本。二是应该制定清晰的指南指导如何引用从学位论文中析出的内容。

对作者而言：一是应该告知期刊任何包含在学位论文中并且构成提交稿

件基础的内容，而且要标引学位论文。二是应该明确其所在机构关于学位论文获取和出版的政策。

（四）教育部《社科学术规范指南》

该指南用的是“一稿多发”而不是“一稿多投”，并且说明了不同期刊处理规定不同，也提供了具体操作策略。

一是“由于无法掌握发表情况同时向多处投递稿件，在第一次发表后，应立即通知其他投递处停止处理稿件”。但是“在其他刊物已经处理无法撤稿又同意重复用稿，一般应公开说明首次发表情况。超过刊物退稿时间而突然发稿形成一稿两投，责任在刊物不在作者”。笔者认为上述表述与现实中部分期刊长期不回复作者的情况有关，这时作者有可能再次向其他期刊投稿。对作者的调查发现，多位作者在投稿时遇到期刊无任何信息的情况。有一位作者谈了他遇到的案例：“有一次投稿给一家期刊，过了半年没有任何消息，我只好投给另一家期刊，可是一年后原来那家期刊又打电话问我稿件在其他地方发表没有。这时我的稿件已经在第二次投稿的期刊发表了。如果期刊及时告知我稿件处理结果，我就不会第二次投稿了，毕竟原来那家期刊我们单位认定为 A 类期刊。”要注意的是，上述规定与上文国际上的做法相比，还有待完善之处，应该是双重同意而不仅仅是后发期刊的同意，不仅要公开首次发表的情况，还应该征得原发期刊的同意。从法律角度看，期刊在论文发表时一般与作者签订了版权转让协议，获得作者的版权或独家授权，因而再次发表还涉及向原发期刊获得版权授权的问题。否则，论文发表之后就会有版权纠纷。

教育部《社科学术规范指南》还说明了转载论文时应注明“转载”并公开说明出处，也规定了收录进论文集的论文再次发表的问题：“未经正式出版的学术会议论文集刊登的稿件，可以再次在其他正式刊物上发表。正式出版的学术会议论文集刊登的稿件再在其他刊物上发表，应征求主编与出版部门的意见。论文公开发表后收入论文集，应注明原来发表的出处。”

（五）教育部《科技学术规范指南》

与上述教育部《社科学术规范指南》相比，教育部《科技学术规范指南》吸收了国际上关于一稿多投及相关概念的界定，也给出了较为细致的界定方法和不属于一稿多投的例外情况。

该指南对一稿多投给出了定义，认为“一稿多投是指同一作者，在法定或约定的禁止再投期间，或者在期限以外获知自己作品将要发表或已经发表，在期刊（包括印刷出版和电子媒体出版）编辑和审稿人不知情的情况下，试图或已经在两种或多种期刊同时或相继发表内容相同或相近的论文”。该指南还引用了《中华人民共和国著作权法》第 32 条第 1 款中关于一稿多投的法律规定，认为法定再投稿期限为“自稿件发出之日起三十日内”，约定期限则可长可短。该指南也给出了国际上对于一稿多投的定义：“同样的信息、论文或论文的主要内容在编辑和读者未知的情况下，于两种或多种媒体（印刷或电子媒体）上同时或相继报道。”

该指南将重复发表定义为：“重复发表是指作者向不同出版物投稿时，其文稿内容（如假设、方法、样本、数据、图表、论点和结论等部分）有相当重复而且文稿之间缺乏充分的交叉引用或标引的现象。这里涉及两种不同的行为主体，一种是指将自己的作品或成果修改或不修改后再次发表的行为，另一种是指将他人的作品或成果修改或不修改后再次发表的行为。后者是典型的剽窃、抄袭行为，在这里所说的重复发表仅指第一种行为主体。”还有部分说明与上述 AMA 手册的内容相似，例如，不论同种语种还是不同语种，分别投寄不同期刊，或主要数据、图表相同只是文字表达不同的两篇或多篇文稿分别投向不同期刊都属于一稿多投，若同时刊用发表，则为重复发表。会议纪要、新闻报道、发表过摘要的论文出现上述情况则不属于一稿多投，但应向编辑部说明。

教育部《科技学术规范指南》将一稿多投从内容的变化形式上划分为完全相同型投稿、肢解型投稿、改头换面型投稿、组合型投稿、语种变化型投稿。上述划分基本涵盖了所有类型的一稿多投。

该指南界定了一稿多投的四个条件：第一，相同作者。对于这类情况，该指南还界定了若调整了署名顺序再次投稿，则属于“剽窃”，已经改变了行为属性。第二，同一论文或者这一论文的其他版本。第三，在同一时段故意投给两家或两家以上学术刊物，或者非同一时段但已知该论文已经被某一刊物接受或发表仍投给其他刊物。第四，编辑未知。

该指南也说明八种特殊情况，可以认为不是一稿多投，具体如下。

第一，在学术会议上汇报过的报告、摘要、墙报等形式的研究结果的完整报告可以再次发表，但不包括以正式公开出版的会议论文集或类似出版物形式发表的全文。这一规定与教育部《社科学术规范指南》不完全一致，后者对于收入论文集的论文再次发表的态度是若征得主编同意也可以。

第二，“在一种刊物上发表过摘要或初步报道，而将全文投向另一种期刊的文稿”。

第三，学术会议或科学发现的新闻报道类文稿，可以再次发表，但不应描述得过于详尽。

第四，“重要会议的纪要，有关组织达成的共识性文件，可以再次发表，但应向编辑部说明”。

第五，“对首次发表的内容充实了50%或以上数据的学术论文，可以再次发表。但要引用上次发表的论文（自引），并向期刊编辑部说明”。笔者认为这一规定有一定道理，但50%的比例在现实中难以界定，而且不同出版单位具体认定方式也不相同。太过刚性的百分比反而难以执行，可用“内容有实质性创新”代替百分比。

第六，“论文以不同或同一种文字在同一种期刊的国际版本上再次发表”。这种操作虽然不存在版权问题，但笔者认为应在后发期刊注明原发语种。

第七，“论文是以一种只有少数科学家能够理解的非英语文字（包括中文）已发表在本国期刊上的属于重大发现的研究论文，可以在国际英文学术期刊再次发表。当然，发表的首要前提是征得首次发表和再次发表的期刊的编辑部的同意”。这一规定与上述CSE手册的规定类似，是借鉴了国际上的做法。

第八，“同一篇论文在内部资料上刊登后，可以在公开发行的刊物上发表”。但这里需要注意的是，随着中国知网等数据的普及，有时候内部资料、地区性刊物也有可能在网络公开，这一规定应该限定内部资料的公开范围。课题组成员在参加期刊界会议时，就有其他编辑部提供了类似案例，即非全国范围发行的期刊的论文被中国知网收录，能否再次向全国发行的期刊投稿问题。从一稿多投的定义来看，显然不能再次投稿。

教育部《科技学术规范指南》最后还指出：“以上再次发表均应向期刊编辑部充分说明所有的、可能被误认为是相同或相似研究工作的重复发表，并附上有关材料的复印件；必要时还需从首次发表的期刊获得同意再次发表的有关书面材料。”

（六）科技部《诚信指南》

科技部《诚信指南》中明确了一稿多投的定义为：“不应当将报告研究成果的同一篇手稿，或基于同样数据资料而只有微小差别的手稿同时投寄给2

个或2个以上的出版单位发表（一稿多投）；只有在收到前一次投稿的出版单位的拒稿通知或已超过其规定的审稿期限后，才可以转投其他出版单位。”这与上述规范中的界定基本相同。该指南还进一步指出，若要再投稿，应该申请撤回。同时，该指南也规定了不得进行以下两种“切香肠式”的重复发表。

一种是拼凑新作品：“一般不应当把已发表的作品再次投稿发表，或将多篇作品各取一部分，拼凑出‘新’手稿后再次投稿发表（重复发表）。”

另一种是拆分作品：“不应当为了增加发表物的数量或解决多个作者的排名等问题，故意违反研究工作的系统性、科学性、完整性和逻辑性，不惜降低论文质量，将一项研究拆分为若干可发表的更小单元发表。”

该指南规定若要约定再次发表或者以另一种语言发表，需要得到许可，并且再次发表时需要得到有关出版单位许可。但与上述国外的规范表述不同，这里的“有关出版单位”应为原发稿出版单位和后发稿出版单位，未来该指南进一步完善时可以修订。

（七）《学术出版规范　期刊学术不端行为界定》（CY/T 174—2019）

该标准界定的一稿多投的表现形式包括：“a）将同一篇论文同时投给多个期刊。b）在首次投稿的约定回复期内，将论文再次投给其他期刊。c）在未接到期刊确认撤稿的正式通知前，将稿件投给其他期刊。d）将只有微小差别的多篇论文，同时投给多个期刊。e）在收到首次投稿期刊回复之前或在约定期内，对论文进行稍微修改后，投给其他期刊。f）在不做任何说明的情况下，将自己（或自己作为作者之一）已经发表论文，原封不动或做些微修改后再次投稿。”

（八）国内出版单位规范

《第三军医大学学报》编辑部对一稿多投的规范，主要体现其制定的出版者伦理中，具体内容为：“本刊遵循首发的原则，只报道原创研究成果。但期刊可以有条件地再次发表：①以另一种语言面向不同地区的读者再次发表；②作者必须获得首发期刊和再次发表期刊的授权；③再次发表的时间与首发时间间隔至少1周；④再次发表的论文应标明首次发表的期刊名称、年卷期页码、题目以及原文网址等信息。”这一规定与上述国内外规范相似。

西安交通大学期刊中心关于一稿多投属于原则性规定，非常简洁：“2.2

珍惜资源，避免重复。学术出版资源是有限的，并且不仅仅是出版单位的，而是整个学术共同体的发表资源，每一个参与者都应该要珍惜，包括版面资源、审稿资源和编辑资源。不应该一稿多投，更不能一稿多发，除非出版者根据传播的需要按惯例转摘或再出版。在初步成果以简报形式发表后，将其再扩展为完整的论文投稿时应向编者明示，并且对简报进行引用。”上述规范说明了出版界禁止一稿多投的原因，主要是出版资源有限，一稿多投浪费了有限的出版资源。这是其他规范中没有说明的。

三、抄袭剽窃的相关规范

抄袭剽窃（plagiarism）既是学术不端问题，也是版权侵权问题，本书第二章已经详细说明了二者的本质区别，即抄袭剽窃既涉及思想也涉及表达，而版权侵权主要是表达问题。

（一）AMA 手册

AMA 手册定义了以下四种类型的剽窃行为。

第一，直接剽窃。“完全照抄原文段落而不使用引号，而且没有标引原作者。”

第二，马赛克式抄袭。“从来源借用了思想和观点以及一些文字而没有标明原作者。”这种情况下，抄袭者把自己的思想和观点与原作者纠缠在一起，创造了一种“迷惑、抄袭的集合”。

第三，改述型抄袭。把原文用同样的意思表达出来，但改变了形式而没有引用原文。

第四，声明不充分。引用时不能让读者清楚地知道哪一部分是借用的。

AMA 手册还指出了上述四种抄袭的共同特点，就是没有正确地把语句、思想或发现标引指向他们的原始作者。

（二）CSE 手册

该手册直接引用 AMA 手册的内容，因而与 AMA 的规定是一致的。

（三）COPE 指南与实践

其同样没有公布直接的标准，而是提供个案服务。

（四）教育部《社科学术规范指南》

该指南没有直接的关于抄袭剽窃的规定，但该指南中有相关的引用规范，也是为了避免抄袭剽窃的规定。

（五）教育部《科技学术规范指南》

该指南明确给出了抄袭和剽窃的定义："抄袭和剽窃是一种欺骗形式，它被界定为虚假声称拥有著作权，即取用他人思想产品，将其作为自己的产品的错误行为。在自己的文章中使用他人的思想见解或语言表述，而没有申明其来源。"该规定混淆了著作权法上的抄袭剽窃和学术伦理上的抄袭剽窃。笔者对此已经在第二章给出了详细的分析，二者是性质不同的行为。著作权法保护表达，但并不表达思想，所以一些思想性内容即便抄袭，也不受著作权法保护。而学术伦理中的抄袭，也规范对思想的抄袭，因为这是道德问题。

该指南还详细给出了抄袭和剽窃的差别，并指出了抄袭和剽窃的主要形式如下。

第一，抄袭论点、观点、结论而不在参考文献列出，让读者误以为观点是作者自己的。

第二，"窃取他人研究成果中的调研、实验数据、图表，照搬或略加改动就用于自己的论文"。

第三，"窃取他人受著作权保护的作品中的独创概念、定义、方法、原理、公式等据为己有"。

第四，"片段抄袭，文中没有明确标注"。

第五，"整段照抄或稍改文字叙述，增删句子，实质内容不变，包括段落的拆分合并、段落内句子顺序改变等等，整个段落的主体内容与他人作品中对应的部分基本相似"。

第六，全文抄袭，包括全文照搬（文字不动）和其他作增删等具体情况。

第七，组合别人的成果，把字句重新排列，加些自己的叙述，字面上有所不同，但实质内容就是别人成果，并且不引用他人文献，甚至直接作为自己论文的研究成果。

第八，"自己照抄或部分袭用自己已发表文章中的表述，而未列入参考文献，应视作'自我抄袭'"。

对于抄袭剽窃的界定问题，该指南也是照搬著作权法的规定。

（六）科技部《诚信指南》

该指南对抄袭和剽窃没有特别说明，仅要求作者“在未注明出处或未经许可的情况下，使用他人的研究计划、假说、观点、方法、结果或文字表述”。

（七）《学术出版规范　期刊学术不端行为界定》（CY/T 174—2019）

这一行业标准对剽窃的规定最为详细，按照被剽窃的客体对剽窃做了详细的分类。

第一类为观点剽窃，主要指“不加引注或说明地使用他人的观点，并以自己的名义发表，应界定为观点剽窃”。观点剽窃的表现形式包括：“a）不加引注地直接使用他人已发表文献中的论点、观点、结论等。b）不改变其本意地转述他人的论点、观点、结论等后不加引注地使用。c）对他人的论点、观点、结论等删减部分内容后不加引注地使用。d）对他人的论点、观点、结论等进行拆分或重组后不加引注地使用。e）对他人的论点、观点、结论等增加一些内容后不加引注地使用。”按照上述定义，观点剽窃的主要特征是易用他人观点而不加以引用和注明，让读者误认为他人观点为剽窃者的。

第二类为数据剽窃，其要点同样是使用他人已发表的数据而不引用或说明。数据剽窃的表现形式包括：“a）不加引注地直接使用他人已发表文献中的数据。b）对他人已发表文献中的数据进行些微修改后不加引注地使用。c）对他人已发表文献中的数据进行一些添加后不加引注地使用。d）对他人已发表文献中的数据进行部分删减后不加引注地使用。e）改变他人已发表文献中数据原有的排列顺序后不加引注地使用。f）改变他人已发表文献中的数据的呈现方式后不加引注地使用，如将图表转换成文字表述，或者将文字表述转换成图表。”笔者认为将剽窃数据限定在已发表数据值得商榷，在学术成果出版实践中，剽窃他人未发表数据并不罕见，而剽窃未发表数据因更难被及时发现，发生的概率更高。

第三类为图片和音视频剽窃，被定义为使用他人已发表的图片或音视频而不加引注或说明。表现形式包括：“a）不加引注或说明地直接使用他人已发表文献中的图像、音视频等资料。b）对他人已发表文献中的图片和音视频进行些微修改后不加引注或说明地使用。c）对他人已发表文献中的图片和音视频添加一些内容后不加引注或说明地使用。d）对他人已发表文献中的图片和音视频删减部分内容后不加引注或说明地使用。e）对他人已发表文献中的图片增强部分内容后不加引注或说明地使用。f）对他人已发表文献中的图片弱化部分内容后不加引注或说明地使用。”

第四类为研究（实验）方法剽窃，是指使用他人具有独创性的研究（实验）方法的行为。主要包括：“a）不加引注或说明地直接使用他人已发表文献中具有独创性的研究（实验）方法。b）修改他人已发表文献中具有独创性的研究（实验）方法的一些非核心元素后不加引注或说明地使用。”标准的文本非常简洁，并未加以解释，笔者认为研究方法是否具有独创性仍然需要相关学科的学术共同体来予以确认，正如上文所指出的，一些通用研究方法的学术成果是可以不注明来源的，因为这些方法本身不具备创新性，也较少会为此发生争议。

第五类为文字表述剽窃，是指使用他人已经发表文献中具有完整语义的文字表述而不予以引注。具体表现形式包括：“a）不加引注地直接使用他人已发表文献中的文字表述。b）成段使用他人已发表文献中的文字表述，虽然进行了引注，但对所使用文字不加引号，或者不改变字体，或者不使用特定的排列方式显示。c）多处使用某一已发表文献中的文字表述，却只在其中一处或几处进行引注。d）连续使用来源于多个文献的文字表述，却只标注其中一个或几个文献来源。e）不加引注、不改变其本意地转述他人已发表文献中的文字表述，包括概括、删减他人已发表文献中的文字，或者改变他人已发表文献中的文字表述的句式，或者用类似词语对他人已发表文献中的文字表述进行同义替换。f）对他人已发表文献中的文字表述增加一些词句后不加引注地使用。g）对他人已发表文献中的文字表述删减一些词句后不加引注地使用。”

第六类为整体剽窃，是指论文主体过度或大量引用他人已发表文献内容。具体包括：“a）直接使用他人已发表文献的全部或大部分内容。b）在他人已发表文献的基础上增加部分内容后以自己的名义发表，如补充一些数据，或者补充一些新的分析等。c）对他人已发表文献的全部或大部分内容进行缩减后以自己的名义发表。d）替换他人已发表文献中的研究对象后以自己的名义发表。e）改变他人已发表文献的结构、段落顺序后以自己的名义发表。f）将多篇他人已发表文献拼接成一篇论文后发表。”

第七类为他人未发表成果剽窃，是指对未发表观点、研究（实验）方法、数据、图片的剽窃，具体的行为界定与上面的各条规定相似，主要是指使用而不引用和注明的行为。

两家国内出版单位的规范无相关规定，一般在征稿简则中提醒。

四、同行评议规范

同行评议规范主要规范的是审稿专家和组织审稿的编辑的行为。

（一）AMA 手册

笔者将 AMA 手册中规定的审稿专家审稿时的行为规范归纳为以下两点。

第一，全面评审，即要全面审阅稿件的每一个部分，包括附加材料。

第二，意见具体，即审稿专家最好能够给出具体的批评和建议而不是一个笼统的结论。

鉴于拖延审稿、拒绝审稿的现象非常普遍，AMA 手册给出了一些提高审稿效率的建议。

（二）CSE 手册

CSE 手册中规定的审稿专家的义务主要是保密义务：审稿人需要全面了解期刊的保密要求，若不能做到则必须拒绝审稿。审稿不仅是一种责任，也意味着被编辑和作者信任，能够为他们保护好相关材料。如果有作者联系审稿人，询问他们是否参与审稿，他们既不能确认也不能否认他们参与了审稿过程，除非期刊允许。

（三）COPE 指南与实践

COPE 在《同行评议人伦理指南》中明确了审稿人的义务。

开始的步骤：其实就是全面审阅，即要阅读投稿和所有附加材料。若有问题应与期刊联系，并可以要求期刊提供其他缺失的材料。

保密义务：尊重同行评议的机密性，不能为了自己或他人的利益或使他人不利使用审稿中获得的信息。未经期刊允许，不得让任何其他人参与审稿过程。对审稿有帮助的人需要被添加进期刊的记录以便他们因为自己的努力获得相应的尊重。

公正义务（不能有偏见或竞争性利益）：不能因为国籍、宗教、政治信仰、性别等因素影响对稿件的接受。若有利益冲突，应该告知期刊并获得期刊的建议，在等待过程中应放弃查阅投稿和相关材料，因为审稿很可能会被取消。若自己不适合审稿，也应该告知期刊。在双盲评审中，如果审稿人猜出作者的身份，也应该告知期刊以免导致潜在利益冲突。

COPE 还在上述指南中给出其案例库中的两个典型案例：案例 14–06，是审稿人让另一个新手审稿；案例 15–05，是审稿人要求在论文发表后添加署名。

（四）教育部《社科学术规范指南》

该指南关于匿名评审的规定较为简单，根据具体内容来看，主要是针对项目评审而非学术成果出版时的评审。

（五）科技部《诚信指南》

该指南中对同行评议这样界定："同行评议是由同一学术共同体的专家学者来评定某特定学术工作的价值和重要性的一种评估方法，通常为一项有益于学术发展的公益服务，相关专家有义务参加同行评议活动。"该指南还指出同行评议应"坚持客观、公正原则，执行回避和保密制度"。

对评议人的要求，吸收了上述国外规范中的一些规定，已经较为完善。具体如下。

第一，评议人只对有能力评议的对象进行评议。若不熟悉应当拒绝参加评议。

第二，应当按照规定期限完成。若不能在规定期限完成也拒绝。

第三，"应当客观、公正地进行评议活动"。不得受性别、种族、出身、职称或职务等因素影响。

第四，尊重被评议对象的尊严和学术自主性，尊重不同学术观点。"在评议意见中不应当包含侮辱性、轻蔑贬低或有失客观的评论内容。"

第五，"应当提供具体、翔实的评议意见，说明自己所提出判断或结论的理由或证据"。

第六，"不剽窃他人的学术思想或研究成果；不擅自复制或扩散被评议材料；不出于与同行评议程序无关的目的使用或与他人分享、讨论被评议对象的观点、数据和方法等"。

第七，"对评议过程保密。如果是匿名评议，不以任何方式泄露自己和他人的身份等信息"。

第八，“不绕过评议活动组织者与被评议人直接接触，不收受被评议人赠予的有碍公正评议的礼物或其他馈赠”。

第九，“如果在评议过程中发现或有正当理由怀疑存在科研不端行为，应当向评议活动的组织者或评议活动的委托部门反映”。

（六）《学术出版规范　期刊学术不端行为界定》（CY/T 174—2019）

这一行业标准把审稿人的学术不端行为分为以下七类。

第一类为违背学术道德的评审。表现形式包括：“a）对发现的稿件中的实际缺陷、学术不端行为视而不见。b）依据作者的国籍、性别、民族、身份地位、地域以及所属单位性质等非学术因素等，而非论文的科学价值、原创性和撰写质量以及与期刊范围和宗旨的相关性等，提出审稿意见。”

第二类为干扰评审程序。表现形式包括：“a）无法完成评审却不及时拒绝评审或与期刊协商。b）不合理地拖延评审过程。c）在非匿名评审程序中不经期刊允许，直接与作者联系。d）私下影响编辑者，左右发表决定。”

第三类为违反利益冲突规定。表现形式包括：“a）未按规定向编辑者说明可能会将自己排除出评审程序的利益冲突。b）向编辑者推荐与特定稿件存在可能或潜在利益冲突的其他审稿专家。c）不公平地评审存在利益冲突的作者的论文。”

第四类为违反保密规定。表现形式包括：“a）在评审程序之外与他人分享所审稿件内容。b）擅自公布未发表稿件内容或研究成果。c）擅自以与评审程序无关的目的使用所审稿件内容。”

第五类为盗用稿件内容。表现形式包括：“a）未经论文作者、编辑者许可，使用自己所审的、未发表稿件中的内容。b）经论文作者、编辑者许可，却不加引注或说明地使用自己所审的、未发表稿件中的内容。”

第六类为谋取不正当利益。表现形式包括：“a）利用保密的信息来获得个人的或职业上的利益。b）利用评审权利谋取不正当利益。”

第七类为审稿人的其他学术不端行为。表现形式包括：“a）发现所审论文存在研究伦理问题但不及时告知期刊。b）擅自请他人代自己评审。”

（七）国内出版单位规范

《第三军医大学学报》编辑部的伦理规范中对审稿专家有五条要求。其中的大部分内容与上述教育部《科技学术规范指南》相似，如不得歧视、保密义务、有利益冲突时回避，但也有一些自己的特点。例如：

第三条规定“当审稿人发现作者从事的研究和自己相近时，不得利用审稿便利压制或者贬低作者的论文”，即审稿人不得因为有竞争性利益而压制、贬低作者的稿件。

第四条规定：“未经编辑部同意，审稿专家不得擅自委托自己的学生、同事等代审。”

第五条规定则主要是为了防止一稿多投。具体内容为：“审稿专家遇到曾经审过的稿件时，有义务向编辑部反映情况，并按期刊收录标准填写评审意见。”该条的含义应该是专家发现其他期刊送审过的稿件时，应该告知编辑部，在编辑部允许继续评审的情况下按照标准评审。但该条的表述不是特别清晰。

西安交通大学期刊中心的伦理规范也吸收了国内外的审稿人伦理规范中的内容，总结为七条标准，也较为全面。具体包括：“1.1 尽力履责，及时评审。1.2 公正评价，尊重创新。1.3 客观评价，评价有据。1.4 全面审查，尽力注意。1.5 主动提醒，回避冲突。1.6 授信审稿，严守秘密。1.7 诚信履职，严禁谋私。”

五、编辑行为规范

上述署名规范、一稿多投与重复发表规范、抄袭剽窃规范是针对作者的行为规范，而同行评议规范约束的主要是审稿人，编辑行为规范则是约束编辑的。在学术出版活动，特别是学术论文在学术期刊发表的过程中，编辑是出版活动的组织者。在学术出版活动中，编辑是把关人，若把关人出问题，其危害是最大的。

（一）AMA 手册

AMA 手册中指出了编辑的把关人角色，即“编辑对决定期刊内容负责，确保期刊质量，指导编辑部成员，开发和制定程序”，以及有效果、有效率、有伦理地制定实质性满足其出版目标的政策。AMA 手册中主要针对有决定权的编辑制定政策，即有权审阅、拒绝、要求修改和接受稿件的编辑们。内容如下。

第一，录用稿件时的标准。避免实质性修改稿件；延迟发表应及时通知作者；除非发现严重的错误，否则不得改变稿件的录用决定；附条件地接受稿件时应该清晰地说明稿件应符合的标准。

第二，评价稿件的标准。应该建立与维护一种编辑评价和决定接受、要求修改和拒绝稿件的程序及策略。接受后作者不得对稿件作实质性修改。编辑有权决定初审后的部分稿件不进入同行评议环节。对进入同行评议的论文，应该把所有与论文相关的材料提交给评议人。

（二）CSE 手册

CSE 手册中关于编辑责任的规定比较简短，手册 2.2.2 规定了编辑的责任。具体如下。

第一，政策制定者和执行者。制定内部和外部编辑政策，在伦理事务和与期刊出版相关的程序细节方面指导作者、审稿人、编辑、期刊职员。

第二，公正与及时审稿。编辑必须对所有稿件一致、公平地以合理的时间审稿，并且能够抵抗影响评阅过程诚信的外部压力。若有情况导致他们不能公正处理某些稿件，需要说明情况并回避。

第三，预防不端行为。因为与出版有关的不端行为，无论是否由作者、审稿人、期刊职员引起，都会破坏期刊的公信力，因此“编辑应该采取预防措施确保学术不端行为被阻止，以及在发生不端并纠正和出版的论文已经有不端行为时发布声明告知读者”。

上述规定虽然简短，但也是围绕编辑作为把关人制定的。

（三）COPE 指南与实践

COPE 在其网站公布有《新编辑有伦理的编辑活动简短指南》，对新入职编辑如何避免学术不端问题做了梳理，针对的不是编辑的伦理义务。它与其说是规范，不如说是一种工作指导手册，但其操作性非常强。主要内容其实是针对编辑如何要求作者的，即编辑应该要求作者或重点审查论文的以下几个方面，以避免学术不端。

第一，确保作者阅读过作者指南。

第二，在署名声明里陈述每位作者对论文的贡献。

第三，基金信息。

第四，竞争性利益声明。

第五，使用有版权的材料时获得允许（包括网络）。

第六，著录任何对未出版作品的引用（如待出版的论文或个人交流信息）。

第七，在前面期刊的投稿情况（期刊名、评阅意见）。

第八，确认稿件仅投稿在本刊并且从未出版过、待出版或投稿到别处。

以下事项不同期刊是不同的，主要包括：

第九，要求每位作者陈述其对研究和出版的贡献。

第十，使用检查清单防止幽灵作者。

第十一，要求所有作者签署署名声明。

第十二，与所有作者保持联系（例如，向他们声明接受投稿），而不仅仅与通讯作者联系。

第十三，在作者指南中清晰地界定署名标准。

（四）科技部《诚信指南》

教育部《社科学术规范指南》、教育部《科技学术规范指南》中均无针对编辑的内容，科技部《诚信指南》中对编辑和出版单位都有具体的要求。

针对编辑的内容主要包括以下方面（笔者对内容做了梳理简化）。

第一，公正公平地处理稿件。坚持发表学术标准，慎重对待每一稿件，避免商业利益和私人交往等因素影响用稿决定。

第二，保密义务。不能透露、讨论或剽窃作者成果。

第三，选择和监督审稿人。适当地选择审稿人并督促审稿人认真、公正地评审，监督和评估审稿人的科研诚信。

第四，及时审稿并将结果反馈给投稿人，不因私人关系或收费提前发表稿件。课题组在访谈部分作者时发现，有的作者在期刊发表时，部分期刊收取“提前发表费”，作者提前缴纳一定金额的费用，稿件就能提前安排发表。这实际是一种违反学术伦理的行为。因此，本条的规定对我国学术成果出版活动而言有针对性。

第五，谨慎对待特殊稿件。“应当谨慎对待那些报告突破性的研究发现或使人产生疑义的稿件，必要时可要求作者提供所有的原始数据和有关证明材料。”

第六，回应作者疑问。“当作者对审稿人、审稿意见或编辑决定等提出疑义时，应当进行平等的沟通，并视情况对有关情况进行说明或公示。”

第七，预防和惩罚作者投稿中的学术不端。

第八，以适当的方式更正、补救或声明错误和不端行为。

第九，对科研不端行为进行制裁。

该指南中规定了学术出版单位的三条义务。

第一，完善制度。“努力维护编辑出版过程中的公平、公正及合法性。建立版权管理、学术规范承诺和退稿复议等制度；对涉及的科研诚信问题进行监测与评估。”

第二，“确定合理的审稿周期，不应当要求作者以投稿协议形式接受超过法律法规中有关规定的审稿周期”。笔者认为这一条与现行著作权法及国内外学术出版通行做法有冲突，一般而言学术稿件处理周期较长，期刊和作者可以约定超过我国著作权法中规定的投稿期限。

第三，信息公开。“明确并公布投稿指南、编审程序、审稿标准和稿件处理过程中的争端解决机制、对科研不端行为的处理制度等。”

（五）WCRI《编辑标准》

WCRI《编辑标准》从四个大的方面规定了编辑应该遵循的出版伦理规范。具体如下。

第一，对期刊内容负责和尽职。这一条是一个大的原则性要求。

第二，编辑独立和诚信。主要包括三点：一是决定与商业考虑独立。二是与出版者和举办者保持合适的关系。如在合同中应明确编辑的独立性，除非编辑有不端行为，出版者不得辞退编辑。这一规定其实是约束出版者的，主要是保障编辑能够不受出版者干扰独立办刊，有利于学术诚信。三是期刊指标与决策。编辑不得人为地提高期刊指标，如要求引用本刊论文等行为。这种做法在国内外期刊出版中都时有发生，除了提高自引率，部分期刊甚至与其他期刊合作，互相人为地提高对方被引频次。

第三，编辑保密义务。主要包括两点：一是对作者材料的保密义务。二是对审稿人的保密义务。如不得透露审稿人身份，除非确定或怀疑审稿人有不端行为。

第四，鼓励最大的透明度、完整和诚实的报告。主要包括两个方面：一是署名和责任，即期刊应该有明确的符合相关领域标准的署名政策。对于跨学科和合作研究，应该向读者展示作者各自的贡献，并且每一部分都至少有一个作者为行为和研究的正确性负责。更改署名应要求所有作者签名同意。编辑不得裁决署名争议，而是应由学术机构或其他独立机构解决。二是利益冲突和资金来源方的角色，包括要求作者声明利益冲突和公开基金资助等。编辑应该清楚地告知作者若参与了期刊的特定环节（如审稿）或有利益冲突可能会排除其署名。

（六）《学术出版规范　期刊学术不端行为界定》（CY/T 174—2019）

这一行业标准对期刊编辑的学术不端行为界定较为细致，主要分为七大类型，核心目的是让学术期刊编辑在稿件编辑加工和论文出版的各个环节坚持学术标准与学术公正。

第一类为违背学术和伦理标准提出编辑意见。表现形式包括："a）基于非学术标准、超出期刊范围和宗旨提出编辑意见。b）无视或有意忽视期刊论文相关伦理要求提出编辑意见。"

第二类为违反利益冲突规定。表现形式包括："a）没有向编辑者说明可能会将自己排除出特定稿件编辑程序的利益冲突。b）有意选择存在潜在或实际利益冲突的审稿专家评审稿件。"

第三类为违反保密要求。表现形式包括："a）在匿名评审中向审稿专家透露论文作者的相关信息。b）在匿名评审中向论文作者透露审稿专家的相关信息。c）在编辑程序之外与他人分享所编辑稿件内容。d）擅自公布未发表稿件内容或研究成果。e）擅自以与编辑程序无关的目的使用稿件内容。f）违背有关安全存放或销毁稿件和电子版稿件文档及相关内容的规定，致使信息外泄。"

第四类为盗用稿件内容。表现形式包括："a）未经论文作者许可，使用未发表稿件中的内容。b）经论文作者许可，却不加引注或说明地使用未发表稿件中的内容。"

第五类为干扰评审。表现形式包括："a）私下影响审稿专家，左右评审意见。b）无充分理由地无视或否定审稿专家给出的审稿意见。c）故意歪曲审稿专家的意见，影响稿件修改和发表决定。"

第六类为谋取不正当利益。表现形式包括："a）利用保密信息获得个人或职业利益。b）利用编辑权利左右发表决定，谋取不当利益。c）买卖或与第三方机构合作买卖期刊版面。d）以增加刊载论文数量牟利为目的扩大征稿和用稿范围，或压缩篇幅单期刊载大量论文。"

第七类为其他学术不端行为，这一类主要涉及违反出版管理规定或著作权侵权等其他行为。表现形式包括："a）重大选题未按规定申报。b）未经著作权人许可发表其论文。c）对需要提供相关伦理审查材料的稿件，无视相关要求，不执行相关程序。d）刊登虚假或过时的期刊获奖信息、数据库收录信息等。e）随意添加与发表论文内容无关的期刊自引文献，或者要求、暗示作者非必要地引用特定文献。f）以提高影响因子为目的协议和实施期刊互引。g）故意歪曲作者原意修改稿件内容。”

（七）国内出版单位规范

《第三军医大学学报》编辑部和西安交通大学期刊中心都制定了约束审稿人的伦理规范，其中很多也吸收了上述国外规范中的内容，有的规定还更为细致。

《第三军医大学学报》编辑部的伦理规范中有十二条编辑伦理规范和四条出版者行为规范。编辑伦理规范主要包括：第一，公平、公正、及时处理稿件。第二，对作者和审稿信息的保密义务。第三，不干预审稿。第四，核实作者推荐的审稿人。第五，避免选择署名作者和同单位专家为审稿人。第六，与作者存在利益冲突时回避。第七，慎重对待作者申诉。第八，对待已经被证明为阴性结果的稿件也应考虑发表，避免其他作者重复研究。第九，有责任避免学术不端行为，对投稿论文做 2 次查重和审核。第十，提醒作者变更署名和单位及顺序可能出现的著作权问题。第十一，尽可能提供详尽修改意见和退稿理由。第十二，尊重作者，关键性修改应征得作者同意。

《第三军医大学学报》编辑部的出版伦理中主要是阐述了其首发原则，以及对涉及学术不端稿件的处理，期刊公布投稿指南等信息的义务，期刊制定规则管理编辑、作者、审稿人和编委会的义务。

西安交通大学期刊中心的伦理规范中对于编辑的要求有八条，具体如下。

第一，公正评价。公正对待每一篇稿件，以研究水平而不是其他因素对稿件作评价。“但不排斥编辑根据研究的相关性和读者阅读的方便性而做出的评价，也不排斥编辑根据作者的不良记录对稿件做出处理的决定。”

第二，科学评价。录用前应征求同行专家意见，但有权决定不符合办刊宗旨和发稿范围的稿件不进入专家审稿程序。

第三，信息保密。不得透露稿件和稿件审查信息，录用后可公布稿件题名、作者姓名等出版信息，但公布更多信息需要获得作者同意。未经作者同意不得将作者稿件中的观点应用到自己的研究之中，应作者请求或约定可将其他作者准备发表稿件中可作为后续研究依据的事实透露给事先约定的作者，但必须注明来源。笔者认为这一条的具体内容值得商榷，因为编辑对作者处于强势地位，即便作者不愿意其稿件被编辑使用，也只能同意。故从伦理要求来讲，编辑一律不得将作者稿件中的观点应用到自己的研究之中。

第四，尊重创新。“应当鼓励作者发表与现有理论或专家观点不同的学术观点，应特别尊重作者提出的与编辑个人研究或期刊以往发表的内容有所不同的研究成果。”

第五，主动回避。一般不得在自己编辑出版的期刊上发表，要投稿也应交给其他编辑审查。可能存在利益冲突时应回避。

第六，及时报道。主要是要求编辑在合理期限内处理稿件。“在决定稿件发表的时间顺序时，应当按稿件的来稿时间为标准，但是并不排斥编辑根据栏目设置、选题规划和研究的热点而提前安排发表相关稿件和特约稿件。”

第七，尽力提醒。主要是提醒作者相关学术规范的义务。

第八，随时注意。其包括核查文献引用，特别是“当稿件对审稿人的研究工作引用不充分时”。还有“应当注意因利益上的冲突而造成稿件评价上的片面性；应当注意不管什么时候都不允许对作者进行人身攻击，作者的人格尊严应当得到尊重”。前者是审查稿件引用的义务，后者则是尊重作者的义务。

六、国内外出版伦理规范的启示

上述规范有相对统一的成分，例如，上述国内外规范对一稿多投的定义相对就比较统一、对审稿人和编辑的要求也有相对统一的成分。当然规范的内容也有很大区别，不同规范中规定的详略程度和侧重点都不一样，例如，对于学位论文内容再投稿的规定就有很大的不同。

本书主要目标并非全面系统地把每一项涉及学术出版的伦理规范都梳理一遍，而是通过梳理最具有代表性的规范，来分析规范本身的特点。学术出版中还有很多其他的规范，如引用规范、有关篡改伪造数据的科研规范、稿件撤回制度、医学等学科的科研伦理等，本书没有梳理。对于一稿多投和重复发表等伦理规范问题，不仅是一个规范问题，也是一个操作问题。因此，我国出版单位制定的伦理规范比国外学术出版规范手册中的内容更为完善和具有可操作性。

与参考文献著录规范和标准不同，本章的调查发现，对于出版伦理性规范，既有规范层面，也有很多情况需要出版单位去判断。例如，不同期刊的稿源不同、对待学位论文再发表的态度有很大区别。表 3.5 为笔者针对期刊编辑对待学位论文内容投稿的调查结果，显示了在对待已经进入网络数据库的学位论文再发表上期刊的策略差异。少部分期刊一直欢迎这类论文，也有部分期刊拒绝投稿，还有的根据情况处理，有的设定标准要求来稿有实质性修改才能接受。进一步访谈发现，一直欢迎这类来稿的是一些稿源不足的普通期刊，而部分被 EI、CSCD 或 CSSCI 收录的期刊由于稿源充足，为了首发权选择拒绝来自学位论文内容的投稿。

表 3.5 国内期刊对收录进网络数据库的学位论文再发表的态度（N=410）

选项	占比 /%
一直欢迎这类稿件	4.2
针对每个投稿的不同情况来具体处理	30.4
若投稿相对于学位论文有实质性的修改，可以接受	29.2
这类论文已经属于先发表了，在任何情况下都不能接受这类稿件	17.5
若这类论文的获取范围仅限于校园或学术机构，可以接受	11.7
没有具体的处理策略，不知如何处理	5.0
其他	2.0

因而，出版伦理规范并不容易统一或制定出特别细致的成文规范。有的伦理，属于约束作者、编辑和审稿人自律的专业规范，只有形成自律后才能够解决。其要点在于自律，而不是具体的操作，因为一些隐蔽的行为很难被发现，在学术出版的过程中，有很多环节是不向社会公众公开的，无法取证和有效监督，如科学研究本身和审稿的过程等。

本章的梳理也显示，有的规范和伦理还需要加强研究，因为对抄袭和剽窃的认知与界定并不完全统一。教育部《科技学术规范指南》中完全按照著作权法的规定界定抄袭和剽窃就有很大问题，因为著作权法上的抄袭剽窃和学术伦理中的抄袭剽窃有重合，但也有很多情况是不同的。该指南在指出学术出版单位的义务时，也再次强调学术出版的单位不能约定超出法律法规规定的审稿期限，值得商榷。

此外，有一些问题不是仅靠学术规范能够解决的，而需要更多主体参与。笔者对多位审稿专家的访谈发现，他们在审稿中遇到的主要问题包括以下方面。

第一，没有时间。有的期刊一段时间送审稿件太多，完全忙不过来。

第二，领域不对口。很多时候，期刊是送大同行，而不是小同行，给专家评审造成困扰。

第三，非本人审稿。一位青年教师反映，他在读博士研究生期间就经常帮其导师评审文章。

第四，无法成为审稿专家。一些专家表示，部分期刊的审稿专家库很狭窄，自己虽然在某个领域有特长，但一些期刊并不找他审稿。

期刊编辑们则反映部分审稿人不愿意尽审稿义务，不愿给期刊审稿。此外，不同学科也有不同的情况。例如，上述教育部《社科学术规范指南》中提到的小同行问题，笔者在调查时发现，有一家相关领域专家较少的期刊，在实施小同行时根本无法有效实施匿名评审。编辑表示："我们这个行业太小了，哪几个专家做什么研究一看就知道，有的时候只有找相近领域的专家审稿，但是这样审稿效果又不好。"

上述问题，有一些属于规范问题，有一些则属于国内外学术界普遍的问题，不仅需要用学术出版伦理规范来解决，还需要改变学术风气，甚至改变学术科研管理体制。

第四章　国内外学术期刊参考文献标准适用情况调查与比较

基于第一章到第三章的分析，本章主要对国内学术出版单位参考文献标准和国外学术出版单位参考文献标准的适用情况进行调查与比较。

第一节　研究设计

一、研究对象与数据来源

国内期刊样本以中国社会评价研究中心公布的 CSSCI（中文社会科学引文索引）来源刊为统计源，以 2014 年与 2017 年南京大学 CSSCI 核心目录的期刊作为基础数据。经过筛选，本书剔除了变动期刊，即仅保留两次均进入该目录的期刊，这样做的目的是选取学术质量稳定、更具代表性的期刊。最终计入统计的学术期刊共 1438 家，其中 CSCD 期刊 885 家（英文期刊 201 家）、CSSCI 期刊 553 家。CSSCI 期刊目前是教育部人文社会科学学科评估、各高校评价人文社科教师学术表现的主要依据，本书研究的期刊因为长期在 CSSCI 期刊目录，具有代表性，样本能够反映我国人文社会科学参考文献著录规范现状。❶

国外样本共 480 个，分别来自剑桥期刊在线（Cambridge Journals Online）、Elsevier ScienceDirect 全文库、Nature 全文数据库、SAGE Journals Online、Science Online、SpringerLink、Taylor & Francis Online、Wiley Online Library，

❶ 王铁．我国高水平学术期刊信息化水平的调查分析［J］．科技与出版，2014（11）：105–108.

为了保证数据的多样性，又从 Web of Science 检索被 SSCI、SCI 收录的期刊共计 110 种（样本的具体分布见表 4.1）。以上数据库具有国际代表性，例如，SAGE 是国际权威的学术期刊出版集团，成立于 1965 年，旗下出版的社会科学专业期刊尤为学术界推崇，与 400 余家学术协会学会开展出版项目（主要为欧美协会和组织），每年出版高品质学术期刊 1000 多种；英国著名杂志《自然》（*Nature*）是世界上最早的国际性科技期刊，自从 1869 年创刊以来，始终如一地报道和评论全球科技领域中最重要的突破；荷兰爱思唯尔（Elsevier）出版集团是全球最大的科技与医学文献出版发行商之一，Springer、Taylor & Francis、Wiley 都是全球前列的学术出版集团。

表 4.1　五种期刊类别数量统计

期刊类别	数量 / 种	占比 /%
CSSCI	553	28.83
CSCD 中文	684	35.67
CSCD 英文	201	10.48
国外社科	240	12.51
国外自科	240	12.51
总计	1918	100.00

二、研究方法与类目建构

（一）研究方法

研究方法主要为内容分析法，美国学者贝雷尔森在《内容分析：传播研究的一种工具》中说“内容分析（Content Analysis）是客观地、系统地、定量地描述显性传播内容的一种研究方法”[1]。本书运用系统、量化的方式进行分析，对每一本样本期刊参考文献著录规范情况依照事先拟定好的编码表进行编码，然后利用 SPSS 21.0 对数据进行统计分析，力求呈现参考文献著录情况、学科类别情况等，对多种指标进行简单统计或交叉分析，并根据类目统计数字职能对研究对象的表面特征进行描述。

[1] 卜卫 . 试论内容分析方法［J］. 国际新闻界，1997（4）：56-60.

（二）类目建构

根据研究目的的统计需要，本研究内容分析部分制定的类目包括：期刊类别；主办单位；参考文献与注释；参考文献著录规范。这里仅简要介绍，更为具体的类目构建和编码说明请参阅本书附录三。

1. 期刊类别

本研究内容含有五种期刊：CSSCI、CSCD 中文、CSCD 英文、国外社会科学（简称“国外社科”）、国外自然科学（简称“国外自科”）。

2. 主办单位

CSCD 期刊和 CSSCI 期刊的主办单位可以分为四大类：①大学；②研究院所；③学会协会；④事业单位。

3. 参考文献与注释

在查阅国内外样本期刊论文后，本调查将参考文献和注释的著录情况分为以下四类（更详细的说明见附录三中的编码说明）。

（1）只有参考文献，即在文末以“参考文献”（也可能以其他模式出现）列出参考文献，没有另外列出注释。

（2）只有注释，即文末或页面底端出现注释，注释中既有对正文内容补充的非文献内容，也可能有文中所引用的参考文献。

（3）既有注释，又有参考文献，即文末既列出了“参考文献”，也列出“注释”（或在页面底端直接出现）。

（4）既未列出参考文献，也未列出注释。

4. 参考文献著录规范

（1）国家标准中的数字顺序编码有文献标识符号，执行国家标准《信息与文献　参考文献著录规则》（GB/T 7714—2015）中的顺序编码制（每个文献对应一个编号）。

（2）各种循环数字编码格式。

（3）各种连续数字编码格式。

（4）各种著者 - 出版年格式，APA、MLA、CSE 中的著者 - 出版年格式，芝加哥格式中的著者 - 出版年格式等。[1]

---

[1] 查尔斯·利普森．正确引用：引用格式快速指南——MLA、APA、芝加哥、科技、学术及其他［M］．2 版．岳云强，译．北京：高等教育出版社，2015.

（5）其他特殊格式，一般而言，上述几大类基本能够涵盖全部类型的参考文献著录，但也有少数无法划入上述几大类的格式，通常是注释 + 参考文献这样的特殊模式。

对其他更多具体格式的介绍，参见附录三。

第二节 调查结果

一、国内期刊参考文献著录整体情况调查

本节主要统计 CSSCI 期刊和 CSCD 中文期刊，分析国内期刊的参考文献著录整体情况。

（一）国内期刊的主办单位统计

从期刊主办单位方面观察，CSCD 期刊中，CSCD 中文期刊以研究院所、学会协会为主办单位的占比均要高于 CSCD 英文期刊。CSSCI 期刊中以大学为主办单位的占比为 43.0%，以研究院所为主办单位的占比为 32.2%，以学会协会为主办单位的占比为 13.9%，以其他为主办单位的占比为 10.9%，由此可见 CSSCI 期刊更偏向于以大学为主办单位（表 4.2）。

表 4.2 本书调查的国内期刊主办单位统计

期刊类别	项目	主办单位				
		大学	其他	学会协会	研究院所	总计
CSCD 英文	计数 / 种	48	35	59	59	201
	占比 /%	23.9	17.3	29.4	29.4	100.0
CSCD 中文	计数 / 种	153	47	264	220	684
	占比 /%	22.4	6.8	38.6	32.2	100.0
CSSCI	计数 / 种	238	60	77	178	553
	占比 /%	43.0	10.9	13.9	32.2	100.0
总计	计数 / 种	439	142	400	457	1438
	占比 /%	30.5	9.9	27.8	31.8	100.0

（二）国内期刊的学科类别统计

国内期刊类别参考 CSSCI 期刊学科分类共 25 类，CSCD 期刊学科分类共 16 类。据表 4.3 中 CSCD 885 种期刊学科类别统计可以观察到，16 类学科中，CSCD 英文更偏向于数学、物理、生物学等学科，分别占比为 65.52%、52.63%、64.81%，CSCD 中文期刊更偏向于自然科学总论、综合期刊、海洋学、农林科技、工程技术、医药卫生、地质学、天文、管理科学等学科。

表 4.3　CSCD 885 种期刊学科类别统计

学科类别	CSCD 英文 / 种	CSCD 中文 / 种	数量 / 种	占比 /%
地质学	9	66	75	8.47
工程技术	28	174	202	22.83
管理科学	4	11	15	1.70
化学	14	30	44	4.97
环境科学	15	19	34	3.84
计算机科学	14	20	34	3.84
农林科技	5	77	82	9.27
社会科学	2	4	6	0.68
生物学	35	19	54	6.10
数学	19	10	29	3.28
天文	2	6	8	0.90
物理	30	27	57	6.44
医药卫生	24	153	177	20.00
自然科学总论	0	4	4	0.45
综合期刊	0	55	55	6.21
海洋学	0	9	9	1.02
总计	201	684	885	100.00

表 4.4 是 CSSCI 期刊学科类别统计，CSSCI 期刊所含学科类别为法学、管理学、文学、历史学、经济学、教育学、综合社科期刊、高校综合性学报。法学类占比为 18.62%、管理学占比为 8.86%、文学占比为 17.90%、历史学占比为 6.15%、经济学占比为 17.36%、教育学占比为 9.95%、综合社科期刊占比为 8.50%、高校综合性学报占比为 12.66%。据以上统计，CSSCI 期刊中法学类学科较多，其次是文学、经济学，而教育学、历史学较少，各自占比不足 10.00%。

表 4.4 CSSCI 553 种期刊学科类别统计

学科类别	数量 / 种	占比 /%	二级学科类别	数量 / 种	占比 /%
法学	103	18.62	马克思主义理论	21	3.79
			政治学	35	6.33
			法学	23	4.16
			社会学	10	1.81
			民族学	14	2.53
管理学	49	8.86	管理学	29	5.24
			图书、情报与文献学	20	3.62
文学	99	17.90	宗教学	3	0.54
			哲学	13	2.35
			语言学	24	4.34
			外国文学	6	1.08
			中国文学	16	2.90
			艺术学	22	3.98
			新闻学与传播学	15	2.71
历史学	34	6.15	历史学	27	4.88
			考古学	7	1.27
经济学	96	17.36	经济学	75	13.56
			统计学	4	0.72
			人文经济地理	12	2.17
			环境科学	5	0.91
教育学	55	9.95	教育学	37	6.69
			体育学	11	1.99
			心理学	7	1.27
综合社科期刊	47	8.50	综合社科期刊	47	8.50
高校综合性学报	70	12.66	高校综合性学报	70	12.66
总计	553	100.00		553	100.00

（三）国内期刊的参考文献与注释的著录情况

通过统计国内期刊的参考文献与注释的著录情况发现（表 4.5），目前我国仅使用参考文献的期刊占比最多，注释和参考文献均无的情况较少见。同时，在 CSCD 英文期刊、CSCD 中文期刊和 CSSCI 中文期刊的分类对比中，课题组发现：第一，CSCD 收录期刊比 CSSCI 收录期刊对参考文献和注释的使用更为严格，CSSCI 中文期刊最不规范，存在 0.7% 的期刊同时没有注释和参考文献的情况。第二，CSSCI 收录的期刊比 CSCD 收录的期刊更为注重注释的使用，其中，CSCD 中文期刊不存在仅有注释的情况，31.8% 的 CSSCI 期刊仅有注释。这说明自然科学期刊与社会科学期刊在参考文献和著录上存在显著的差异，有相当一部分社会科学期刊没有参考文献而仅有注释。第二章的调查发现，国内外大部分主流学术出版规范与标准中，并无仅有注释这种著录模式（仅有注释在英国有一种牛津模式），说明 CSSCI 期刊的参考文献著录不是特别规范。

表 4.5 国内期刊的参考文献与注释的著录情况统计 单位：种

期刊类别	参考文献与注释				总计
	参考文献	注释	两者皆有	两者皆无	
CSCD 英文	194	1	2	4	201
CSCD 中文	682	0	0	2	684
CSSCI	276	176	97	4	553

（四）国内期刊的参考文献著录规范统计

通过统计国内期刊的参考文献著录规范，并进行数据交叉统计后发现（表 4.6）：第一，参考文献著录不明、不规范或自定义规范的情况仅出现在 CSSCI 期刊中（部分 CSSCI 期刊把参考文献放到注释，这里也做了统计）。第二，采用其他类型（非国标）循环数字和其他连续数字规范的情况仅出现在 CSCD 英文期刊中。第三，国标数字顺序同时被 CSCD 中文期刊和 CSSCI 期刊采用，著者 – 出版年格式规范同时被 CSCD 英文期刊和 CSCD 中文期刊采用。我国 CSCD 收录的英文期刊较多采用了非国标的著者 – 出版年格式，而采用国家标准或与国标类似的循环数字格式的期刊，也大多不标注文献标识码。这表明我国的英文期刊在参考文献著录实践中大部分与国际规范和标准接轨。

表 4.6 国内期刊的参考文献著录规范情况统计 单位：种

参考文献著录格式	CSCD 英文	CSCD 中文	CSSCI
不明或不规范	0	0	64
国标数字顺序	11	548	487
其他情况	9	1	0
其他连续数字	2	0	0
其他循环数字	110	0	0
著者 – 出版年	69	135	0
自定格式	0	0	2
总计	201	684	553

表 4.7 中统计了国内其他期刊种类相对较少的学科的参考文献著录规范与格式使用，可发现国内除自然科学总论以外，绝大多数学科的期刊都有 2 种以上的著录规范。

对部分 CSSCI 期刊的调查发现，采用国外参考文献著录的期刊中，有 6 种期刊采用了 APA 格式，1 种期刊采用了 MLA 格式，8 种期刊采用了芝加哥格式。这说明部分 CSSCI 期刊采用了国外规范，反映了部分学科的学术交流是与国际接轨的。

表 4.7　国内各二级学科的参考文献著录规范　　单位：种

学科类别		参考文献著录格式										总计
		不明或不规范	国标数字顺序	其他	其他连续数字	循环数字	著者－出版年	芝加哥	APA	MLA	自定	
CSCD	地质学	0	47	1	0	1	26	0	0	0	0	75
	医药卫生	0	101	1	0	14	61	0	0	0	0	177
	物理	0	21	1	2	22	11	0	0	0	0	57
	工程技术	0	167	3	0	13	19	0	0	0	0	202
	管理科学	0	10	1	0	2	2	0	0	0	0	15
	自然科学总论	0	4	0	0	0	0	0	0	0	0	4
	海洋学	0	8	0	0	0	1	0	0	0	0	9
	化学	0	20	1	0	11	12	0	0	0	0	44
	环境科学	2	21	1	0	1	14	0	0	0	0	39
	计算机科学	0	17	1	0	10	6	0	0	0	0	34
	农林科技	0	67	0	0	3	12	0	0	0	0	82
	社会科学	0	1	0	0	2	3	0	0	0	0	6
	生物学	0	14	0	0	12	28	0	0	0	0	54
	数学	0	9	0	0	18	2	0	0	0	0	29
	天文	0	4	0	0	1	3	0	0	0	0	8
	综合期刊	0	51	0	0	0	4	0	0	0	0	55
CSSCI	教育学	2	35	0	0	0	0	0	0	0	0	37
	经济学	0	62	0	0	0	0	3	0	0	10	75
	考古学	3	4	0	0	0	0	0	0	0	0	7
	历史学	2	25	0	0	0	0	0	0	0	0	27

续表

学科类别		参考文献著录格式										总计
		不明或不规范	国标数字顺序	其他	其他连续数字	循环数字	著者－出版年	芝加哥	APA	MLA	自定	
CSSCI	马克思主义理论	4	16	0	0	0	0	0	0	0	1	21
	民族学	0	13	0	0	0	0	0	0	0	1	14
	人文经济地理	6	5	0	0	0	0	0	0	0	1	12
	社会学	4	6	0	0	0	0	0	0	0	0	10
	统计学	0	3	0	0	0	0	0	0	0	1	4
	图书、情报与文献学	3	17	0	0	0	0	0	0	0	0	20
	外国文学	1	5	0	0	0	0	0	0	0	0	6
	体育学	2	3	0	0	0	0	0	0	0	6	11
	心理学	4	3	0	0	0	0	0	0	0	0	7
	新闻学与传播学	4	10	0	0	0	0	0	1	0	0	15
	高校综合性学报	7	63	0	0	0	0	0	0	0	0	70
	艺术学	0	20	0	0	0	0	0	1	0	1	22
	语言学	2	22	0	0	0	0	0	0	0	0	24
	哲学	0	13	0	0	0	0	0	0	0	0	13
	政治学	3	23	0	0	0	0	3	1	0	5	35
	中国文学	1	15	0	0	0	0	0	0	0	0	16
	法学	0	16	0	0	0	0	2	1	0	4	23
	宗教学	0	3	0	0	0	0	0	0	0	0	3
	管理学	0	28	0	0	0	0	0	0	0	1	29
	综合社科期刊	12	23	0	0	0	0	0	2	1	9	47
总计		62	995	10	2	110	204	8	6	1	40	1438

二、国外期刊和国内英文期刊的参考文献著录整体情况调查

（一）国外期刊和国内英文期刊的出版单位统计

表 4.8 显示国内 CSCD 英文期刊和国外期刊的出版单位情况，国内四种单位分布较为均衡，学会协会和研究院所数量超过其他单位；将国外的数据库看作出版单位，国外出版单位的自然学科和社会学科差别较大。

表 4.8 样本中国外期刊和国内英文期刊的出版单位情况统计 单位：种

出版单位分类	国外社科	国外自科	CSCD 英文	总计
大学	0	0	48	48
其他	0	0	35	35
学会协会	0	0	59	59
研究院所	0	0	59	59
Cambridge Journals Online	60	0	0	60
Elsevier SciVerse ScienceDirect	0	72	0	72
Nature	0	5	0	5
SAGE Journals	60	0	0	60
Science Online	0	5	0	5
SpringerLink	60	0	0	60
Taylor & Francis Online	60	0	0	60
Web of Science 其他期刊（主办单位分散）	0	110	0	110
Wiley Online Library	0	48	0	48
总计	240	240	201	681

（二）国外期刊和国内英文期刊的学科类别统计

1. 国外期刊的学科分布

表 4.9 是国外 480 种期刊学科类别统计，将国外 480 种期刊分为国外社会科学和国外自然科学，统计可见，样本中国外社会科学的总占比等于国外自然科学。

表 4.9　国外 480 种期刊学科分布统计

期刊类别	学科类别	数量 / 种		占比 /%	
国外社科	体育或艺术（sport/art）	24	240	5.00	50.00
	传播（communication）	24		5.00	
	教育（education）	24		5.00	
	经济学（economics）	24		5.00	
	人类学（anthropology）	24		5.00	
	社会科学（social sciences）	24		5.00	
	心理学（psychology）	24		5.00	
	政治学（politics）	24		5.00	
	法律（law）	24		5.00	
	管理（management）	24		5.00	
国外自科	地球或天文学（earth and planetary sciences）	29	240	6.04	50.00
	化学（chemistry）	29		6.04	
	计算机科学（computer science）	29		6.04	
	健康科学或医学（health sciences）	31		6.46	
	生命科学（life sciences）	36		7.50	
	数学或逻辑（mathematics）	29		6.04	
	材料科学（materials science）	27		5.63	
	物理学或工学（physical sciences and engineering）	30		6.25	
总计		480	480	100.00	100.00

2. 国内英文期刊的学科分布

从表 4.10 可观察到，国内英文期刊中生物学、物理学、工程技术这三类学科占比较高。

表 4.10　国内英文期刊学科类别统计

学科类别	CSCD 英文期刊数量 / 种	占比 /%
地质学	9	4.47
工程技术	28	13.93
管理科学	4	1.99
化学	14	6.97
环境科学	15	7.46
计算机科学	14	6.97
农林科技	5	2.49
社会科学	2	1.00
生物学	35	17.41
数学	19	9.45
天文	2	1.00
物理	30	14.92
医药卫生	24	11.94
总计	201	100.00

（三）国外期刊和国内英文期刊的参考文献与注释的著录情况统计

表 4.11 显示，国内英文期刊与国外期刊相似点在于大多采用参考文献格式，除国外自然科学外，其他两类期刊都有既无参考文献又无注释的情况。

表 4.11　国外期刊和国内英文期刊参考文献与注释著录统计　　单位：种

分类	国外社科	国外自科	CSCD 英文	总计
参考文献	137	186	194	517
两者皆无	3	0	4	7
两者皆有	66	51	2	119
注释	34	3	1	38
总计	240	240	201	681

（四）国外期刊的参考文献著录规范统计

表 4.12 是国外两大类学科参考文献著录格式的统计，其中标出格式的是期刊网站公布的参考文献具体格式，未标出具体标准的是编码员调查期刊论文获得的格式，因为有的格式之间很难区分，这里用了大的分类（具体参见

附录三的编码说明）。从中可以看出，国外社会科学期刊偏爱著者 - 出版年格式，国外自然科学期刊则比较多元化，著者 - 出版年和数字格式均有一定比例。而 APA 虽然是社会科学常用格式，但也有自然科学期刊采用。

进一步分析还发现：第一，共有 102 家期刊直接标注出要求的参考文献格式，占比 21.25%。第二，其中 ASA Style、SAGE Harvard Style、Harvard-Based Style 和 Chicago Manual of Style（芝加哥手册）格式仅出现在国外社会科学类的期刊征稿简则等文档里。第三，Vancouver Style（温哥华格式，适用于医学相关期刊）、ACS Style 和 Taylor & Francis Standard Reference Style 格式（出版单位自己制定的格式）仅出现在国外自然科学类别的期刊要求中。第四，AMA、APA 和 Harvard Style 这三种格式国外社会科学期刊和国外自然科学期刊均有适用，其中 AMA 主要被国外自然科学期刊使用，APA 主要被国外社会科学期刊使用，它和 Harvard Style 的使用率各为 50%。正如表 4.6 和表 4.12 统计结果所显示的，CSCD 英文期刊与国外自然科学的著录规范相似，主要采用循环数字和著者 - 出版年两种格式，国外的社会科学使用格式比自然科学更加多元化，几乎涉及所有格式，侧重采用著者 - 出版年格式。但也有部分期刊采用的是其他特殊格式，如法学的 Bluebook，具体格式情况见附录三中的编码表。

表 4.12　国外 480 种期刊参考文献著录格式统计　　单位：种

参考文献著录格式	国外社科	国外自科	总计
Vancouver Style	0	5	5
ACS Style	0	3	3
AMA	1	13	14
APA	35	6	41
ASA Style	1	0	1
CMOS（芝加哥格式）	17	0	17
Harvard Style	3	2	5
SAGE Harvard Style	15	0	15
Taylor & Francis Standard Reference Style	0	1	1
国标数字顺序	1	0	1
连续数字	9	16	25
其他特殊格式	36	6	42
循环数字	4	97	101
著者 - 出版年	118	91	209
总计	240	240	480

三、国内外期刊各学科参考文献和注释使用情况调查

（一）国内不同学科参考文献与注释使用差别

表 4.13 是从二级学科观察 CSCD 收录期刊的各二级学科参考文献和注释使用情况，可以看出学科间数量差距大，但格式区别不大。自然科学类存在参考文献与注释两者皆有和两者皆无的情况。表 4.14 是部分国内 CSSCI 收录的社会科学期刊参考文献和注释的使用情况（部分期刊论文采集时无法下载），调查发现部分期刊偏爱注释、部分期刊偏爱参考文献。但对论文的进一步分析发现，有的期刊在文末给出“注释”，根据其著录形式看实际应为参考文献，还有的注释中是参考文献和注释的混合。这说明对“参考文献”和“注释”的理解也有差异，笔者认为应清楚地区分参考文献列表和注释。在国外，即便芝加哥格式中的注释 + 参考文献模式，在正文注释之后在文末仍然有参考文献列表，因为二者的功能是完全不同的。注释侧重于在正文阅读时提供必要信息，而参考文献列表还有定位该文献，能够被统计计量从而影响期刊评价等功能，这也是很少有学术规范仅有注释而不列出参考文献列表的原因。当然有些学科较为特殊，已经形成了采用注释的习惯，例如，我国的历史学、政治学经常要引用特殊文献或经典著作，其标引方式与其他学科不同，因此 CSSCI 期刊中上述学科的期刊大多采用注释而没有参考文献。

表 4.13　国内自然科学学科参考文献与注释分布　　单位：种

学科类别	参考文献与注释				
	只有参考文献	只有注释	两者皆有	两者皆无	总计
地质学	74	0	0	1	75
工程技术	200	0	0	2	202
管理科学	15	0	0	0	15
化学	43	1	0	0	44
环境科学	32	0	1	1	34
计算机科学	32	0	1	1	34
农林科学	82	0	0	0	82
社会科学（交叉领域）	6	0	0	0	6
生物学	54	0	0	0	54
数学	29	0	0	0	29

续表

学科类别	参考文献与注释				
	只有参考文献	只有注释	两者皆有	两者皆无	总计
天文	8	0	0	0	8
物理	57	0	0	0	57
医药卫生	176	0	0	1	177
自然科学总论	4	0	0	0	4
综合期刊	55	0	0	0	55
海洋学	9	0	0	0	9
总计	876	1	2	6	885

表 4.14　CSSCI 期刊参考文献和注释有无的情况调查　　单位：种

学科类别	参考文献与注释				总计
	只有参考文献	只有注释	既有注释，又有参考文献	无参考文献，无注释	
人文、经济地理学	2	0	7	0	9
体育学	8	0	1	0	9
历史学	0	22	1	0	23
哲学学科	0	5	7	0	12
图书馆、情报与文献学	17	0	2	0	19
宗教学	0	3	0	0	3
心理学	7	0	0	0	7
政治学学科	6	19	5	0	30
教育学	27	0	6	0	33
新闻学与传播学	8	5	1	0	14
民族与文化学	3	4	5	0	12
法学	0	15	5	0	20
环境科学学科	5	0	0	0	5
社会学	4	0	6	0	10
管理学	20	0	7	0	27
经济学学科	6	3	59	1	69
统计学	3	0	1	0	4
综合性社科期刊	6	26	8	1	41
考古学学科	0	6	0	0	6

续表

学科类别	参考文献与注释				总计
	只有参考文献	只有注释	既有注释，又有参考文献	无参考文献，无注释	
艺术学	1	11	5	0	17
语言学学科	10	11	19	0	40
马克思主义学科	3	8	2	2	15
高校综合性学报	5	15	43	0	63
合计	141	153	190	4	488

（二）国外不同学科参考文献与注释分布

分析表 4.15 可知，相较于国内，国外不同学科的注释方式更为多元，法学学科最常使用注释方式而非参考文献，这与法学常用注释法律条规有关。❶

表 4.15 国外不同学科参考文献与注释使用情况分布 单位：种

学科类别	参考文献与注释				
	只有参考文献	只有注释	两者皆有	两者皆无	总计
材料科学（materials science）	26	0	1	0	27
传播（communication）	15	3	6	0	24
地球或天文学（earth and planetary sciences）	27	0	2	0	29
法律（law）	4	14	5	1	24
管理（management）	15	2	7	0	24
化学（chemistry）	26	0	3	0	29
计算机科学（computer science）	20	0	9	0	29
健康科学或医学（health sciences）	26	0	5	0	31
教育（education）	20	0	4	0	24
经济学（economics）	12	1	10	1	24
人类学（anthropology）	10	4	10		24
社会科学（social sciences）	13	1	9	1	24
生命科学（life sciences）	27	0	9	0	36
数学或逻辑（mathematics）	15	0	14	0	29

❶ 章永林．学术期刊中注释的规范化问题辨析［J］. 编辑之友，2016（11）：78-81.

续表

学科类别	参考文献与注释				总计
	只有参考文献	只有注释	两者皆有	两者皆无	
体育或艺术（sport/art）	16	5	3	0	24
物理学或工学（physical sciences and engineering）	19	3	8	0	30
心理学（psychology）	18	0	6	0	24
政治学（politics）	14	4	6	0	24
总计	323	37	117	3	480

四、国外不同数据库参考文献和注释的差异调查

（一）国外不同数据库使用参考文献与注释的情况

分析表 4.16 可知，虽然整体上来看，所选择的国外样本数据库更偏爱参考文献，但同一种数据库也会因为学科差异而有所不同，说明这些出版商并没有让其出版的所有期刊统一用参考文献，而是尊重了不同学科或不同国家的习惯。

表 4.16 国外 480 种期刊来源参考文献与注释分布 单位：种

数据库分类	参考文献与注释				总计
	参考文献	注释	二者皆无	二者皆有	
Cambridge Journals Online	32	15	3	10	60
Elsevier SciVerse ScienceDirect	67	0	0	5	72
Nature	2	1	0	2	5
SAGE Journals	24	9	0	27	60
Science Online	0	0	0	5	5
SpringerLink	44	4	0	12	60
Taylor & Francis Online	37	6	0	17	60
Web of Science 其他期刊	80	2	0	28	110
Wiley Online Library	37	0	0	11	48
总计	323	37	3	117	480

（二）国外不同数据库参考文献著录格式统计

表 4.17 显示（为了表格的排版，删除了部分数据），国外期刊同一数据库的著录格式也不完全相同，但会有一个主要格式，以著者 – 出版年格式为主。SAGE Journals 的主要格式是 APA，而不是 SAGE Harvard Style 格式，结合上面的学科分析，这种情况可能与不同学科的规范不同有关，而不是完全受出版单位影响。因此，笔者进一步分析同一学科的著录格式情况，见表 4.18（为了表格的排版，删除了部分数据）。由表 4.18 可见，同一学科的著录规范也没有统一，虽然也以一种格式为多数，但其他格式也有出现。笔者进一步调查还发现，虽然同属一个出版集团，但这些国际出版商出版期刊的国家分布是多元化的。调查发现，同一个领域、同一个出版商，印度出版的期刊和德国出版的期刊采用的参考文献著录规范就不相同。这说明影响参考文献著录格式的因素是多元的，并非同一学科或同一出版商就一定采用同一种格式规范。

表 4.17 国外各数据库的参考文献著录格式 单位：种

参考文献著录格式	数据库分类								
	Cambridge Journals Online	Elsevier SciVerse Science–Direct	Nature	SAGE Journals	Science Online	Springer-Link	Taylor & Francis Online	Web of Science	Wiley Online Library
Vancouver Style	0	0	0	0	0	0	0	3	2
国标数字顺序	0	0	0	0	0	1	0	0	0
连续数字	2	2	0	2	0	0	5	14	0
其他特殊格式	15	2	0	7	1	11	3	1	2
循环数字	0	37	1	0	1	1	3	39	19
著者 – 出版年	16	26	4	9	3	44	49	47	11
ACS Style	0	0	0	0	0	0	0	2	1
AMA	0	2	0	1	0	0	0	1	10
APA	9	3	0	24	0	2	0	1	2
ASA Style	0	0	0	1	0	0	0	0	0
CMOS（芝加哥格式）	16	0	0	1	0	0	0	0	0
Harvard Style	1	0	0	0	0	1	0	1	1
Harvard–Based Style	1	0	0	0	0	0	0	0	0

续表

参考文献著录格式	数据库分类								
	Cambridge Journals Online	Elsevier SciVerse Science-Direct	Nature	SAGE Journals	Science Online	Springer-Link	Taylor & Francis Online	Web of Science	Wiley Online Library
SAGE Harvard Style	0	0	0	15	0	0	0	0	0
Taylor & Francis Standard Reference Style	0	0	0	0	0	0	0	1	0
总计	60	72	5	60	5	60	60	110	48

表 4.18　国内外各学科英文期刊的参考文献著录规范　　单位：种

学科类别	参考文献著录格式													总计
	国标数字顺序	连续数字	其他	循环数字	著者-出版年	ACS Style	AMA	APA	ASA Style	CMOS	Harvard Style	SAGE Harvard Style	Taylor & Francis Standard Reference Style	
材料科学	0	10	0	12	2	0	3	0	0	0	0	0	0	27
传播	1	2	3	0	11	0	0	3	0	2	0	2	0	24
地球或天文学	0	1	2	1	22	0	1	1	0	0	1	0	0	29
法律	0	1	17	0	3	0	0	0	0	2	0	0	0	23
管理	0	0	3	0	12	0	0	4	0	2	0	3	0	24
化学	0	3	0	12	10	3	1	0	0	0	0	0	0	29
计算机科学	0	0	0	13	10	0	4	0	0	0	0	0	0	27
健康科学或医学	0	1	0	17	6	0	3	1	0	0	0	0	1	29
教育	0	0	0	0	15	0	0	8	0	0	0	1	0	24
经济学	0	0	3	2	13	0	0	4	0	1	0	1	0	24
人类学	0	2	3	0	12	0	0	0	0	3	1	3	0	24
社会科学	0	2	1	0	14	0	0	1	1	2	0	3	0	24
生命科学	0	0	1	11	23	0	0	0	0	0	1	0	0	36

续表

学科类别	参考文献著录格式													总计
	国标数字顺序	连续数字	其他	循环数字	著者－出版年	ACS Style	AMA	APA	ASA Style	CMOS	Harvard Style	SAGE Harvard Style	Taylor & Francis Standard Reference Style	
数学或逻辑	0	0	2	13	10	0	1	2	0	0	0	0	0	28
体育或艺术	0	1	3	0	10	0	1	3	0	4	0	2	0	24
物理学或工学	0	1	1	18	8	0	0	2	0	0	0	0	0	30
心理学	0	0	0	0	12	0	0	12	0	0	0	0	0	24
政治学	0	1	3	2	16	0	0	0	0	1	1	0	0	24

第三节 结　论

根据以上分析可知，国内外期刊在使用参考文献与注释、参考文献著录格式等方面呈现出一种参差错落、纷繁复杂的情况，具体表现如下。

（1）虽然我国已经推行参考文献国家标准很多年，但极个别无参考文献也无注释的期刊仍然存在并且成为 CSSCI 和 CSCD 来源期刊。可见，学术评价检索数据库对学术规范的重视程度还不够。

（2）国内外不同学科参考文献著录规范并不是统一的。比较国内和国外不同学科的参考文献著录规范发现，无论国内还是国外，各学科都没有完全一致的著录规范。只有部分学科的参考文献著录规范是统一的。总体来看，我国自然科学统一程度更高，但整个国内社会科学学界对于参考文献的使用情况并未达成一致，不仅学科与学科之间的独立性比较强，在学科内部也明显缺乏统一性，这可能会阻碍学科内部的学术交流。以 15 种 CSSCI 收录的新闻传播学期刊为例，《编辑学报》《中国科技期刊研究》等出版类期刊采用的是国家标准，而其他新闻与传播学类的期刊则采用了不同的标准。《国际新闻界》采用的是 APA 格式、《新闻与传播研究》采用的则是注释格式，多个参考文献可以出现在同一个注释之中，而《新闻大学》曾经采用注释格式，后来改为采用国家标准。出现上述现象的主要原因是社会科学的表达更多样化，而自然科学的表达较为容易一致。但同一学科之间尚未统一的规范无疑大大增加了作者们投稿的时间成本，他们不得不把相当一部分时间用在学习不同期刊的学术规范上。

（3）国内外同一学科期刊采用参考文献还是采用注释也并未完全统一。这主要体现在，社会科学学科间对于参考文献和注释的著录仍然存在分歧，存在以注释代替参考文献的现象。CSCD 中文期刊只有参考文献著录而没有注释的情况则较为普遍，但国外的部分自然科学期刊也有参考文献和注释并存的现象。这说明我国自然科学在这方面与国外期刊也有一定差异。

（4）国外期刊同一出版商旗下期刊的著录格式并未统一，但每个出版商会有一个主要采用的格式。

参考文献著录不规范大大加重了各学科学者们著录参考文献的负担，阻碍了正常学术交流。但国内外期刊都形成了自己的习惯，并且其产生的转移成本（即采用新标准的学习成本）锁定了一批作者和编辑，因此短期内国内外学术期刊参考文献和注释使用及著录规范多样的情况很难改变。

从学术伦理角度看，期刊既无参考文献也无注释是极不规范的学术行为，没有参考文献与注释的文章并不能被视作规范的论文类学术成果。[1] 国内外期刊均有既无参考文献也无注释的期刊。造成这种“标准不统一，规范不标准”现状的原因很多，但笔者认为，即使在暂时没有统一规范与标准的情况下，同一本期刊也应前后统一格式、统一规范。此外，由于学科之间不断交叉、融合，跨学科研究越来越成为一种流行趋势，不同学科之间也可以考虑统一参考文献标准，至少交流频繁的社会科学之间应当统一或相互承认对方的参考文献著录格式。

---

[1] 柯文辉.海量学术资源背景下对论文参考文献引著质量的探究［J］.出版广角，2018（5）.

第五章　国内外学术出版单位学术出版规范适用情况调查与比较

学术出版规范已经是学术界和出版行业关注的重点，但是如何科学和客观地评价国内外学术出版单位学术出版规范的现实状况则是现有研究的难点。本章通过对国内外学术期刊网站公布的投稿指南等内容的分析，比较了国内外学术出版单位学术出版规范透明度、用稿规范、审稿规范、学术不端惩戒、出版伦理等领域，共涉及32项指标。本章希望通过掌握国内外学术出版规范化水平的第一手资料，帮助学界和出版界对学术出版作出精准诊断，并为未来学术出版规范化体系建设作出一定的贡献。

第一节　问题的提出及国内外学术出版规范公开情况调查

一、研究背景

有关学术出版规范的价值和意义在整个学术界已经达成了共识。规范的学术出版保障了学术作品的原创性、打击了学术虚假繁荣，有利于知识生产、学术的积累与学术交流对话。早在20世纪90年代，国内学术界一批有识之士就已发起了中国学术规范化运动，同时也对国内学术出版规范化存在的弊端作出了讨论、反思和建议，并引发了社会的广泛反响。教育部、科技部及原新闻出版总署也相继发布了有关学术规范、学术道德、学术评价等文件，要求高等院校建立学术惩戒制度、端正学术风气，加强学术道德建设，同时鼓励和引导出版单位加强学术出版的规范化。

毋庸置疑，学者们对国内学术出版规范中存在的问题和原因作出分析、反思、批判或建议，为我国学术成果出版的规范化和标准化提供了不少启发，然而对国内学术出版单位学术规范的适用性在事实层面尚未有清晰明了的认识。通过文献回顾发现，虽然现有研究已经对我国学术出版单位学术出版现状及其问题做了一定的描述性调查和分析，为我们判断国内学术出版的规范化真实状况提供了一定帮助，但对于国内学术出版的现状，现有的研究成果缺乏基本的数据和量化的说明作为支撑，更多停留在以学科为范畴的一般性调查❶、学者个人经验的感悟与总结❷，或者是宏观层面的趋势性分析❸，在学术规范出版调查的全面性、多样性、客观性方面存在不少问题。同时，学术规范化起源于西方，已有上百年历史，中国的学术出版的规范化过程也是不断向西方学习和借鉴的过程。现有的学术出版规范化水平的量化调查多以国内出版单位为考察对象，缺乏对西方学术出版单位学术出版规范化的量化关注和参考。因此，本书尝试从定量的角度对我国学术出版规范化现状作出全面、深入的分析与评价，同时对比国外学术出版的规范化现状，力求呈现出国内外学术出版规范化真实的现状。

二、文献回顾及本章研究问题

根据学者的考察，我国关于学术出版规范化的讨论最早起源于 20 世纪 80 年代的中国经济学界。❹ 随后，我国学术界与出版界结合本学科和专业实践对学术出版规范化做了讨论与研究。随着定量研究在我国人文社科领域的广泛应用，其中也包括了对我国学术出版规范化实现状况作量化分析和评价。然而，现有的研究能否有效地对我国学术出版规范化的实际情况作出量化评价，存在较大的不确定性。

（一）学术出版单位学术规范适用调查的研究

一是个别学者对我国学术出版规范现状作出的经验式总结。为了证明学术规范化的正当性、重要性与紧迫性，一些学者从个人经历、同行交流及社

❶ 胡孙婕 . 国际学术规范在我国学术出版中的使用情况研究——以编辑出版类核心期刊为例［J］. 出版科学，2017，25（4）：105-109.

❷ 马衍明 . 我国学术著作出版的现状检视与应对策略［J］. 中州学刊，2015，226（10）：167-171.

❸ 谢寿光 . 中国学术出版：现状、问题与机遇［J］. 出版发行研究，2013（5）：27-30.

❹ 杨玉圣，张保生 . 学术规范导论［M］. 北京：高等教育出版社，2004：22.

会热点事件出发，归纳总结出我国学术出版规范化存在的失范问题。比如邓正来认为，中国学术失范体现在对原创性成果的不尊重；学术评价体系不健全，无法与国际学术界对话；学术消费泛滥等。[1]张曙光以个人检举揭发的一起学术不端为例，批评了当时国内学术界和出版界的不良学风。[2]更多的是一些学术期刊编辑对日常工作中出现的学术不规范现象的自我观察。[3]通过考察发现，以往这些研究存在一定的缺陷和不足。这种研究主要是经验性总结、直觉判断，虽然具有一定典型意义，但是个人阅历毕竟有限，缺乏有力证据和客观公正的态度说服大众相信我国学术出版规范化真实情况。也可以说，学者的认知并没有基于一定的客观证据，与我国学术出版规范适用的真实状况之间并未存在一定的必然性联系。此外，大多数研究是站在学者的身份对学术规范作出的思考，只是涉及学术出版规范的某一方面，并没有从整个学术出版过程去分析我国学术规范化所面临的问题。同时，从 20 世纪 80 年代到如今，我国学术出版规范化进程已经走过了 40 多年，学术出版规范化不是静态的，而是一种动态化过程，我们基于过去建立起来的认知，很有可能并没有随着我国学术出版规范化改革而有所改变，甚至会对国内学术出版规范化进展存在偏见与误解。

二是一些学者对我国学术出版规范化的定量研究。相对于大多数研究者的个人经验总结研究，国内利用定量研究方法来审视学术出版规范适用状况的起步时间较晚。文献检索显示，最早专门对我国学术出版规范化问题作出较为规范的定量研究的是图书馆学和情报学界。2004 年，学者叶继元在《图书与情报》杂志发表了《呼唤图书馆学情报学期刊的学术规范意识——纪念〈图书与情报〉出版第 100 期》。这篇文章分析认为国内学术出版规范存在以下问题，即“学术出版规范认识不足”“编辑部学术意识不强”“期刊定位不清”“专家审稿制度未建立”等。在 2008 年，叶继元还对人文社会科学学术期刊编辑出版规范做了问卷调查，主要问题涉及稿源、审稿 、编辑、经费、人员 、管理 、产业化、国际化、规范化。随后有学者分析了编辑出版类学术

---

[1] 邓正来 . 中国学术规范化讨论文选［M］. 修订版 . 北京：中国政法大学出版社，2010：4.

[2] 张曙光 . 学风太坏　纠错真难——从《经济研究》2008 年第 7 期的《通告》说起 .［EB/OL］.（2009-03-21）［2019-03-01］. http：//blog.sina.com.cn/s/blog_506fcc040100cnav.html.

[3] 黄世瑞 . 对当前学术出版问题的若干体察［J］. 学术研究，2006（8）：66-69.

期刊论文摘要与著录规范方面存在着一些问题；[1] 对于我国编辑出版类期刊对国际学术规范的使用现状进行量化研究；[2] 关注了我国学术期刊数字优先出版存在的问题。[3]

以上的定量调查研究，为我们观察我国学术出版单位学术出版规范化适用提供了一定的帮助，只是现有研究还存在一定缺陷：研究采集样本方面，调查的期刊数量太少，比如在研究国际学术规范在我国学术期刊适用情况中，仅选择了 11 种期刊；调查范围有限，大多数集中在编辑出版类学术期刊，而对其他学科的学术期刊关注度不高，这有可能与编辑出版类学科本身对出版规范有更加敏感的认识有关；关注学术期刊出版规范某一方面，并没有对出版规范各方面予以整体性关注，比如关注的是期刊摘要的出版规范[4]、学术出版稿酬标准的规范[5]；对数据分析的层次方面，主要是进行简单的描述统计，没有将数据作进一步的比较分析和相关性分析。

（二）不同国家的学术出版规范研究

面对中国学术出版规范存在的问题，除了重建本土学术传统外，也需要借鉴国外学术出版规范。其中至少包含两方面的原因。首先，国内学术出版规范是在 20 世纪 90 年代才受到重视，与西方悠久的学术传统、规范的出版标准差距较大。其次，西方的学术期刊早已经步入了科学化、规范化、常态化的轨道，“他山之石，可以攻玉”，我们不得不学习西方学术规范的先进经验。学术规范研究领域也出现了不少研究国外学术出版规范的成果。比如，雷少波对比中美学术著作的制作形式和结构，发现国内学术著作在图表制作和目录处理方面存在缺陷。[6]有学者对比了中美大学出版社学术出版规范情况，建议学习美国同行评议制度。[7] 有学者分析了国际顶级期刊论文标题和摘要的

---

[1] 王珍.学术期刊论文摘要撰写与著录规范调查分析——以编辑出版类CSSCI期刊为例［J］.科技与出版，2013（11）：55-59.

[2] 胡孙婕.国际学术规范在我国学术出版中的使用情况研究——以编辑出版类核心期刊为例［J］.出版科学，2017，25（4）：105-109.

[3] 李晶晶.我国学术期刊优先数字出版规范问题研究——以高校文科学报为样本［J］.河南大学学报（社会科学版），2017，57（3）：155-161.

[4] 侯集体.高校学报（医学版）论文摘要撰写现状分析——以CSCD核心库期刊为例［J］.中国科技期刊研究，2016，27（9）：1008-1012.

[5] 冯会平，范军.新稿酬标准下学术出版的困境与出路［J］.编辑之友，2014(3)：16-19.

[6] 雷少波.向欧美同行学习学术图书制作的细节［J］.出版发行研究，2014（7）：84-87.

[7] 贾志甜.中美比较视角下中国大学出版社学术出版研究［D］.保定：河北大学，2017.

特点，为国内科技期刊的英文摘要写译提供借鉴。[1]还有学者建议学习日本经验，发挥出版和学术协会在学术出版规范中起到的重要作用。[2]以上研究成果为我们了解国外学术出版规范化提供了经验，但不能忽视的是，现有的研究假设，基本上是国外学术出版规范比较完善，国内学术出版机构必须完全照搬学习的逻辑。大多数研究者在借鉴国外学术出版规范制度之时，没有仔细选择和批判性借鉴，至少没有在文章中说明选择引进某项学术规范制度及不选择另一规范制度的理由，也没有说明国外学术出版机构学术出版规范的现状。毕竟国外学术出版机构众多，不可能全部加以介绍和引进，同时国外学术出版机构的出版规范并不是都达到了高标准，也需要我们选择性引进。此外，也没有考虑国内期刊实际情况，在引进过程中会产生哪些问题；还有就是现有研究建议引进国外学术出版规范制度的某一方面，大多集中在摘要、标题、参考文献著录、同行评议制度等领域，并没有全面比较、考察国外学术出版规范制度。

世界的竞争早已是科技与文化的竞争，学术出版反映了一个国家的文化水平和科技实力，国内学术刊物国际化，不仅有利于学术交流，也增强了我国的软实力。我国先后出版了《高等学校哲学社会科学“走出去”计划》《中国科技期刊国际影响力提升计划》等，希望学术期刊增强国际影响力。从目前来看，现有研究国内学术期刊国际化的主要视角包括期刊国际化意义[3]、学术期刊国际化的经验[4]、学术期刊国际化的对策[5]。当前，除了建设和完善我国学术出版规范制度外，我国学术期刊“走出去”，与世界学术界对话的迫切需要，也不得不要求我国学术出版规范化。有学者认为，我国学术期刊规范性与国际化标准存在巨大差异，在很大程度上影响了我国学术界融入世界学术界进程。[6]有学者建言我国期刊要树立规范意识，把好规范关、

---

❶ 曾文华，刘萍.类比语料分析对标题与摘要写译的启示——以Nature与Science原创科研论文为例［J］.中国科技期刊研究，2016，27（2）：223–229.

❷ 田雁.日本学术著作出版规范的实施现状与评价［J］.科技与出版，2013（7）：19–22.

❸ 董策，陈辉，俞良军.中国科技期刊国际化之路——从“被国际化”到真正走向“国际化”［J］.编辑学报，2017，29（1）：76–79.

❹ 许平，严慧，项磊，等.国内英文科技期刊国际化审稿实践的探讨——以Plasma Science and Technology为例［J］.中国科技期刊研究，2017，28（4）：312–319.

❺ 毛秀梅，杨洋，赵红颖.基于期刊分类的学术期刊国际化实施策略研究［J］.出版科学，2017（6）：57–60.

❻ 刘杨.中国社会科学学术期刊“走出去”研究［D］.武汉：武汉大学，2013.

质量关。[1]有学者建议我国学术界向美国的芝加哥手册学习，修改我国的《科学技术报告、学位论文和学术论文的编写格式》（GB/T 7713—1987）和《信息与文献 参考文献著录规则》（GB/T 7714—2015）。还有学者建议国内英文科技期刊应当重视国际审稿，提高送审稿件质量。[2]目前，我国对一些国内主办的国际化期刊（主要是自然科学类英文学术期刊），研究关注重点是提升学术影响力、扩大学术对话层面，而对这些期刊学术出版规范方面的关注度不算太高，或者即使涉及国内学术期刊国际化中的学术出版规范，也更多是功利性的视角。我国学术期刊国际化过程中，学术出版规范现状究竟如何，还需要进一步深入研究。

（三）不同学科的学术出版规范研究

学术出版规范是学术界共同制定并遵守的规则，但是每个学科的不同，也会导致学术规范的要求不相同，我们需要结合自身的规律，制定符合不同学术规律、适用不同学术领域的学术规范。[3]有学者认为，学术出版规范要有学科意识，比如人文社会科学研究的学术规范和学风建设，关键在于使人文社会科学研究真正体现科学精神和人文精神。[4]社会科学文献出版社在制定的《学术著作出版规范》中明确强调，要尊重学科特性、研究的习惯和规则，注重各学科之间的差异性。[5]许多研究也是针对不同学科，发现、归纳本学科的学术出版规范规律、特点和问题。比如杨玉圣主编的《学术规范导论》中，按照学科类别，分别从哲学、文学、历史学、新闻学与传播学、经济学、法学、社会学、教育学学科出发，介绍了各学科的学科特点、学术规范研究及学术规范教育等问题。[6]但是这类研究主要集中在应然层面，到底实际上各学科出版规范的状况却没有具体的研究。从目前的研究来看，虽然学术出版规范要按照学科规律制定和适用，但是现有的研究针对各个学科学术出版规范

---

❶ 韦光化.学术期刊国际化与编辑意识的更新［J］.中南民族大学学报（人文社会科学版），2007，27（5）.

❷ 许平，严慧，项磊，等.国内英文科技期刊国际化审稿实践的探讨——以 Plasma Science and Technology 为例［J］.中国科技期刊研究，2017，28（4）：312-319.

❸ 杨晓鸣，黄娟琴.学术出版规范的学理分析［J］.中国出版，2014（1）：16-18.

❹ 汪信砚.人文社会科学研究的学术规范与学风建设［J］.江汉论坛，2009（12）：113-119.

❺ 童根兴.社会科学文献出版社出台学术著作出版规范的认识、做法和体会［J］.中国编辑，2013（1）：34-39.

❻ 杨玉圣，张保生.学术规范导论［M］.北京：高等教育出版社，2004：69-260.

定量研究极其不均衡、不全面。如上文所述，从目前文献来看，除了少部分学者关注了自然科学类学术期刊的出版规范[1]、法学规范外[2]，大部分研究还是集中在对编辑出版、情报科学类学科的研究探讨，研究的范围相对狭窄。现有研究既不能反映各个学科学术出版规范适用的整体情况，也没能就学科之间学术出版规范适用差异化作出分析和判断。这也为未来的研究提供了一定方向。

（四）研究问题

基于以上的文献综述，尽管目前有关学术出版规范适用定量研究有助于我们在整体上了解我国学术出版单位学术出版规范适用的状况，但是在研究设计科学性、样本数量的代表性和调查范围的广泛性方面存在明显不足。因此，我们有必要突破现有研究的局限性，用新的方法和视角推动国内对学术出版规范适用的定量研究。本书不仅将继续讨论和研究国内外学术出版机构出版规范化真实状况，同时希望在此基础上引入新的视角，即国内与国外学术期刊学术出版规范情况，不同学科之间学术出版规范化情况。通过新的视角的考察，希望能够更加深入、客观地分析国内外学术出版单位出版规范化的真实面貌。以下为两个主要研究问题。

问题一：国内外学术期刊学术出版规范化透明程度如何？不同国家、不同学科之间学术期刊出版规范化透明程度是否存在显著差异？

问题二：国内外学术期刊用稿和学术出版规范状况如何？不同国家、不同学科之间学术期刊规范适用是否存在显著差异？

三、学术期刊出版规范公开情况整体比较

学术期刊出版规范的公开性和透明性是学术出版规范化建设的重要内容。学术的本质在于开放、对话、交流，而要达到此目的，学术出版规范的公开和透明将发挥关键作用。站在学术出版的角度，学术出版规范化流程的公开

---

❶ 侯集体.高校学报（医学版）论文摘要撰写现状分析——以CSCD核心库期刊为例［J］.中国科技期刊研究，2016，27（9）：1008-1012.

❷ 方流芳.《哈佛法律评论》：关于法学教育和法学论文规范的个案考察［J］.比较法研究，1997（2）：61-73.

和透明，减轻了编辑出版工作任务，提高了审稿速度。[1]作为学术研究作者，学术出版规范的公开性弥补了信息的不对等性，透明、对等、充分的学术规范信息，有利于学术研究者迅速、有效地将自己的学术成果发表到合适的刊物，减少不必要的失误；同时，学术出版规范的公开透明，保证了学术评价的公正性和权威性，也促进了严格遵守学术规范的氛围。一些学术期刊也会鼓励作者在投稿之前浏览投稿指南，有些学术期刊甚至要求在投稿声明中明确说明已经阅读相关学术出版规范。此外，学术出版规范的公开性既能在一定程度上反映我国学术出版单位对学术出版规范的重视程度，也提供了一个检验学术出版单位是否严格贯彻执行学术规范的窗口。

为了更好地反映国内外学术出版单位学术出版规范公开情况，本书从三个维度进行了考察：一是学术期刊出版单位的投稿指南是否在网络中对外公开，包括：有无官方网站，有网站无投稿指南，有网站和投稿指南。二是投稿指南公开的详细程度，包括投稿指南的字数统计，同时包括投稿指南公开学术规范的基本类别数量统计（来稿范围、稿件字数、是否要求作者签名确认、学术不端检测软件使用、学术不端惩戒措施、版权协议、是否引用学术规范、引用学术规范的标准、抄袭剽窃认定标准、一稿多投界定、审稿流程、盲审说明、专家评审规范、稿件格式要求、署名规范、基金标注规范、退稿通知规范、利益冲突规范、版面费），如果学术单位的投稿指南中有涉及相关类别，每一项记 1 分，分数越高说明公开的精细化程度越高，反之则越低。三是投稿指南公布的学术引用参照标准和伦理规范。积极主动公布学术界和出版界的行业规范、国家标准是学术对话的起点，有利于传承研究成果、提升学术水平。公布的标准多少，也在一定程度上反映了学术期刊对学术规范的重视程度。最后，课题组使用了卡方分析和单因素方差分析法，对不同国别、学科、国际化水平的学术出版单位在学术出版规范透明度方面做了交叉分析。统计结果如下。

（一）学术出版期刊出版规范公开情况统计结果

1. 国内外学术期刊出版规范公开情况

见表 5.1，国内学术期刊有网站和投稿信息的比例为 88.00%，国外

[1] Irene Hames. 科技期刊的同行评议与稿件管理［M］. 张向谊，译. 北京：清华大学出版社，2012：24.

为 96.50%。国内与国外学术期刊对于学术出版规范的公开情况存在显著差异。

表 5.1 国内与国外学术期刊出版规范公开情况比较

信息公开情况	国内 *N*=1438	国外 *N*=480	卡方值
无网站	4.50%	0.40%	30.94***
有网站无投稿信息	7.50%	3.10%	
有网站和投稿信息	88.00%	96.50%	

* 代表 $P<0.05$，** 代表 $P<0.01$，*** 代表 $P<0.001$。

2. 不同学科学术期刊出版规范公开情况

见表 5.2，CSCD 英文学术期刊的学术出版规范的透明度为 85.10%，与 CSCD 中文期刊、国外自然科学期刊之间存在显著差异（X^2=45.94，df=4，$P<0.001$）。令人意外的是，国内英文学术期刊学术规范的透明度不仅低于同类的自然科学类期刊，甚至也低于国内平均水平。

国内人文社科类学术期刊出版规范的公开程度为 80.50%，低于自然科学类学术期刊的 94.90%，二者之间存在显著差异（X^2=62.40，df=2，$P<0.001$）。同时，国外人文社科学术期刊透明度最高，并与国内人文社科学术期刊存在显著差异（X^2=38.60，df=2，$P<0.001$）。

表 5.2 不同学科学术期刊出版规范公开情况比较①

信息公开情况	CSCD 英文 *N*=201	CSCD 中文 *N*=684	CSSCI *N*=553	国外社科 *N*=240	国外自科 *N*=240
无网站	1.00%	2.30%	8.30%		0.80%
有网站无投稿信息	13.90%	2.80%	11.20%	2.90%	3.40%
有网站和投稿信息	85.10%	94.90%	80.50%	97.10%	95.80%

注：① 版面有限，学科之间交叉分析的结果将在正文中以文字形式出现，下同。

（二）学术期刊出版规范公开的精细程度比较

1. 国内外学术期刊出版规范公开的精细程度比较

见表 5.3，国内学术期刊出版规范公开精细度方面，无论在公开类别和投稿指南的字数上，都与国外学术期刊存在显著差异。国外学术期刊在出版规范公开的精细程度上高于国内学术期刊。

表 5.3 国内外学术期刊出版规范公开的精细程度比较

项目	期刊分类	平均值	中位数	标准差	最小值	最大值	*F* 值
投稿信息字数	国内 *N*=1265	2204.18	1543	1916.75	87	16008	201.83***
	国外 *N*=463	4254.62	3456	3272.48	91	44311	
公开程度	国内 *N*=1265	8.07	8	3.72	0	19	256.43***
	国外 *N*=463	10.84	11	3.18	0	20	

* 代表 $P<0.05$，** 代表 $P<0.01$，*** 代表 $P<0.001$。

2. 不同学科学术期刊出版规范公开的精细程度比较

国内英文学术期刊不仅在学术出版规范透明度上低于国内外同类别期刊，同时也在学术规范的精细程度上不及后者。见表 5.4，国内英文学术期刊投稿信息平均值为 2609.42，不及国外自然科学类期刊的 1/2。通过单因素方差分析，CSCD 英文、CSCD 中文和国外自然科学类期刊三者之间在投稿字数（F=116.58，df=2，P<0.001）和公开程度（F=38.36，df=2，P<0.001）上存在显著差异。

国内人文社科类学术期刊不仅在学术出版规范的公开类别数量（F=394.61，df=1，P<0.001）和投稿信息字数（F=209.59，df=1，P<0.001）上与自然科学类期刊存在显著差异，甚至精细化程度约是后者的 1/2。同时，国内人文社科与国外人文社科类学术期刊也在投稿字数（F=250.0，df=1，P<0.001）和公开程度（F=405.61，df=1，P<0.001）上存在显著差异。

表 5.4 不同学科学术期刊出版规范公开的精细程度比较

项目	期刊分类	平均值	中位数	标准差	最小值	最大值
投稿字数	CSCD 英文 *N*=171	2609.42	2046.00	2129.67	87.00	10369.00
	CSCD 中文 *N*=649	2770.21	2069.00	2072.82	125.00	16008.00
	CSSCI *N*=445	1222.95	937.00	977.44	106.00	7746.00
	国外社科 *N*=233	2867.65	2338.00	1729.52	196.00	10398.00
	国外自科 *N*=230	5659.68	6052.50	3825.55	91.00	44311.00

续表

项目	期刊分类	平均值	中位数	标准差	最小值	最大值
公开程度	CSCD 英文 N=171	8.51	8.00	3.40	2.00	17.00
	CSCD 中文 N=649	9.65	10.00	3.50	0.00	19.00
	CSSCI N=445	5.61	6.00	2.71	0.00	14.00
公开程度	国外社科 N=233	10.29	11.00	3.16	2.00	20.00
	国外自科 N=230	11.40	12.00	3.12	0.00	17.00

（三）学术期刊引用相关标准比较分析

1. 国内外学术期刊引用相关标准比较分析

见表 5.5，国内外学术期刊在引用相关标准和伦理规范的完备程度上呈现显著差异。特别是国内学术期刊在学术出版的伦理规范引用数量上较低，平均值仅为 0.12。其中国外期刊引用最多的是宣布自己是 COPE 成员（99 次），其次是 APA 手册、ICMJE 规范，而 Nature、Springer 等出版商自己制定的标准和规范也被多次引用。引用得最多的伦理规范是 WCRI 制定的《作者国际标准》(33 次)。其他还有 IUPAC（International Union of Pure and Applied Chemistry）的规范，以及国际单位制（International System of Units，SI）。国内期刊引用最多的是《中华人民共和国法定计量单位》(151 次)，其次是《国际单位制及其应用 / 有关量、单位和符号的一般原则 /（所有部分）量和单位》(GB 3100/3101/3102—1993)(149 次)，参考文献国家标准 GB 7714 被引用 130 次。值得注意的是，虽然 2015 年参考文献标准已经从 GB 7714—2005 修订为 GB 7714—2015，但是仍然有超过 80 家出版单位在征稿简则或其他规范中要求作者遵守“GB 7714—2005”，说明不少出版单位未及时根据国家标准的修订修改自己的征稿简则信息。此外,《统计学名词及符号》(GB 3358—2009）被引用的次数比较多（78 次）。不论国内还是国外，不同行业期刊也会引用本行业特有的规范，国内期刊引用《中华人民共和国药典》的次数就达到 96 次。

表 5.5　国内外学术期刊引用相关标准比较

项目	期刊分类	平均值	中位数	标准差	最小值	最大值	F值
引用相关标准次数	国内 N=1265	1.44	0.00	3.39	0.00	21.00	11.77***
	国外 N=463	2.02	1.00	2.32	0.00	24.00	
引用伦理规范次数	国内 N=1265	0.12	0.00	0.64	0.00	14.00	477.35***
	国外 N=463	1.27	1.00	1.55	0.00	12.00	

* 代表 P<0.05，** 代表 P<0.01，*** 代表 P<0.001。

2. 不同学科学术期刊引用相关标准次数比较

见表 5.6，国内 CSCD 英文、CSCD 中文和国外自然科学类期刊在引用相关标准次数（F=57.76，df=2，P<0.001）和伦理规范次数（F=158.91，df=2，P<0.001）上存在显著差异。国内人文社科与自然科学类期刊在引用相关标准次数（F=123.72，df=1，P<0.001）和伦理规范次数（F=6.91，df=1，P<0.01）上也存在显著差异。国内人文社科与国外人文社科类期刊在引用相关标准次数（F=413.96，df=1，P<0.001）和伦理规范次数（F=552.29，df=1，P<0.001）上依然存在显著差异。国内人文社科类期刊基本上没有引用伦理规范，只有少部分期刊自己制定了出版伦理规范。国内人文社科期刊在出版伦理规范上不如自然科学期刊和其他技术类期刊做得规范。

表 5.6　不同学科学术期刊引用相关标准次数比较

项目	期刊分类	平均值	中位数	标准差	最小值	最大值
引用相关标准次数	CSCD 英文 N=171	1.11	1.00	1.70	0.00	15.00
	CSCD 中文 N=649	2.45	1.00	4.39	0.00	21.00
	CSSCI N=445	0.11	0.00	0.41	0.00	4.00
	国外社科 N=233	1.44	1.00	1.26	0.00	6.00
	国外自科 N=230	2.61	2.00	2.93	0.00	24.00
引用伦理规范次数	CSCD 英文 N=171	0.55	0.00	1.11	0.00	9.00
	CSCD 中文 N=649	0.08	0.00	0.64	0.00	14.00

续表

项目	期刊分类	平均值	中位数	标准差	最小值	最大值
引用伦理规范次数	CSSCI N=445	0.00	0.00	0.00	0.00	0.00
	国外社科 N=233	0.99	1.00	0.89	0.00	6.00
	国外自科 N=230	1.54	1.00	1.97	0.00	12.00

第二节　调查结果

一、学术期刊用稿形式规范比较分析

用稿规范是学术出版流程规范中的首要环节，它是学术编辑对学术作品进行的初步筛选和审查，为后续的学术内容评审和学术出版做好了铺垫工作。用稿形式规范主要是针对用稿范围、学术编辑初审标准、稿件格式规范、稿件字数限制、标题字数限制（仅统计国内）、投稿人身份限制（仅统计国内）和是否要求单位推荐（仅统计国内）七个方面。

（一）国内外学术期刊用稿形式规范及其公布情况比较

表 5.7 显示，通过卡方检验，国内外在用稿形式规范四个方面均存在显著差异。在用稿范围方面，国外学术期刊主动说明较多（94.00%）。在编辑初审标准方面，国内外学术期刊重视程度都比较低。在稿件格式规范方面，相比国外的 3.90%，国内仍然有 16.60% 的学术期刊没有作出说明。同时，国内有 53.40% 的学术期刊没有对稿件字数限制给予公开说明，而国外则是 47.10%。综上，国内外学术期刊都对用稿范围、稿件格式规范领域较为重视，而对编辑初审标准公开的重视程度不够高。

表 5.7　国内外学术期刊用稿形式规范及其公开情况比较

项目	具体情况	国内 N=1265	国外 N=463	卡方值
用稿范围	无	32.70%	6.00%	126.74***
	有	67.30%	94.00%	

续表

项目	具体情况	国内 N=1265	国外 N=463	卡方值
编辑初审标准	无说明	94.50%	82.50%	61.98***
	公布	5.50%	17.50%	
稿件格式规范	无说明	16.60%	3.90%	76.39***
	规范较简单	29.70%	21.20%	
	规范较完善	53.70%	74.90%	
稿件字数限制	无说明	53.40%	47.10%	13.50**
	推荐或限制最高字数	21.10%	27.00%	
	推荐或限制最低字数	2.10%	0.60%	
	推荐或限制字数区间	8.10%	7.80%	
	根据稿件类型限制	15.30%	17.50%	

* 代表 $P<0.05$，** 代表 $P<0.01$，*** 代表 $P<0.001$。

（二）不同学科学术期刊用稿形式规范及其公开情况比较

见表 5.8，根据卡方检验，国内 CSCD 英文期刊、CSCD 中文期刊与国外自然科学类期刊三者在用稿范围（X^2=6.95，df=2，$P<0.05$）、编辑初审标准（X^2=82.02，df=2，$P<0.001$）、稿件格式规范（X^2=50.03，df=4，$P<0.001$）、稿件字数限制（X^2=36.56，df=8，$P<0.001$）四个方面均存在显著差异。用稿范围方面，国内外自然科学类期刊对此都比较重视，均达到了 80.00% 以上。编辑初审标准方面，国内外自然科学类期刊大多数未作出说明，其中国内中文自然科学类期刊公布情况最低仅 4.30%。在稿件格式规范方面，国内英文类期刊公布的稿件格式较为简单，比例为 45.00%，与其他两类期刊差距较为明显。在稿件字数限制方面，50.00% 以上的国内外自然科学类期刊都没有作出说明。通过对比，笔者发现，在我国学术期刊国际化进程中，稿件格式详细规范与国外差距较为明显，需要引起重视。

国内人文社科与自然科学类学术期刊在编辑初审标准公布方面不存在显著差异，普遍存在不公布标准的问题，而在用稿范围（X^2=334.23，df=1，$P<0.001$）、稿件格式规范（X^2=170.06，df=2，$P<0.001$）、稿件字数限制（X^2=145.70，df=4，$P<0.001$）、标题字数限制（X^2=73.66，df=1，$P<0.001$）、投稿人身份限制（X^2=16.93，df=1，$P<0.001$）和是否要求单位推荐（X^2=131.05，df=1，$P<0.001$）六个方面存在显著差异。

在用稿范围方面，国内人文社科有 66.50% 的期刊没有作出说明，与自然科学类的 12.90% 差距非常大。在稿件字数限制和标题字数限制方面，国内人文社科和自然科学类期刊依然有约 50.00% 的期刊没有公布标准。同时，国内人文社科和自然科学类学术期刊领域依然存在限制投稿人身份的规定，比例依次为 2.60% 和 5.90%。26.50% 的自然科学类期刊需要作者提供单位证明才能发表作品，而人文社科对此规定较少，仅为 0.70%。

在国内人文社科与国外人文社科对比中，两者在用稿范围（X^2=267.62，df=1，P<0.001）、编辑初审标准（X^2=12.38，df=1，P<0.001）、稿件格式规范（X^2=83.56，df=2，P<0.001）、稿件字数限制（X^2=54.62，df=4，P<0.001）方面均存在显著差异。整体上国外人文社科期刊的用稿形式规范水平要高于国内。

表 5.8　不同学科学术期刊用稿形式规范及其公开情况比较

项目	具体情况	CSCD 英文 N=171	CSCD 中文 N=649	CSSCI N=445	国外社科 N=233	国外自科 N=230
用稿范围	无	19.90%	12.90%	66.50%	0.90%	11.30%
	有	80.10%	87.10%	33.50%	99.10%	88.70%
编辑初审标准	无说明	85.40%	95.70%	96.40%	89.70%	75.20%
	公布	14.60%	4.30%	3.60%	10.30%	24.80%
稿件格式规范	无说明	4.70%	6.00%	36.60%	5.60%	2.20%
	规范较简单	45.00%	29.00%	24.90%	27.00%	15.20%
	规范较完善	50.30%	65.00%	38.50%	67.40%	82.60%
稿件字数限制	无说明	71.30%	50.70%	50.30%	37.30%	57.00%
	推荐或限制最高字数	12.30%	21.40%	24.10%	28.40%	25.60%
	推荐或限制最低字数	0.60%	1.10%	4.50%	1.30%	
	推荐或限制字数区间	4.10%	2.80%	17.30%	13.30%	2.20%
	根据稿件类型限制	11.70%	24.00%	3.80%	19.70%	15.20%
标题字数限制	无说明		49.90%	75.70%		
	20 字以内		43.90%	20.90%		
	其他		6.20%	3.40%		
限制投稿人身份	无说明		88.00%	95.10%		
	明确不限制		6.10%	2.30%		
	仅限制学术身份		3.40%	2.00%		
	仅限制作者单位		1.70%	0.40%		
	多重限制		0.80%	0.20%		

续表

项目	具体情况	CSCD 英文 N=171	CSCD 中文 N=649	CSSCI N=445	国外社科 N=233	国外自科 N=230
要求单位推荐	否		73.50%	99.30%		
	是		26.50%	0.70%		

二、学术期刊学术不端处理规范比较分析

学术不端是违背学术研究和学术道德的行为，遏制学术不端是学术出版规范的重要体现。学术不端的外延相当广泛，涉及学术研究、学术评价和学术发表等方方面面，包括抄袭、伪造、篡改、剽窃、杜撰发表论文、恶意一稿多投、履历不实、伪造学历或工作经历。[1]根据前期调查结果，在用稿规范环节，笔者将学术不端处理规范集中于一稿多投、学术不端软件检测、抄袭剽窃认定标准、学术不端惩戒措施四个方面。

（一）国内外学术期刊学术不端处理规范比较

见表 5.9，卡方检验表明，国内外学术期刊对于学术不端处理规范均存在显著差异，总体上，国外对学术不端规范比国内更加完善，国内外对于学术不端规范整体情况依然不容乐观。在一稿多投规范方面，有 20.00% 以上的国内和国外学术期刊未作说明。而在抄袭剽窃认定规范上，85.00% 以上的国内外的学术期刊均没有明确作出具体规定。对比利用软件检测学术不端的情况，国内与国外差别巨大，国内仅有 8.50% 的期刊作出了说明，国外则为 44.70%。这说明我国学术期刊可能实际使用学术不端检测软件较多，但往往并未公开使用情况，这不利于对学术不端的威慑。在学术不端惩戒措施上，国内外学术期刊均没有作出说明。国内 CSCD 期刊对学术不端检测软件的比例明确作出说明的也不多，其中有 4 家期刊认定的比例为 15%，还有 2 家是 20%，最高的是 30%。也有的做了更细致的规定，如“整段重复率超过 8%，总重复率超过 18%”。而 CSSCI 期刊中，有 4 家规定 10%，最低为 5%，最高为 20%，仅从上述给出具体比例的期刊来看，CSSCI 期刊的查重比例要求相对严格。

---

[1] 四川大学《学术道德与学术规范》编写组.学术道德与学术规范［M］.成都：四川大学出版社，2013：34.

表 5.9 国内外学术期刊学术不端处理规范及其公开情况比较

项目	具体情况	国内 N=1265	国外 N=463	卡方值
一稿多投规范	无说明	24.20%	26.80%	19.9***
	笼统禁止	63.10%	52.90%	
	具体说明	12.70%	20.30%	
学术不端检测软件使用	无说明	91.50%	55.30%	299.53***
	有明确要求	8.50%	44.70%	
抄袭剽窃认定规范	无说明	94.50%	87.50%	49.96***
	自定无引用	4.10%	4.30%	
	引用（包含自定）	1.40%	8.20%	
学术不端惩戒措施	无说明	81.30%	73.90%	11.56*
	明确说明	18.70%	26.10%	

* 代表 $P<0.05$，** 代表 $P<0.01$，*** 代表 $P<0.001$。

（二）不同学科学术期刊学术不端处理规范及其公开情况比较

见表 5.10，通过卡方检验，国内 CSCD 英文期刊、CSCD 中文期刊与国外自然科学类期刊在一稿多投（X^2=53.32，df=4，P<0.001）、学术不端软件检测（X^2=222.18，df=2，P<0.001）、抄袭剽窃认定标准（X^2=66.71，df=4，P<0.001）、学术不端惩戒措施（X^2=14.56，df=2，P<0.01）方面存在显著差异。同时，国内英文类学术期刊在学术不端处理规范化程度上均低于国外自然科学类期刊，其中一稿多投规范和学术不端惩戒措施规范上还低于国内中文自然科学类期刊。

国内人文社科与自然科学类期刊在一稿多投（X^2=88.77，df=2，P<0.001）、抄袭剽窃认定（X^2=15.04，df=2，P<0.05）、学术不端惩戒措施（X^2=22.24，df=2，P<0.001）三个方面均存在显著差异。国内人文社科学术期刊学术不端处理规范化水平普遍低于自然科学类学术期刊。同时，在学术不端检测软件使用上，两者并不存在显著差异。

国内人文社科期刊与国外人文社科期刊在一稿多投（X^2=20.33，df=2，P<0.001）、学术不端软件检测（X^2=107.33，df=1，P<0.001）、抄袭剽窃认定标准（X^2=10.40，df=2，P<0.05）、学术不端惩戒措施（X^2=47.01，df=1，P<0.001）方面存在显著差异。同时，在学术抄袭剽窃认定规范上有超过九成的国内外人文社科类学术期刊没有作出详细规定。

表 5.10　不同学科学术期刊学术不端处理规范比较

项目	具体情况	CSCD 英文 N=171	CSCD 中文 N=649	CSSCI N=445	国外社科 N=233	国外自科 N=230
一稿多投规范	无说明	33.30%	13.10%	36.80%	35.20%	18.30%
	笼统禁止	46.80%	72.30%	56.00%	46.30%	59.50%
	具体说明	19.90%	14.60%	7.20%	18.50%	22.20%
学术不端检测软件使用	无说明	80.70%	92.30%	94.60%	63.90%	46.50%
	有明确要求	19.30%	7.70%	5.40%	36.10%	53.50%
抄袭剽窃认定规范	无说明	90.10%	93.40%	97.80%	92.70%	82.20%
	自定无引用	5.80%	5.70%	1.10%	4.30%	4.30%
	引用（包含自定）	4.10%	0.90%	1.10%	3.00%	13.50%
学术不端惩戒措施	无说明	87.70%	75.70%	87.20%	64.80%	83.00%
	明确说明	12.30%	24.30%	12.80%	35.20%	17.00%

三、学术期刊稿件录用与退稿规范及其公开情况比较

在稿件的录用和退稿规范中，课题组重点关注了版权协议、版面费、作者签名、退稿通知、评审费用（仅统计国内部分）五个方面，现将研究结果作出说明。

（一）国内外学术期刊稿件录用与退稿规范比较

见表 5.11，国内和国外学术期刊对学术期刊稿件录用和退稿规范的四个方面及其公开情况均存在显著差异。其中在版权转让上，37.70% 的国内学术期刊并没有作出说明，而国外仅为 9.30%。在版面费和要求作者签名上，国内有约六成的学术期刊未作说明，而国外为 44.10% 和 30.20%。在退稿通知规范中，国外八成以上的学术期刊未作出说明，而国内则为 55.50%。

表 5.11　国内外学术期刊稿件录用与退稿规范比较

项目	具体情况	国内 N=1265	国外 N=463	卡方值
版权协议	无说明	37.70%	9.30%	340.46***
	要求签订	38.20%	88.10%	
	单方面声明作者同意转让	24.10%	2.60%	

续表

项目	具体情况	国内 N=1265	国外 N=463	卡方值
版面费规范	无说明	59.70%	44.10%	252.53***
	明确不收取	7.40%	35.10%	
	明确收取无标准	23.60%	6.50%	
	明确收取有标准	9.30%	14.30%	
要求作者签名	无说明	63.20%	30.20%	199.38***
	仅版权协议	22.80%	55.60%	
	仅其他文档	3.20%	0.20%	
	版权和其他文档同时签名	10.80%	13.80%	
退稿通知规范	无说明	55.50%	84.70%	140.97***
	明确不通知	16.40%	0.40%	
	明确通知	28.10%	14.90%	

* 代表 $P<0.05$，** 代表 $P<0.01$，*** 代表 $P<0.001$。

（二）不同学科学术期刊稿件录用与退稿规范比较

见表 5.12，通过卡方检验，国内 CSCD 英文期刊、CSCD 中文期刊和国外自然科学类学术期刊三者在版权协议（X^2=125.58，df=4，P<0.001）、版面费（X^2=212.28，df=6，P<0.001）、作者签名（X^2=119.61，df=6，P<0.001）、退稿通知（X^2=96.26，df=4，P<0.001）及其公开情况方面均存在显著差异。国内 CSCD 英文期刊在版权协议、版面费规范、要求作者签名三个方面规范化程度均低于国外水平。

国内人文社科学术期刊在稿件录用和退稿规范化水平上均低于自然科学类期刊，且二者在版权协议（X^2=176.78，df=2，P<0.001）、版面费（X^2=266.42，df=3，P<0.001）、作者签名（X^2=257.38，df=3，P<0.001）、退稿通知（X^2=177.67，df=2，P<0.001）、评审费规范（X^2=113.48，df=3，P<0.001）方面存在显著差异。

国内人文社科期刊与国外人文社科期刊在版权协议（X^2=387.96，df=2，P<0.001）、版面费（X^2=103.36，df=3，P<0.001）、作者签名（X^2=295.66，df=3，P<0.001）、退稿通知（X^2=99.79，df=2，P<0.001）方面均存在显著差异。国内人文社科仅在退稿通知规范上优于国外人文社科类期刊。

表 5.12 不同学科学术期刊稿件录用与退稿规范比较

项目	具体情况	CSCD 英文 N=171	CSCD 中文 N=649	CSSCI N=445	国外社科 N=233	国外自科 N=230
版权协议	无说明	20.50%	27.60%	59.10%	9.00%	9.60%
	要求签订	70.10%	48.20%	11.20%	88.40%	87.80%
	单方面声明作者同意转让	9.40%	24.20%	29.70%	2.60%	2.60%
版面费规范	无说明	60.80%	45.90%	79.30%	41.60%	46.50%
	明确不收取	9.40%	2.20%	14.20%	47.60%	22.60%
	明确收取无标准	10.50%	39.60%	5.40%	8.20%	4.80%
	明确收取有标准	19.30%	12.30%	1.10%	2.60%	26.10%
评审费规范	无说明		62.20%	87.20%		
	明确不收		9.40%	9.50%		
	明确收取无标准		8.20%	1.30%		
	明确收取有标准		20.20%	2.00%		
要求作者签名确认	无说明	51.50%	46.10%	92.80%	32.20%	28.30%
	仅版权协议	36.20%	31.00%	5.70%	42.90%	68.70%
	仅其他文档签名	4.10%	4.30%	1.10%	0.40%	
	版权协议和其他文档同时签名	8.20%	18.60%	0.40%	24.50%	3.00%
退稿通知规范	无说明	77.80%	49.00%	56.40%	90.10%	79.10%
	明确不通知	4.10%	8.50%	32.80%	0.50%	0.50%
	明确通知	18.10%	42.50%	10.80%	9.40%	20.40%

四、学术期刊稿件评审规范及其公开情况比较分析

（一）国内外学术期刊稿件评审规范比较

见表 5.13，国内与国外学术期刊在稿件创新要求、审稿流程、专家评审、是否盲审、审稿周期和学术引用方面均存在显著差异。除了审稿周期规范程度较好，国内学术期刊的稿件内容审查规范化水平均低于国外。

表 5.13　国内外学术期刊稿件评审规范比较

项目	具体情况	国内 N=1265	国外 N=463	卡方值
对稿件创新要求	无（笼统要求）	93.80%	90.10%	7.229**
	有具体要求	6.20%	9.90%	
审稿流程规范	未公布	69.80%	48.60%	69.5***
	三审	19.90%	37.10%	
	其他	10.30%	14.30%	
专家评审规范	无说明	95.60%	75.80%	150.83***
	有说明	4.40%	24.20%	
是否盲审	无说明	72.00%	39.10%	262.69***
	有审稿制度但无说明盲审	7.40%	3.30%	
	明确说明	18.70%	40.80%	
	单向盲审	1.90%	16.80%	
审稿周期	无说明	40.60%	88.80%	317.98***
	一个月内	6.90%	1.70%	
	三个月内	43.30%	6.50%	
	六个月内	8.70%	3.00%	
	六个月以上	0.50%		
学术引用形式标准	无说明	57.00%	24.60%	163.76***
	自己制定未引用	38.10%	72.80%	
	引用（包括自己制定）	4.90%	2.60%	

* 代表 $P<0.05$，** 代表 $P<0.01$，*** 代表 $P<0.001$。

（二）不同学科学术期刊稿件内容评审规范比较

见表 5.14，国内 CSCD 英文类、CSCD 中文类与国外自然科学类期刊在稿件创新要求（$X^2=16.06$，df=2，$P<0.001$）、审稿流程（$X^2=72.2$，df=4，$P<0.001$）、专家评审（$X^2=72.6$，df=2，$P<0.001$）、是否盲审（$X^2=240.34$，df=6，$P<0.001$）、审稿周期（$X^2=299.4$，df=8，$P<0.001$）和学术引用形式标准（$X^2=28.66$，df=4，$P<0.001$）方面均存在显著差异。除了审稿周期，国内 CSCD 英文类学术期刊在稿件内容审查规范化水平方面低于国外自然科学类期刊。

除了对稿件创新的要求外，国内人文社科与自然科学类期刊在审稿流程（$X^2=25.13$，df=2，$P<0.001$）、专家评审（$X^2=11.65$，df=1，$P<0.05$）、是否盲

审（X^2=24.84，df=3，P<0.001）、审稿周期（X^2=13.96，df=4，P<0.001）和学术引用形式标准（X^2=218.03，df=2，P<0.001）的稿件内容审查规范化方面均存在显著差异。除了在是否盲审和专家评审规范方面，国内人文社科稿件内容审查规范化水平均低于国内自然科学类期刊。

国内人文社科期刊与国外人文社科期刊在稿件创新要求上不存在统计学上的显著差异，而在审稿流程（X^2=77.82，df=2，P<0.001）、专家评审（X^2=85.97，df=1，P<0.001）、是否盲审（X^2=95.96，df=3，P<0.001）、审稿周期（X^2=130.83，df=4，P<0.001）和学术引用形式标准（X^2=456.74，df=2，P<0.001）等方面均存在显著差异。

表 5.14　不同学科学术期刊稿件内容评审规范比较

项目	具体情况	CSCD 英文 N=171	CSCD 中文 N=649	CSSCI N=445	国外社科 N=233	国外自科 N=230
对稿件创新要求	无（或简单的笼统要求）	92.40%	94.90%	92.80%	92.70%	87.40%
	有具体要求	7.60%	5.10%	7.20%	7.30%	12.60%
审稿流程规范	未公布	60.20%	67.00%	77.50%	58.80%	38.30%
	三审	25.10%	24.00%	11.90%	39.50%	34.80%
	其他	14.70%	9.00%	10.60%	1.70%	26.90%
专家评审规范	无说明	87.70%	98.30%	94.60%	68.20%	83.50%
	有说明	12.30%	1.70%	5.40%	31.80%	16.50%
是否盲审	无说明	57.30%	78.30%	68.50%	31.30%	47.00%
	有审稿制度但无说明盲审	11.70%	7.50%	5.40%	4.70%	1.70%
	明确说明	17.00%	14.20%	26.10%	63.10%	18.30%
	单向盲审	14.00%			0.90%	33.00%
审稿周期	无说明	73.70%	33.90%	37.80%	83.30%	94.30%
	一个月内	8.20%	5.40%	8.50%	1.70%	1.70%
	三个月内	15.20%	48.20%	47.00%	10.70%	2.30%
	六个月内	2.90%	11.70%	6.50%	4.30%	1.70%
	六个月以上		0.80%	0.20%		
学术引用形式标准	无说明	42.70%	41.10%	89.90%	22.30%	27.00%
	自己制定未引用	45.60%	52.70%	0.40%	76.80%	68.70%
	引用（包括自己制定）	11.70%	6.20%	9.70%	0.90%	4.30%

五、学术期刊出版与出版伦理规范及其公开情况比较

（一）国内外学术期刊出版与出版伦理规范及其公开情况比较

见表 5.15，除了通讯作者制度，国内外学术期刊在出版伦理规范中均存在显著差异。国内学术期刊在署名规范水平上好于国外学术期刊。而国内与国外学术期刊差距较为明显的类别是更改署名、利益冲突声明、学术出版伦理规范。国外学术期刊一般更改署名需要通知期刊或不得更改、要求作者声明利益冲突。表 5.15 还显示，通讯作者制开始逐步被国内期刊接受，国内与国外期刊是否采用通讯作者制比例相差并不大。

表 5.15 国内外学术期刊出版与出版伦理规范比较

项目	具体情况	国内 N=1265	国外 N=463	卡方值
篡改伪造数据规范	无说明	92.70%	83.80%	98.68^{***}
	笼统禁止	5.70%	3.50%	
	引用或自定	1.60%	12.70%	
署名规范	无说明	42.80%	50.50%	8.11^{**}
	有说明	57.20%	49.50%	
更改署名规范	无说明	82.10%	44.50%	239.05^{***}
	投稿后不得更改	8.70%	28.70%	
	更改需程序	9.20%	26.80%	
是否通讯作者	否	55.20%	51.20%	2.17
	是	44.80%	48.80%	
基金标注规范	无说明	46.60%	26.60%	159.7^{***}
	仅形式规范	41.50%	35.20%	
	具体内容规范	11.90%	38.20%	
利益冲突声明	无说明	87.80%	26.30%	626.7^{***}
	要求或鼓励	12.20%	73.70%	
学术出版伦理规范	无说明	85.80%	22.70%	701.44^{***}
	自定无引用	7.60%	15.30%	
	引用（包含自定）	6.60%	62.00%	

* 代表 $P<0.05$，** 代表 $P<0.01$，*** 代表 $P<0.001$。

（二）不同学科学术期刊出版与出版伦理规范

见表5.16，国内CSCD英文、CSCD中文与国外自然科学类期刊在出版伦理规范的篡改伪造数据规范（X^2=27.47，df=4，P<0.001）、署名规范（X^2=84.21，df=2，P<0.001）、更改署名规范（X^2=100.17，df=4，P<0.001）、是否通讯作者（X^2=26.61，df=2，P<0.001）、基金标注规范（X^2=212.69，df=4，P<0.001）、利益冲突声明（X^2=435.33，df=2，P<0.001）、学术出版伦理规范（X^2=410.35，df=4，P<0.001）方面存在显著差异。除了伪造数据规范，在出版伦理规范中，国内CSCD英文期刊与国外自然科学类期刊均存在一定差异。

除了篡改伪造数据规范外，国内人文社科与自然科学学术期刊在署名规范（X^2=247.4，df=1，P<0.001）、更改署名规范（X^2=83.87，df=2，P<0.001）、是否通讯作者（X^2=376.68，df=1，P<0.001）、基金标注规范（X^2=188.14，df=2，P<0.001）、利益冲突声明（X^2=32.05，df=1，P<0.001）、学术出版伦理规范（X^2=39.99，df=2，P<0.001）等方面存在显著差异。九成以上的国内人文社科期刊在篡改伪造数据规范、更改署名规范、利益冲突声明和学术出版伦理规范中没有作出说明。

国内人文社科期刊与国外人文社科期刊在篡改伪造数据规范（X^2=104.23，df=2，P<0.001）、署名规范（X^2=5.16，df=1，P<0.05）、更改署名规范（X^2=229.81，df=2，P<0.001）、是否通讯作者（X^2=56.92，df=1，P<0.001）、基金标注规范（X^2=70.89，df=2，P<0.001）、利益冲突声明（X^2=335.87，df=1，P<0.001）、学术出版伦理规范（X^2=413.47，df=2，P<0.001）等方面存在显著差异。

表5.16 不同学科学术期刊出版与出版伦理规范及其公开情况

项目	具体情况	CSCD英文 N=171	CSCD中文 N=649	CSSCI N=445	国外社科 N=233	国外自科 N=230
篡改伪造数据规范	无说明	89.50%	92.40%	94.40%	70.80%	97.00%
	笼统禁止	4.70%	6.70%	4.70%	4.70%	2.10%
	引用或自定	5.80%	0.90%	0.90%	24.50%	0.90%
署名规范	无说明	56.10%	21.40%	69.00%	77.30%	23.50%
	有说明	43.90%	78.60%	31.00%	22.70%	76.50%
更改署名规范	无说明	69.60%	75.80%	96.20%	46.40%	42.60%
	投稿后不得更改	7.60%	12.80%	3.10%	37.70%	19.60%
	更改需程序	22.80%	11.40%	0.70%	15.90%	37.80%

续表

项目	具体情况	CSCD 英文 N=171	CSCD 中文 N=649	CSSCI N=445	国外社科 N=233	国外自科 N=230
是否通讯作者	否	52.60%	31.40%	90.80%	67.80%	34.30%
	是	47.40%	68.60%	9.20%	32.20%	65.70%
基金标注规范	无说明	59.10%	27.60%	69.40%	39.10%	13.90%
	仅形式规范	33.30%	55.10%	24.80%	38.20%	32.20%
	具体内容规范	7.60%	17.30%	5.80%	22.70%	53.90%
利益冲突声明	无说明	53.20%	89.70%	98.40%	36.10%	16.50%
	要求或鼓励	46.80%	10.30%	1.60%	63.90%	83.50%
学术出版伦理规范	无说明	60.80%	85.10%	99.10%	29.60%	15.70%
	自定无引用	8.20%	11.20%	0.90%		30.80%
	引用（包含自定）	31.00%	3.70%		70.40%	53.50%

第三节　讨论与结论

课题组通过对国内外 1918 本学术期刊出版规范适用情况的调查分析和研究发现，目前国内外学术出版规范化水平与以往的研究结论类似：国外学术期刊规范化水平高于国内学术期刊；自然科学类学术期刊规范化水平高于人文社科类学术期刊。

根据课题组调查，有一些新的发现值得关注。在 30 多项规范化指标及其公开情况中，国内学术期刊有 3 项指标规范化水平高于国外学术期刊。在退稿通知规范中，国外有八成学术期刊未作说明，国内则是五成左右；在审稿周期规范中，国内有六成学术期刊做了说明，而国外学术期刊仅为两成；国外有五成的学术期刊没有对署名作出规范，而国内学术期刊则是四成。这也说明我国期刊在学术规范方面还是有很大进步的，有些方面领先于国外同行。

但是，有将近五成的国内外学术期刊并没有公布审稿流程。在编辑初审标准上，国内外学术期刊均不太重视，八成以上期刊没有公布具体标准。在抄袭剽窃认定方面，国内外学术期刊有八成没有具体规定。在学术不端惩戒措施上，超过七成的国内外学术期刊也没有作出说明。笔者认为，国内外学术期刊在抄袭剽窃认定规范上需要作出一定调整，学术不端惩戒措施也需要进一步完善，以此对有可能作出学术不端行为的作者或编辑形成必要威慑。

调查结果还表明，不同学科也有一定差异，面向国际化的英文学术期刊在学术出版透明度上还存在一定问题。国内有 85% 的英文类学术期刊有网站和投稿信息，还有 15% 的英文期刊没有网站和投稿信息，低于同类的自然科学类期刊，甚至也低于国内学术期刊 88% 的平均水平。国内英文类学术期刊在学术不端处理规范化程度上低于国外自然科学类期刊，其中一稿多投规范和学术不端惩戒措施也低于国内中文自然科学类期刊。同时，国内人文社科和自然科学类学术期刊领域，依然存在限制投稿人身份的歧视性规定，比例依次为 2.6% 和 5.9%。这种情况说明我国部分学术期刊歧视作者现象依然存在，这类行为对我国学风建设有较大负面影响。因为这类歧视被公开后，将让学术群体质疑学术成果发表的公正和公平。课题组结合问卷和访谈，从以下三个方面对产生上述现象的原因作进一步的分析。

一、学术期刊出版规范透明度问题

国内学术期刊学术出版规范的公开性和精细化程度较低，其中人文社科类最低，其次为国内英文类期刊。基于学术出版规范的重要性、学术规范公开的必要性，以及与国外学术出版单位的差距，我国有必要进一步加强学术出版规范工作，特别是人文社科类的学术出版规范情况依然不容乐观。

目前，我国学术期刊网络出版已经初具规模，在出版流程、审稿质量、评价体系等方面已经取得了一定的进步。[1] 但是，我国学术期刊学术规范公开性方面与国外还有一定差异，这反映了我国学术出版规范化依然存在一定问题。没有公开的学术出版规范指南，虽然并不代表着在实际操作层面没有规范流程，但这至少说明了学术出版机构并没有意识到学术出版规范公开透明的重要性。学术规范不是自说自话，不是在封闭的环境中进行学术活动，可以说，没有学术出版规范的公开化，就没有学术出版规范化，只有在不断开放、协助和自律的氛围下，我国学术出版规范化程度才能不断提升。同时，一些学术机构的学术规范指南在网络中公开不够，也说明了其应对数字出版时代的准备不够充足。特别是一些人文社科类期刊，还欠缺在数字化环境中

---

[1] 伍婵提，童莹.学术期刊国际化的网络出版生态系统构建路径［J］.中国出版，2018，435（10）：68–71.

开展学术出版的动力。在调研中，课题组发现了几种没有对外公开的原因，在一些约稿占比较高的期刊中，学术出版单位会把相关学术规范标准发给投稿人，没有公开的动力和必要。这一点出版社比学术期刊更不透明，调研对象 13（出版社编辑）表示出版社一般没有公布规范指南，只是会给作者发具体的写作要求。还有一种情况是学术出版单位认为出版规范已经具体体现在发表过的稿件中，投稿人自行参考即可。另一些学术期刊已经执行了相应行业或国家标准，认为没有公开的必要，调研对象 1（执行编审）就认为该期刊已经执行了学会标准，所以没有公开投稿指南。还有一些学术单位虽然已经制定了标准，但是还不够系统和完善，也担心公开后带来负面效应，一般只是在内部执行。

在调研中，课题组还发现，在学术出版规范精细化程度上，目前国内还存在一定的争议。调查问卷结果显示（N=410），12.9% 的编辑认为作者在期刊网站上能获得此问题所设置选项中的所有内容，而在所有选项中征稿范围、稿件形式要求或稿件模板、投稿方式等信息占较多的比例，但对于稿件处理流程，以及对作者、审稿人、编辑的学术规范（伦理）要求和稿件评审过程等信息的获取则较少。还有调研对象认为精细化程度并不是越细致越好，调研对象 1（期刊编审）认为“现行标准有好的作用，能让初学者很快入门，但是发展到一定程度，就会形成制约”。到底学术出版规范精细化到什么程度才是最科学合理的？这至少取决于以下两个因素：一是学科本身的特征，不同学科研究对象、研究方法、研究规律、研究伦理等方面存在一定区别，这对学术规范提出了不同需求。比如在调查中，课题组发现，医学类学术出版规范精细化水平在自然科学类期刊中与理科、工科和农学等学科存在显著差异。这是因为医学类研究对象是人类和动物，学术研究的不严谨会对研究对象造成巨大伤害，所以在研究规范中制定了许多特别细致的规范。例如，调研对象 12（期刊编审）非常关注出版伦理和医学伦理，病人的知情同意权、隐私问题等。因为医学期刊涉及的伦理问题非常复杂，还有人体、动物实验伦理等。二是学术规范重视程度，国外对学术出版规范的重视程度决定了他们更重视学术出版规范指南。为了更有效地让学术界与出版界阅读和遵守学术规范，一些学术出版机构还提炼出了学术出版规范共同要素，制作了学术出版规范指南的简要模板，提升了学术出版规范的使用效率。同时，国外学术出版单位还会随着技术变革和学术发展，定期更新学术出版规范指南，以提升学术出版规范的科学性和前瞻性。

二、学术期刊用稿规范问题

在编辑初审标准上，国内外八成以上的学术期刊均未作出说明。编辑初审是用稿环节中的重要一环，问卷调查显示（N=410），初审时，55.4%的编辑经常退稿，44.6%的编辑偶尔退稿，没有编辑从不退稿。而第三章对国外学术规范的调查则发现，AMA 手册等规范中明确编辑若不让稿件进入同行评议环节，必须有充足的理由，例如，有一稿多投或其他学术不端问题，或内容不符合其刊载范围等。但我国期刊则缺少类似约束。课题组调研发现，学术期刊对于公布编辑初审标准存在某些顾虑和争议。有调研对象认为，在投稿指南中已经对用稿格式、范围和审查流程做了说明，公布的信息本身代表了编辑初审标准，没有必要再重复一次。还有调研对象认为，有些综合类学术期刊在刊登的各个学科之间的编辑初审标准上存在差异，没办法都一一详细公开。还有的单位初审是以选题形式进行，审稿人牵涉众多，审稿流程把初审和盲审结合在一起，没办法作出初审标准的判断。最后，学术期刊编辑不愿意受到规则的约束，也有可能是学术期刊没有把编辑初审标准公开化的一个重要原因。

同时，在国内依然存在学术身份歧视现象，主要是对投稿人的学术身份作出限制。比如，某刊物明确在稿件要求第一条中说明："第一作者是教授、博士生导师、博士人员的论文，属国家和省、部级科研经费资助项目的，确有理论深度和新意的论文本刊优先刊用。"还有刊物在投稿须知的第一条就用蓝色字体标明："由于版面有限，本刊只接受博士研究生、具有博士学位的讲师，以及讲师以上职称教师的投稿，敬请谅解。"还有的期刊"不接受在读硕士研究生、本科生独立完成的文章"。出现学术歧视的原因是多方面的，既有现有学术期刊版面紧张和学术评价体制下唯数量的要求，也有学术期刊编辑降低审稿成本的需求，还与学术期刊看重引用率和影响力有关。因为相比普通身份的投稿人，那些学术界知名学者的文章更容易被引用，因此学术期刊自然会偏爱身份和地位较高的学者。这种学术歧视现象会通过作者群体影响到学术界对学术期刊公信力的认同，严重影响我国的学风建设。

从学术不端处理规范化水平上看，超过一半的学术期刊均为笼统禁止，缺少详细规范。在抄袭剽窃认定规范上，国内外学术期刊占九成以上都没有作出具体说明，其中重要原因是国内外对抄袭剽窃的认定还存在巨大争议。但国内与国外不同的是，国外很多期刊都加入了 COPE 这一专门给期刊提供学术不端应对指导的机构或引用其他学术规范，而国内既无 COPE 这样的组织，也较少引用教育部、科技部已经制定好的学术规范指南。在使用学术不端检测系统来判断论文的抄袭和剽窃等不端行为时（N=410），45.1% 的编辑认为应由编辑部统一规定比例，超过该比例后由编辑部根据稿件情况判断；35.2% 的编辑则认为超过该比例应立即退稿；19.7% 的编辑部未统一比例，由编辑根据每篇稿件检测结果和稿件情况判断。比如，调研对象 8（期刊主编）指出了学位论文二次发表的问题，以前接受，现在不接受，若包含学位论文内容过多会要求作者修改。因此，对于抄袭剽窃行为的规范，我们一方面需要细化标准，形成一定共识；另一方面也需要让规则能够适应不同学术期刊的具体情况。

在面对学术不端行为时，有八成以上的学术期刊没有说明将如何惩戒。学术期刊出版单位不是学术惩戒管理机构，往往只能在学术出版范围采取措施，无法对作者采取其他更有力的措施。课题组的问卷调查显示，对一稿多投、抄袭等学术不端现象，超过半数的编辑选择了退稿或撤销稿件，部分编辑选择警告作者、将作者拉入黑名单、以后拒绝接受该作者稿件，极少数的编辑选择通知作者单位、扣留作者缴纳的版面费以示惩戒，但无编辑选择通知同类期刊。而国外期刊界则建立期刊信息交流制度，一旦发生严重不端行为，同类期刊将收到同行的信息。同时，对于学术不端的惩戒由于有着复杂的程序，比如调查、听证、决定、申诉等流程，将耗费人力和物力，也影响了学术期刊对于惩戒学术不端的投入的积极性。学术期刊本身也是受害者，或者碍于学者在学术界的身份地位，并不愿意卷入学术不端的处理纠纷之中。调研对象 1 就表示："对期刊而言，并不想卷入学术不端的鉴定问题，能躲就躲、能掩就掩。"因此，笔者认为如何对学术不端进行惩戒，还需要从学术出版以外寻求解决问题的办法。

三、学术期刊的稿件评审制度

在稿件内容审查上，国内外有七成以上的学术期刊并没有公开说明稿件创新要求和专家评审规范。从公开的内容上看，学术创新在各个学科差异较大，并没有统一规定。专家评审规范对外公开则具有重要意义。因为专家评审决定一篇稿件是否被录用，而每一篇稿件都理应受到客观、公正的对待。专家评审规范公开度较低，一方面可能是因为编辑部已经对审稿人做了培训；另一方面评审专家与期刊编辑部关系比较特殊，专家评审更多是一种无偿奉献，编辑部担心对专家评审作出过多规范，会影响审稿专家的积极性，不利于审稿效率。因此，笔者认为将来如何对专家评审作出科学、合理的规范将是一个充满挑战的问题。

在盲审制度上，国内不到五分之一的学术期刊明确实行双向匿名盲审制度。而在课题组的问卷调查中，77.4%的编辑认为稿件采用双向匿名双审制更有助于选出高水平的稿件。虽然大多数学术期刊编辑都赞成双向匿名盲审，但是在实践中，有八成多的学术期刊没有公开说明实行双向匿名盲审制度。其中的原因可能有：一是学术期刊实行了多项评审制度，不能完全执行双向匿名盲审制度。比如调研对象 6（期刊主编）表示，期刊的约稿就不适用盲审制度。二是受到了来自外界的压力和阻挠。比如调研对象 3（期刊编审）表示，该期刊并不能完全实现匿名制度，是因为受到少数评审专家的拒绝。三是来自经济利益的诱惑。调查对象 14（出版社编辑）指出一些出版社为了经济效益，在把关质量上会放松标准，也就没有严格执行盲审制度。因此，面对匿名评审制度执行上存在的问题，本书认为还需要学术界和出版界根据实际中的情况对该制度进行相应的改进与完善。

课题组到出版单位调查后发现，虽然都是三审或双盲审，不同期刊的操作方式也有很大区别，如下面几种审稿流程编辑和专家各自的把关强度就有很大差别。

第一种：编辑初审→（2 名专家匿名评审）→编辑（有的是主编）判断、定稿。

第二种：编辑初审→收费→一般情况 2 名专家匿名评审（双向），特殊情况 4 ～ 5 名专家→查重→返修→根据专家打分定稿（打分分四个等级：A、B、C、D），均为 AB 的录用，有 D 一定不用，有 C 的看稿件，双 C 就退稿，BC、AC 看具体情况和具体内容。

第三种：编辑初审→副主编初审→不符合主题、水平差、抄袭超过 30% 直接退稿→通过初审的按专业领域分工→专业编辑再审（再审争议稿件）→2 名专家盲审→专家再审争议稿件→主编终审（根据评审意见）。

第四种：查重、查新→主任初审→送双盲审（要求职称中级以上）→外语审查→有时开定稿会→主任与编委共同定稿。

在学术出版伦理规范上，国内学术期刊与国外学术期刊差距明显。国内仅有不到 14.1% 的学术期刊自己制定或者引用学术出版的伦理规范标准，而国外期刊则高达 77.3%。在调研中，课题组发现，国外学术期刊加入了不少自治组织和团体，得到了专业指导和支持，以及大量有用的信息和建议。比如世界医学编辑学会为学术出版编辑提供了政策声明、伦理学问题、编辑指南等。又如学术和专业学会、出版商协会等行业组织经常举办研讨会，并提供多样化、不同层次的培训课程，涉及编辑、电子出版、市场和法律问题，以满足各个学术出版单位的需求。最重要的是，各出版和学术协会在学术出版规范中起到了重要作用，通过约束协会会员，将一些学术规范与标准向各出版单位推广。因此，笔者认为，国内学术界和出版界在学术规范与标准的完善和实施上应加强学术和出版行业协会的作用。

第六章　学术成果出版数字化与国际化及其对出版规范与标准的挑战

随着社交媒体的发展，当前学术传播也进入社交媒体时代，国内外期刊纷纷开通自己的社交媒体账号。初步的调查发现，我国学术期刊中微信公众号已经普及，为了解微信公众号的开通情况，课题组对 CSSCI 期刊和 CSCD 期刊进行了调查，也对部分国外知名出版商的社交媒体运营做了调查；同时，还简要调查了新型的数据出版和其他出版方式。在国际化方面主要运用创新的扩散理论分析了我国 SSCI 论文发表的扩散趋势，以及我国英文期刊的创办潮流。

第一节　学术成果出版的数字化与新型出版方式[1]

一、我国学术期刊微信公众号建设现状调查与分析

课题组以 754 种 CSSCI（2017—2018）来源期刊（含扩展版）和 1229 种 CSCD（2017—2018）来源期刊为调研对象，通过微信“添加”—“添加朋友”—“公众号”的方式依次搜索，并添加为关注对象，以统计学术期刊微信公众号的建设现状，统计时间截至 2018 年 4 月 1 日 20：36。

通过上述搜索，1229 种 CSCD 来源期刊中共有 737 种开通了微信公众号，开通率为 59.97%，其中 20 个公众号为两刊共用，3 个公众号为三刊共用，

[1] 本节的相关内容经过修订后已经发表，但读者朋友们也要注意在本书出版时，这些数据又发生了新的变化。具体发表信息为：张小强，吉媛，游滨．微信传播指数领先的学术期刊公众号运营调查及启示［J］. 中国科技期刊研究，2018，29（6）：574-584.

1个公众号为五刊共用，并有28种期刊开通了两个公众号，实际公众号个数为735个；754种CSSCI来源期刊中共有434种开通了微信公众号，开通率为57.56%，其中3个公众号为两刊共用，并有8种期刊开通了两个公众号，实际微信公众号个数为439个。

因此，课题组最终确定了735个CSCD期刊公众号和439个CSSCI期刊公众号为讨论源，对其基本资料、菜单设置进行调研，并依次测试自动回复、关键词回复等功能，同时将样本公众号导入“清博指数”平台微信自定义榜单中，获取其2018年4月的推送情况，以了解学术期刊微信公众号的建设现状与存在问题。

（一）学术期刊微信公众号建设现状

1. 公众号类型

434种开通了微信公众号的CSSCI来源期刊中（表6.1），84.1%选择开通订阅号；而在737种开通了微信公众号的CSCD来源期刊中，分别有56.2%和40.0%的期刊开通了订阅号和服务号，另有24种期刊选择了订阅号+服务号的组合开通方式。将多刊共用的公众号视为一个公众号并考虑一刊两号的情况，CSSCI来源期刊订阅号共375个，服务号共64个，比例为5.86∶1；CSCD来源期刊订阅号共425个，服务号共310个，比例为1.37∶1。可见，CSSCI期刊更偏向于将公众号定位于内容的传播，而CSCD期刊对传播与服务的重视度相当。

表6.1 学术期刊微信公众号开通类型概况

期刊类别	订阅号		服务号		订阅号+服务号		订阅号+订阅号		服务号+服务号	
	种数/种	占比[①]/%	种数/种	占比/%	种数/种	占比/%	种数/种	占比/%	种数/种	占比/%
CSSCI	365	84.1	61	14.1	4	0.9	4	0.9	0	0.0
CSCD	414	56.2	295	40.0	24	3.3	3	0.4	1	0.1

注：①占比=该数量/该类期刊已开通的公众号数量×100%，除特殊说明，课题组占比均由此公式计算得出。

2. 地域分布

东部是学术期刊分布的密集区域（表6.2），66.6%的CSSCI来源期刊和68.3%的CSCD来源期刊出版地都位于东部地区。从微信公众号开通比例来看，东部和东北部的开通比也处于领先位置，西部地区开通比相对最低。但除了西部CSSCI期刊的开通比低于50.0%外，两类学术期刊在其余地区的开通率均超过50.0%，反映出各地区的学术期刊都在积极尝试与微信公众号的融合。

表 6.2　学术期刊微信公众号开通地域分布概况

地区[①]	省份	CSSCI 来源期刊				CSCD 来源期刊			
		期刊数 / 种	开通数 / 种	开通比 /%	区域总况	期刊数 / 种	开通数 / 种	开通比 /%	区域总况
东部	北京	297	175	58.9	期刊数：502 种 开通数：301 种 开通比：60.0%	506	315	62.3	期刊数：839 种 开通数：505 种 开通比：60.2%
	天津	16	11	68.8		37	22	59.5	
	河北	7	4	57.1		10	5	50.0	
	上海	72	42	58.3		108	59	54.6	
	江苏	38	22	57.9		76	46	60.5	
	浙江	13	9	69.2		32	16	50.0	
	福建	12	5	41.7		9	5	55.6	
	山东	18	13	72.2		24	10	41.7	
	广东	28	19	67.9		35	26	74.3	
	海南	1	1	100.0		2	1	50.0	
中部	山西	11	3	27.3	期刊数：100 种 开通数：53 种 开通比：53.0%	9	2	22.2	期刊数：116 种 开通数：68 种 开通比：58.6%
	安徽	10	5	50.0		17	10	58.8	
	江西	9	3	33.3		2	2	100.0	
	河南	11	6	54.5		15	9	60.0	
	湖北	37	25	67.6		50	33	66.0	
	湖南	22	11	50.0		23	12	52.2	

续表

地区	省份	CSSCI 来源期刊				CSCD 来源期刊			
		期刊数 / 种	开通数 / 种	开通比 /%	区域总况	期刊数 / 种	开通数 / 种	开通比 /%	区域总况
西部	内蒙古	3	0	0.0	期刊数：98 种 开通数：48 种 开通比：49.0%	3	0	0.0	期刊数：180 种 开通数：105 种 开通比：58.3%
	广西	9	8	88.9		5	5	100.0	
	重庆	8	4	50.0		22	15	68.2	
	四川	24	11	45.8		56	34	60.7	
	贵州	4	3	75.0		4	2	50.0	
	云南	6	2	33.3		8	3	37.5	
	西藏	2	0	0.0		0	0	0.0	
	陕西	17	10	58.8		53	29	54.7	
	甘肃	13	8	61.5		21	11	52.4	
	青海	2	0	0.0		2	2	100.0	
	宁夏	4	1	25.0		0	0	0.0	
	新疆	6	1	16.7		6	4	66.7	
东北部	辽宁	12	8	66.7	期刊数：54 种 开通数：32 种 开通比：59.3%	45	30	66.7	期刊数：94 种 开通数：59 种 开通比：62.8%
	吉林	25	13	52.0		25	17	68.0	
	黑龙江	17	11	64.7		24	12	50.0	
总计		754	434	57.6		1229	737	60.0	

注：① 地区划分参照国家统计局 2011 年发布的《东西中部和东北地区划分方法》。

3. 认证情况

微信认证的手续烦琐，时间花费久，但认证号与普通号之间除了公信力不同之外，认证号在图文链接、微信支付等深度功能开放方面具有一定优势。[1]439 个 CSSCI 期刊公众号中有 279 个完成认证，认证率 63.6%；735 个 CSCD 期刊公众号中有 495 个完成认证，认证率 67.3%。多数认证公众号的账号主体为主办单位或出版单位，少数为企业、社会团体，未认证公众号的账号主体多为个人或其他组织。在调研中还发现，部分学术期刊公众号在课题组第一次检索时为只注册未认证的状态，但在后续检索中已拥有认证标识，说明越来越多的学术期刊正意识到微信认证的优势。

（二）内容推送情况

图文消息推送是微信公众号运营中的重要环节，两类学术期刊中从未有过推送行为的服务号比例均大于订阅号，再一次说明服务号和订阅号本质定位的区别。在有过推送行为的学术期刊公众号中，半年内未推送和调查当月未推送的 CSCD 期刊公众号比例都大于 CSSCI 期刊。最终将 2018 年 4 月有消息推送的 CSSCI 期刊服务号 40 个、订阅号 263 个和 CSCD 期刊服务号 147 个、订阅号 236 个导入微信 WCI[2] 自定义榜单中，搜集这些公众号 2018 年 4 月的推送情况（表 6.3）。

表 6.3　学术期刊公众号总体推送情况

类别	总数 / 个	从未推送		超过半年无推送		半年内有推送 2018 年 4 月无推送	
		数量 / 个	占比 /%	数量 / 个	占比 /%	数量 / 个	占比 /%
CSSCI 服务号	64	10	15.6	5	7.8	9	14.1
CSCD 服务号	310	39	12.6	28	9.0	96	31.0
CSSCI 订阅号	375	32	8.5	24	6.4	56	14.9
CSCD 订阅号	425	50	11.8	44	10.4	95	22.4

1. 基本推送情况

服务号中，CSCD 期刊的推送次数分布较为均匀，CSSCI 期刊推送 2 次的

---

[1] 武晓耕，韩俊，樊云飞，等. 科技学术期刊微信公众号的选择策略分析［J］. 编辑学报，2017，29（4）：384-386.

[2] WCI 是清博指数评估微信公众号传播力的数据，该数据通过清博指数确定的 WCI 公式，以微信公众号的阅读量、点赞数等各项数据综合计算得出。

比例更高；推送篇数来看，两类期刊服务号推送 1 ～ 5 篇的比例都最高，推送超过 20 篇的有 8 个 CSCD 期刊服务号，没有 CSSCI 期刊服务号（表 6.4）。

表 6.4　学术期刊服务号 2018 年 4 月推送情况　　单位：个

类别	推送次数				推送篇数				
	1 次	2 次	3 次	4 次	1 ～ 5 篇	6 ～ 10 篇	11 ～ 20 篇	21 ～ 30 篇	>30 篇
CSSCI 服务号	11	16	7	6	30	6	4	0	0
CSCD 服务号	34	39	34	40	90	22	27	7	1

订阅号中，75.7% 的 CSSCI 期刊和 66.1% 的 CSCD 期刊推送次数低于 10 次，但有 4 个 CSSCI 期刊的推送次数大于 30 次，超过了订阅号每天群发 1 次的限制，这种拥有特殊权限的公众号多为认证企业或早期开通认证的账号，它们有资质、能力并有频繁推送的特殊需求，如《环境保护》。与推送次数相对应，CSCD 期刊订阅号在推送数量上多于 CSSCI 期刊，特别是在 30 篇以上的区间中，仅有 6.1% 的 CSSCI 期刊，而 17.8% 的 CSCD 期刊订阅号都位于此区间（表 6.5）。

表 6.5　学术期刊订阅号 2018 年 4 月推送情况　　单位：个

类别	推送次数					推送篇数						
	1 ～ 5 次	6 ～ 10 次	11 ～ 20 次	21 ～ 30 次	>30 次	1 ～ 5 篇	6 ～ 10 篇	11 ～ 20 篇	21 ～ 30 篇	31 ～ 60 篇	61 ～ 90 篇	>90 篇
CSSCI 订阅号	143	56	47	13	4	120	58	57	12	9	3	4
CSCD 订阅号	112	44	51	29	0	94	42	42	16	27	8	7

2. 推送内容与传播效果

对有过推送行为的学术期刊公众号进行分析发现，推送内容涉及期刊论文、业界资讯、写作技巧等 13 类。图 6.1 显示，两类期刊的推送都主要依赖母刊资源，论文、目录、通知公告是推送频率最高的内容。两类学术期刊的服务号推送最多的是当期目录，订阅号推送最多的是期刊论文。通知公告和期刊动态同样被学术期刊所重视，前者旨在为读者服务，包括会议、活动通知，征稿、订阅启事及防骗声明；后者旨在展示期刊形象，如期刊所获荣誉、所办讲座、编辑部会议等。栏目导读与目录不同，除提供题目和作者信息，专栏导读、封面文章导读等，还放入文章摘要或详细介绍某栏目，提供的信息量更大，但学术期刊公众号仍更多推送纯目录。

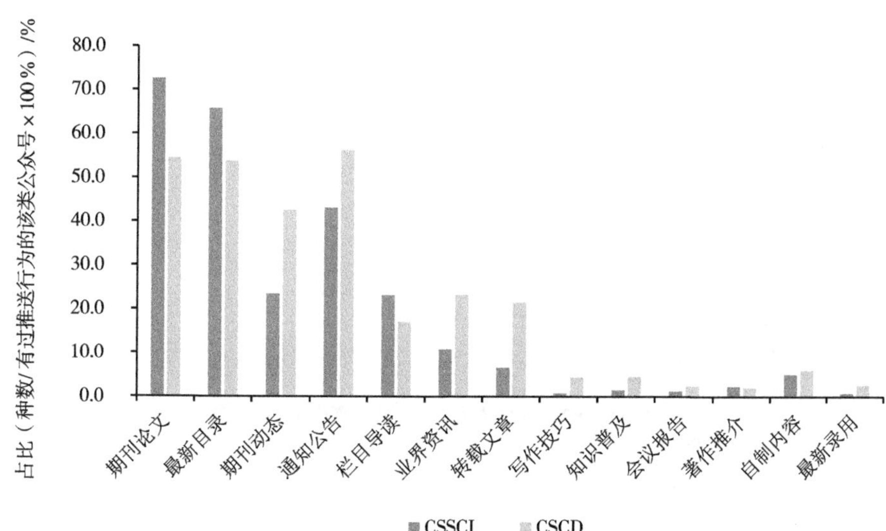

图 6.1　学术期刊微信公众号推送内容类型

微信推文的简单排版即简单地对文章行间距、字体大小颜色进行调整，复杂排版在简单调整格式的基础上使用了编辑器提供的小标题、边框、背景、贴纸等修饰，页面更美观。调查中发现，CSSCI 期刊公众号对新媒体编辑运用得更好，超过 50.0% 的订阅号和服务号都使用了复杂排版（表 6.6）。

表 6.6　各类学术期刊微信公众号文章排版方式

类别	CSSCI 服务号		CSCD 服务号		CSSCI 订阅号		CSCD 订阅号	
	数量 / 个	占比 /%	数量 / 个	占比 /%	数量 / 个	占比 /%	数量 / 个	占比 /%
简单排版	25	46.3	147	54.2	161	46.9	197	52.5
复杂排版	29	53.7	124	45.8	182	53.1	178	47.5

在媒介形式上，除了单纯的文字，学术期刊对图片的使用较多，音视频等媒介使用较少，CSCD 期刊对链接的使用更为熟练，有 73.8% 的服务号和 66.4% 的订阅号在推送内容中使用阅读原文链接、题目链接、往期文章链接等，而 CSSCI 期刊的对应占比分别为 37.0% 和 26.5%。

CSSCI 期刊公众号的篇均阅读量较 CSCD 期刊更为乐观，CSSCI 期刊中 20.0% 的服务号和 21.7% 的订阅号篇均阅读量大于 1000 次，而 CSCD 期刊的比例分别为 6.8% 和 17.4%。除 CSSCI 期刊服务号外，其余三类公众号均有超过 50.0% 的篇均阅读量低于 500 次（图 6.2）。

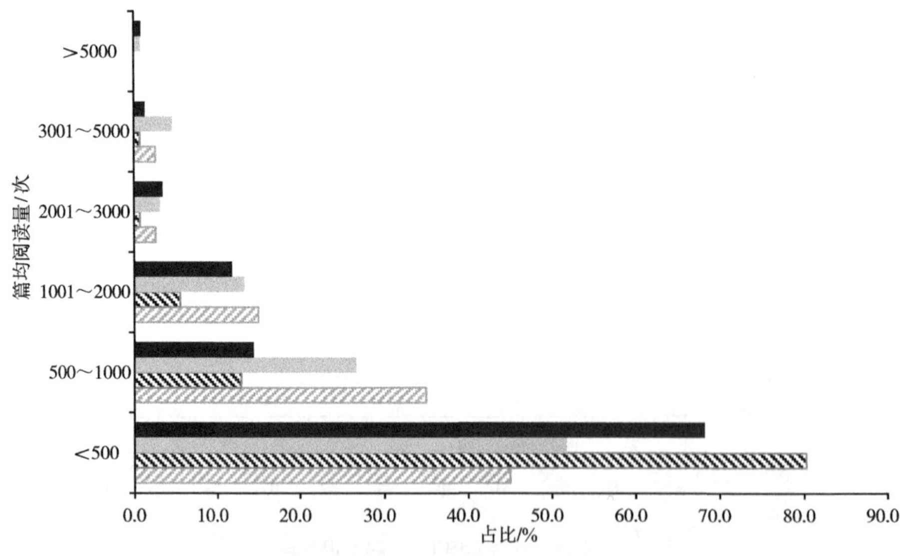

图 6.2 各类学术期刊公众号 2018 年 4 月篇均阅读数分布比例

从点赞数来看，服务号的总点赞数均不超过 500 次，订阅号中也仅有 4.0% 的 CSSCI 期刊订阅号和 5.0% 的 CSCD 期刊订阅号总点赞数大于 50 次。四类公众号的总点赞数都集中于低于 100 次的区间，篇均阅读量情况最不乐观的 CSCD 期刊服务号点赞数也不容乐观，有 93.9% 都没有超过 100 次。

综合了阅读数、点赞数等各维度数据后得出的综合指标 WCI，能较为全面地反映公众号的传播能力。如图 6.3 所示，四类学术期刊公众号中都有接近半数的公众号 WCI 值低于 200，在大于 400 的高 WCI 值区间，订阅号较服务号优势明显。虽然在 WCI 值小于 200 的区间，CSCD 订阅号占比比 CSSCI 订阅号更大，但在 WCI 值大于 500 的区间，前者又高于后者。

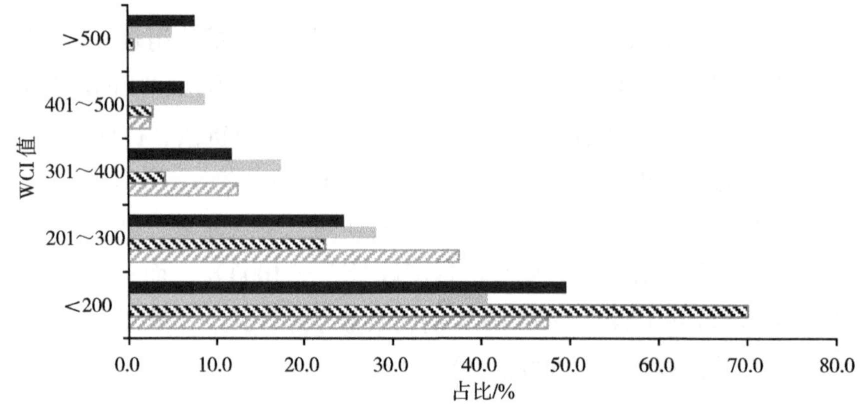

图 6.3 各类学术期刊公众号 2018 年 4 月 WCI 值分布

二、国外期刊社交媒体应用调查

课题组选取《社交媒体——学术出版最佳实践》（*Social Media—Best Practices in Scholarly Publishing*）一书中提供的11家出版单位作为调查的样本。具体的调查方法是直接调查他们运营的社交媒体账号上的国外期刊利用社交媒体的情况，对比学术期刊在2011年和2018年运营Facebook、YouTube、Twitter的情况。表6.7是这几家出版商2011年最初的社交媒体运营数据和他们运营的主要目的。

表6.7　国外学术成果出版商社交媒体运营的最初数据和目的

出版商	2011年运营数据	运营的主要目的	2018年运营数据
AAAS/Science	Facebook：41000 Twitter：19500	品牌建设 社区建设 服务会员 流量引入	Facebook：3814011 Twitter：1172193 YouTube：46162
American Journal of Nursing	Facebook：10000 Twitter：7000 博客：多于150	品牌建设 获得统计 信息散布 社区建设 读者互动	Facebook：222025 Twitter：52113
BMJ Publishing Group	Facebook：1300 Twitter：16000	服务会员 信息散布 品牌建设 获得赞助 产品开发	Facebook：84806 Twitter：295419
Harvard University Press	Facebook：9500 Twitter：15000	公众信息 图书销售 信息散布 流量引入	Facebook：88949 Twitter：31200
Health Affairs/Project Hope	Facebook：1100 Twitter：14000	信息散布 流量引入 品牌建设	Facebook：14137 Twitter：138483
McGraw-Hill Professional	Facebook：3350 Twitter： 商业：5000 医疗：1100 工程：3200 计算：350	公众信息 图书销售 读者参与 信息散布	Facebook： McGraw-Hill教育：5630 McGraw-Hill教育（Asia）：18703 Twitter： McGraw-Hill商业：26295 McGraw-Hill教育：63000 McGraw-Hill医疗：2491 McGraw-Hill教育：45630 McGraw-Hill工程：16602 McGraw-Hill计算：1408 Nurse Central：3130

续表

出版商	2011 年运营数据	运营的主要目的	2018 年运营数据
J Bone and Joint Surgery	无 2011 年数据	社交媒体作为出版的拓展 对于医学出版商的特别设想	Facebook：18589 Twitter：18017
Oxford University Press	Facebook：2600 Twitter：3600	公众信息 信息散布 获得人口统计	Facebook：1102867 Twitter：86811 YouTube：757
Public Library of Science	Facebook：9100 Twitter：8600	社区建设 信息散布 论文水平的指标 产品开发 指标再利用	Facebook：95808 Twitter：132155
SAGE	Twitter： SAGE 视野：110 SAGE 医疗新闻：80 SAGE 科学与技术新闻：80 SAGE 社会科学新闻：320	交叉生产营销 利益相关人驱动的内容 流量引入 信息散布 广告发布	基本停止运营相关账号，成为僵尸账号
Society for Industrial and Applied Mathematics（SIAM）	Facebook：2200 Twitter：500	服务会员 获得人口统计 会议与其他服务营销	Facebook：21690 Twitter：11000

注：1. 本表内容从《社交媒体——学术出版最佳实践》（*Social Media—Best Practices in Scholarly Publishing*）中整理，Cara Kaufman 等著，2011 年由 Kaufman-Wills Group 出版；

2. Facebook 为统计时喜欢的数量，Twitter 和博客为统计时粉丝数量，YouTube 为统计时视频最高浏览量。

根据数据，11 家出版商从用户关注指标来看都有不同程度的增长。但也不是所有出版商都实现了全部目标，有的出版商放弃了运营，也有的出版商运营较为成功，如哈佛大学出版社的 Twitter 账户粉丝突破 3 万。随着社交媒体及其运营形式的发展，部分出版商将注意力转向新的平台，Facebook 这一用户最多的平台则是出版商的重点。其大部分所发布的视频内容与母刊相关，相比之下期刊 YouTube 视频内容的影响力较低。上述数据呈现出国外学术出版商社交媒体在起步阶段的特点：目标多元化，用户数量并不多；Facebook 和 Twitter 成为出版商发布内容的标准配置；出版商也没有放弃博客，且尚未关注科研工作者社交平台。

为了进一步调查国外学术期刊对社交媒体的利用情况，这里对知名期刊运营 Facebook 的情况做了调查，数据见表 6.8 ～表 6.10。表 6.8 ～表 6.10 显示，所选取的知名期刊中大部分都运营了 Facebook（表格中简写为“FB”）账号，也有部分期刊没有运营。运营效果也不一样，《科学》（*Science*）运营的账号有 380 多万粉丝，而有的期刊仅有 2000 多粉丝。视频播放最高是《自然》（*Nature*）的 152 万。从视频内容看，大部分与期刊刊载的内容有关。这说明国外知名期刊利用社交媒体和视频等形式拓展出新的传播模式，而且部分期刊的传播效果非常好。

表 6.8　世界知名期刊利用 Facebook 情况调查（2018 年 8 月 5 日数据）

期刊名称	FB 粉丝数	FB 总赞数	FB 发布线下活动	（7 月 30 日至 8 月 5 日）一周发布帖子总数
Nature	860180	849027	3	39
The New England Journal of Medicine	1716846	1734854	1	15
Science	3814018	3817864	0	26
The Lancet	204036	202832	8	4
Chemical Society Reviews	无 FB 账号	无	无	无
Cell	162609	162872	1	0
Journal of the American Chemical Society	56476	56243	0	4
Advanced Materials	2296	2235	0	0
Proceedings of the National Academy of Sciences	70397	70541	1	17
Chemical Reviews	无 FB 账号	无	0	无
Nature Communications	122896	122122	1	8
JAMA	478720	478763	6	26
Physical Review Letters	无 FB 账号	无	无	无
Angewandte Chemie International Edition	20117	19974	8	无
Nano Letters	无 FB 账号	无	无	无

表 6.9　世界知名期刊利用社交媒体传播视频的情况调查（2018 年 8 月 5 日数据）

期刊名称	截至 8 月 5 日 FB 视频最高播放量	FB 视频最低播放量	FB 视频最高点赞数	FB 视频最低点赞数
Nature	152 万	473	1.9 万	12
The New England Journal of Medicine	94 万	5418	8232	3
Science	117 万	1.4 万	1.1 万	138
The Lancet	2 万	0	436	0
Chemical Society Reviews（无 FB 账号）	无	无	无	无
Cell	2.7 万	0	676	3
Journal of the American Chemical Society	0	0	25	25
Advanced Materials	0	0	0	0
Proceedings of the National Academy of Sciences	7298 万	0	217	51
Chemical Reviews（无 FB 账号）	无	无	无	无
Nature Communications	11.3 万	0	184	7
JAMA	32.9 万	60	5312	9
Physical Review Letters（无 FB 账号）	无	无	无	无
Angewandte Chemie International Edition	无视频	无	无	无
Nano Letters（无 FB 账号）	无	无	无	无

表 6.10　期刊发布内容的类型

期刊名称	日期顺序前三最高播放内容与期刊内容的关系
Nature	与期刊发表论文相关，进化动力学
The New England Journal of Medicine	与期刊发表论文无关，与期刊官网相关，视频无期刊片头或 logo
Science	与 Science 内容相关，实验性核聚变反应堆的文章
The Lancet	与期刊发表论文相关，视频内容总结了第二阶段实验的调查结果
Chemical Society Reviews（无 FB 账号）	无

续表

期刊名称	日期顺序前三最高播放内容与期刊内容的关系
Cell	与期刊内容相关
Journal of the American Chemical Society	视频为 2008 年的，对期刊历史发展做了简要介绍
Advanced Materials	无
Proceedings of the National Academy of Sciences	视频为 2008 年的，对期刊历史发展做了简要介绍
Chemical Reviews （无 FB 账号）	无
Nature Communications	与期刊论文无关，属于网站文章，Nature 出版商和编辑对开放存取期刊做了介绍
JAMA	视频内容与期刊发表论文相关
Physical Review Letters （无 FB 账号）	无
Angewandte Chemie International Edition	最近帖子是 2018 年 2 月 15 日的，都是对研究的简单介绍，没有论文链接
Nano Letters （无 FB 账号）	无

从上面的调查结果可知，国内外学术期刊利用社交媒体传播已经相当普遍，其传播的内容或与期刊论文相关，或与期刊营销相关，也有的内容与期刊和论文无关，而且不同期刊传播渠道和传播效果有较大差异。但不管传播效果如何，这些社交媒体中的传播内容，部分也属于学术成果，也会被其他学者利用甚至引用，由此也会带来学术出版规范和标准问题。笔者认为，目前需要注意以下几个方面的问题。

第一，社交媒体等新传播渠道内容的引用规范和标准。这一问题其实在前面章节对国内外的参考文献著录标准予以比较时就已凸显。我国的参考文献著录标准与国外的各类标准相比，需要修订的地方之一就是本章所调查的社交媒体等渠道中的内容。社交媒体与学术论文最大的不同是它们并没有线下和线上的存档，虽然随时在线，但也随时会因为平台倒闭、用户删除或屏蔽等原因导致无法访问。而且不同的社交媒体平台其访问渠道也不尽相同，有的可以通过电脑浏览器访问，还有的只能在手机客户端上访问；有的可以复制保存，但也有的无法下载保存；有的有短连接，有的链接则较长。此外，社交媒体的形态也是多样化的，有文本、图像、音频、视频、互动等内容。除了各类学术期刊在社交媒体上提供的内容可供引用，对于人文社科类期刊而言，社交媒体等平台也是当前重要的研究对象，在这种情况下也需要对社交媒体等平台的内容进行引用。因此，对各种在学术期刊论文中可能出现的社交媒体内容也需要尽快制定引用规范和标准。若没有标准，将会让作者们误认为社交媒体内容不需要引用，或者引用时因无标准可依导致著录不全，编辑在加工稿件时遇到这类情况同样无标准可依。

第二，学术论文改编为其他形态之后的规范性问题。社交媒体的传播是多模态的，与以文字为主、辅以图形图像的学术论文有很大的不同，因而传统的学术论文转化为音频、视频等新的形态时也会带来很多学术规范的问题。例如，从论文中摘取一段内容转化为视频在社交媒体传播，当这一段内容恰好引用了前人的成果时，是否需要像传统论文一样给出参考文献？直接在视频中播报参考文献显然不现实，但在视频的评论或介绍的地方是否应给出参考文献？如果要列出参考文献，是否需要遵照相应的标准，还是另外制定适应新媒体环境的新标准？例如，是否可以不著录完全？上述问题都是值得进一步讨论的。

此外，即便不改变内容的模态，将论文的部分内容发表在微信公众号等平台时是否依然要遵照学术出版规范和标准？这也是一个需要明确或者需要规范的问题。不管在什么平台或者什么样的形态，为了学术信息的传播和学风建设，学术成果内容都应遵照规范和标准，只是在新的传播环境下也应有与之相适应的规范和标准。

第三，版权问题。前面章节已经讨论过，版权和学术不端或者说版权法与学术规范是两类不同的问题，但尊重版权本身也是可以规范的道德问题，通过规范的操作还可以避免版权纠纷，对学术成果出版也有重要意义。国内外学术期刊在各类新媒体渠道传播论文内容或其他内容不可避免地让版权问题变得更为复杂。笔者认为，学术期刊乃至学术内容出版社在进行传统出版以外的传播活动时，应坚持凡是传播的内容都应有版权授权。例如，若期刊已经将信息网络传播权转让或独家许可给其他机构，并且在协议中并未保留自身可以传播利用的权利，那么期刊就无法在社交媒体传播其本刊内容。又如，若期刊和其作者签订的版权协议中并未包含期刊可以将论文制作成视频并传播的相关权利，那么期刊这样做就涉嫌版权侵权。[1] 从规范学术成果及学

---

[1] 有关期刊版权问题的讨论，笔者已经发表过系列文章，具体可参见：张小强，赵大良，游滨.期刊数字出版合作协议中的版权保护与风险防范［J］.中国科技期刊研究，2015，26（1）：53-59；张小强，钟紫红，赵大良，郭毅.我国科技期刊版权协议文本存在问题与修改建议［J］.中国科技期刊研究，2013，24（3）：526-531；张小强，钟紫红，张秀峰.科技期刊论文插图的版权与再利用［J］.中国科技期刊研究，2012，23（3）：429-432.

术成果出版单位的传播活动视角看，有必要在相关的规范或标准中加入相应内容提醒学术出版单位注意版权问题，并有一些原则性的指南。但因为版权问题较为复杂，与学术规范是不同领域的问题，这类规范不宜也不可能过于细致。

三、数据出版及其带来的规范问题[❶]

（一）数据出版形态

按照客体，也即数据与论文的关系来划分，数据出版的形态有以下三种。

第一，数据附属于出版物。这是脱胎于传统的论文出版模式，在这种模式下，数据并不独立，仅限于与已经发表的期刊论文相关的部分。国外不少知名期刊，如《自然》等采用这种模式出版数据。

第二，独立的数据出版。这种模式是指数据和描述数据的信息独立出版，不依赖于论文。很多数据存储机构进行的数据出版属于这种类型。这种出版模式接近传统的数据共享，与共享的区别在于依然包含了对数据及相关信息的把关过程。

第三，出版物附属于数据。这是一种近年来兴起的数据出版模式，即出版的核心是数据，但与数据相关的出版物用来描述数据。近年来兴起的数据论文、数据期刊属于这种类型。

还有一种划分逻辑是按照出版主体划分，笔者认为，如果与传统出版模式对照，按照出版主体对信息流的控制方式来划分，数据出版又分为以下四种主要模式。

第一，出版机构控制模式。这种模式与传统论文出版最接近，即主要由期刊出版单位控制围绕数据的信息流。这种模式下涉及的出版物既包括数据，也包括与数据相关的论文。不管是数据附属于论文还是论文附属于数据，期刊既控制论文的出版，也控制与论文相关的数据出版。在这种数据出版模式下，整个数据出版是由期刊推动的，期刊出版单位是整个出版过程的把关人。数据及论文的评议还是由第三方——学者来完成。

这种模式按照数据是否由期刊出版单位存储分为两种。

其中一种模式是由期刊进行数据的存储，数据完全是传统学术论文的附属

❶ 这部分内容已经发表，具体信息为：张小强，李欣.数据出版理论与实践关键问题［J］.中国科技期刊研究，2015，26（8）：813-821.

物，作者在交稿后期刊的选定评审专家在评审论文的同时也评审数据。在这种情况下，由于数据是学术论文的补充，因此数据不能独立存在，而是论文的延续。这种模式是最早开始的一种数据出版，随着电子期刊的发展，很自然地发展出来。如国外的《自然》等杂志采用了这种模式。但是随着期刊的实践，这种模式的弊端也日益凸显。因为数据附属于论文，因而数据必然受到多方面的限制，如数据内容、数据大小、格式，而且数据不独立也导致不能对数据进行单独的引用。另外一个弊端是，因为数据的评审与论文的评审同步进行，按照传统模式的评审过程大大加重了评审专家的负担，使得数据影响论文的评审。还有一个技术上的原因是，数据需要占用大量存储空间，数据的管理也要耗费期刊大量人力，一般期刊难以承受。国外的《神经科学学报》（*The Journal of Neuroscience*）杂志在实施了一段上述模式的数据出版后，于 2010 年发布了一个编辑部声明，宣布该杂志不再接受作者投稿时提供附加材料（包括数据），也不再评审附加材料，而且该杂志也不再将作者提供的附加材料发布到其网站上。该杂志随后给出的理由是附加材料已经严重影响到论文的评审过程。[1]

因为上述模式的实行有诸多障碍，一些期刊不要求作者将与论文相关的数据上传到自己的网站，而是要求作者上传到他们指定的存储机构并提供数据的获取代码。这些机构往往是在特定学科领域获得广泛承认的存储机构。例如，《自然》集团出版的数据期刊 *Scientific Data* 针对不同学科指定了一系列的数据存储中心，并在其网站提供了访问入口。与上述模式相同的是，作者上传的数据仍然要与论文相关，而且期刊要求作者必须上传数据，否则论文将不会被发表。由于数据本身并不受期刊控制，那么这种模式下数据一般应该是开放的，否则读者很难访问相关数据。

由出版机构控制流程的优势在于出版机构能够通过出版方面的专业知识，严格控制数据及相关信息的学术质量，能够按照出版标准和学术规范加工数据的描述信息。

第二，非出版机构独立控制模式。在这种模式下数据出版往往由科研机构、大学或相关学术组织建立的专门数据存储机构进行数据的出版。这也是当前进行得非常多的一种数据出版模式，通过搜索引擎我们很容易找到这些

---

[1] SMIT E，GRUTTEMEIER H. Are scholarly publications ready for the data era? Suggestions for best practice guidelines and common standards for the integration of data and publications［J］. New Review of Information Networking，2011，16（1）：54–70. Supplemental Material［2015–04–17］. http：//www. jneurosci.org/site/misc/ifa_supplemental.xhtml.

机构的网站，如我国的地球系统科学数据共享平台、中国生物志数据库等数据存储机构，美国的康奈尔大学数据中心、美国国家冰雪数据中心等，还有不少是跨国的数据存储机构。这样的数据存储机构在国内外数量众多，目前这些数据存储机构储存了大量的科研数据。

这种模式的优势是数据的存储和数据的描述信息都在同一机构的服务器上，数据与描述信息同步呈现，避免了可能出现的数据难以获取的情况。与期刊相比，这些存储机构多为获得国家资金支持的大型研究机构，有雄厚的技术实力实现数据管理和策展（Curation）。但是，由于数据存储机构是研究机构而不是出版机构，在对信息的加工方面不具备期刊的专业性，因而呈现出来的数据描述信息肯定不如正式出版的数据论文详细，在规范性和标准化方面也往往较差。这样的数据出版更接近于数据存储，呈现的数据描述信息质量差，影响了学术界对其"出版物"地位的认定，部分期刊甚至不允许将这类数据的描述信息列为参考文献。另外，这些研究机构既存储机构内学者提供的数据，也存储外部数据，虽然他们也对数据进行了评审，但评审的公正性会受到外界质疑，也影响了其权威性。

第三，混合模式。有些学者按照数据出版的过程把除了作者的相关主体的角色划分为推动者、鉴定人管理者、评审控制者、把关者、元数据编辑者、元数据制作者、评审者、存储者、策展者。[1]前两种模式中，这些角色绝大部分情况下由出版机构或数据存储机构独立承担。而混合模式，就是出版机构和数据存储机构分别担任上述角色，共同形成数据出版过程。由于数据的多样性和数据存储机构的多样性，在不同情况下，出版机构与数据存储机构担任的角色数和具体角色并不相同。最典型的一种模式就是出版机构出版数据论文，数据存储于数据存储机构，这时数据存储机构作为数据存储的推动者和数据鉴定人管理者负责数据质量，期刊作为评阅过程的控制者负责数据及数据论文的学术质量，评议过程由第三方完成，双方各自制作数据和数据论文的元数据。在其他情况下，可能稍有不同，例如，有时作者数据的上传并非由数据存储机构推动，而是由期刊推动，数据也由期刊评审，但元数据由存储机构制作。

相对于前两种模式，这种混合模式比较灵活，能够最大限度发挥期刊和

---

[1] RAY J M. Research data management: Practical strategies for information professionals [M]. West Lafayette: Purdue University Press, 2014.

数据存储机构各自的优势。当然这种模式需要两家机构配合好，因为出版过程是双方共同进行的，一旦数据或出版物信息有变动，必须同步更改。值得注意的是，课题组在这里提出的混合模式，是针对出版主体的角色而言，范围比 Ray 提出的"混合 Overlay"模式要宽。

第四，"二次出版"模式。目前研究数据出版的文献中并未关注数据出版物的二次出版问题，但这对数据出版的效果至关重要。笔者认为，随着各国高度重视科研数据的共享，会产生海量的数据和海量的数据信息，因而在数据出版后，提高数据在利用者中的可见性甚至比数据出版本身更为关键。因而，既要建立数据出版物的"门户网站"，对全球海量数据进行策展，还要建立数据出版物搜索引擎，使利用者能够方便地搜索到他所需要的数据出版机构。这实质上是所有网络出版物到达受众必需的两大手段。目前，由德国研究基金会（German Research Foundation）资助的于 2012 年成立的 re3data.org 网站就是这样一个数据的门户网站。数据存储机构可以在该网站注册，该网站会对注册的机构进行评审。在网站上可以用关键词搜索数据存储机构，可以按国家、主题或内容类型浏览数据存储机构，截至 2015 年 4 月已经有 1205 个经过评审的数据存储机构的信息在该网站能够被获取。[1]

（二）数据出版的主要障碍：伦理规范与标准的缺失

学术出版规范与标准显然落后于数据出版的发展，带来的主要问题如下。

第一，伦理规范缺失导致数据出版学术"奖惩"功能失效。

在网络环境冲击下，传统出版物如报纸、图书受到很大冲击，但学术期刊在数字化浪潮中屹立不倒，受到的冲击最小。这得益于经过多年形成的学术传播生态体系，在这个体系中：作者投稿、期刊出版（数据库集成）、图书馆机构购买。作者的投稿意愿、社会对学术论文的需求、期刊的出版意愿是高度一致的，最终形成一个良性循环的系统。系统运转的动力正是来自围绕论文出版形成的"奖惩"体系。这种奖励体系演变到今天，形成了以期刊文献计量评价部分代替论文学术评价的独特现象。国外的 SSCI、EI、A&HCI，国内的 CSSCI、CSCD 等以文献计量学为主要指标的系统收录期刊成为国内外学者发表论文的主要目标。能否进入这样的检索系统，甚至具体的影响因子数值成为评价期刊学术质量的指标。在这些系统收录的期刊发表论文，成为

[1] What is re3data.org?［EB/OL］.［2015-04-17］. http://www.re3data.org/faq.

评价学者学术能力的指标。虽然这个系统的运行并不完美，但其运行效果是非常好的，极大地促进了学术出版和学术交流的发展。

如果仅有“奖励”系统而没有相应的“惩罚”系统，上述系统也不能良好运行。因为作者都希望自己的论文被他人引用，但不一定愿意规范地标注引用他人论文的情况。因而，为了保障“奖励”的权威性、客观性，“惩罚”系统应运而生。这个“惩罚”系统就是近乎苛刻的学术论文出版规范和具体标准。最典型的就是参考文献标引与著录规范和标准，由于已经形成了一种伦理规范和标准，一旦作者没有规范地标注引用的他人成果，就会面临道德惩罚，也会损害期刊声誉。这种体系不是一朝一夕建立的，而是通过不断演变的出版单位外部和内部规范，通过学者、编辑和管理者的社会化形成的。

而数据出版由于是新生事物，尚未形成类似论文出版的各种伦理规范和标准，这就使得数据出版物当前的学术评价机制没有形成，对作者缺少“奖励”机制，导致作者投稿动机不足。另外，由于还没有形成相应的伦理规范和标准，导致“惩罚”功能失效。调查显示，60% 的学者愿意利用他人的数据，但仅有 40% 的学者愿意发表数据 。[1] 国内外的调查还显示，只有少部分学者愿意把数据列入文后参考文献。

上述调查结果与学界争相发表论文，并在论文写作时小心翼翼，生怕漏引一条文献形成鲜明对比，其原因正是数据出版伦理规范尚未建立，导致无法形成有效“奖惩”机制。

这就导致当前的数据出版主要是由上向下推动，而不是自下而上高度统一。目前推进数据出版的除了部分期刊出版单位，主要是带有政府色彩的基金管理机构或者学术机构，如美国的国家基金管理部门要求其资助的研究开放数据，我国的科技部及中科院等部门和机构都在大力推进数据的共享，2014 年英国生态学会在下属期刊中推行了强制数据存储政策 。而具体到广大的科研工作者，则明显动力不足。

第二，数据出版的复杂性导致统一规范和标准短期内难以形成。

数据与论文不同，论文虽然也有学科的区别，但论文是结构化的数据，

---

❶ SMIT E，GRUTTEMEIER H. Are scholarly publications ready for the data era? Suggestions for best practice guidelines and common standards for the integration of data and publications [J]. New Review of Information Networking，2011，16 (1)：54-70.

科研数据却是非结构化的，种类多样，例如，视频、统计数据、图像、计算数据、编码表、计算模型、问卷等都是数据，这就导致对数据的描述需求也存在学科差异。有的学科数据可能不需要太多附属信息就能再利用，有的学科需要更多说明。如前文所述，数据出版的形态也远比论文出版复杂，有多种形态，涉及多个主体。数据出版与论文出版另一个不同之处是，数据出版更需要跨国合作，一些涉及人类、地球的基础数据，一个国家根本无法完成。这也增加了数据出版的复杂程度。数据出版的复杂性，导致短期内确实难以形成统一的伦理规范和出版标准。目前，已经有一些相关组织正在推进数据出版及相关标准的制定，如推动数据共享的研究数据联盟（Research Data Alliance，RDA）、推动数据引证的 DataCite 等组织，美国标准化组织制定了《在线附加于期刊论文材料的推荐惯例》（*Recommended Practices for Online Supplemental Journal Article Materials*），已经有一些可供参考的标准可以用，但还远远不能满足数据出版的需要，对此，亟须理论探索和具体实践。笔者调查了我国的数据出版情况，发现一些数据存储机构的元数据和给出的数据引用模式与国外相比规范性更差，在数据描述信息和出版者所给的引用信息中甚至找不到具体的数据获取方法，给出的链接是数据存储网站而不是数据的链接，也没有 DOI。

四、数据出版等新型学术出版模式对出版规范与标准的挑战

除了上文所述学术出版单位对社交媒体的利用和数据出版，近年来也出现了很多其他新型的出版模式，主要包括：增强型 HTML 格式，这种格式可以让用户同时看到文章和参考文献；增强型 PDF，同样是丰富表现形式，可以让用户看到 3D 信息；多版数字文章，一个文章可以有不同的数字版本，能够让用户看到修改过程；微文章，对数据进行简短描述的文章。其他新型的数字出版类型还包括动态图表、数据可视化等新的展现形式。这些新的出版形式给学术成果出版规范与标准带来了很大的挑战，上面的数据出版就是问题之一。

从数据出版角度来看，应该在以下几个方面制定相关规范和标准，至少在一定学科、一定范围应该先制定出下列标准，最后在兼顾多样性和统一性的要求后，形成一国甚至全球统一的数据出版规范和标准。

第一，与数据出版有关的伦理规范。制定数据出版的学术伦理规范是为了保证数据出版的顺利进行。通过出版规范保障数据出版必须保证数据及相关

信息的真实性、客观性、可获得性，从而保证数据出版物的价值。为了保证数据出版具备这些因素，可借鉴传统论文的出版模式，制定一套行之有效的“奖惩”机制。如规定对于数据造假者和隐瞒引用数据出版物信息的具体惩罚措施，对于高质量数据出版物的引用应视为对论文的引用，不得在论文写作著录文献时歧视数据和数据出版物。若作者引用数据出版物而不标注，也应视为与引用论文而不标注同等的学术不端行为。只有在传统学术出版伦理中加入数据出版的内容，才能使当前的数据出版进入整个学术传播体系。否则，数据出版更多是数据存储和数据策展，数据的学术价值得不到有效开发。

第二，应制定数据出版用稿规范。最迫切的主要有两个方面：其一，评审机制。数据出版评审规范的建立对于提高数据出版质量有重要意义，评审规范的建立需要考虑两方面的因素。一是内部因素，主要是指数据出版所出版的数据本身的质量，在评审规范中对数据的质量、规范性、真实性等因素作出具体的衡量标准；二是外部因素，如对评审者的素质要求、评审机制的完善等。还需要研究具体的评审主体，因为数据出版物既涉及文本性信息，又涉及丰富多样的数据信息，传统的学界审稿人不一定能够胜任，对此，是否引入专门的数据评审员是值得深入探讨的问题。总之，如何建立一种有别于论文匿名评审机制的具体数据出版评审机制是数据出版用稿机制的核心。其二，具体用稿机制。与传统论文出版不同，在数据出版中会涉及多个主体之间的合作，主体之间如何配合形成科学用稿机制是另一个值得研究的问题。

第三，数据出版成果的引用规范。现在，国内外一些重要机构在数据出版引用方面的规范一般包括作者（Author）、名称（Title）、版本（Version）、发布机构（Publisher）、发布时间（Publication Year）、传播机构（Distributor）、传播时间（Distribution Date）、唯一标识符（Unique Identifier）、解析网址（Bridge Service），并且规定了这些元素的引用格式。随着数据出版的不断发展，这些元素将进一步丰富与细化。但我国的现状是并没有启动行业甚至国家层面的数据引用规范，现有规范是数据存储机构自己制定的，存在不统一、不规范问题。

第四，元数据标准。元数据是数据的数据，是对数据及信息资源的描述性基础信息。元数据对于数据出版有重要意义，因为数据是多样的，但是可以通过统一的元数据标准来结构化、规范化。元数据的意义还在于，只要是数字资源信息都可以有元数据，这就让数据出版物和数字化之后的传统学术出版物——学术期刊、学术著作之间形成同类的结构化数据，使数据出版和期刊、图书在数字环境中形成一定程度的统一标准。2014 年，我国国家标准《科技平台 元数据标准化基本原则与方法》（GB/T 30522—2014）开始实施，但是这一标准并非具体的元数据标准，而是元数据标准化的原则和方法。因而，一些数据存储机构制定了自己的数据出版元数据标准，如国家科技基础条件平台建设基础科学数据共享网项目组在借鉴国内外元数据标准研究成果的基础上编写了《元数据参考模型》，其中对元数据的格式、语义、语法、注册、一致性测试和评估完善等方面的内容进行了规定。当务之急，应当在借鉴国内外已有的元数据标准基础上，尽快制定我国统一的数据出版甚至是数字出版的元数据标准。

上述标准按照本书第二章的逻辑划分，可以分为伦理性规范和技术性规范。上述国内外期刊对社交媒体的利用同样对技术性规范和伦理性规范都带来了挑战。而对新型出版内容的引用，既是技术问题，也是伦理问题。对部分作者的访谈发现，以下的场景在社交媒体环境并不鲜见：某作者撰写论文时，引用了一篇重要的参考文献，但该作者阅读的是该学术期刊公众号发布的文章。在这种情况下，如果从忠实来源这一参考文献著录原则来看，显然应该标引微信公众号文章而不是引用期刊里析出的论文。一般情况，微信公众号的出版快于 CNKI 数据库，更快于印刷版期刊。若没有微信公众号学术引用规范，作者就无法正确引用。这也是国外的学术出版标准或手册中涉及参考文献著录纷纷修订以适应新型学术传播形式的原因。

除了上述引用问题，新型出版形式的学术规范问题也是一个目前被忽视的问题。例如，某学术期刊在公众号发表本刊文章，但是为了版式好看，加入了非作者创作的图像，这就有可能给读者造成误解。还有的期刊在发布本刊文章时，删掉了引用和参考文献列表，这就使原本规范引用、不存在抄袭剽窃问题的文章可能呈现出抄袭剽窃的效果。这些问题都应该在未来的学术成果出版规范与标准中予以规范。

为了应对数字出版的迅猛发展对行业的影响，我国在 2014 年由国家新闻出版广电总局数字出版司立项制定数字期刊系列行业标准。但其主要目标是制定一套适用于数字期刊产业链的行业标准。其中一共有五项标准，包括《数字期刊核心业务流程》《数字期刊内容质量管理规范》《数字期刊术语》《数字期刊产品服务规范》《数字期刊分类与代码》。从 2015 年公布的标准草案内容来看，这几项标准都是技术性标准，而且是通用于整个出版业的标准，缺乏上述学术出版中需要解决的规范化与标准化问题。

第二节 我国学术出版的国际化趋势及其对规范与标准的挑战

本节首先调查我国 SSCI 期刊发表的扩散趋势和国内英文期刊的发展，借以观察我国学术成果国际发表和学术出版的国际化。❶而自然科学界认可的 SCI 由于在学术界认可度更高，本书不作调查。

一、我国 SSCI 论文发表的扩散趋势

将学术成果出版作为一种创新并研究其扩散机理早就是创新的扩散经典案例，罗杰斯曾在《创新的扩散》中利用渐增 S 形曲线解析了扩散领域学术成果的扩散规律，越来越多的领域使用扩散理论来研究成果发表态势，如教育、人类学、公共卫生、市场营销、地理学及农村社会学等，而且后来不同研究传统之间的界限开始消失。❷国外有学者以论文发表数量为数据，用创新的扩散理论分析新媒体研究在国外新闻传播学期刊中的扩散规律。❸基于此，课题组以创新的扩散为基础，调查了改革开放以来我国社会科学界 SSCI 论文发表的扩散趋势。

（一）研究设计和数据采集

课题组主要依靠汤森路透公司 Web of Science（WoS）的 SSCI 数据库进行文献计量学研究，以核心合集数据库中的子库 SSCI（社会科学引文索引）为文献数据来源，检索地址为“Peoples R China”，文献类型为“Article”的相关记录，时间跨度为 1978—2017 年，共检索到符合条件的文献记录 97349 篇。

检索后利用 WoS 提供的分析、过滤功能，进行了数据清洗，整理出 WoS 记录数据中包含的所有类目数据作为分析数据，并进一步利用其检索功能整理出机构、出版物数据、机构所在地、期刊等数据。在整理过程中，剔除我

---

❶ 本节部分数据和分析由重庆大学新闻学院 2017 级硕士研究生张萍提供。

❷ 埃弗雷特 M. 罗杰斯. 创新的扩散［M］. 4 版. 辛欣，译. 北京：中央编译出版社，2002（原著出版于 1995 年）.

❸ TOMASELLO T K，LEE Y，BAER A P. New media research publication trends and outlets in communication，1990—2006［J］. New Media & Society，2010，12（4）：531-548.

国台湾地区的数据。整理清洗数据后，根据研究问题对数据进行统计分析，如将每年度发表数据依次累加以获得逻辑回归扩散曲线。

需要说明的是，同一作者可能多次发表 SSCI 论文，这时似乎应算作一次采纳。但小范围抽样调查发现，我国作者多次独立发表 SSCI 论文的情况非常少见，同一作者作为通讯作者多次发表 SSCI 论文，每次的其他合作作者并不相同，这时每次论文发表都至少应视为一次新的采纳。这种情况其实正是 SSCI 论文发表扩散路径，例如，同一导师与不同学生及团队的其他成员合作署名。创新的扩散理论计算扩散曲线并不需要全样本数据，很多经典案例也是以抽样的小样本得出。即便不精确计算核查每一篇论文理论上应算作多少次采纳，课题组的数据依然可以视为一个大样本里的抽样数据。而且因为样本量足够大，与经典创新的扩散理论中抽样出来的小样本相比仍然是更为可信的。正因为如此，上文所述国外和国内学者在计算论文发表的扩散曲线时并未精确地把每一篇论文折算成采纳次数，而是直接以论文篇数作为采纳次数。另外一个原因是这种折算因为工作量太大而不具备可操作性，在对结果影响较小的前提下的确没有必要。

（二）SSCI 论文发表的整体扩散态势

创新的扩散态势遵循以时间为自变量的 S 形曲线变化趋势。[1] 由于系统内成员采纳的时间呈正态分布即钟形曲线，钟形曲线的累积曲线是 S 形曲线，所以每一年的数据累加可看出扩散的变化趋势。由于 S 形曲线可以用 Logistic 回归拟合，拟合后的参数便于分析模型是否理想和其走势，而正态曲线则没有，因此国内外学者普遍采用 S 形曲线来观察扩散是否符合创新的扩散规律及扩散态势。课题组在统计每年度 SSCI 论文发表的数据后，也将数据逐年累加后观察 Logistic 回归散点图与理想扩散曲线拟合情况，进而分析 SSCI 论文发表的总体扩散态势，获得的结果如图 6.4 所示。从整体来看，我国 SSCI 论文发表的扩散态势处于 S 形曲线的前半段，扩散过程仅进行到一半左右。

---

[1] 埃弗雷特 M. 罗杰斯 . 创新的扩散［M］. 4 版 . 辛欣，译 . 北京：中央编译出版社，2002：40-41.

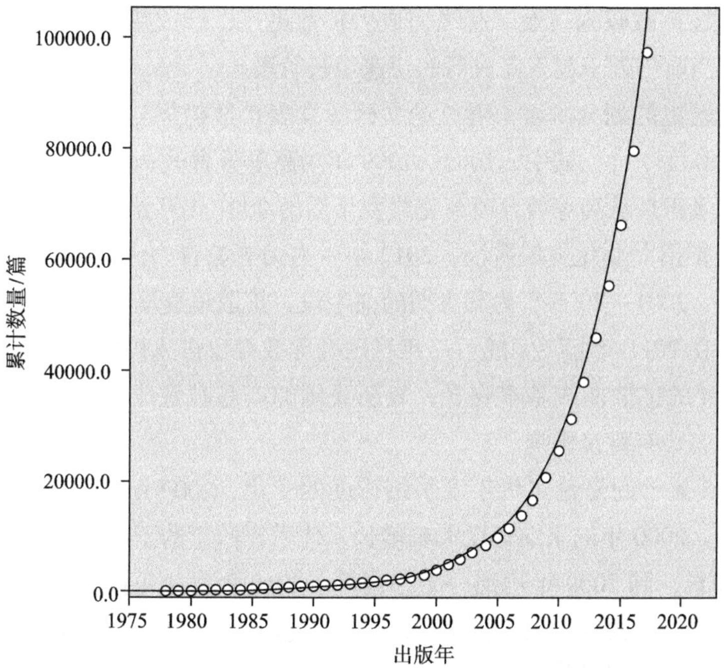

图 6.4　我国 SSCI 论文发表的扩散曲线（1978—2017）（N=97349）

注：曲线回归（Curve Estimation）拟合 Logistic 曲线（R^2=0.963，F=995.153，df=1，38，Sig.=0.000）

如图 6.4 所示，散点图的扩散曲线与理想曲线高度拟合，说明我国 SSCI 论文发表的扩散与标准的 S 形扩散态势高度一致。根据罗杰斯对创新采纳者的分类方法，平均值$\overline{x}$与标准差 sd 这两个统计变量用于区分呈正态分布的创新采纳者分类，即$\overline{x}$ –2sd 所有划出的区域占整个系统的 2.5% 是“创新者”，在$\overline{x}$ –2sd 与$\overline{x}$ –sd 之间占整个系统的 13.5% 是“早期采纳者”，在$\overline{x}$ –sd 与$\overline{x}$之间占整个系统的 34.0% 称为“早期大多数”，即起飞阶段。由于本研究的扩散只进行了一半，尚未到达速度下降的临界点，因此将罗杰斯的正态曲线减半计算，减半后发现 2007 年开始发文量超过整个发文量的 2.5%，2010 年达到近 5.0%，2016 年超过 13.5%，据此划分了起飞阶段的大致区域，整体来看，我国 SSCI 论文发表的起飞阶段在 2001—2010 年十年间。

从散点图看，2010 年后，散点间距离越来越大，即创新的采纳速度越来越快，显示 2010 年之后为起飞完成后的快速增长阶段。再根据前述起飞阶段的划分，将我国学者 SSCI 发表的扩散划分为三个阶段：1978—2000 年为起飞前阶段，2001—2010 年为十年起飞阶段，2011 年后为起飞完成后快速增长阶段。从扩散阶段上看，我国 SSCI 论文发表经历了 10 年的起飞阶段，2010 年前起飞阶段扩散较为缓慢，起飞完成后扩散迅速，但成熟阶段和衰退阶段还未显现，当前仍处于起飞完成后的快速增长阶段。

从课题组的划分阶段来看，论文国际发表扩散趋势与我国高等教育改革发展阶段高度吻合。其中，1985—1999 年为高等教育改革阶段，而 SSCI 论文发表的起飞正是从高等教育改革完成两年后的 2001 年开始；1999—2005 年为高等教育扩招大众化发展阶段，2012 年后为高等教育内涵发展阶段。[1] 从扩散曲线看，2001—2005 年为起飞期的前半段，扩散速度慢于 2006—2010 年的后半段，在 2011 年起飞完成后一年我国高等教育也进入内涵发展。这些时间点与图 6.4 的扩散曲线基本吻合，表明我国的高等教育改革发展措施对 SSCI 论文扩散态势有直接影响。

图 6.5 显示的是论文每年度采纳速度的变化，2000 年以前采纳速度增长极不稳定，2000 年的采纳速度大幅增长，此后有两年的下降，但 2002 年后逐渐稳定增长，到 2009 年达到一个小高峰，2010 年发生下降，2012 年后采纳速度开始持续大幅度增长，再次验证扩散的起飞始于 2000 年，2010 年前后是起飞完成后的快速增长阶段。

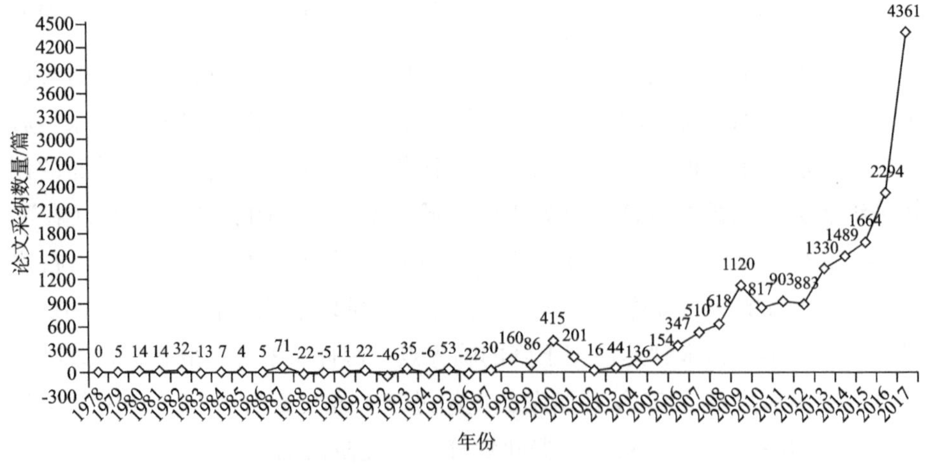

图 6.5 SSCI 论文采纳速度变化散点图

上述结果表明，我国 SSCI 论文从创新扩散理论中的扩散曲线态势分析，未来将持续增长。而 SSCI 论文采用的是国外学术出版规范与标准，说明将有越来越多的国内学者适应国际学术出版规范与标准。

---

[1] 吴愈晓，杜思佳．改革开放四十年来的中国高等教育发展［J］．社会发展研究，2018，5（2）：1-21，242.

二、我国英文期刊的国际化趋势

一方面，我国学者在国外发表呈现增长态势；另一方面，我国也开始大量创办英文学术期刊。当前我国国内的高校等研究机构举办英文期刊，以被 SCI 索引为追求目标蔚然成风。2018 年 Scopus 的数据显示，该数据库收录的我国科技期刊共 669 种，但其中英文刊 234 种、中文刊 435 种。英文刊中尚未被 SCI 收录的是 88 种，占英文刊总数的 37.6%。但中文刊则有 407 种未被 SCI 收录，占被 Scopus 收录的中文期刊总数的 93.6%。这一数据显示，中文刊被 SCI 数据库收录的可能性非常小，只有开办英文刊才有希望。这也是各高校近几年不断创办英文学术期刊的原因，当然这也是提高我国学术期刊国际竞争力的有力措施。随着国内英文刊影响力的提升，国内的 CSCD 数据库也新增了英文刊，截至 2018 年有 200 种英文期刊被 CSCD 数据库收录（表 6.11）

表 6.11　CSCD 收录的英文学术期刊

序号	期刊名称	学科	主办单位
1	Acta Biochimica et Biophysica Sinica	生物学	中国科学院上海生命科学研究院生物化学与细胞生物学研究所
2	Acta Geochimica	地质学	中国矿物岩石地球化学学会
3	Acta Geologica Sinica	地质学	中国地质学会
4	Acta Mathematica Scientia	数学	中国科学院武汉物理与数学研究所
5	Acta Mathematica Sinica English Series	数学	中国科学院数学与系统科学院数学所和中国数学会
6	Acta Mathematicae Applicatae Sinica	数学	中国科学院应用数学研究所；中国数学会
7	Acta Mechanica Sinica	物理	中国力学学会；中国科学院力学研究所
8	Acta Mechanica Solida Sinica	物理	中国力学学会
9	Acta Metallurgica Sinica（English Letters）	物理	中国金属学会
10	Acta Oceanologica Sinica	环境科学	中国海洋学会
11	Acta Pharmaceutica Sinica B	生物学	中国药学会；中国医学科学院药物研究所
12	Acta Pharmacologica Sinica	生物学	中国药理学会；中国科学院上海药物研究所
13	Advances in Atmospheric Sciences	环境科学	中国科学院大气物理研究所

续表

序号	期刊名称	学科	主办单位
14	Advances in Climate Change Research	环境科学	国家气候中心
15	Advances in Manufacturing	工程技术	上海大学
16	Algebra Colloquium	数学	中国科学院数学与系统科学研究院与苏州大学
17	Analysis in Theory and Applications	物理	南京大学
18	Applied Geophysics	物理	中国地球物理学会
19	Applied Mathematics and Mechanics	物理	重庆交通大学
20	Applied Mathematics Series B—A Journal of Chinese Universities	数学	长沙理工大学
21	Asian Herpetological Research	生物学	中国科学院成都生物研究所；科学出版社有限责任公司
22	Asian Journal of Andrology	生物学	中国科学院上海药物研究所
23	Atmospheric and Oceanic Science Letters	环境科学	中国科学院大气物理研究所
24	Avian Research	生物学	北京林业大学
25	Biomedical and Environmental Sciences	生物学	中国预防医学科学院
26	Biophysics Reports	生物学	中国生物物理学学会
27	Bone Research	生物学	四川大学
28	Building Simulation	工程技术	清华大学
29	Cancer Biology and Medicine	医药卫生	中国抗癌协会
30	Cell Research	生物学	中国科学院上海生命科学研究院生物化学与细胞生物学研究所；中国细胞生物学学会
31	Cellular & Molecular Immunology	生物学	中国免疫学会和中国科学技术大学
32	Chemical Research in Chinese Universities	化学	吉林大学
33	China City Planning Review	工程技术	中国城市规划学会
34	China Communications	计算机科学	中国通信学会
35	China Ocean Engineering	工程技术	中国海洋学会
36	Chinese Annals of Mathematics Series B	数学	复旦大学
37	Chinese Chemical Letters	化学	中国医学科学院药物研究所
38	Chinese Geographical Science	农林科技	中国科学院东北地理与农业生态研究所；中国地理学会
39	Chinese Journal of Acoustics	数学	中国科学院声学研究所
40	Chinese Journal of Aeronautics	天文	中国航空学会；北京航空航天大学

续表

序号	期刊名称	学科	主办单位
41	Chinese Journal of Cancer	医药卫生	中山大学肿瘤防治中心
42	Chinese Journal of Cancer Research	医药卫生	中山大学肿瘤防治中心
43	Chinese Journal of Chemical Engineering	化学	中国化工学会与化学工业出版社
44	Chinese Journal of Chemical Physics	化学	中国物理学会
45	Chinese Journal of Chemistry	化学	上海有机所
46	Chinese Journal of Electrical Engineering	工程技术	中国机械工业信息研究院
47	Chinese Journal of Electronics	工程技术	中国电子学会
48	Chinese Journal of Integrative Medicine	医药卫生	中国中西医结合学会及中国中医科学院
49	Chinese Journal of Mechanical Engineering	物理	中国科学技术协会
50	Chinese Journal of Natural Medicines	管理科学	中国药科大学
51	Chinese Journal of Oceanology and Limnology	化学	中国海洋湖沼学会
52	Chinese Journal of Polymer Science	医药卫生	中国化学会；中国科学院化学研究所
53	Chinese Journal of Structural Chemistry	化学	中国化学会；中国科学院福建物质结构研究所
54	Chinese Journal of Traumatology	社会科学	中华医学会
55	Chinese Medical Journal	生物学	中华医学会
56	Chinese Medical Sciences Journal	生物学	中国医学科学院
57	Chinese Neurosurgical Journal	医药卫生	中华医学会
58	Chinese Optics Letters	物理	中国光学学会；中国科学院上海光学精密机械研究所
59	Chinese Physics Letters	物理	中国科学院物理研究所；中国物理学会
60	Chinese Physics B	医药卫生	中国物理学会和中国科学院物理研究所
61	Chinese Physics C	物理	中国物理学会；中国科学院高能物理研究所；中国科学院近代物理研究所
62	Chronic Diseases and Translational Medicine	医药卫生	中华医学会
63	Communications in Mathematical Research	数学	吉林大学
64	Communications in Theoretical Physics	物理	中国物理学会和中国科学院理论物理研究所
65	Computational Visual Media	计算机科学	清华大学

续表

序号	期刊名称	学科	主办单位
66	Control Theory and Technology	计算机科学	华南理工大学
67	Current Zoology	生物学	中国科学院动物研究所；中国动物学会
68	Defence Technology	计算机科学	中国兵工学会
69	Earthquake Engineering and Engineering Vibration	工程技术	中国地震局工程力学研究所
70	Earthquake Research in China	环境科学	中国地震局主管；中国地震台网中心
71	Earthquake Science	物理	中国地震学会
72	Entomotaxonomia	生物学	西北农林科技大学；中国昆虫学会
73	Forest Ecosystems	农林科技	北京林业大学
74	Friction	物理	清华大学
75	Frontiers in Biology	生物学	高等教育出版社
76	Frontiers in Energy	工程技术	高等教育出版社有限公司；中国工程院；上海交通大学
77	Frontiers of Architectural Research	工程技术	高等教育出版社有限公司；东南大学
78	Frontiers of Chemical Science and Engineering	化学	高等教育出版社有限公司和天津大学
79	Frontiers of Computer Science	计算机科学	高等教育出版社有限公司和北京航空航天大学
80	Frontiers of Earth Science	环境科学	高等教育出版社有限公司与华东师范大学
81	Frontiers of Environmental Science & Engineering	医药卫生	高等教育出版社
82	Frontiers of Information Technology & Electronic Engineering	计算机科学	中国工程院；浙江大学
83	Frontiers of Materials Science	化学	高等教育出版社
84	Frontiers of Mathematics in China	数学	高等教育出版社
85	Frontiers of Mechanical Engineering	物理	高等教育出版社、中国工程院与华中科技大学
86	Frontiers of Medicine	医药卫生	高等教育出版社、中国工程院和上海交通大学医学院附属瑞金医院
87	Frontiers of Optoelectronics	物理	高等教育出版社有限公司、华中科技大学、中国光学学会
88	Frontiers of Physics	生物学	高等教育出版社

续表

序号	期刊名称	学科	主办单位
89	Frontiers of Structural and Civil Engineering	物理	高等教育出版社有限公司；同济大学
90	Genomics，Proteomics & Bioinformatics	数学	中国科学院北京基因组研究所和中国遗传学会
91	Geoscience Frontiers	地质学	中国地质大学（北京）；北京大学
92	Geo-spatial Information Science	计算机科学	武汉大学（原武汉测绘科技大学）
93	Hepatobiliary & Pancreatic Diseases International	生物学	浙江大学医学院第一附属医院
94	High Power Laser Science and Engineering	物理	中国科学院上海光学精密机械研究所
95	IEEE/CAA Journal of Automatica Sinica	计算机科学	中国自动化学会；中国科学院自动化研究所
96	Insect Science	生物学	中国昆虫学会；中国科学院动物研究所
97	Integrative Zoology	生物学	中国科学院动物研究所和国际动物学会
98	International Journal of Automation and Computing	物理	中国科学院自动化研究所
99	International Journal of Disaster Risk Science	环境科学	北京师范大学和民政部国家减灾中心
100	International Journal of Minerals，Metallurgy and Materials	化学	北京科技大学
101	International Journal of Mining Science and Technology	管理科学	中国矿业大学
102	International Journal of Oral Science	医药卫生	四川大学
103	International Soil and Water Conservation Research	农林科技	国际泥沙研究培训中心；中国水利水电出版社
104	Journal of Acupuncture and Tuina Science	社会科学	上海市针灸经络研究所
105	Journal of Advanced Ceramics	化学	清华大学
106	Journal of Animal Science and Biotechnology	物理	中国畜牧兽医学会
107	Journal of Arid Land	环境科学	中国科学院新疆生态与地理研究所和科学出版社
108	Journal of Bionic Engineering	工程技术	吉林大学
109	Journal of Central South University	物理	中南大学
110	Journal of Chinese Pharmaceutical Sciences	医药卫生	中国药学会
111	Journal of Computational Mathematics	物理	中国科学院数学与系统科学研究院

续表

序号	期刊名称	学科	主办单位
112	Journal of Computer Science and Technology	计算机科学	中国计算机学会；中国科学院计算技术研究所
113	Journal of Data and Information Science	计算机科学	中国科学院国家科学图书馆
114	Journal of Earth Science	物理	中国地质大学
115	Journal of Electronic Science and Technology	计算机科学	电子科技大学
116	Journal of Energy Chemistry	化学	中国科学院大连化学物理研究所；中国科学院成都有机化学研究所
117	Journal of Environmental Sciences	生物学	中国科学院生态环境研究中心
118	Journal of Forestry Research	生物学	东北林业大学
119	Journal of Genetics and Genomics	环境科学	中国科学院遗传所；中国遗传学会
120	Journal of Geographical Sciences	环境科学	中国地理学会；中国科学院地理科学与资源研究所
121	Journal of Geriatric Cardiology	生物学	老年心血管病研究所
122	Journal of Hydrodynamics	物理	中国农业科学院
123	Journal of Integrative Agriculture	生物学	中国农业科学院
124	Journal of Integrative Medicine	生物学	上海市中西医结合学会；上海长海医院
125	Journal of Integrative Plant Biology	生物学	中国科学院植物研究所和中国植物学会
126	Journal of Iron and Steel Research, International	工程技术	冶金部钢铁研究总院
127	Journal of Marine Science and Application	工程技术	中国造船工程学会和哈尔滨工程大学
128	Journal of Materials Science & Technology	工程技术	中国金属学会；中国材料研究学会；中国科学院金属所
129	Journal of Mathematical Research with Applications	数学	大连理工大学和中国工业与应用数学学会
130	Journal of Measurement Science and Instrumentation	物理	中北大学
131	Journal of Meteorological Research	环境科学	中国气象学会
132	Journal of Molecular Cell Biology	生物学	中国科学院上海生命科学研究院生物化学与细胞生物学研究所
133	Journal of Mountain Science	地质学	中国科学院成都山地灾害与环境研究所
134	Journal of Ocean University of China	地质学	中国海洋大学

续表

序号	期刊名称	学科	主办单位
135	Journal of Otology	生物学	解放军总医院耳研所
136	Journal of Palaeogeography	地质学	中国石油大学（北京）；科学出版社
137	Journal of Partial Differential Equations	数学	郑州大学数学研究所
138	Journal of Pharmaceutical Analysis	环境科学	西安交通大学
139	Journal of Plant Ecology	农林科技	中国植物学会；中国科学院植物研究所；中国科技出版传媒股份有限公司
140	Journal of Rare Earths	工程技术	中国稀土学会
141	Journal of Resources and Ecology	地质学	中国科学院地理科学与资源研究所
142	Journal of Rock Mechanics and Geotechnical Engineering	工程技术	中国科学院武汉岩土力学所；中国岩石力学与工程学会；武汉大学
143	Journal of Semiconductors	物理	中国科学院半导体研究所；中国电子学会
144	Journal of Systematics and Evolution	生物学	中国植物学会；中国科学院植物所
145	Journal of Systems Engineering and Electronics	计算机科学	中国航天科工防御技术研究院；中国宇航学会；中国系统工程学会
146	Journal of Systems Science and Complexity	数学	中国科学院系统科学研究院
147	Journal of Systems Science and Information	管理科学	中国系统工程学会
148	Journal of Systems Science and Systems Engineering	管理科学	中国系统工程学会
149	Journal of the Operations Research Society of China	数学	中国运筹学会
150	Journal of Thermal Science	物理	中国科学院工程热物理研究所
151	Journal of Traditional Chinese Medicine	医药卫生	中华医学会；中国中医科学院
152	Journal of Zhejiang University Science A, Applied Physics & Engineering	物理	浙江大学
153	Journal of Zhejiang University Science B, Biomedicine & Biotechnology	医药卫生	浙江大学
154	Landscape Architecture Frontiers	环境科学	高等教育出版社有限公司；北京大学
155	Light: Science & Applications	物理	中国科学院长春光学精密机械与物理研究所与中国光学学会
156	Microsystems & Nanoengineering	工程技术	中国科学院电子学研究所
157	Molecular Plant	医药卫生	海南省生物工程协会
158	Nano Research	物理	清华大学
159	National Science Review	地质学	中国科技出版传媒股份有限公司

续表

序号	期刊名称	学科	主办单位
160	Neural Regeneration Research	医药卫生	中国康复医学会；《中国神经再生研究（英文版）》杂志社
161	Neuroscience Bulletin	医药卫生	中国科学院上海生命科学研究院；中国神经科学学会；第二军医大学
162	Nuclear Science and Techniques	物理	中国科学院上海应用物理研究所
163	Numerical Mathematics Theory，Methods and Applications	数学	教育部
164	Particuology	工程技术	中国颗粒学会
165	Pedosphere	生物学	中国科学院南京土壤研究所
166	Petroleum Science	工程技术	中国石油大学
167	Photonic Sensors	数学	电子科技大学
168	Plant Diversity	生物学	中国科学院昆明植物研究所；中国植物学会
169	Plasma Science & Technology	化学	中国科学院
170	Progress in Natural Science：Materials International	化学	中国材料研究学会；中国科学技术协会
171	Protein & Cell	医药卫生	高等教育出版社、中国科学院北京生命科学研究院和中国生物物理学会
172	Quantitative Biology	医药卫生	高等教育出版社和清华大学
173	Rare Metals	工程技术	中国有色金属学会
174	Reproductive and Developmental Medicine	医药卫生	上海市计划生育科学研究所
175	Research in Astronomy and Astrophysics	天文	中国科学院国家天文台
176	Rice Science	生物学	中国水稻研究所
177	Science Bulletin	数学	中国科学院
178	Science China Chemistry	工程技术	中国科学院和国家自然科学基金委员会
179	Science China Earth Sciences	地质学	中国科学院和国家自然科学基金委员会
180	Science China Information Sciences	计算机科学	中国科学院；国家自然科学基金委员会
181	Science China Life Sciences	生物学	中国科学院；国家自然科学基金委员会
182	Science China Materials	工程技术	中国科学院；国家自然科学基金委员会
183	Science China Mathematics	数学	中国科学院；国家自然科学基金委员会

续表

序号	期刊名称	学科	主办单位
184	Science China Physics, Mechanics & Astronomy	数学	中国科学院
185	Science China Technological Sciences	工程技术	中国科学院；国家自然科学基金委员会
186	Sciences in Cold and Arid Regions	环境科学	中国科学院寒区旱区环境与工程研究所
187	Shanghai Archives of Psychiatry	医药卫生	上海市精神卫生中心
188	The Crop Journal	农林科技	中国作物学会、中国农业科学院作物科学研究所和中国科技出版传媒股份有限公司
189	The Journal of Biomedical Research	环境科学	南京医科大学
190	The Journal of China Universities of Posts and Telecommunications	工程技术	北京邮电大学
191	Theoretical and Applied Mechanics Letters	工程技术	中国科学院力学研究所和中国力学学会
192	Transactions of Nanjing University of Aeronautics and Astronautics	工程技术	南京航空航天大学
193	Transactions of Nonferrous Metals Society of China	工程技术	中国有色金属学会
194	Tsinghua Science and Technology	计算机科学	清华大学
195	Virologica Sinica	医药卫生	中国科学院武汉病毒研究所；中国微生物学会
196	Water Science and Engineering	工程技术	河海大学
197	World Journal of Acupuncture-Moxibustion	医药卫生	世界针灸学会联合会；中国中医研究院
198	World Journal of Pediatrics	医药卫生	浙江省医学学术交流管理中心；浙江大学医学院附属儿童医院；浙江大学出版社有限责任公司
199	Wuhan University Journal of Natural Sciences	工程技术	武汉大学
200	Zoological Research	生物学	中国科学院昆明动物研究所

在国外能够进入 SCI，国内又被 CSCD 数据库收录，使新开办英文学术期刊发展迅速。例如，2017 年我国新增了 30 种英文学术期刊，2018 年虽然大幅度下降，仍然有 8 种。而我国的中文学术期刊数量基本是保持稳定的。英

文刊的开办模式主要是和国外大型出版商合作，英文刊主办单位出资金和编辑人员，在付给国外出版商每年不菲的传播费用后，引进国外学术出版商标准化出版流程，执行国外出版商的学术出版规范与标准。这正是第四章、第五章所做的调查中，CSCD 英文期刊的参考文献规范采用国家标准更少的原因。在对一位在 2019 年才被 SCI 收录的英文期刊编辑部主任进行访谈时，她表示他们开办英文刊是与爱思唯尔合作，在整个流程中编辑部仅仅起到处理事务性工作的作用，审稿流程由聘请的国外专家把关，具体执行的学术出版规范等都严格按照爱思唯尔的标准进行，因而才能在短短几年内就被 SCI 收录。

三、国际化对学术出版规范与标准修订的启示

上述两个调查表明，一方面，我国的学者未来将越来越多地在国外期刊发表论文，他们将逐渐适应国外的学术出版规范与标准体系；另一方面，国内也将越来越多地开办英文期刊。这两种趋势还会相互影响，促进我国的学术出版进一步与国外接轨。这就意味着我们的出版规范和标准也要与国际接轨。但课题组的调查显示，我国的学术出版规范和标准与国外有很大的差别，还不够灵活，适应性和灵活性还较为欠缺。以 GB 7714 为例，该标准存在偏向于数字顺序格式的文献著录，而忽视著者 - 出版年制，导致国内绝大多数期刊采用数字著录模式。国外不论自然科学期刊还是社会科学期刊，著者 - 出版年格式都是一种流行的格式。此外，国外还在用稿、出版伦理等其他规范方面执行得较好，有相应的组织提供规范和服务，这方面我国还有不小差距。在未来修订我国的学术出版规范与标准时，应该把与国际标准和规范接轨作为指导原则之一。

第七章　我国学术出版规范与标准需求调查和完善建议

第一节　我国学术出版规范与标准完善需求调查

课题组的问卷和访谈调查结果与课题组对国内外期刊的调查结果是一致的，大部分期刊采用的是国家规范和标准（表 7.1），其中参考文献著录标准最为典型。值得注意的是，也有 84.85% 的编辑表示在编辑工作中偶尔会遇到无规范或标准可依的情况，有 9.09% 的编辑表示经常遇到无规范或标准可依的情况（表 7.2）。有 67.35% 的编辑认为有必要修订现有标准（表 7.3），76.53% 的编辑认为有必要制定期刊数字出版标准（表 7.4）。这说明我国学术成果出版规范与标准还需要进一步完善。

表 7.1　在编辑工作中采用的稿件编辑出版规范和标准调查结果（N=410）

选项	占比 /%
A. 国际规范和标准	6.49
B. 国家规范和标准	80.53
C. 本学科（行业）或同类期刊规范和标准	7.79
D. 根据相关规范制定的本刊规范和标准	5.19

表 7.2　在编辑工作中遇到无规范或标准可依的情况（N=410）

选项	占比 /%
A. 经常	9.09
B. 偶尔	84.85
C. 从来没有	6.06

表 7.3 有无必要修订现有的编辑出版国家标准和规范（N=410）

选项	占比 /%
A. 很有必要，现有标准不能适应新的网络环境需要或未与国际规范完全接轨	67.35
B. 没有必要，现有标准完全够用	19.39
C. 无所谓	13.26

表 7.4 有无必要制定期刊的数字出版标准（N=410）

选项	占比 /%
A. 有必要，因为数字出版也需要统一标准才便于学术交流	76.53
B. 无必要，数字出版适用现有出版规范和标准即可	16.33
C. 对数字出版不了解，无法置评	7.14

对于当前标准格式未统一的问题，虽然大部分编辑认为需要统一，但值得注意的是，也有 32.63% 的编辑认为应该尊重部分学科多年形成的习惯，允许部分学科与国家标准不一致（表 7.5）。从第二章的分析来看，我国部分国家标准虽然是推荐性标准，但已经通过审读等环节转化为强制性标准。在标准较为单一的情况下，这的确可能带来一些问题。统一是为了学术交流，但若与部分学科的习惯不一致则可能影响交流。

表 7.5 对部分期刊参考文献或注释未统一怎么看（N=410）

选项	占比 /%
A. 影响学术交流，应统一	62.11
B. 应该尊重部分学科多年形成的习惯，允许部分学科与国家标准不一致	32.63
C. 应该由各刊自行决定使用何种标准	5.26

对于是否要制定统一的《编辑学术规范指南》，有 80.21% 的编辑认为有必要（表 7.6），而我国目前学术界部分学科有学术规范指南，但还缺少能够约束编辑的统一学术规范指南。

表 7.6 有无必要制定《编辑学术规范指南》（N=410）

选项	占比 /%
A. 有必要，编辑工作中需要规范指导和约束编辑遵守学术伦理	80.21
B. 没有必要，编辑在学术伦理和规范方面已做得比较好	13.54
C. 无所谓	6.25

通过前面章节的分析发现，我国的标准与学术规范是由国家标准化组织和新闻出版行政主管部门主导，但大多数编辑（77.11%）认为由期刊行业协会制定编辑学术规范指南更为合适（表 7.7）。这是因为行业协会属于期刊的自律组织，更了解期刊的情况，国外较为流行的 CSE、AMA 就是由学术期刊行业协会制定的手册。对编辑关于行业协会在学术规范建设方面还有哪些工作可做的调查发现，近一半的编辑（48.0%）选择了“制定统一的学术规范”（表 7.8），选择“提供培训和教育服务”等具体服务的也有近 40.0% 的比例，四项都选的有 16.8%。这说明我国期刊行业协会在学术出版规范与标准建设方面还可提供更多服务。

表 7.7　如果要制定《编辑学术规范指南》，哪个部门合适（N=410）

选项	占比 /%
A. 新闻出版广电总局	16.87
B. 教育部	4.82
C. 期刊行业协会	77.11
D. 其他部门或组织	1.20

表 7.8　我国期刊相关行业协会还需要在建设学术规范方面做哪些工作（可多选）（N=410）

选项	占比 /%
A. 制定统一的学术规范	48.0
B. 提供培训和教育服务	38.4
C. 提供期刊内部管理制度、版权协议等文件范本供期刊参考	39.2
D. 对一些编辑工作中遇到的无规范和标准可依的疑难问题提供指导意见	36.8

在对国外期刊学术规范的认知上，国内期刊编辑大部分不了解情况（表 7.9），但也有 30.53% 的期刊编辑认为国外比国内做得更好。这说明对国外的学术规范，国内需要加强研究和介绍。在开放问题中，就有编辑指出应“介绍国外同行做法，全面学习”。

表 7.9　对国外期刊在学术规范方面的认识（N=410）

选项	占比 /%
A. 不清楚国外情况	57.89
B. 比国内做得好	30.53
C. 国内期刊做得更好	11.58

访谈时发现，编辑们最熟悉的标准是 GB 7714，而对教育部的学术规范不熟悉。问卷调查结果显示，大部分编辑了解教育部的两部学术规范指南，但也有 16.84% 的编辑表示从未接触（表 7.10）。这说明教育部学术规范指南在学术出版界的适用已经有一定基础。

表 7.10　是否阅读过教育部或科技部出台的有关学术规范指南（*N*=410）

选项	占比 /%
A. 经常查阅	36.84
B. 偶尔翻翻	46.32
C. 从未接触过相关学术规范指南	16.84

对于造成作者学术不端行为的原因，大多数编辑认为是作者规范意识差或压力太大（A、F），但也有部分编辑（41.6%）认为作者缺乏学术规范相关知识（表 7.11）。有一小部分认为是编辑的原因（D、E）。对编辑和作者的访谈调查也与问卷结果一致，有几位作者和编辑表示，现行学术评价体系也是造成学术不端的主要原因之一。不少学术机构过于看重论文数量，作者发表论文的压力非常大，为了完成任务，部分作者铤而走险实施学术不端行为。这说明学术规范的执行不仅是规范本身的问题，也是一个需要多主体参与的社会问题。

表 7.11　以下哪一个是造成作者学术不端行为的主要原因（可多选）（*N*=410）

选项	占比 /%
A. 作者学风和学术规范意识差，为了多出、快出成果故意从事不端行为	78.2
B. 作者虽然知道要遵守学术规范，但缺乏相关知识而导致学术不端行为	41.6
C. 编辑部稿件处理或发表周期太长，导致一稿多投等行为	38.7
D. 编辑部未充分通过网络等渠道公布稿件处理规范和学术规范	13.9
E. 编辑部未及时将稿件评审或发表信息传递给作者	15.9
F. 作者毕业或职称评审压力太大	57.5

表 7.12 调查的是学术期刊网站信息公布情况，其中仅有 10.4% 的期刊编辑选择在他们网站公布了表 7.12 中所有选项的信息，仅有 1 家期刊没有网站。表 7.12 的结果显示，在伦理规范要求方面，我国学术期刊的信息公开还很不充分。这与课题组第五章的调查结果一致。

表 7.12 作者能够在贵刊网站获取哪些信息（可多选）（N=410）

选项	占比 /%
A. 征稿范围	90.1
B. 稿件形式要求或稿件模板	78.2
C. 投稿方式	87.2
D. 稿件处理流程	52.5
E. 对作者的学术规范（伦理）要求	47.5
F. 对审稿人的学术规范（伦理）要求	20.8
G. 对编辑的学术规范（伦理）要求	22.9
H. 版权或出版协议（授权书）	49.6
I. 稿件的评审过程和采用标准	24.9
J. 其他作者需要注意的事项（例如，如何获取插图版权授权等）	26.8

表 7.13 调查的是学术期刊在学术规范或标准方面存在的问题，其中超过一半的编辑认为是外部的规范不统一（B）或内部管理制度和规范不完善（A），接近一半认为是期刊信息公开不充分。少部分编辑（24.8%）认为是因为主管部门未将学术规范作为年度核验或评比活动的重要指标。

表 7.13 我国期刊在用稿机制或遵守学术规范方面存在的主要问题（可多选）（N=410）

选项	占比 /%
A. 期刊自身的管理制度和学术规范缺失或不够完善	53.5
B. 我国没有统一的学术规范指南，期刊缺少可依据的标准	57.4
C. 期刊的用稿机制和学术规范未充分向作者公开或未将稿件处理信息及时向作者公开	44.6
D. 主管部门未将期刊学术规范作为相关年度核验或各种评比活动的重要指标	24.8

注：ABCD 全选的占比 6.4%，选 ABC 的占比 5.6%，选 BC、AC 的占比 8%，选 AD 的占比 9.6%。

此外，问卷调查还显示，大部分编辑在处理关系稿时都不能严格公正地处理稿件（表 7.14），一般会在外审通过后适当照顾，甚至有编辑降低审稿标准。严格来说，即便在审稿通过后“适当照顾”，如优先发表，这本身就是一种不符合编辑行为规范的做法。这说明了我国制定编辑学术出版规范指南的必要性和紧迫性。

表 7.14 期刊编辑如何处理关系稿（N=410）

选项	占比 /%
A. 直接拒绝来稿	0.00
B. 与其他稿件一样严格评审	29.90
C. 在外审通过的基础上适当照顾	69.07
D. 降低审稿标准	1.03

问卷的开放填写部分，部分编辑也提到了上述问卷中相似的问题或解决问题的经验。主要包括以下方面。

关于审稿的问题。有的编辑认为期刊不告知作者审稿信息是一个问题，“网站或稿约中应向作者明确审稿时间，不要以‘3 个月未收到通知，自行处理’来搪塞作者”。有的编辑部则“由专人负责与专家联系，催促其按时审稿，缩短审稿时滞”。有的编辑认为用稿机制不一致或审稿专家不能很好地把关：“用稿机制各刊把关不一致，即使同等级刊物把关也不一致，建议统一规范。”“各家期刊用稿选择宽严不一，经常会碰到我刊退掉的稿件在他刊发表的情况（这里指有严重问题的稿件）。编辑的责任心或审稿人的责任心才是稿件选择的前提。”“学术规范不一致，个别期刊把关不严，专家学术把关形同虚设，建议统一管理。”

在对学术规范的制定方面，有的编辑认为“学术规范的制度不要过细，应灵活”。这一观点也得到其他编辑的支持：“推广国家标准，但同时也要尊重各个学科的历来传统和规范，标准的内容要再细化一些。不能过于教条地、不顾各科专业的实际来硬性地套用国家规范、细化规范。”

还有的编辑要求尽快制定统一的学术规范指南：“期刊行政管理部门或期刊行业协会应尽快制定统一的学术规范指南，使期刊在用稿机制或遵守学术规范方面能够有据可依。”

有两位编辑认为出版单位在制定学术规范上应该有更大的自主权：“用稿机制的学术规范应由本刊所制定。无法由哪级机构统一制定，并要求各期刊严格执行。”“即使制定也是从客观的角度加以规范。具体还要交给各刊编辑部决定，而不是强制。”

上述问卷中的开放性填写，也得到访谈数据的验证。访谈数据更为全面地调查出学术出版单位对学术成果出版规范与标准的需求。具体如下。

第一，对标准制定或修订的具体建议。

标准或规范应更灵活一些："宜粗不宜细，形式宽泛一些，不能形式上完全一致。"在访谈中，课题负责人发现，社会科学类的编辑们并不太认同国家标准，而自然科学和工程技术类期刊较为认同国家标准。原因在于，自然科学期刊在编辑出版工作中较多涉及正斜体、符号等国家标准，已经养成了尊重标准的习惯。而部分文科类期刊是纯文字的，涉及的国家标准数量较少。如一位文科期刊编辑就认为："标准太严，就不理，太烦琐，只要表达思想就好。有些涉及个人权利，作者有自己的表达自由权利。"还有的社科期刊编辑认为："文科期刊未采用国标，作者分不清标准。"其他社科期刊编辑认为："正斜体、数字、英文（理工背景）基本执行，但文科有自己的特点。""灵活，达到目标就可以了。""该灵活、原则性一些，规范性一致。太细的话可能无法统一。"

有的编辑认为粗略灵活能够减轻编辑工作量："尽量简化，太烦琐的话，增加编辑工作量，期刊有一个国家标准，有必要！与行业标准、国家标准一致。"

还有的编辑认为太严不符合作者和读者习惯："国家标准有的地方太严，不符合期刊作者和读者的使用习惯，而期刊是给他们传达信息，国标是为了统一而统一，反而比国际标准更严格。国际标准的包容性比国内标准好。建议国家标准更包容一些。"

编辑对制定标准和规范时的原则也有自己的看法："规定的原则和目标搞清楚，要把标注的目的搞清楚，查找方便。太细反而不好，还涉及很多无法规定的类型。""标准的制定目标要明确，要认真研究，期刊的评价标准、体系也和出版标准和学术规范有关系。"

不同学科应该有区别："应该文、理不统一。""可以把自然科学和社会科学分开，大的方面统一，小的方面百花齐放，期刊也要有自己的特色。"

出版社编辑认为学术著作应该统一："专著的格式应统一。"

英文期刊编辑则关注与国际接轨或考虑英文期刊的特点："考虑英文刊越来越多的情况，建议国内标准与国际接轨。""医学《医学名词术语》（中英文）与国际标准就不一致。国家标准规定的是千帕，医学的习惯是使用毫米汞柱，英文期刊也并没有统一。有的是千帕和毫米汞柱统统标注。""与国际接轨，更好用，要得到学术界认可不能与行业标准冲突太大。""有必要（制定标准），但制定时应该考虑英文期刊，目前的标准偏向中文期刊。包括参考文献标准虽然来自国际标准，但根据中文情况做了改动。省略了国际规范中有关缩写等规定，使用的符号也没有与国际接轨。”

第二，对行业自律的需求。

“行业自律：发挥科技专家委员会、信息学会、青年论坛、社科期刊编辑学会等组织或活动的作用。学会应主持相关活动来讨论相关的出版标准。”

第三，现行标准存在的主要问题。

不统一的问题：“标准不统一，如博士论文的标准与国标中文献等标准不一致，建议统一标准，否则会给编辑和作者带来很大工作量，还有英文文献也不好执行国家标准，有的时候还会存在作者补全信息困难的情况，这种情况国标又没有细致的规定。”“参考文献标准应该和行业标准接轨，应符合国家大的规范。”“参考文献的符号与国家其他标准靠拢。例如，页码起止的表示，用‘—’还是‘~’，部分标准有争议、部分标准没有获得认同。”“国标和行业习惯有差别，与国际标准有冲突。不同学科应有差别，行业之间有差别。英文文献中用英寸，国标没有英寸。”“名词术语应该制定标准，否则不统一，经常矛盾，不同学科对同一术语表述不同。不同学科标准不同。有些国家没有用国际标准，如（美国）习惯不用ISO。”

标准陈旧（如跟不上网络文献类型发展）和不统一的问题：“机械专业的国家标准、图形和符号应该被以某种形式吸纳进国家标准，同时需要看国家机械行业标准和出版行业标准有无重复内容。目前学科发展快，新的术语、符号名词不断出现，这些新的名词没有统一。”“部分标准要修订，网络、数字文献，有些标准要根据网络进行修订。比如DOI可以吸纳进新的出版标准。”“有些网上文献无法依据现有国标（著录）。”

认为学术规范不仅是出版界的问题：“一稿多投，硕博论文再发表。请枪手、挂名的问题，编辑无法把关，因为编辑所学专业与稿件内容不搭界。这也与国内评价体系有关，有体制原因。”

标准与作者习惯不一致：“有些作者不习惯加标注码！”（注：指GB 7714中的文献标识码。）

第四，对是否有必要制定编辑学术规范的态度及具体建议。

建议制定统一的编辑规范：“编辑的专业能力能够应付，现行编辑标准不统一，如果有最好统一。”“有必要，维护出版者利益、著作权的问题。”“有必要，职业道德方面的、学术不端的认定。”“有必要，随时参考，应该有职业道德、出版伦理的内容。”还有的编辑认为制定编辑规范指南可以提高效率、节约资源："应该制定编辑指南，否则大家老是在争议一些学术不端的处理情况，耗费办刊资源。"

建议给予编辑处理学术不端的权力："中国的现实情况是发生学术不端的主要是作者，学报研究会有个倡议，应当给编辑部权力，现状是业务部门无权处理学术不端。通告情况更适合科研管理部门，他们处理起来更有效。"

认为检测系统尚不足以遏制学术不端："有必要，知网的标准20%～30%太宽。没有成形的内容，有必要制定一个可以操作的细则性指南。但制定指南难度大，因为不同期刊要求不一样，有些期刊（高职高专学报）无法严格要求，要求太严部分期刊做不到。"

强调编辑的能动性："有必要，应该有个大致原则性东西，具体细节由编辑部制定。"

对于制定主体的看法：有的编辑感到困惑，"有必要，但由谁来制定比较困难。有文件（不了解），编辑没太多技术规范"。也有出版社的编辑认为应该由行业专家制定，"有必要，行业专家来制定"。

该编辑从政府和行业协会职能视角还对现有的编辑培训提出了意见："但现在对编辑的培训流于形式，没有认真解决问题。不一定强制参加培训班，编辑都有自我学习能力。"

第二节　我国学术成果出版规范与标准的完善路径

本书第二章至第五章从体系、内容和执行情况系统比较了国内和国外主要学术成果出版规范与标准。通过比较及调查，国内学术出版规范与标准的确存在不统一、不完善和不适应新型出版方式等问题。笔者认为应该从以下几个方面完善我国学术成果出版规范与标准。

（1）处理好体系化与层次性的关系。

首先，应该处理好国家标准、行业标准和习惯之间的关系。调查发现，在自然科学领域存在名词术语、符号等行业的国家标准和行业标准不一致的情况，还有一些国家标准与使用习惯不一致的情况，这些都会影响标准的执行。学术出版规范与标准的制定就是为了学术交流的需要。有的情况下，虽然学术成果的表达符合国家规定，但也可能与学术界使用习惯不一致。因此，学术成果出版规范与标准在修订时，应该充分尊重行业习惯和出版界的使用习惯，以促进学术交流目标，而不是一味地追求完全统一。正如上文所述，有时候为了既符合国家标准又符合行业习惯，一些领域的作者和编辑就把两种表达模式都放在论文中，这无疑增加了作者和编辑的负担。

其次，应该先梳理和清理现有规范与标准。前面章节的调查发现，我国的国家标准并没有在学术出版这个层面形成体系，而是散乱地分布在不同行业和领域的标准之中。要使我国学术出版成果标准有一个合理的体系，应该以一个标准性文件将这些标准加以清理，把那些学术出版活动中常用的各行各业的术语、符号等标准做好梳理工作。

最后，应要求和指导出版单位制定自己的出版规范。正如第二章的分析，除了国家标准，学术成果出版的规范与标准是多样化的。国内外约束学术出版单位的规范和标准，最直接的是出版单位自己的规范。因此，当务之急是制定一个能够约束和指导出版单位制定本单位规范的纲领性规范。要求出版单位严格制定或完善本单位的出版伦理规范、用稿规范等具体的规章制度，并且要求出版单位明确本单位采用的国家或教育部学术规范。前面章节的调查发现，国外部分出版单位往往直接告诉作者该单位采用的规范名称，而国内的出版单位则较少。直接公布规范既能够让出版单位遵守国家标准或其他规范，也能让出版单位根据本单位情况作出比国家标准更为详细的规范和细则。未来国家标准修订时，还能够吸收那些制定科学、较有影响力的学术期刊标准。

（2）处理好学术著作和论文规范与标准之间的关系。

国外的学术出版手册中，有的是以论文为主，但有的也不区分著作和论文。因为著作与论文有很多相似性，如参考文献著录、图表规范、出版伦理规范、文字表达、术语符号等都是一样的。著作与论文的不同点在于，著作因为篇幅远远长于论文，所以国外的著作常常要加上索引。调查发现，我国的著作没有添加索引的习惯，但近年来也有部分著作开始添加索引。

我国的学术著作出版与论文出版最大的区别在于审稿制度，著作的审稿没有期刊严格，由此带来很多弊端。最突出的一点是学术著作质量得不到保障，在学术交流中被边缘化，浪费国家资源。2012 年 9 月，新闻出版总署在《关于进一步加强学术著作出版规范的通知》中明确：“有关学会、行业协会和有条件的出版单位，应结合自身特点，制定符合不同学科发展规律、适合不同学科领域的学术著作出版规范细则，逐步形成系统完整的具有中国学术著作出版特点、可与国际国内学术同行交流对话的学术著作出版规范体系。”2015 年，新闻出版广电总局出台了学术著作出版的行业标准，然而这一系列标准还远远不能满足学术著作出版规范的要求，标准太过简略，几个标准之间、该系列标准和国家标准还存在一些不一致的地方。加上图书在出版后，较少如期刊行业一样对是否执行国家或行业标准进行严格审读，导致出版社很少适用这套标准。

此外，这套标准最大的问题是没有充分考虑学术成果出版中最重要的质量控制，对学术出版最重要的审稿环节并无规定。1998 年，中国编辑学会与湖北省编辑学会联合制定了《图书编辑工作基本规程》，其中对审稿用稿做了这样的规定：“审稿坚持三级审稿制度，即责任编辑初审，编辑室主任复审，社长、总编辑（或由他们授权的具有正、副编审专业技术职务的人员）终审。三级审稿缺一不可。”“在三审过程中，始终要注意政治性和政策性问题，同时切实检查书稿的科学性、艺术性和知识性问题。”然而，仅仅依靠学术著作编辑并不能保障学术出版物质量，当前的问题是由作者交出版费出版，编辑在出版标准方面可能把关比较严，但对于学术质量则把关较松或不一定有能力把关。

调查发现，实际操作中不同出版社有不同做法。

有的编辑认可编辑把关不严甚至与社会人员合作的问题：“不同出版社流程不同，也有的出版社稿子跟着责任编辑走。（我们的）稿源：博士论文、课题成果。套书的经济效益大于单部著作，所以出版社宁愿出套书，但质量的把关上并没有跟上。学术图书也受到网络的冲击，有数字出版平台可以减少库存，这样作者的补贴要少一点。编辑有自己的操守，但有部分出版社把关不严，与社会上的工作室合作。工作室提供稿件、发行渠道。出版社给书号，出版社有监管，但跟对内部人员的管理完全不同。工作室更灵活，但降低了对质量要求，基本没有审稿，冲击了学术出版秩序。这是市场化对学术质量造成的不利影响。”

而经费不足，可能是出版社把关不严的原因之一。有的编辑就表示：“国家有出版奖、政府奖、出版基金等，对出版有一定补贴，但是补贴对成本低的书都不够，更不要说成本高的书了。例如，本人编辑的书获得政府奖，仅有 4.5 万元出版基金，远远不够成本。出版基金应该区分成本，不能搞一刀切。补贴不够就让工作室有了生存空间。”

不同出版社对三审制的实施也不完全相同，如调查时发现有一家出版社设有选题委员会，选题需要通过委员会审批，由副总编、编辑室主任、编辑共同审查确定选题。编辑个人能够确定的选题比例为 20%，这时编辑的决定权大一些。同时，编辑的绩效和利润挂钩，因此编辑更愿意申报个人选题。该出版社的书稿审核流程为：编辑预审→复审（中级以上职称）→终审→抽查 30% 的稿件。编辑表示："审稿过程也是一个编辑加工的过程，复审由不同专家进行，保证每一个环节都能够发现问题。终审主要是看政治问题。"因而，出版社的审稿制度和期刊的审稿制度有很大差异，前者是编辑参与审稿，后者编辑一般只审核形式，学术质量和内容一般由审稿专家评审。期刊的审稿是为了选出稿件，出版社的审稿主要目的是完善稿件。对作者的访谈还发现，出版社编辑有时对稿件修改较多，引发矛盾，有位青年教师表示他的书稿曾经因被某重点大学出版社编辑改动太多而放弃出版。当然也有被访谈的几家出版社对自由来稿实施双盲匿名审稿，但这些出版社对待国家、省出版规划稿件还有约稿则没有匿名评审过程。还有的出版社是对重大选题有匿名审稿，而对一般选题没有匿名审稿。

因此，在未来的学术成果出版规范与标准修订完善时，虽然不能要求出版社和期刊有同样严格的审稿制度，但出版社的书稿交由学术界审稿而不是由出版社编辑主导应写进相关的学术规范。

为了让学术著作出版能够更加规范，笔者认为应该将学术著作的出版规范与学术论文的出版规范统一到同一规范或规范体系中，二者不同之处单独列出章节即可。芝加哥手册就是采用的这种方法，将学术著作出版中的索引单独列为一章，而其他章节都是学术著作和论文通用的。

课题组在调查时发现，部分出版社编辑也认同类似的观点："形式上是小问题，学术不端方面的学术规范应该加强。高校应该对老师的著作制定一个学术质量标准，稿子的学术质量主要取决于学术评价、学术管理。编辑是下游，并没有（能力）把握学术质量。出版社编辑在学术体系里无法把握学术专著的学术质量，高校不能简单以字数评价学术专著。"还有的编辑指出二者统一对于作者有重要价值："应该一致比较好，应该统一，都是科技、学术出版物，应该一样。对作者的行文质量有帮助，否则作者会有意见，标准的执行应该从教材开始，这样作者从学生时代都会养成良好的习惯。"也有编辑认为二者可以统一，但统一的应该是粗略原则性的方面，在细节上可以有区分。

此外，还有期刊编辑认为著作规范与论文规范统一后有利于规范的执行。"不同类别不一定要统一，但统一更好，对作者来说执行阻力较小。本刊在执行标准时就遇到作者使用图书（出版要求）反驳期刊的要求。”

还有出版社的编辑认为统一后有利于数字出版：“应该统一，数字出版时有可能图书（分章节）和论文在同一个数据库，不统一的话检索不方便。出版时就用统一标准，生产中应用统一标准有利于数据库开发和出版。”

当然，也有期刊和出版社编辑认为应该分开：“无必要，学科应该统一。论文标准比较复杂，出版社要简单的就可以，复杂化了无法很好地执行。”“建议分类指导。统一后无法执行，应达成共识。不同学科分开，文科、技术学科分别制定，不能强制大家一样，可以推荐达成共识再制定新标准和规范。不能改得没有一点儿继承性。”因此，即便制定在一起，也要注意其中著作和论文有所区分的内容和不同学科有所区分的内容。

（3）处理好作者规范与编辑规范的关系。

前面章节的梳理显示，国外学术规范有以作者为导向的，也有以出版单位的编辑为导向的。在学术成果的规范要求上，二者是相同的。主要区别是行为规范，因为作者与编辑在学术成果出版中的地位和角色是不同的。编辑规范其实也包括对审稿人、出版者的规范，与编辑一起构成了学术成果出版中的把关人。而作者是学术成果的内容生产者。因而，作者学术规范是作者作为研究者规范的一部分，作者规范还涉及研究伦理。而编辑的角色之一就是监督作者遵守研究伦理。笔者认为，针对我国的情况，应该把作者应遵守的学术规范与编辑应遵守的学术规范制定在一起，作为一部规范中的不同部分。其原因是我国学术出版历史较短，目前在作者和编辑中都还未形成很好的自律风气。上文的问卷调查结果显示，甚至大部分学术期刊编辑在对待关系稿时，有一定程度的不公正现象。把针对作者的规范指南与编辑规范指南放在一起，有助于作者了解编辑的行为规范，并监督编辑的行为，能够更有效地促进我国学术规范的严格执行。

在教育部、科技部已经有了学术规范指南，社会科学界开始陆续出版关于本学术规范研究成果，为学术规范指南完善打好基础的情况下，我国当前极为紧迫的是尽快制定编辑学术规范指南，而制定编辑学术规范指南应该有学术界的充分参与，这样才能让编辑学术规范指南获得学术界承认。与国外相比，我国学术界和出版界的交流不够充分，导致学术界制定的学术规范在出版界缺少应有的影响力。而出版界制定的规范也在学术界难以发挥影响力。国外无论是出版界还是学术界制定的规范或标准，都获得了学术界和出版界的认可，这就使得规范的执行更为容易。否则，即便二者分别有完善的学术出版标准和规范，依然会有执行阻力。课题组对编辑的访谈就发现，执行标准和规范的阻力来自作者。举例如下。

“有阻力，经济学教材作者不愿意修改稿件以与国标一致，不同学科有自己的习惯，有些实在无法统一。”

“学术规范推行时作者阻力特别大，因为涉及具体的利益问题，每个专业也有自己的规范、形式。”

“开始推动有阻力，计量单位等作者要改掉自己的习惯很难。每个作者、每个专业都有自己的规范，现有的部分学术规范并不适合所有专业。如重力测量伽利略单位就没有办法换算成国家标准，执行时应遵从各专业习惯。部分标准做到了遵从行业习惯，但也有一些标准没有。强制性标准不能太多，过分注重著录形式但却忽视了名词术语等应有的实质性的学术规范。这些标准的推行不是很有力。这样不利于学科的知识传承，影响学术交流。例如，对坐标系的定义就有很多不同方法，编辑有责任推动这类术语的统一。”

“有阻力。作者有自己的观点，要宣传，最好是由国家、行业协会制定标准，否则无法执行，作者无法说服。”

“个别作者不理解，他认为学报标准与国外或与行业标准习惯不一致。”

“执行标准有阻力，只能耐心疏导，大部分都配合。有作者把编辑改过的稿件又改回去，作者对标准不理解，认为应该尊重他们的学术习惯。”

因而，在未来制定或修订学术成果出版规范与标准时，还应该让学术界和出版界充分合作，共同协商一致地制定标准或规范，这样不仅能够让学术成果的写作方和出版方充分了解对方需求，也能够减少规范和标准的执行阻力。

（4）处理好中国特色与国际接轨的关系。

课题组在对编辑的访谈中发现，国家标准和国际标准不一致导致追求与国际接轨的英文期刊执行标准处于两难境地。“阻力来自作者对国内部分标准和规范的不理解，特别是国际作者还不适应国内的标准。例如，文献标识符号就不是国际通行的做法。”“期刊为了与国际标准接轨，质量分数，英文刊和中文刊都按国际标准统一，但国内评比却扣分。部分国家标准太烦琐，行业标准与国家标准不一致。标准数量比较多，国家标准繁杂、不实用，导致编辑工作量过大，参考文献的标识符号，如期刊用［J］，标示与国际标准就不统一，导致外国读者看不懂。我们应该向国际标准靠拢，以免影响进国际检索系统。量和单位、参考文献都应该向国际标准靠拢。”“特殊情况，英文参考文献，人名非要简名，英文去掉家族，有些规定不合理。”

笔者认为，应该在相关国家标准和学术规范中承认部分已经在国内学术界有一定使用范围的国际学术规范，如APA手册、MLA手册，直接与国际标准接轨可以节约大量资源。事实上，国外的学术规范与标准也并非孤立的，为了增加适用范围和尊重不同的习惯，AMA手册中就吸收了美国参考文献著录的国家标准，而芝加哥手册和CSE手册中也都介绍了APA、MLA等规范，并且部分内容不排斥使用这些规范。借鉴国外经验，我国的学术出版规范和标准也可以采取引用或推荐的方式直接与国际接轨，对于符合国际规范的直接认可其遵守的国家标准。第六章的调查表明，我国的学者国际发表未来将持续增长，而我国将有越来越多的期刊与国际出版商合作办刊，这两个因素要求我国的国家标准与国际接轨。而接轨最直接的方式，就是在保持中国特色的同时不排斥国际标准和规范的使用。前面章节的调查还显示，在署名的形式上，我国不少CSCD期刊开始采用通讯作者制，说明在一些编辑出版实践中也开始使用国际较为通用的形式。因而，与国际接轨在出版界并没有阻力。

对出版单位和教育部、科技部学术规范指南的调查还显示，在学术出版伦理规范方面，我国的实践已经与国际接轨。部分出版单位制定的规范也直接采纳了国际主流学术规范手册中的内容，说明出版单位在执行国际标准方面是积极的。而在学术出版伦理规范方面积极向国际靠拢，恰恰是因为我国在这个领域的学术规范指南影响力还不够强，还没有国家层面或在全国有影响力的规范。

但是，我们也要保持中国特色，因为我国的部分学科有很鲜明的中国特色，中文表达也与英文表达不同，不能所有方面都完全照搬。这就要求部分内容或者适用于部分学科的标准与规范要适应我国国内学术交流的需要。对此，还有很多值得进一步研究的内容。例如，中文关键词和英文关键词是否需要一致的问题，调查发现，有的期刊要求完全一致，有的期刊要求英文摘要单独撰写。

（5）处理好完整详细和简略易用的关系。

规范与标准若不够细致，会造成部分编辑出版实践中的情况找不到依据；但规范和标准若过于细致，又带来实际执行时难以查阅的困难。正因为如此，国外过于繁复的学术手册才会衍生出很多简化版本，很多学术手册出版了网络版，方便使用者查阅。但不管是详细版还是简略版，标准和规范都应该完整。

在这方面，我国的部分学术出版规范和标准还做得不够好。以 GB 7714 为例，在前面的章节中课题组就已经调查了其不足之处。虽然它采用 ISO 690，但没有 ISO 690 完整。例如，在参考资源类型上，GB 7714 偏向正式出版物，其给出的文献类型主要有普通图书、论文集（会议录）、报告、学位论文、专利文献、标准文献、专著中析出的文献、期刊中析出的文献、报纸中析出的文献、电子资源。ISO 690 中的文献类型则更为丰富，除了能够涵盖 GB 7714 中的文献类型，还包括了计算机软件、视听材料、地图材料、电影（视频和广播）、图形作品、音乐、系列报告等。上述其他类型的材料是正式出版的非文字作品，而 GB 7714 倾向于文字作品。虽然在自然科学类型的期刊与图书中较少引用非文字作品，但一些人文、艺术、历史等学科的研究中会引用到其他非文字作品，因而 ISO 690 的制定考虑到了学科的广泛性，GB 7714 对 ISO 690 中内容的省略虽然让其使用起来更简单，更容易让作者与编辑接受，但也让其适用范围更窄。正因为如此，GB 7714 在我国人文社会科学的 CSSCI 期刊中的使用情况不如 CSCD 期刊理想，这就是其结构和内容忽视了人文社会科学的特点，没有考虑学科多样性和不同学科有不同的引注习惯。ISO 690 中规定的作者类型也比 GB 7714 丰富。

因此，简略也需要内容完整才能让相关规范和标准被更好地实施。上述调查中，很多编辑提出标准应该粗一些、灵活一些，其实就是指应该多规定一些原则，但这些原则也应该形成体系和完整，让各个出版单位可以依据原则制定更为详细的细则。根据国外的经验，还可以在制定详细版本的同时，发布相关学术出版规范和标准的简明版，使作者和编辑都能够快速上手，但遇到疑难问题又有更详细的手册可以查阅。前面的调查显示，大部分编辑都会在编辑出版工作实践中遇到规范和标准不能满足工作需要的情况。

（6）处理好学术性和技术性的关系。

本书研究的主要规范和标准，都是基于学术成果的学术性，而本书没有研究的不少规范和标准，属于技术性标准。技术性标准往往是非学术出版物也需要遵循的，是针对所有类型信息交换而制定的规范和标准。学术出版规范和标准除了需要遵守通用于所有出版物的规范和标准，其最大特点是学术性——专门为学术信息的交流而设定的规范和标准。其特点在于通过规范和标准，促进学术创新。以参考文献标准为例，当前所有的国内外参考文献标准可以说在本质上是统一的，都能够满足参考文献在学术交流上定位文献和标引著者两大功能。但国外参考文献著录标准或规范在技术层面可以说五花八门，大大增加了作者们需要在不同标准之间进行切换的负担。因而，形式上的统一也是有一定必要的，但更要注重实质的统一。我国参考文献著录国家标准存在的部分问题就是在实质上与国外的参考文献标准有不一致的地方，如阅读型参考文献就无法实现参考文献的功能，甚至影响学术创新。在部分形式规范上，我国也没有按照参考文献本质制定，如对部分由著者添加进去的内容不加符号标示出来，这会让读者产生认知错误，无法实现参考文献的定位功能。

当前的趋势是我们对学术出版成果的形式规范越来越重视，而对比形式规范更为重要的实质性学术规范，目前还仅停留在针对可能出现的学术不端问题上。学术规范不仅是治理学术不端，也意味着学术质量的提高。课题组对部分期刊论文进行审读后发现，与国外期刊的论文相比，我国国内论文的不规范体现在实质性的学术质量上。例如，社会科学论文中研究方法的不规范问题比较突出，具体表现为研究综述没有很好地消化吸收国内外研究成果，综述也不够规范，存在“综”而不“述”等情况。还有一些论文选题很新颖，但没有用严密的逻辑或规范的方法验证核心观点的过程，主要是个人思考的总结。这些论文虽然参考文献著录规范，但其学术质量是不高的。调查国外期刊时还罕见地发现，有的调查类实证研究没有参考文献。这说明是否需要参考文献应该尊重是否参考或引用的实际，而不能硬性规定，尤其是不能硬性规定参考文献的篇数。国内的部分期刊则规定了最低参考文献条数，有可能导致学术不规范，强迫作者把未引用的文献列入参考文献或者增加不必要的引用。部分期刊规定参考文献条数，也可能有提高期刊影响因子的考虑，这本身就是需要规范的行为。

国外的 APA 手册之所以受欢迎，不仅是其中的形式规范，也在于其中的不少规范是针对学术成果质量提高而提出的。这是未来我国修订完善学术成果出版规范与标准必须注意的问题。应以学术性为内核，而以技术性为外壳，二者相互配合共同形成能够有效提高学术质量和学术出版质量的规范与标准。学术成果出版应该追求一种实质的统一，即符合学术诚信、有利于学术交流，而不是形式上的统一。第四章和第五章的调查就显示，国外期刊在参考文献等方面的规范上统一程度比我国要低，但其学术期刊公信力并不低，原因就在于国外的学术期刊在学术规范方面有着实质上的统一。

（7）处理好规范性与知识性的关系。

除了规范本身具有知识性，国外很多学术规范和标准中也有知识性介绍。

这些知识性介绍分为两大类：第一类是与规范紧密相关的知识，用于阐述规范的理念或有助于使用者更好地理解规范；第二类是与规范无关，但与规范使用者有关的知识。第二类知识是为了吸引编辑或作者使用规范而列出的，主要是针对作者的论文写作知识和针对编辑的出版知识。未来我国的学术成果出版规范和标准在完善时，也可以借鉴国外的做法，以“知识性”内容提升规范的“服务性”。本书第一章调查也发现，在编辑出版界流行的教材型图书是编辑出版类论文引用得最多的，说明编辑喜欢这类知识丰富的图书。学术规范的制定还应该有服务意识，只有给出版单位和学者学生们提供丰富的信息量，他们才更愿意使用规范。芝加哥手册中既包括规范，也包括很多指导性的内容和知识性内容，所以才有生命力。

（8）处理好统一性和多样性的关系。

在本书第二章至第五章，课题组比较了国内、国外学术出版规范与标准的体系、具体内容和以学术期刊为主体的出版单位对规范的执行情况。结果表明，在学术成果出版规范与标准方面，我国与国外有着鲜明的差别。相比于国外多以手册形式出现的规范和标准，我国的规范与标准虽然已经形成体系但还不完整。国外学术成果出版规范与标准由于形成历史悠久，形成了非常多的出版规范和标准，形式上多样化。但正如上文所述，这些多样化的形式在本质上是较为统一的。

因而，我国学术成果出版规范与标准修订时，应该考虑在一定程度的形式统一和在学术规范内在性统一的基础上，适当尊重多样性。应该允许不同学科或不同语言（英文和中文）的学术出版物有适应自身特色的学术成果出版规范与标准。国外的标准甚至在某些形式规范方面只要求一种出版物统一而并不作其他要求，如 ISO 690 中的著录符号。不仅是参考文献著录规范，对于学术规范而言，除了有意而为的不端行为需要禁止，还有一些伦理规范也应该允许期刊制定自己的标准。这也是 AMA 等国外学术规范手册中经常会提醒使用者不同的期刊在某些方面有不同规范的原因。在学位论文内容的再发表问题上，调查显示，我国的不同期刊态度也是不同的。

（9）处理好传统规范与新型出版形式的关系

新型出版形式已经给学术规范和标准带来了挑战，然而，课题组调查时发现学术界目前还没有转变思维。规范和标准往往落后于学术传播发展。对作者的访谈时发现，虽然当前作者引用论文都是从中国知网等数据库中下载论文，很少去图书馆查阅印刷文档，一些单位的图书馆也减少了印刷期刊的订阅，但这些参考了数据库中电子期刊的作者并不习惯按照参考文献著录的忠于来源原则标引电子文献，而是按照传统形式标引印刷版文献。除了使用习惯问题，作者们反映的另外一个问题是技术问题，因为标引网络地址或 DOI 之后，参考文献或注释的排版格式会变得混乱，有些作者只好删除网址或 DOI。

在应对新型出版形式方面，最大的问题是第六章提到的包括参考文献著录在内的很多方面尚无规范和标准，带来学术交流的困境，导致数据出版等形式无法进入正常的学术奖惩系统。

（10）处理好规范的研究制定和规范的宣传实施之间的关系。

我国学术成果出版规范与标准存在的一个问题是，现有学术规范的适用程度还不够。分析原因，有的是因为宣传不够充分。如教育部、科技部花了大量精力请专家制定的学术规范指南，本可以发挥更大的作用，但部分学术成果出版单位对这三个指南并不了解，导致指南失去约束力。对出版单位网站的调查发现，国内出版单位也很少引用上述学术指南，而国外的出版单位则经常引用相关规范指南，使他们的一些学术规范更有约束力。还有的规范则是研究做得不够，标准有不合理之处，导致难以适用。

当然，在学术规范和标准的研究上，还应该提升理论层次，而当前出版界的研究大多属于“救火式”研究，以实用性为主，往往以具体的学术编辑出版过程中的某一个环节为核心。除了从规范角度研究，还可以从社会学等角度研究规范和标准文件是如何转变为编辑和教师、学生群体具体执行的实质性的标准的，这些研究都有利于未来更科学地制定学术出版规范和标准。我国的学术出版规范和标准，目前是学术规范偏软，而出版标准偏硬。出版标准通过审读制度变成强制执行的标准。学术规范由于不能跟出版的部分形式标准一样容易被“审读”，反而被忽略。应该尽快制定自己的学术规范的原则。同时，还可以集体购买版权，汇编各种规范和标准供出版单位参考。

标准只有获得承认才能被很好地执行。我国国家标准《 标准化工作指南　第 6 部分：标准化良好行为规范》（GB/T 20000.6—2006）第 5 部分确定了标准制定程序的基本原则是协商一致原则，第 7 部分确定了广泛参与的原则。前者要求尽可能协商制定标准，后者则明确参加协商的主体范围应尽可能广泛。而广泛地参与也是在制定或修订时广泛地宣传，更多主体的意见被吸收进标准或规范，也意味着规范有更多包容性。

标准的制定和实施也是辩证统一的，只有符合学术出版实际、科学的规范和标准才能被学术界和学术出版界接受而很好地执行。但制定出来，宣传不够，有时也会影响规范的实施。在规范与标准的实施方面，学术出版单位是核心的把关人。我国还应多向编辑出版一线人员宣传推广教育部、科技部的学术规范指南。当然，在适当的时候还应对上述指南进行修订完善。

课题组虽然做了大量工作，但由于课题组成员大多是编辑出版实践者，因而本书的研究还存在很多不足。具体包括：研究上升到理论层面还不够，特别是从标准原理和学术伦理方面应加强理论研究。虽然采集了大量数据，但对内容分析、问卷和访谈数据的使用还不够充分。此外，本书立足于对现有规范和标准的比较，对未来的数据出版规范或标准应该如何制定还着墨不多。这是在未来的研究中需要进一步完善的。

附　　录

附录一　访谈提纲

1．期刊及被收录情况（包括期刊类型、可收集样刊）？编辑工作年限？

出版社（或编室）情况、出版的图书主要类型（收集样书）？

2．用稿机制和流程（包括出版社学术专著有无基金支持、具体用稿机制）？对期刊：收稿及初审如何退稿（看单位）；是否匿名双审；定稿机制；录用后每期发表稿件如何确定。对图书：是否接受个人来稿；稿件评审和定稿机制；有无出版基金支持等。

3．执行的出版标准？在标准执行中遇到的问题及如何处理？（无标准可依或现有标准不适应新情况无法执行，或标准与学科习惯不一致，等等）

4．执行的学术规范（包括处理学术不端或有关纠纷的具体依据）？在学术规范执行中遇到的问题？

5．对于修订现行有关学术论著的出版标准，您认为哪些方面需要完善？

6．是否需要制定统一的编辑学术规范指南？若需要，结合编辑实践，您认为哪几个方面是必须明确规定的？

7．要求作者执行出版标准或学术规范时是否有阻力？若有，主要是哪些方面？

8．有无具体的标准或学术规范及公开情况？

9．学术论文和学术专著有无必要制定统一的学术规范或出版标准？

10．中央或地方哪些行政主管机关对出版活动进行了管理或指导性工作？具体是什么？

11．其他补充问题。

附录二 期刊出版及学术规范调查问卷

本问卷针对编辑个人，是匿名的，请您放心填写。本问卷为国家社科基金和新闻出版广电总局课题而设计，感谢支持！若有打扰，请谅解！为保证样本多样化，敬请一个期刊编辑部只填写一份问卷。

1．贵刊所属学科(　　)

A. 社会科学综合　B. 自然科学综合　C. 医学类综合　D. 社会科学专业

E. 自然科学专业　F. 医学类专业　G. 其他______

2．您认为稿件应该采用哪种评审制度更有助于选出高水平稿件(　　)

A. 双向匿名双审制　B. 单向匿名双审（作者姓名未隐去）

C. 不匿名双审　D. 学界的编委或主编审稿

3．在初审稿件时，您(　　)

A. 经常退稿　B. 偶尔退稿　C. 从不退稿

4．在稿件录用与否上，应该(　　)

A. 以外审专家意见为主　B. 专家意见作为重要参考，结合期刊用稿需要

C. 专家意见作为一般参考，以主编意见为主　D. 其他______

5．因稿件处理周期过长引起作者抱怨(　　)

A. 经常　B. 偶尔　C. 从来没有

6．部分稿件处理周期(录用)过长的主要原因(　　)

A. 外审专家评审周期太长　B. 稿件太多，编辑处理不过来

C. 评审意见不一致，反复评审多次　D. 其他______

7．遇到关系稿怎么处理(　　)

A. 直接拒绝来稿　B. 与其他稿件一样严格评审

C. 在外审通过的基础上适当照顾　D. 降低审稿标准　E. 其他______

8．在退稿时(　　)

A. 将专家意见转发给作者　B. 仅给审稿结论　C. 不通知

9．您认为作者来稿以下哪些方面最不规范(　　)

A. 参考文献　B. 文字与标点　C. 图表　D. 摘要和关键词

E. 外文、符号、公式　F. 量和单位

G. 署名、基金标注或引用不符合学术规范　H. 其他______

10．您在编辑工作中采用的稿件编辑出版规范标准是(　　)

A. 国际规范和标准　B. 国家规范和标准

C. 本学科（行业）或同类期刊规范和标准

D. 根据相关规范制定的本刊规范和标准　E. 其他______

11．您在编辑加工工作中遇到无规范或标准可依的情况(　　)

A. 经常　B. 偶尔　C. 从来没有

12．如果无标准可依，您如何处理(　　)

A. 编辑部讨论确定本刊统一标准　B. 根据其他同类期刊的做法处理

C. 根据该学科学术习惯处理　D. 其他______

13．以下哪些方面是您在编辑工作中最容易遇到无标准或规范可依的情况(　　)

A. 期刊或论文格式　B. 量和单位　C. 表格或插图　D. 符号或公式

E. 数字用法　F. 外文字符（正斜体等）　G. 参考文献或注释

H. 标点符号　I. 语言文字　J. 网络出版环境带来的新问题　K. 其他______

14．您认为有无必要修订现有的编辑出版国家标准和规范(　　)

A. 很有必要，现有标准不能适应新的网络环境需要或未与国际规范完全接轨

B. 没有必要，现有标准完全够用　C. 无所谓

15．处理学术不端遇到无规范可依的情况(　　)

A. 经常　B. 偶尔　C. 从来没有

16．处理学术不端遇到最多的问题(　　)

A. 无较为具体而明确的操作指南　B. 现有学术规范不统一或不完善

C. 缺乏专门知识和技能，无法认定和处理学术不端

D. 作者反应剧烈　E. 其他______

17．您认为有无必要制定期刊的数字出版标准(　　)

A. 有必要，因为数字出版也需要统一标准才便于学术交流

B. 无必要，数字出版适用现有出版规范和标准即可

C. 对数字出版不了解，无法置评

18．您对部分期刊参考文献或注释未统一怎么看(　　)

A. 影响学术交流，应统一

B. 应该尊重部分学科多年形成的习惯，允许部分学科与国家标准不一致

C. 应该由各刊自行决定使用何种标准

19．如何使用学术不端检测系统来判断论文的抄袭和剽窃等不端行为(　　)

A. 编辑部统一规定比例，凡是超过该比例即退稿

B. 编辑部统一规定比例，超过该比例后由编辑根据稿件情况判断

C. 编辑部未统一比例，由编辑根据每篇稿件检测结果和稿件情况判断

D. 还未使用学术不端检测系统

20. 作者能够在贵刊网站获取哪些信息(可多选)(　　)

A. 征稿范围　B. 稿件形式要求或稿件模板　C. 投稿方式　D. 稿件处理流程

E. 对作者的学术规范（伦理）要求　F. 对审稿人的学术规范（伦理）要求

G. 对编辑的学术规范（伦理）要求　H. 版权或出版协议（授权书）

I. 稿件的评审过程和采用标准

J. 其他作者需要注意的事项（例如，如何获取插图版权授权等）

21. 有无必要制定《编辑学术规范指南》(　　)

A. 有必要，编辑工作中需要规范指导和约束编辑遵守学术伦理

B. 没有必要，编辑在学术伦理和规范方面已做得比较好

C. 无所谓

22. 如果要制定《编辑学术规范指南》，哪个部门合适(　　)

A. 新闻出版广电总局　B. 教育部　C. 期刊行业协会　D. 其他部门或组织

23. 您认为编辑是否应进行专业分工，如设置专门的图、表编辑或英文编辑(　　)

A. 应该，专业分工能提高质量

B. 不用，各个编辑根据专长分担即可　C. 无所谓

24. 您遇到过以下哪几种学术不端问题(　　)

A. 不当署名　B. 一稿多投（多发）　C. 抄袭、剽窃

D. 伪造、篡改数据　E. 基金标注造假

25. 遇到一稿多投、抄袭等学术不端现象您怎么处理(可多选)(　　)

A. 退稿或撤销稿件　B. 警告作者　C. 通知作者单位

D. 扣留作者缴纳的版面费以示惩戒

E. 将作者加入黑名单，以后拒绝接收该作者稿件

F. 通知同类期刊　G. 其他______

26. 对国外期刊在学术规范方面的认识(　　)

A. 不清楚　B. 比国内做得好　C. 国内期刊更好

27. 是否阅读过教育部或科技部出台的有关学术规范指南(　　)

A. 经常查阅　B. 偶尔翻翻　C. 从未接触过相关学术规范指南

28. 以下哪一个是造成作者学术不端行为的主要原因(可多选)(　　)

A. 作者学风和学术规范意识差，为了多出、快出成果故意从事不端行为
B. 作者虽然知道要遵守学术规范，但缺乏相关知识而导致学术不端行为
C. 编辑部稿件处理或发表周期太长，导致一稿多投等行为
D. 编辑部未充分通过网络等渠道公布稿件处理规范和学术规范
E. 编辑部未及时将稿件评审或发表信息传递给作者
F. 作者毕业或职称评审压力太大
G. 其他______

29. 对于投稿来源于已经被收录进网络数据库的学位论文，在哪种情况您会接受这类稿件在贵刊再发表(　　)
A. 一直欢迎这类稿件
B. 针对每个投稿的不同情况来具体处理
C. 若投稿相对于学位论文有实质性的修改，可以接受
D. 这类论文已经属于先发表了，在任何情况下都不能接受这类稿件
E. 若这类论文的获取范围仅限于校园或学术机构，可以接受
F. 没有具体的处理策略，不知如何处理
G. 其他______

30. 您认为我国期刊在用稿机制或遵守学术规范方面存在的主要问题(可多选)(　　)
A. 期刊自身的管理制度和学术规范缺失或不够完善
B. 我国没有统一的学术规范指南，期刊缺少可依据的标准
C. 期刊的用稿机制和学术规范未充分向作者公开或未将稿件处理信息及时向作者公开
D. 主管部门未将期刊学术规范作为相关年度核验或各种评比活动的重要指标
E. 其他______

31. 2013年7月，国务院取消了国家新闻出版广电总局期刊综合质量评估职责，由中国期刊协会承担，您的看法(　　)
A. 很好，还可以继续将部分行政职能转交给相关协会
B. 不合适，由行政主管部门行使上述职能更合适
C. 无所谓

32. 您认为我国期刊相关行业协会还需要在建设学术规范方面做哪些工作(可多选)(　　)

A. 制定统一的学术规范　B. 提供培训和教育服务

C. 提供期刊内部管理制度、版权协议等文件范本供期刊参考

D. 对一些编辑工作中遇到的无规范和标准可依的疑难问题提供指导意见

E. 其他______

33．您对我国期刊行政主管部门在行政职能转变方面的看法(　　)

A. 做得很好，行政机关由管理者转变为了服务者

B. 有所改善，但还需要继续推进

C. 没有变化，还是高高在上的管理者　D. 不了解

34．您接触到的新闻出版行政主管部门的具体工作(　　)

A. 年度核验　B. 期刊评比　C. 版权事务

D. 出版监管等其他管理工作　E. 为办刊提供指导或其他服务

F. 无接触或不了解　G. 其他______

35．有关学术出版标准和规范方面的其他补充。

附录三　期刊“参考文献”著录和网站数据采集说明

参考文献调查主要是弄清国内外期刊著录格式差别，网站数据主要是弄清审稿、评审、收费、稿件标准等信息的情况。

一、CSCD 期刊的参考文献格式数据

为提高效率，以调查期刊论文为主。采集后汇总到一个 Excel 文件中进行分析，如下图所示。

CSCD 论文采集文件夹

以下为基本信息调查。

（一）期刊学科分类

CSCD 没有学科分类，这里使用该期刊在北大中文核心期刊目录里的学科分类，已经按照分类目录下载了论文，直接输入目录里的分类即可。

学科分类统一编号：

1 = 地学；2 = 工程技术；3 = 管理科学；4 = 化学；5 = 环境科学；6 = 计算机科学；7 = 农林科学；8 = 社会科学；9 = 生物学；10 = 数学；11 = 天文；12 = 物理；13 = 医药卫生；14 = 自然科学总论；15 = 综合期刊。

（二）主办单位

本研究所分析的主办单位可以分为四大类：

1 = 大学；2 = 研究院所；3 = 学会协会；4 = 其他类型单位。

主办单位数据参见文件“CSCD 刊物主办单位参考 .xlsx”，使用期刊名搜索可获得，若无，在采集期刊网站数据时补充。

如果有多个主办单位，以排名第一单位为准。

（三）参考文献与注释有无情况

查阅浏览期刊论文（见所附数据），调查后编码。

1 = 只有参考文献，即在文末以“参考文献”（也可能以其他模式出现）列出参考文献，没有另外列出注释。

2 = 只有注释，即文末或页面底端出现注释，注释中既有对正文内容补充的非文献内容，也可能有文中所引用的参考文献。

3 = 既有注释，又有参考文献，即文末既列出了“参考文献”，也列出“注释”（或在页面底端直接出现）。

4 = 无参考文献、无注释，既未列出参考文献，也未列出注释。

提示：CSCD 期刊一般为参考文献列于文末，主要区别在于部分文理交叉的学科可能采用其他模式。

（四）参考文献著录格式

前期调查发现，CSCD 期刊绝大多数执行的是国家标准中的数字顺序编码并附有文献标识码的格式，因此非常好识别。因此，调查直接阅读期刊论文（已提供，部分打不开的补充下载一篇 2017 年论文即可）。先阅读文末参考文献，若参考文献列表为数字排序、文献题名后有“[J]、[M]”等标志可以判断为以下分类中的“1”。其他分类变量见下面的说明。

1 = 国家标准中的数字顺序编码有文献标识符号

执行国家标准《信息与文献　参考文献著录规则》（GB/T 7714—2015）中的顺序编码制（每个文献对应一个编号），其典型特征是每种文献后面有文献标识码，如期刊题名后有［J］，专著题名后有［M］。一般采用顺序编码制，即使用数字编号在文中标注和在文末列出参考文献列表。具体示例：

[18] 苏连成，李兴林，李小俚，等. 风电机组轴承的状态监测和故障诊断与运行维护 [J]. 轴承，2012 (1)：47-53.

由于参考文献国外体系繁杂（见常见格式的说明），为保证编码准确性，对于非采用国家标准进行初步分类，而不具体指出是哪一种规范或标准。一些明显不符合国标的特点：如超过三位作者时并未使用"等"或"et al."，一般不使用"[J]、[M]"等文献标识符号。

例如，《中国水稻科学》某篇论文的参考文献：

[6] Wang Q, Guan C, Wang P, Lü M L, Ma Q, Wu G Q, Bao A K, Zhang J L, Wang S M. *AtHKT1;1* and *AtHAK5* mediate low-affinity Na^{+}, uptake in *Arabidopsis thaliana*, under mild salt stress. *Plant Growth Regul*, 2015, 75(3): 615-623.
[7] Wang Q, Guan C, Wang S M. Coordination of *AtHKT1;1* and *AtSOS1* facilitates Na^{+}, and K^{+}, homeostasis in *Arabidopsis thaliana*, under salt stress. *J Plant Biol*, 2014, 57(5): 282-290.

因此，把所有其他未严格采用国家标准的参考文献格式编为以下三大类。

2 = 其他各种循环数字编码格式

第一，正文中引用参考文献时使用数字（具体格式可能是数字，圆括号、方括号括起来的数字，在上角标或不在上角标均有），如 CSE 引用 - 顺序体系。第二，文后的参考文献使用数字编号（常见情况），还有一种特殊情况是正文用数字，但文后的参考文献使用字母顺序编号，如 CSE 引用 - 姓名体系。这种模式的特点是编号循环使用，一个文献对应一个编号，按照在正文中引用的顺序或字母顺序给予每个文献一个唯一编号，多次引用使用相同编号。调查期刊正文时如果某个引用序号重复出现多次一般是这种模式，与我国国家标准 GB 7714 的方法相同。理工科的期刊大多喜欢采用这种模式。

3 = 其他各种连续数字编码格式

正文中也是使用数字标示被引文献，每次引用使用一个编号，如果文献重复引用就重复编号。在参考文献列表中第一次出现文献时著录完全，后面这个文献再次引用时，列于参考文献表的著录可以简化，如省略题名、出版项等信息。MHRA 采用的是这种格式，芝加哥格式中的注释 + 参考文献列表也与之类似，但不同的是芝加哥格式把注释著录在脚注之后再重复在文末列出参考文献列表，而参考文献列表中的文献不再重复著录。如果调查期刊论文的参考文献表时，发现同一个文献被多次著录（后面的著录可能采用简略模式）就是这种格式。也可以调查期刊正文，如果正文中引用的文献是从 1 逐渐增大并且没有重复即这种格式，一般在人文科学期刊中采用。

4 = 其他各种著者 – 出版年格式

很多格式采用这种模式，如 APA、MLA、CSE 中的著者 – 出版年格式，芝加哥格式中的著者 – 出版年格式等，这是一种非常流行的格式。其特点是在正文中使用著者和年份（有时还使用页码，或者加入页码信息）表示引用情况，文末按照字母表顺序著录参考文献。具体示例参见后面的 APA 等格式。

5 = 其他特殊格式

一般而言，上述几大类基本能够涵盖全部类型的参考文献著录。但也有少数无法划入上述几大类的格式，通常是注释 + 参考文献这样的特殊模式，其特点是参考文献既在注释中也在文末列表。如芝加哥格式中的注释 + 参考文献格式，虽然可以列入连续数字编码格式，但与其他连续数字编码格式相比多了注释，而且其参考文献列表采用的是字母顺序模式。严格来说，这属于一种特殊的混合模式。也有一些期刊仅有注释（脚注或尾注），不再在文末列出参考文献列表。这种模式往往与上述参考文献和注释有无中的 2、3 两种情况对应。

二、国外期刊的参考文献著录格式调查

为提高效率，与国内期刊不同，国外期刊参考文献的调查以调查期刊网站信息为主。采集后大致按照人文社会科学和科学技术（医学）两大类汇总到两个独立的 Excel 文件中进行分析。

（一）基本信息调查

第一，期刊学科分类按照数据表中的现有分类，无须编码。

第二，所属数据库或出版单位按照现有数据中的数据库分类，已经具备，无须编码。

（二）参考文献调查

参考文献与注释有无情况查阅浏览期刊论文（见所附数据），调查后编码。具体编码情况如下。

1 = 只有参考文献，即在文末以“参考文献”（也可能以其他模式出现）列出参考文献，没有另外列出注释。

2 = 只有注释，即文末或页面底端出现注释，注释中既有对正文内容补充的非文献内容，也可能有文中所引用的参考文献。

3 = 既有注释，又有参考文献，即文末既列出了“参考文献”，也列出“注释”（或在页面底端直接出现）。

4 = 无参考文献、无注释，既未列出参考文献，也未列出注释。

（三）参考文献著录格式调查

编码数字 1 保留

主要数据不使用数字编码，直接从期刊征稿指南中复制其采用的格式，期刊网站的查找方法见期刊网站的调查说明。因此，外文期刊的参考文献调查和网站调查同步采集数据效率更高。另外一个提高效率的方法是使用 PDF 文档的高级搜索功能（见下面网站数据采集中的说明），把征稿简则转换为 PDF 文档（注意命名规则一定使用期刊名并按照学科或数据库放置于同一文件夹），利用高级搜索功能使用“reference”“style”等关键词全文检索所有样本文档，这样能够快速定位相关征稿简则中内容并快速对多个文档进行数据录入。

前期调查发现，国外自然科学和人文社会科学期刊的著录种类非常多，因此，这里首先调查期刊网站“Submission Guidelines”或“Manuscript Submission Guidelines”中给出的参考文献或引用格式，有时这些“style”不仅包括参考文献，也包括其他格式内容。

例如，SAGE 数据库的征稿说明中就列出了多种参考文献格式（包括论文其他格式）。示例如下：

When formatting your references, please ensure you check the reference style followed by your chosen journal. Here are quick links to the SAGE Harvard reference style, the SAGE Vancouver reference style and the APA reference style.

Other styles available for certain journals are: ACS Style Guide, AMA Manual of Style，ASA Style Guide，Chicago Manual of Style and CSE Manual for Authors，Editors，and Societies.

期刊会在征稿指南中说明其是否采用 APA 格式，如下面的描述采用的参考文献和引文格式，可直接复制到表格里以备后续的二次编码。示例如下：

The style of the Publication Manual of the American Psychological Association，6th edition，must be followedwith respect to handling of references，abbreviations，and symbols.

German Journal of Human Resource Management adheres to the SAGE Harvard reference style.

Academe follows the Chicago Manual of Style，17th edition.

数据采集时，直接将上述采用的参考文献和引文格式复制到编码的 Excel 文件对应的数据栏，统一不要定冠词“the”。

若期刊网站上无格式说明（这种情况一般比较罕见），则采用上述中文期刊的编码方法，以论文为调查对象，调查属于哪一个大的类型标出数字即可。然后按照下面的编码表录入数据（仅录入对应的数字到数据栏中）。编码时注意，如果是法学学科，一般是特殊格式。

2 = 各种循环数字编码格式

第一，正文中引用参考文献时使用数字，具体格式可能是数字，圆括号、方括号括起来的数字，在上角标或不在上角标均有，如 CSE 引用 – 顺序体系。第二，文后的参考文献使用数字编号（常见情况），还有一种特殊情况是正文用数字，但文后的参考文献使用字母顺序编号，如 CSE 引用 – 姓名体系。这种模式的特点是编号循环使用，一个文献对应一个编号，按照在正文中引用的顺序或字母顺序给予每个文献一个唯一编号，多次引用使用相同编号。调查期刊正文时如果某个引用序号重复出现多次一般是这种模式，与我国国家标准 GB 7714 的方法相同。理工科的期刊大多喜欢采用这种模式。

3 = 各种连续数字编码格式

正文中也是使用数字标示被引文献，每次引用使用一个编号，如果文献重复引用就重复编号。在参考文献列表中第一次出现文献时著录完全，后面这个文献再次引用时，列于参考文献表的著录可以简化，如省略题名、出版项等信息。MHRA 采用的是这种格式，芝加哥格式中的注释 + 参考文献列表也与之类似，但不同的是芝加哥格式把注释著录在脚注之后再重复在文末列出参考文献列表，而参考文献列表中的文献不再重复著录。如果调查期刊论文的参考文献表时，发现同一个文献被多次著录（后面的著录可能采用简略模式）就是这种格式。也可以调查期刊正文，如果正文中引用的文献是从 1 逐渐增大并且没有重复即这种格式，一般在人文科学期刊中采用。

4 = 各种著者 – 出版年格式

很多格式采用这种模式，如 APA、MLA、CSE 中的著者 - 出版年格式，芝加哥格式中的著者 - 出版年格式等，这是一种非常流行的格式。其特点是在正文中使用著者和年份（有时还使用页码，或者加入页码信息）表示引用情况，文末按照字母表顺序著录参考文献。具体示例参见后面的 APA 等格式。

5 = 特殊格式

一般而言，上述几大类基本能够涵盖全部类型的参考文献著录。但也有少数无法划入上述几大类的格式，通常是注释 + 参考文献这样的特殊模式，其特点是参考文献既在注释中也在文末列表。如芝加哥格式中的注释 + 参考文献格式，虽然可以列入连续数字编码格式，但与其他连续数字编码格式相比多了注释，而且其参考文献列表采用的是字母顺序模式。严格来说，这属于一种特殊的混合模式。也有一些期刊仅有注释（脚注或尾注），不再在文末列出参考文献列表。这种模式往往与上述参考文献和注释有无中的 2、3 两种情况对应。

另外的特殊格式是指法学论文，美国的期刊通常采用《哈佛法律评论》牵头发布的《蓝皮书：一种统一的引用系统》（*The Bluebook*: *A Uniform System of Citation*），以及后来由法学写作指导者协会（Association of Legal Writing Directors）发布的《ALWD 引用手册》（*The ALWD Citation Manual*），若法学期刊中未特别指明使用哪种格式，则把其当作特殊格式对待。主要是法学引用涉及庞杂的案例、法律法规体系，故在英国和美国形成了自成一体的体系。

在英国还有一种牛津格式（Oxford Format），也是一种特殊格式，这种格式把参考文献列为每页的脚注，用数字在每页重新编号。

The ‘Oxford’ format is one of the most commonly used footnote citation styles in the UK. When using this format，citations should therefore be supplied as footnotes—that is，they should appear in a numbered list at the bottom of each page，with corresponding numbers being supplied in the main body of your essay，directly after a particular author and/or text has been referred to.

三、国内外常见的参考文献著录格式

（一）哈佛格式（Harvard Style）、ISO 690、GB/T 7714—2015 中的著者 - 出版年制

因为这三种是相互承认的，故视为一种大的模式。其特点是著录时出版年在作者名后，文中引用时使用作者和年份。虽然较少使用，但也有自然科学类期刊在使用这种著录方式。

例如，《园艺学报》《植物保护学报》等部分农林类期刊的参考文献著录。

该模式与 APA 的主要区别在于符号使用不同，没有括号，页码前使用冒号。示例：

陈学森，张晶，刘大亮，冀晓昊，张宗营，张芮，毛志泉，张艳敏，王立霞，李敏．2014a．新疆红肉苹果杂种一代的遗传变异及功能型苹果优株评价．中国农业科学，47（11）：2193-2204.

正文中与 APA 类似，使用作者和出版年标引，没有页码。示例：

而‘金冠’和‘嘎拉’硬度迅速降低，显著受到乙烯的调控（魏建梅等，2008；魏建梅和马锋旺，2009）。陈学森等（2014b）的研究结果表明……

哈佛格式与其他格式最大的区别在于这种格式并不是由某个协会或出版社维护，而是在英国和澳大利亚等国学术界逐渐形成的。因此，哈佛格式有很多种，有些出版单位在其基础上制定自己的参考文献规范。例如，SAGE 数据库的德语期刊《德国人力资源管理学报》（*German Journal of Human Resource Management*），就采用的是“SAGE Harvard”格式，其特点是没有使用点号分隔年份等信息。示例：

Melchers KG and Annen H（2010）Officer selection for the Swiss armed forces. An evaluation of validity and fairness issues. *Swiss Journal of Psychology* 69（2）: 105-115.

（二）APA 格式（APA Style）

美国心理学会（American Psychological Association，APA）发布的学术规范，其中列明了参考文献的著录规则，是一种著者 - 出版年格式。一般用于社会学、心理学、教育、商业和工程类期刊。APA 格式和哈佛格式的主要区别在于 APA 对符号的要求严格，不会出现冒号，出版年有括号。示例：

图书：

Reiter，D.，& Stam，A. C.（2002）. Democracies at war. Princeton，NJ：Princeton University Press.

期刊：

Koremenos，B.，Lipson，C.，& Snidal，D.（2001）. The rational design of international institutions. International Organization，55，761 - 799.

文中引用“(Reiter & Stam,2002)”，注意当出现在句首时，是“Dilrukshini（2009）analyzed”。

显著特点：APA 把参考文献称为“Reference List（参考文献列表）”，出版年出现在作者姓名之后，著录的标点符号只有圆括号 & . ，和空格，一般没有其他标点符号。

（三）MLA 格式（MLA Style）

美国现代语言学会（Modern Language Association，MLA）的格式，是一种著者 - 页码格式，即正文中标引的是页码而不是出版年。一般用于人文、语言学等学科。

图书及期刊文中引用示例：

Works Cited	Weinberg, Gerhard L. Germany, Hitler, and World War II: Essays in Modern German and World History. Cambridge: Cambridge UP, 1995. ---. A World at Arms: A Global History of World War II. Cambridge: Cambridge UP, 1994. ▸ The repetition of the author's name uses three hyphens, followed by a period.
In-text	(Weinberg, Germany 34; Weinberg, World 456)
Works Cited	Koremenos, Barbara, Charles Lipson, and Duncan Snidal. "The Rational Design of International Institutions." International Organization 55 (Autumn 2001): 761–99. ▸ If there are four or more authors: Koremenos, Barbara, et al.
In-text	(Koremenos, Lipson, and Snidal 761–99)

显著特点：MLA 把参考文献称为“Work Cited（引用作品）”，期刊著录时出版年份在卷期之后，题名用双引号（或斜体）标示，期刊名和图书名有时加下划线表示，但新的版本使用斜体表示，有 pp. vol. no. 等符号。示例：

Bagchi，Alaknanda. “Conflicting Nationalisms: The Voice of the Subaltern in Mahasweta Devi's Bashai Tudu.” *Tulsa Studies in Women's Literature*，vol. 15，no. 1，1996，pp. 41–50.

最显著特征是在正文中的引用用姓名加页码，如果一个作者有多个文献，则在文末列表用三个连字符标示第二次出现的文献，正文中则使用文献题名的缩写（关键词）来表示该作者不同的文献，见上图。

对于图书出版地，新版 MLA 手册不强制著录出版地，只要求 1900 年以前出版的图书才需要出版地。示例：

Henley，Patricia. *The Hummingbird House*. MacMurray，1999.

（四）芝加哥格式（Chicago Style）中的著者－出版年格式

芝加哥格式也与 APA 相似。主要区别在于：在正文中引用时，芝加哥著者－出版年格式人名和年份之间不用逗号隔开，期刊不标注页码，图书的年份和页码使用逗号隔开，如（Pollan 2006，99–100）。

在著录时，年份不加括号，期刊论文的题名要加双引号，而页码和卷期之间是用冒号分隔。正文示例：

As legal observers point out，much dispute resolution transpires outside the courtroom but in the “shadow of the law”（Mnookin and Kornhauser 1979）.... Here we empirically demonstrate that workers' and regulatory agents' understandings of discrimination and legality emerge not only in the shadow of the law but also，as Albiston（2005）suggests...

文献列表与 APA 的区别：两位作者使用“and”，题名用双引号，期刊名斜体，后者与 MLA 类似。示例：

Albiston，Catherine R. 2005. “Bargaining in the Shadow of Social Institutions: Competing Discourses and Social Change in the Workplace Mobilization of Civil Rights.” *Law and Society Review* 39（1）：11–47.

Mnookin，Robert，and Lewis Kornhauser. 1979. “Bargaining in the Shadow of the Law: The Case of Divorce.” *Yale Law Journal* 88（5）：950–97.

（五）芝加哥格式中的注释＋参考文献格式

芝加哥格式的特点是文献以作者姓氏排列，社会科学与部分工程技术学科均使用。这种模式非常好识别。注意这种模式的注释方法也有很多种，有时在页脚、有时在文末，有时编号、有时不编号，也有时一条注释涉及多条参考文献。

其他特点：正文中有数字编号（一般放置于右上角标）的注释，注释可以是尾注也可以是每页的脚注，但在论文文末还按照字母顺序的参考文献列表，即同一条参考文献既在正文中有注释，也在文末被列入参考文献列表。这种格式在正文中的引注编号是连续的，同一个文献多次出现多次给予不同编号，只是第二次及后面出现在注释时可以使用简略著录。

注释第一次出现时与后面的参考文献相似，注意姓名的顺序是不同的，不用颠倒第一作者姓名。示例：

Journal article, one author	First note	[99]Charles Lipson, "Why Are Some International Agreements Informal?" *International Organization* 45 (Autumn 1991): 495–538.
	Short note	[99]Lipson, "International Agreements," 495–538.
	Bibliography	Lipson, Charles. "Why Are Some International Agreements Informal?" *International Organization* 45 (Autumn 1991): 495–538.

（六）CSE 著者 – 出版年格式

这是科学编辑者协会（Council of Science Editors，CSE）的格式，该格式主要适用于物理和生命科学学科的期刊，即与 APA 格式类似，但是这种格式在正文中引用时不用逗号把人名和年份分开，如（Smith 2011）。如果没有作者，则使用作品名称的简写，如（Biological research...2007）。两个作者使用"and"，如（Haggarty and Gaynor 2008）。注意 APA 使用的是"&"。CSE 文末的参考文献列表的著录又和哈佛格式类似，页码前使用冒号，而 APA 不用冒号。这种格式期刊的卷号前，也即期刊名缩写点后不加符号。但该指南中还有两种格式，分别是引用 – 顺序编码制（Citation–Sequence，每个文献对应一个编号，编号重复使用，也称为循环数字模式，就是上面所称的国标中的顺序编码制），以及引用 – 姓名体系。示例：

Board J. 2001. Reduced lodging for soybeans in low plant population is related to light quality. Crop Sci. 41（2）：379–87.

Capone M，Grizzle R，Mathieson AC，Odell J. 2008. Intertidal oysters in northern New England. Northeast Nat. 15（2）：209–214.

其他规则还包括，超过 10 位作者列出 10 位，然后使用"et al."。示例：

Park KS，Kim YS，Kim JH，Choi BK，Kim SH，Oh SH，Ahn YR，Lee MS，Lee MK，Park JB，et al. 2009. Influence of human allogenic bone marrow and cord blood-derived mesenchymal stem cell secreting trophic factors on ATP（adenosine-5’ - triphosphate）/ADP（adenosine- 5’ -diphosphate）ratio and insulin secretory function of isolated human islets from cadaveric donor. Transplant Proc. 41（9）：3813-3818.

正文用（Park et al. 2009）。

（七）CSE 引用 - 姓名体系和引用 - 顺序体系（同国标的模式）

著录上与前面 CSE 著者 - 出版年格式的差异就是年份在刊名后，二者本质都是循环数字格式，即同一个编号在正文中可以反复使用。

引用 - 姓名体系的特点是在著录前先按照参考文献的姓名字母顺序给参考文献编上号码，然后这些号码不变，在文中引用时直接把后面的号码放到正文引用。特点是正文中的引用序号不是按照由小到大出现，而是凌乱的。示例：

Information requiring documentation should be followed by the citation [19]，with any punctuation following the citation. For two citations [28，43]，separate the numbers with a comma and no spaces. For three or more non-sequential（or a mixture of sequential and non-sequential）citations [17，24，29-33]，punctuate the number list with commas and hyphens as appropriate.

顺序体系是按照参考文献引用先后编号，如果重复出现则重复使用。示例：

Information requiring documentation should be followed by a citation[1]，with punctuation following the citation. For two citations [2，3，] separate the numbers with a comma and no spaces. For three or more sequential citations[4-7，]

这两种著录方式都相同，只是排序编号方法不同，特点是期刊论文文献，年份后是分号，页码前也是冒号。示例：

Capone M，Grizzle R，Mathieson AC，Odell J. Intertidal oysters in northern New England. Northeast Nat. 2008；15（2）：209-214.

（八）AMA 格式（AMA Style）

这是一种美国医学会（American Medical Association，AMA）的参考文献格式，一般用于生物医学、药学、护理等相关期刊。它是一种数字顺序格式

（每个文献对应一个编号，编号重复使用），即正文中与国标类似用数字表示，文末参考文献列表用数字顺序编号。区别在于正文不用方括号，期刊论文作者仅列出前 2 个，6 个以内不用 “et al.”（表示等等），6 个以上作者用 “et al.”。著录符号年份和卷期之间使用分号 “；” 分隔。AMA 与上面 CSE 中的顺序编码非常相似，其区别在于一些细节，如多位作者，CSE 需要列出 10 个以内的全部作者，而 AMA 只列出前 2 个，而且只有多于 6 位才使用 “et al.”。示例：

Diabetes mellitus is associated with a high risk of foot ulcers.[13]

Several interventions have been successful at increasing compliance.[11，14–16]

The data of Smith et al[18]is further evidence of this effect.

As reported previously，[1，3–6]

The results were as follows[4]：

文后参考文献列表示例：

1. Hu P，Reuben DB. Effects of managed care on the length of time that elderly patients spend with physicians during ambulatory visits. Med Care.2002；40（7）：606–613.

（九）AAA 格式

美国人类学学会（American Anthropological Association，AAA）的格式，也是一种著者 - 出版年格式。其显著特征是，在文末的参考文献列表中，列出作者姓名后，其余信息放置于下一行。示例：

Gal，Susan

2003 Movements of Feminism：The Circulation of Discourses about Women. In Recognition Struggles and Social Movements：Contested Identities，Power and Agency. Barbara Hobson，ed. Pp. 93–120. Cambridge：Cambridge University Press.

文献按照年份的先后顺序著录，若一个作者同一年度有多篇文献被引用，使用 a、b 等字母区分。

在正文中引用若要页码，则用冒号和年份分开。示例：

Kelly（2005：9–13）offers a sophisticated argument on this point.

（十）温哥华格式（Vancouver Format/Style）、美国标准 ANSI/NISO Z39.29—2005（R2010）、ICMJE 格式

这也是国际医学期刊编辑协会（International Committee of Medical Journal

Editors，ICMJE）采用的格式，以美国标准 ANSI/NISO Z39.29—2005（R2010）为基础，只是更加详细，针对性更强（当然也有细微差异）。它是由国际医学期刊编辑协会在温哥华讨论定稿的，故被称为温哥华格式。在正文中的引用也是使用数字编码的格式（按照文献出现先后次序编号，一个编号对应一个文献，编号可以反复使用），在正文中引用时，使用圆括号和数字表示，不是上角标和方括号。示例：

Author1 makes a number of claims regarding the ways in which an issue could be resolved（1）. Author2（2）poses a number of challenges to the argument put forward by Author1（1），as do Author3 & Author4（3，4）.

文后著录参考文献的显著特点是对期刊要求著录出版日期，这是其他大多数标准没有要求的。示例：

Halpern SD，Ubel PA，Caplan AL. Solid-organ transplantation in HIV-infected patients. N Engl J Med.2002 Jul 25；347（4）：284-7.

如果期刊是每卷连续编页码，则又可以省掉期号数字和出版日期，这是任选而不是必需。示例：

Halpern SD，Ubel PA，Caplan AL. Solid-organ transplantation in HIV-infected patients. N Engl J Med. 2002；347：284-7.

部分出版单位对温哥华格式做了个性化改变，如 SAGE 就制定了自己的温哥华格式。

（十一）AIP 格式（AIP Style Manual，目前第五版）

这是美国物理研究所（American Institute of Physics，AIP）的格式，适用于物理学、天体物理学和天文学，故也被称为“物理、天体物理和天文学格式（Physics，Astrophysics，and Astronomy Citations）”。其特点是期刊论文的题名被省略，期刊的期数字体加粗。示例：

[1] D. Groom et al.，Euro. Phys. J. C **15**，**1**（2000）.

[2] J. Wisdom，Nucl. Phys. B 2（Proc. Suppl.），**391**（1987）.

（十二）ACS 格式（ACS Style）

这种格式来源于美国化学学会（American Chemical Society，ACS），适用于化学类出版物。特点是年份加粗，标题有时省略（注意不是必须省略，省略可以，不省略也可以），有时期刊名有缩写规则。示例：

Deno, N.; Richey, H.; Liu, J. S.; Lincoln, D. N.; Turner, J. *J. Am. Chem. Soc.* **1965**, 87, 4533–4538.

Mullin, R. *Chem. Eng. News* **2005**, 83 (42), 7.

ACS格式著录时，期刊只有期数时不加圆括号，这是其独特的地方。示例：

Mawhinney, R. C.; Muchall, H. M.; Peslherbe, G.H. A Computational Study of the 1, 3–Dipolar Cycloaddition Reaction Mechanism for Nitrilimines. *Can. J. Chem.* **2005**, 35, 1615–1625.

ACS 也有数字循环编码格式和著者 – 出版年格式。

（十三）MHRA 格式（MHRA Style）

这是英国当代人类学研究协会（Modern Humanities Research Association, MHRA）的格式，是一种连续数字编码格式，即一次引用对应一个编号，文献重复出现时使用不同编号。使用罗马数字编号，如“(i)”。需要给出期刊具体的引用页码，并在第一次引用时给出全称。符号体系比较独特，如年份和图书出版项使用括号括起来，期刊论文题名使用单引号。示例：

（i）Tom McArthur, *Worlds of Reference: Lexicography, Learning and Language from the Clay Tablet to the Computer* (Cambridge: Cambridge University Press, 1986), p. 59.

（ii）L. T. Topsfield, '*Jois*, *Amors* and *Fin*' *Amors in the Poetry of Jaufre* Rudel', *Neuphilologische Mitteilungen*, 71 (1970), 277–305 (p. 279).

文末参考文献列表中，可仅给出缩写。示例：

McArthur, p. 62.

Chadwick and Chadwick, iii, 72.

Elsky, pp. 42 – 46 (p. 43).

除了上面提及的类型，其他各种协会也有自己的风格或写作指南，例如：

美国气象学会：American Meteorological Society. Author's Guide (Edition 4.3, Revised September, 2002)（美国气象学会作者指南）。

IEEE 在不同的领域也有相应指南：电气和电子工程师协会（Institute of Electrical and Electronics Engineers, IEEE）。

美国数学协会：American Mathematical Society。

此外，还有牛津格式、特殊的法律引用格式。

四、国内外期刊网站或主页数据采集说明

（一）数据采集说明

数据主要是采集和分析期刊网站或主页上的“征稿简则”“来稿须知”“征稿启事”“ Submission guidelines”“Guide for Authors”等类似信息，使用简单的内容分析方法提取其中数据编码并填入编码文件中供后续的数据分析使用。因国内外期刊某些做法差异较大，注意部分编码仅针对国内期刊。复制到Word文档统计字数后（PDF直接保存），保存为PDF文档作为数据，命名规则为“编码号＋期刊名”。具体判别标准如下。

国内期刊网站，直接以“期刊名”为关键词，在百度中搜索，搜索后通过以下方法识别是否为期刊官网。

（1）百度标示为“官网”（目前大多数期刊有官网标识），注意百度官网是蓝底白字标识的。部分显示“官网”但不是百度认证的蓝底白字。

（2）以“edu.cn”结尾的域名一般是大学的二级网站，为官方网站。

（3）属于主办单位（研究所、协会学会）网站下的二级域名或页面，用主办单位所在网站的页面。例如：

《声学学报》：http：//www.ioa.ac.cn/xscbw1/sxxb1/zenggaojianze/。

（4）与马格泰克、勤云、知先等期刊编辑出版办公自动化系统有合作。

排除：cnki.net、wanfangdata.com.cn、qikan.com等中国知网、万方数据库、龙源期刊网给期刊提供的页面。

（5）凡是在线投稿不用注册直接可以上传论文的网站一般为钓鱼网站。

特别是注意高仿版本的网站，如《新闻大学》的钓鱼网站：http：//www.xinwendaxue.cn/，从复旦大学新闻学院搬运大量内容，容易迷惑人。

注意国外也有很多期刊有钓鱼网站。国外期刊可以用期刊名在百度中搜索，但建议到所在数据库网站搜索更准确，如果使用百度搜索，请用其出版数据库提供的页面。例如：

New Media & Society，是SAGE举办，使用SAGE提供的页面。国内：http：//sage.cnpereading.com/journal/details/nmsa； 国外：https：//us.sagepub.com/en–us/nam/journal/new–media–society。

点击“Submit paper”找到“Submission guidelines”或直接找到“Submission guidelines”。

（6）如果无法在百度中找到期刊网站，或者是搜索期刊后，同时出现几个网站无法辨别真伪，可直接用IE浏览器打开知网，选择出版物检索。输入期刊名称，如“病毒学报”，点开后选择要浏览的期数，如2018年第6期，结果如下图所示。

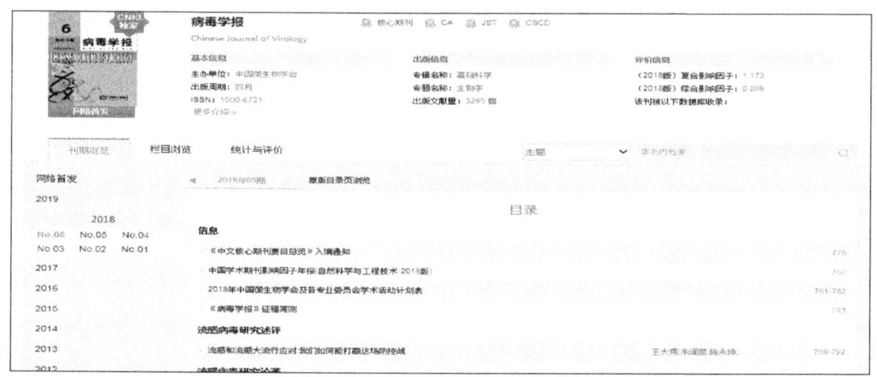

再点击原版目录页浏览，即可发现准确网址信息，如下图所示。

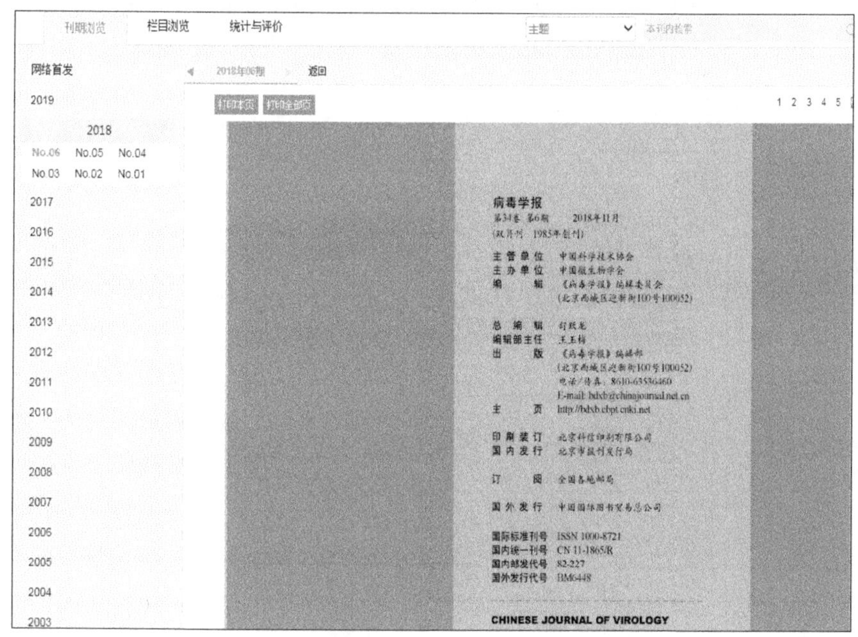

为提高效率，可将全部征稿简则转换为PDF文档，使用PDF浏览器的“编辑”—“高级搜索”功能检索信息。以下内容涉及具体关键词搜索，这样可以同时定位多个文档里的相关内容并快速编码，不需要单个文档逐个打开阅读编码。下图示例的是同时查找多个英文征稿简则中的审稿信息的搜索过程。

具体搜索关键词可在开始几篇文档人工编码后，每位成员记录部分关键词，把最常用的汇总后形成用来搜索的关键词。操作步骤如下。

第一步，在 Acrobat Reader 中打开一个文档，进入高级搜索的界面，选择所有 PDF 文档，下面输入所采集分析的征稿简则 PDF 文档所在文件夹。

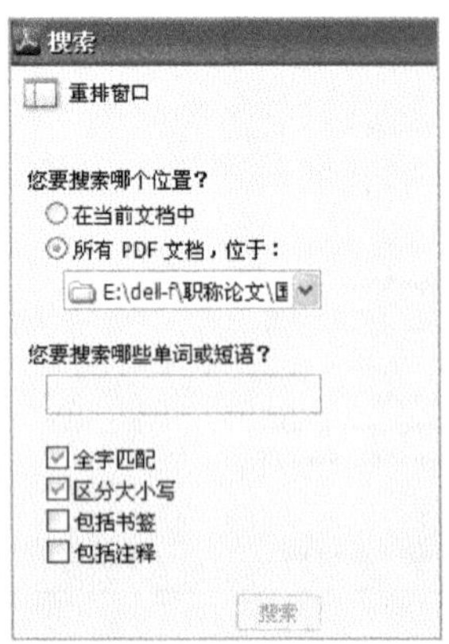

第二步，这里以关键词“peer review”搜索，结果如下图所示。

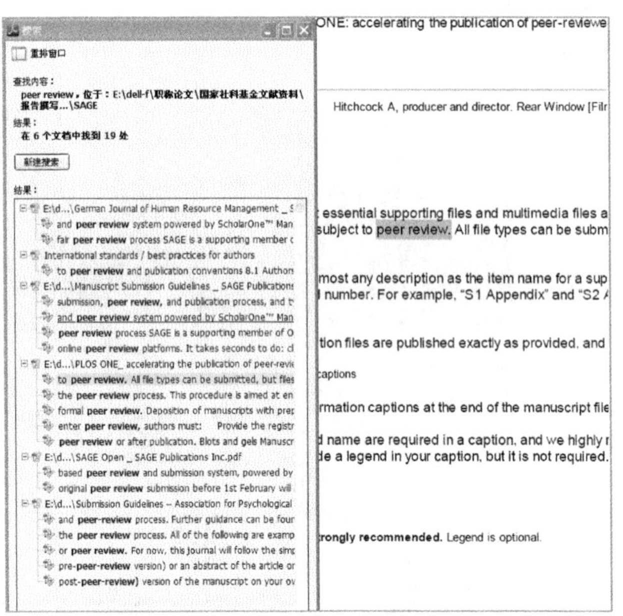

这样我们很快能够定位到所采集文档中的相关内容并编码，剩余的没有搜索到结果的部分文档再更换范围更大的关键词，如“review”搜索即可，少量的再进行人工阅读编码。通过计算机全文档检索功能辅助编码，可以大大提高效率。

（二）各项数据编码说明

期刊基本信息在采集参考文献信息时已经录入，本数据与参考文献著录格式数据使用同一个文档。以下数据大体是按照期刊编辑出版流程排序的，如从收稿到发表。

第一，信息公开情况，即网站开通及投稿信息公开情况。

0 = 无网站：是指没有足够的信息确认或者没有搜索到期刊官网，无法识别确认是否有官方网站，该期刊网站数据采集终止。

1 = 有网站无投稿信息：网站或主页开通，但无投稿指南等信息，或仅有栏目但信息为空。

2 = 有网站和投稿信息：网站或主页开通，有投稿指南等信息。

第二，信息字数，即所有给作者或审稿人的信息字数。

将征稿简则，注意同时还可能有“收费”“审稿流程”“文献著录格式”全部复制到独立的 Word 文档中（文档以 Excel 文档中编码号 + 期刊名称保存），用 Word 统计其字数后录入。如果征稿简则是 PDF 格式可转换到 Word 文档计算，如果仍然不能计算则留空白。后续分析可以使用 SPSS 重新分组为不同变量或者选择个案观察范围。

第三，来稿范围。

0 = 无来稿范围信息

不仅投稿说明中没有说明，而且在网站其他栏目中也没有明确指出。

1 = 有具体的范围

示例：

本刊旨在介绍系统工程学科、管理科学与工程学科创新性研究成果。

《交通运输工程学报》的报道范围涵盖铁路、公路、航空、水运、管道五大运输方式，包括道路与铁道工程、载运工具运用工程、交通运输规划与管理、交通信息工程及控制四个二级学科。

New Media & Society engages in critical discussions of the key issues arising from the scale and speed of new media development，drawing on a wide range of disciplinary perspectives and on both theoretical and empirical research.The journal welcomes contributions on...

第四，稿件字数限制。

0 = 对字数无要求

对来稿稿件字数没有具体的要求，或在网站上找不到相关信息。

1 = 推荐或限制最高字数

例如，关键词“字”“Words”等，一般为 2000、5000、8000、12000、15000 等整数。

论著一般不超过 5000 字（包括摘要、图表及参考文献）；讲座、综述、会议纪要、临床病理（例）讨论类文稿字数可视具体情况而定；病例报告等不超过 2000 字。示例：

（iv）The target word count is 8000 words（all text，including notes，references，tables，charts，etc.）. Submissions of more than a few hundred words beyond the target will not be considered.

2 = 推荐或限定最低字数

3 = 同时推荐或限定最低和最高字数

例如，“本刊来稿以 8000 ～ 10000 字为宜”。

前三种是指统一要求字数的情况，如果针对不同文章类型推荐或限定不同字数，记为“4”。

4 = 根据不同文章类型限定字数

例如，来稿字数以 8000 ～ 10000 字为宜，所论重大学术问题的论文篇幅可不受此限。论著一般不超过 5000 字（包括摘要、图表及参考文献）；讲座、综述、会议纪要、临床病理（例）讨论类文稿字数可视具体情况而定；病例报告等不超过 2000 字。

第五，是否要求作者签名确认。

0 = 无，大部分期刊（特别是国外期刊）一般不需要签名

1 = 仅要求作者在版权协议上签名

2 = 仅要求作者在其他文档，如署名顺序确认、诚信声明、投稿单、承诺书、是否涉密上签名

3 = 同时在上述两项内容或其他更多内容签名

第六，是否要求单位推荐。

仅针对国内期刊，国外期刊不采集。

0 = 否：相关信息，没有特别对此说明。

1 = 是：明确投稿需要单位推荐信，在部分国内的医学期刊中有此规定，关键词“推荐信”“公章”等。示例：

同时邮寄打印稿一份，并附第一署名单位的推荐信，推荐信中需注明“此文稿经审查，无一稿两投和泄密情况”。

来稿需经作者单位审核，并附单位推荐信。推荐信应注明对稿件的审评意见以及无一稿两投、不涉及保密、署名无争议等项，并加盖公章。如涉及保密问题，需附有关部门审查同意发表的证明。

第七，是否限定作者身份。

仅针对国内期刊整理，国外期刊一般无此信息。

0 = 无信息，没有身份要求信息

1 = 明确不限制作者身份

示例：

本刊坚持质量面前人人平等，对不同年龄阶段、不同职称层次、不同身份、不同职业、来源于不同单位的作者的稿件一视同仁。

2 = 仅限制作者的学术身份，如不接受本科生、研究生来稿，不接受中级职称来稿等情况

3 = 仅限制作者的单位性质，如本刊只接受高校师生来稿

4 = 2+3，即双重或多重限制，或还有其他限制

第八，编辑初审标准。

前期调查发现，大部分期刊没有此内容，少数期刊会公布编辑初审标准或内容。

0 = 无编辑初审标准或内容

1 = 有编辑初审的具体内容

例如，责编按照选题意义、学术贡献等标准，对来稿进行初步筛选。

第九，学术不端检测软件使用。

关键词：“software”“检测”“checking”“check”等。

0 = 无相关信息

1 = 明确要使用学术不端检测软件

示例：

Submitted articles may be checked with duplication–checking software.

本刊已启用学术不端检索（注：原文如此）系统。

第十，检测系统百分比数值要求。

还可用百分比作为搜索关键词，如 %。

0 = 无相关信息

（采集到的百分比数值）= 具体的百分比，这里以具体的百分比作为编码数据，如下例的征稿简则中的“15%”：

本刊已启用学术不端检索（注：原文如此）系统，凡复制比达到或者超过15%的文章直接退稿。

第十一，发现抄袭后的惩戒措施。

检索关键词：plagiarised、plagiarism、抄袭、剽窃、legal action。

0 = 无相关信息

1 = 明确发现抄袭的措施

示例：

Where an article, for example, is found to have plagiarised other work or included third-party copyright material without permission or with insufficient acknowledgement, or where the authorship of the article is contested, we reserve the right to take action including, but not limited to: publishing an erratum or corrigendum (correction); retracting the article; taking up the matter with the head of department or dean of the author's institution and/or relevant academic bodies or societies; or taking appropriate legal action.

……以及抄袭他人论文等现象。一旦发现有上述情况，该作者的稿件将被作退稿处理，同时通知所在单位严肃处理，并向电气工程领域兄弟期刊通报。我刊将拒绝发表本文主要作者的所有投稿。

第十二，对稿件创新性或学术质量方面的要求是否具体。

0 = 否

是指没有要求，或只是笼统地说稿件要前沿、创新，但没有具体指明到底是什么标准，如仅仅要求来稿必须具有创新性、学术性。

1 = 是

对稿件的要求较为具体，甚至还有独立的标准，如 *Quality Criteria for Action Research Journal* 中明确了稿件的具体要求。

第十三，版权协议（著作权协议、出版协议）。

检索关键词：版权、转让、著作权、copyright、agreement、licence、contributor's publishing agreement、copyright transfer statement。

0 = 无版权协议或协议签订信息

1 = 有要求作者签订版权协议的内容或相关信息

示例：

遵照《中华人民共和国著作权法》，凡拟刊登之文稿，作者须附函明示是否同意该文版权（含各种介质的版权）转让给《昆虫学报》编辑部。

Before publication，SAGE requires the author as the rights holder to sign a Journal Contributor's Publishing Agreement. SAGE's Journal Contributor's Publishing Agreement is an exclusive licence agreement which means that the author retains copyright in the work but grants SAGE the sole and exclusive right and licence to publish for the full legal term of copyright.

2 = 没要求作者签订独立版权协议

单方面声明作者同意转让版权稿件一经录用，所有版本的版权即由作者转让给本刊。凡不同意的作者，请在来稿时声明。凡未声明的，本刊即视为作者同意。

第十四，引用的具体国际、国家、行业、企业标准或规范和数量。

0 = 无引用

1 = 自定但未引用

出版单位自己制定并公布了较为详细的标准或规范，这类一般征稿简则的篇幅都比较长。

2 = 引用

按照下列方法采集标准规范名称，然后计数。在征稿简则中，明确某一项，如参考文献、量和单位、正斜体等需要符合一部具体的出版标准或学术规范，需要明确列出文献名称才算一部。这个指标是为了调查出版单位对其他标准和规范的引用情况。如以下实例。中文一般会冠以书名号，或者“办法”“标准”“GB”等关键词，英文一般会有大写或大写简称，有“Style”“Manual”“ISO”“ANSI”等。统计出引用的文件数之后填入编码文件。一般国内的征稿简则较少引用，而国外较多。对于国外的学术规范与标准往往是混合在一起的，如“Style Manual of...”，国内往往是分开的。示例：

New Media & Society adheres to the SAGE Harvard reference style.

The style and punctuation of the references should conform to strict APA style.

本刊在美国心理学会（APA）标准的基础上制定了关于正文、注释、引文和引用文献的格式规范。

文字用法：严格执行《中华人民共和国国家通用语言文字法（2000–10–31）》和新闻出版总署 2010 年 12 月 24 日发布的《关于进一步规范出版物文字使用的通知》。

统计学符号按 GB/T 3358.1—2009《统计学词汇及符号》的有关规定。

把上述数据分两个变量表示：统计出具体的数量到另一列，复制具体标准或规范的名称到数据表中的另一列。

第十五，要求作者遵守或引用具体的学术或出版伦理规范及数量。

在上一个数据里计入的，这里可以重复采集，上一个是看整体，这里是看伦理规范。关键词：伦理、ethics、行为准则。

学术或出版伦理规范是指对学术或出版伦理方面的要求，如抄袭剽窃认定、医学人体或动物实验伦理、研究伦理等。

0 = 无

没有引用或要求作者遵守具体的伦理规范。

1 = 自定

有具体的伦理要求，是指并未引用其他伦理规范，但征稿简则或编辑自己制定了出版或医学、动物实验等伦理规范。

2 = 引用

同时复制具体名称到数据表并统计出数量，下面的“本期刊是 COPE（出版伦理委员会）”的成员，也视为遵守该机构规范，计数为一次，加下划线的另一个也计算一个。示例：

This Journal is a member of the Committee on Publication Ethics.

This Journal recommends that authors follow the Recommendations for the Conduct，Reporting，Editing，and Publication of Scholarly Work in Medical Journals formulated by the International Committee of Medical Journal Editors（ICMJE）.

一经查实，本刊将按照《中华医学会杂志社关于论文撤稿的推荐规范》的要求处理。

其他，例如：

Best practice guidelines on publishing ethics

Responsible research publication：international standards for authors

采集数据时复制具体伦理规范名称即可。

第十六，是否收取评审费及收费标准。

国外期刊可不采集此项目，除非阅读时看到明确收费。关键词：审稿费、稿件处理费、评审费。国内有的期刊会收取 100 元评审费提高投稿成本，防止一稿多投。

0 = 无相关信息

1 = 明确不收费

2 = 明确收费但没有具体标准

3 = 明确收费也有具体标准

采集时同时将具体的数字填入编码表文件，如每篇收取 100 元审稿费，此处的 100 即采集需要的数字。

第十七，何时引注的学术规范。

英文为“quotation citing citation”。

它指明是在正文中什么情况该引用的具体规范，不是指正文中引文标注的格式。例如，凡是公知的图表可不引用。有这一项标注出来即可。如某学报伦理指南中：论著必须在论文中按规定方式明确标注，对论文中原创成果与引用成果给予明晰的界定和区分……

0 = 无

1 = 有自己制定的标准

2 = 引用其他规范

例如，国际作者准则中：

Relevant previous work and publications, both by other researchers and the authors' own, should be properly acknowledged and referenced. The primary literature should be cited where possible.

第十八，抄袭剽窃认定的具体学术规范。

关键词：plagiarism、抄袭、剽窃、author misconduct。

它是指除了上面复制百分比以外的抄袭剽窃认定标准。抄袭剽窃认定和引用规范是相关的两个实体规则，前期调查发现期刊基本没有给出认定标准，但不排除部分期刊引用或制定自己的伦理规则。

0 = 无

注意上述仅笼统地说禁止抄袭剽窃或惩戒不是具体标准。

1 = 有自己制定的标准

例如，凡是引用他人观点未注明出处的视为剽窃。

2 = 引用现有学术规范或手册

第十九，篡改伪造数据的规范。

它是指对篡改伪造数据或内容的规定。

关键词：篡改、伪造、falsification fabrication。

0 = 无相关信息

1 = 仅禁止而无认定标准

2 = 有认定标准或引用其他规范

第二十，一稿多投及规范。

关键词：一稿多投、一稿两投、duplicate submission、multi submission。

0 = 没有相关信息

1 = 仅笼统地禁止一稿多投

示例：来稿切勿一稿两投或多投。

2 = 不仅禁止一稿多投，还界定了那些此前发布过的材料可以继续投稿

例如，学位论文、会议论文、摘要、展示海报、其他材料等。示例：

Prior publication

If material has been previously published it is not generally acceptable for publication in a SAGE journal. However，there are certain circumstances where previously published material can be considered for publication. Please refer to the guidance on the SAGE Author Gateway or if in doubt，contact the Editor at the address given below.

第二十一，审稿流程。

0 = 未公布

1 = 常见三审制度

常见的审稿制度是指：编辑初审 + 专家双审（或未提及，或单审）+ 主编或编委会终审。

注意部分期刊省略了编辑初审环节，但实际操作中一般都有，故默认所有期刊都有编辑初审环节。示例：

聘请校外有关同行专家评审（二审制）和学报编委终审。

若适合本刊，则以双匿名形式分发给两位审稿人进行同行评议……执行主编终审，全部通过后，本刊将择期发表。

本刊实行以同行审稿为基础的三审制（编辑初审、专家外审、编委会终审）。

2 = 其他审稿制度

它是指增加编辑部主任或专家编辑等审稿环节，如下面为某期刊的审稿制度（该刊进入外审环节的稿件非常少）。

▶ 各责任编辑负责初选，是为初审。

▶ 编辑部主任（副主编）复审。

▶ 1 ～ 2 名专家匿名外审。

▶ 作者修改，编辑修改。

▶ 主编终审。

其他示例：来稿在审稿人“推荐刊用”后，将由栏目主持、责任编辑、编辑部主任、主编助理依次进行编审，执行主编终审，全部通过后，本刊将择期发表。

第二十二，稿件是否盲审（匿名评审）。

关键词：匿名、盲审、anonymous peer review、blind review、评审、同行评议等。

0 = 没有公布审稿制度

1 = 公布了审稿制度但没有说明是否为盲审、匿名评审

示例：

本刊实行以同行审稿为基础的三审制（编辑初审、专家外审、编委会终审）。

编辑部将按照规范的程序，聘请校外有关同行专家评审（二审制）和学报编委终审。编辑部将根据评审意见公平、公正地决定稿件的取舍。

2 = 明确是匿名评审，但未说明几位专家

示例：

本刊实行同行专家匿名评审制度。

New Media & Society operates a strictly anonymous peer review process.

3 = 明确为双人匿名评审

例如，以双匿名形式分发给两位审稿人进行同行评议。外文期刊一般表述为“double blind review”。

4 = 明确为单人匿名评审

示例：

This journal operates asingle blind review process.

第二十三，专家评审规范或内容是否公布。

它指是否公布专家评审的内容和标准。

0 = 没有公布

1 = 公布

示例：

本刊对审稿人的要求十分严格，审稿人必须是学风严谨、作风正派的校

内外知名教授或博导。审稿人应遵守教育部《高等学校哲学社会科学研究学术规范》第 19 条规定，并做好未发稿件的保密工作。

第二十四，审稿周期。

前期调查发现，国外期刊往往不公布审稿周期，国内期刊一般会公布审稿周期。

关键词：月、month。具体表述如：6 个月后如未收到本刊通知，可自行处理。

0 = 无审稿周期信息

1 = 1 个月以内

2 = 3 个月以内

3 = 6 个月以内

4 = 大于 6 个月

第二十五，论文格式要求。

0 = 无格式要求

1 = 格式要求简略

它是指格式要求不全面、具体，只是简单交代参考文献等要求，一般对某一项目的要求仅一两句话。

2 = 格式要求详细

它是指对论文的标题、摘要、关键词、正文中的量和单位、图表、参考文献等部分都有详细具体的要求。

第二十六，标题字数限制（仅对中文期刊，外文期刊较少要求）。

关键词：20 字、标题。

0 = 未提及标题字数限制

1 = 限定标题字数为 20 字以内

前期调查发现，国内很多期刊有 20 字限制，这是早期形成的习惯。例如，中文题名一般不超过 20 字。

2 = 限定标题不得超过其他字数

第二十七，署名规范。

它指是否说明对论文署名的要求。关键词：authorship、作者、署名。

0 = 未提及

1 = 列出署名者的标准

例如，要求有实质性贡献等。示例：

All parties who have made a substantive contribution to the article should be listed as authors.

作者应是：（1）参与选题和设计，或参与资料的分析与解释者；（2）起草或修改论文中关键性理论或其他主要内容者；（3）能对编辑部的修改意见进行核修，对学术问题进行答辩，并最终同意该文发表者。

All parties who have made a substantive contribution to the article should be listed as authors. Principal authorship，authorship order，and other publication credits should be based on the relative scientific or professional contributions of the individuals involved.

第二十八，通讯作者制还是第一作者制。

此项目直接调查期刊论文，建议采用跨文档搜索一次采集多个期刊的数据以提高效率。

0 = 非通讯作者制

1 = 通讯作者

具体表现为期刊论文作者的介绍中有“通讯作者”“corresponding author”。

第二十九，更改署名或署名顺序。

关键词：changes to authorship、署名、作者。

0 = 无相关信息

1 = 投稿后不得更改署名顺序

2 = 更改署名顺序需要程序

例如，更改署名需要给出具体理由并征得编辑或作者单位同意。示例：

Any addition，deletion or rearrangement of author names in the authorship list should be made only before the manuscript has been accepted and only if approved by the journal Editor. To request such a change，the Editor must receive the following from the corresponding author：（a）the reason for the change in author list and（b）written confirmation（e–mail，letter）from all authors that they agree with the addition，removal or rearrangement. In the case of addition or removal of authors，this includes confirmation from the author being added or removed.

作者姓名在文题下按序排列，排序应在投稿前由全体作者共同讨论确定，在编排过程中不应再作改动，确需改动时必须出示单位证明。

第三十，基金标注规范。

0 = 无基金标注规范

1 = 仅说明如何在形式上标注基金

国内外部分期刊有要求，前期调查发现大多数期刊有形式要求。示例：

New Media & Society requires all authors to acknowledge their funding in a consistent fashion under a separate heading.

如果论文系省部级以上基金项目或攻关项目产生的论文，亦请在论文首页地脚注明，并给出项目的编号或批准文号。

Acknowledgments of people, grants, funds, etc. should be placed in a separate section on the title page. The names of funding organizations should be written in full.

2 = 除了形式规范，还有期刊标准

例如，要求论文内容和基金研究内容一致，不得挂他人的基金，论文作者之一必须为基金项目组成员，只准写一个基金资助等。

第三十一，退稿是否通知作者。

0 = 无相关信息

1 = 明确不通知作者

例如，6 个月后如未收到本刊通知，可自行处理。

2 = 明确通知作者

例如，对不拟刊用的稿件将告知退稿意见，对稿件处理有不同意见者，作者有权申请复议，并提出申诉的文字说明。

第三十二，利益冲突。

0 = 无

1 = 要求或鼓励作者声明利益冲突

示例：

利益冲突声明：所有作者需陈述是否在研究过程中或得到的研究结果受到了某机构或厂商的影响，置于正文末、参考文献前。

Declaration of conflicting interests

encourages authors to include a declaration of any conflicting interests

第三十三，版面费。

0 = 无相关信息

1 = 明确不收取版面费

例如，本刊不收取任何形式的版面费。

2 = 明确要收取版面费（发表费）但并未公布标准

例如，确认稿件刊载后须按通知数额付版面费。

3 = 公布版面费收费标准

示例：

...gold open access publication fee for this journal is USD 2400.

第三十四，期刊网站网址登记。

如果期刊有自己的网站，请登记网址，以便后期复核。

参考文献[1]

一、中文论文

[1]梁德阔 . COPE 处理作者学术不端行为的实践及启示[J]. 编辑之友，2019（1）：69–74.

[2]张春丽，倪四秀，宋晓林 . 科技期刊学术不良行为认知与管控研究——基于作者、编辑和审稿专家的问卷调查分析[J]. 中国科技期刊研究，2018，29（12）：1201–1207.

[3]刘普 . 我国学术不端问题的现状与治理路径——基于媒体报道的 64 起学术不端典型案例的分析[J]. 中国科学基金，2018，32（6）：637–644.

[4]骆瑾，王昕 . 科技论文中作者信息的核查与规范[J]. 编辑学报，2018，30（5）：472–474.

[5]孙婧 . 科技期刊数字侵权现状与版权保护——区块链技术可行性初探[J]. 中国科技期刊研究，2018，29（10）：1000–1005.

[6]郭卫兵，叶继元 . 学术失范、不端检测软件的功能、局限与对策——以学术研究规范为视角[J/OL]. 图书馆论坛，2019（3）：1–8[2019–03–06]. http：//kns.cnki.net/kcms/detail/44.1306.G2.20180930.1541.004.html.

[7]毕丽萍，叶继元 . 学士学位论文重复率检测及其规范化提升策略探讨[J/OL]. 图书馆论坛，2019（3）：1–9[2019–03–06]. http：//kns.cnki.net/kcms/detail/44.1306.G2.20180930.1542.006.html.

[8]张彤 . 我国图书馆学硕士论文研究方法使用的调查与分析——以七所“双一流”建设大学为例[J/OL]. 图书馆论坛，2019（3）：1–9[2019–03–06]. http：//kns.cnki.net/kcms/detail/44.1306.G2.20180930.1550.008.html.

[9]史强，包雅琳 . 参考文献数字对象标识符规范著录的编校实践[J]. 中国科技期刊研究，2018，29（9）：901–905.

[10]杨立丽，齐淑兰 . 投稿指南应采用最新标准及规范[J]. 编辑学报，2018，30（4）：361.

---

❶ 文末所列的参考文献并未全部引用，部分文献做了文献计量分析。

［11］谢文亮 . 科技期刊诚信危机治理的制度规范与伦理建设［J］. 中国科技期刊研究，2018，29（7）：657-663.

［12］张星久 . 论学术规范与人文社会科学研究的“中国话语”构建［J］. 武汉大学学报（哲学社会科学版），2018，71（4）：40-49.

［13］罗云梅，蒲素清，李缨来，杜亮，胡川 . 华西期刊社 1748 篇疑似学术不端稿件的分析［J］. 编辑学报，2018，30（3）：278-281.

［14］张小强，吉媛，游滨 . 微信传播指数领先的学术期刊公众号运营调查及启示［J］. 中国科技期刊研究，2018，29（6）：574-584.

［15］姚利芬 . 科学文艺类作品审稿标准研究［J］. 出版发行研究，2018（5）：75-78.

［16］王媛媛 . 出版类期刊参考文献著录常见不规范问题分析［J］. 编辑学报，2018，30（2）：148-152.

［17］郭盛楠，齐淑兰，王晓红，杨立丽，朱琦，孟醒 . 临床医学研究论文中常见的真实性学术不端问题及其对策［J］. 编辑学报，2018，30（2）：174-177.

［18］袁国华，王传清 . 开放获取期刊网站建设规范要求与优化策略［J］. 中国科技期刊研究，2018，29（3）：253-258.

［19］陈浩元 . 转页接排表的常见编排不规范问题辨析［J］. 编辑学报，2018，30（1）：39.

［20］徐婷婷，曹雅坤，曾礼娜，任滢滢 . 关于防范科技论文中“隐性”学术不端行为的建议［J］. 编辑学报，2018，30（1）：58-60.

［21］段为杰，于洋，吴立航，张淑敏，段桂花 . CrossCheck 检测平台及信息核实在学术不端防治中的作用［J］. 编辑学报，2018，30（1）：64-66.

［22］夏爽 . 规范并优化科技期刊青年编辑的入职培训［J］. 编辑学报，2018，30（1）：83-85.

［23］肖骏 . 期刊编辑防范学术不端能力培养的必要性与策略［J］. 编辑学报，2018，30（1）：86-88.

［24］陈钰，陈浩元 . 参考文献著录新规中应注意的几点［J］. 环境卫生学杂志，2018，8（1）：45.

［25］叶继元 . 遵守学术规范　促进学术创新——写在《学术规范与学科方法论研究和教育丛书》出版之际［J］. 甘肃社会科学，2018（1）：72-77.

［26］李燕，胡筱敏，陈靖，王燕 . 关于科技期刊居中数理公式按需规范使用点号的建议［J］. 编辑学报，2017，29（S1）：52-53.

［27］田旭，郑小光，张强，罗晓琪 . 科技期刊学术不端行为案例分析及应对策略——以《机械工程学报》为例［J］. 编辑学报，2017，29（S1）：102-105.

［28］张岚，钱程 . 医学期刊整合抵制学术不端行为的 SWOT 分析［J］. 编辑学报，2017，29（6）：562-564.

[29]郑晓梅．科技期刊编排规范的编制及实施体会——以《环境工程学报》为例［J］．编辑学报，2017，29（6）：535–537.

[30]高峻．学术不端文献的文责自负与编辑把关——从《Tumor Biology》宣布撤回107篇造假论文谈起［J］．编辑学报，2017，29（S1）：47–49.

[31]王华菊，金丹，陈竹，李洁．加强科技名词术语的规范使用［J］．编辑学报，2017，29（S2）：31–32.

[32]金丹，王华菊，李洁，陈竹．科技论文外文字母的书写规范［J］．编辑学报，2017，29（S2）：33–35.

[33]李燕．ISO 690第4版与第3版比较研究［J］．图书情报工作，2017，61（S2）：20–23.

[34]鲁晓峰．基于多源异构大数据的学术不端监督有效性研究［J］．中国编辑，2017（12）：36–41.

[35]香江波．新闻出版业相关标识符标准的现状及发展趋势［J］．出版发行研究，2017（11）：45–47.

[36]郑晓梅．学习与执行标准：不仅要知其然，而且要探寻其所以然［J］．编辑学报，2017，29（5）：429–431.

[37]郭华，齐淑娟．科技期刊中科技名词规范使用现状与分析［J］．编辑学报，2017，29（5）：446–448.

[38]张慧．英文学术期刊防范及控制学术不端的实践与思考——以《Journal of Sport and Health Science》为例［J］．编辑学报，2017，29（5）：452–455.

[39]苏振华．国际学术规范在国内学术期刊中的使用研究［J］．今传媒，2017，25（10）：129–130.

[40]王兆华，杜艳平，唐贾军，白晓松．新闻出版物联网三维标准体系框架构建及研究［J］．出版发行研究，2017（9）：39–43.

[41]郎彦妮．GB/T 3179—2009《期刊编排格式》国家标准应用现状——基于问卷调查结果的分析［J］．出版发行研究，2017（9）：44–47.

[42]段桂花，张娅彭，于洋，向政．当好科技期刊杜绝学术不端的“守门员”［J］．编辑学报，2017，29（4）：356–358.

[43]肖骏，谢晓红，王淑华．论学术不端的深度防范［J］．编辑学报，2017，29（4）：365–367.

[44]陈浩元．请勿篡改、误读GB/T 15834—2011《标点符号用法》的条款［J］．编辑学报，2017，29（4）：347.

[45]滕蓉．科技期刊中自创型英文缩略语构词不规范问题辨析［J］．编辑学报，2017，29（4）：359–360.

[46] 林琳，苗晨霞，李英华，庞静，徐明霞．科技期刊编辑如何正确认识撤稿和规范撤稿流程［J］. 编辑学报，2017，29（4）：361-364.

[47] 高继平，马峥，潘云涛，武夷山．参考文献中中国专利引文不规范分析及解决建议［J］. 中国科技期刊研究，2017，28（8）：716-720.

[48] 郭征，平静波．我国医学期刊稿约中的医学伦理和出版伦理规范剖析［J］. 中国科技期刊研究，2017，28（7）：610-614.

[49] 田恬，陈广仁．明确学术出版道德　强化期刊编辑规范［J］. 编辑学报，2017，29（3）：205-209.

[50] 陈浩元．正确理解、规范著录参考文献的“页码”［J］. 编辑学报，2017，29（3）：303.

[51] 叶继元．改进学术评价　加强学术规范［N］. 中国社会科学报，2017-06-13（001）.

[52] 陈金钊．法学学术规范的意义——兼评《法学学术规范与方法论研究》［J］. 社会科学论坛，2017（6）：114-125.

[53] 浩元．关于《编辑学报》参考文献著录规范的若干说明［J］. 编辑学报，2017，29（2）：204.

[54] 张维，熊鸿燕，邓强庭，冷怀明．医学论文中涉及动物实验和临床试验的伦理规范调查及案例分析［J］. 中国科技期刊研究，2017，28（4）：300-305.

[55] 张维，汪勤俭，邓强庭，冷怀明．医学论文作者单位署名不当现象的调查分析及伦理规范探讨［J］. 中国科技期刊研究，2017，28（4）：306-311.

[56] 董兴佩．学术期刊出版协议学术不端追责功能探析［J］. 编辑之友，2017（3）：29-31.

[57] 王文福．期刊防范学术不端的深度反思——兼谈对 AMLC 系统的理性认知［J］. 编辑之友，2017（3）：32-36，41.

[58] 舒童．《科技论文的规范表达——写作与编辑》（第 2 版）出版［J］. 编辑学报，2017，29（1）：4.

[59] 王育花．利用远程稿件处理系统和 AMLC 鉴别可疑学术不端的方法［J］. 编辑学报，2017，29（1）：60-63.

[60] 陈浩元．请期刊编校质量评审专家慎重判错［J］. 编辑学报，2017，29（1）：45.

[61] 昌元．用小 5 号字排期刊文章正文部分符合国家标准的规范吗？［J］. 编辑学报，2017，29（1）：66.

[62] 张玉．科技论著中人工语言的深度编辑加工和规范使用——以数学模型为例［J］. 编辑学报，2017，29（1）：9-13.

[63] 黄志红．关于期刊版权合同的法律思考［J］. 编辑学报，2016，28（6）：515-518.

[64]刘菲，李奎，高雪莲.期刊析出文献引文页码前后字符的含义及规范著录建议[J].编辑学报，2016，28(6)：555-557.

[65]黄志红.科技期刊编辑应注意GB/T 15834—2011《标点符号用法》的若干新规定[J].科技与出版，2016(12)：62-64.

[66]余丁.GB/T 7714—2015参考文献新标准的不足及修订建议[J].出版科学，2016，24(6)：45-49.

[67]陈磊，张继国，彭劲松，郭树岐.国际数字出版内容加工标准综述[J].出版发行研究，2016(11)：79-82.

[68]李晶，张嵘.科技期刊中研究生学术不端行为探析及编辑作为[J].编辑学报，2016，28(5)：460-462.

[69]李艳红，彭超群，袁赛前，王超.论科技期刊对学术不端行为的监管作用[J].编辑学报，2016，28(5)：421-423.

[70]董策，俞良军，陈辉.科技期刊封面设计：基本规范·主要类型·图片获取——以《岩石学报》为例[J].编辑学报，2016，28(5)：433-436.

[71]肖骏，王淑华，谢晓红.关于规范坐标图标值书写格式的思考[J].编辑学报，2016，28(5)：437-439.

[72]高峻，吴益伟，侯春晓，袁醉敏.简析农林类学术期刊作者“学位”的规范著录[J].编辑学报，2016，28(5)：445-446.

[73]陈浩元.ISO 80000《量和单位》包括了哪些标准？[J].编辑学报，2016，28(5)：514.

[74]李雪莲，徐若冰，孟玮.从论文初审环节透视几种学术不端现象[J].学报编辑论丛，2016(00)：141-146.

[75]张宏，李航，赵丽莹.GB/T 7714—2015中一些文献项目的著录格式探讨[J].编辑学报，2016，28(S1)：16-18.

[76]张童.基于CNONIX标准的数据对接初探[J].出版发行研究，2016(9)：47-49.

[77]祝清松.基于GB/T 7714—2015的参考文献著录趋势分析[J].编辑学报，2016，28(4)：352-354.

[78]栾嘉，徐迪雄，华兴，邓强庭，冷怀明.关于医学论文中影像学图片编校问题及其规范的建议[J].编辑学报，2016，28(4)：341-343.

[79]詹启智.如何走出权利人“赢了官司赔了钱”的怪圈——新稿酬标准下权利人维权悲剧探析[J].出版发行研究，2016(8)：71-74.

[80]吴锋，张晶.新媒体时代期刊概念的突破与期刊统计标准的创新——美国“期刊媒体360度”的启示与思考[J].出版发行研究，2016(8)：53-56.

［81］黄城烟，王春燕．参考文献新国标若干重要概念的理解和著录方法［J］. 编辑学报，2016，28（3）：239–242.

［82］邱殿明，蒋函，潘丽敏．参考文献中图书的书名等著录不规范的原因分析及建议［J］. 编辑学报，2016，28（3）：243–244.

［83］吴昔昔，贾建敏，吴健敏，王小同．低重复率稿件中的学术不端行为检测与防范［J］. 编辑学报，2016，28（3）：266–269.

［84］诸仁．“≥ 5000 ~ ≤ 10000”的表示不规范［J］. 编辑学报，2016，28（3）：229.

［85］冯秀兰，陈浩元．对《GB/T 7714—2015〈信息与文献　参考文献著录规则〉标准解析》中几个问题的辨析［J］. 科技与出版，2016（4）：39–41.

［86］陈海燕．《信息与文献　参考文献著录规则》（GB/T 7714—2015）部分条款解读［J］. 中国科技期刊研究，2016，27（3）：237–242.

［87］黄城烟．参考文献中标准著录格式的新规定及其影响——以 GB/T 7714—2015 为例［J］. 中国科技期刊研究，2016，27（3）：243–248.

［88］余丁．GB/T 7714—2015 参考文献新标准的重大修改及疑点［J］. 中国科技期刊研究，2016，27（3）：249–253.

［89］陈浩元．关于 GB/T 7714—2015 编校失误答同人问［J］. 编辑学报，2016，28（1）：2.

［90］何莉，吴宝国，丁吉海，王培珍．科技期刊中计算机流程图的规范表达［J］. 编辑学报，2016，28（1）：39–41.

［91］张毅君．统一标准　冲破壁垒　构建行业数据共享体系［J］. 出版发行研究，2016（2）：8–11.

［92］王渊．美国版权侵权认定标准演化研究［J］. 出版科学，2016，24（1）：24–29.

［93］常唯，曹金，刘团结，陈禾，向政，白雨虹．科技期刊同行评议可检验规范最佳实践［J］. 中国科技期刊研究，2016，27（1）：25–32.

［94］李继平，赵永坤，孔琪．科技期刊对实验动物描述要求的调查分析及其规范建议［J］. 中国科技期刊研究，2016，27（1）：53–58.

［95］李仁红，许平，李芬，严慧，项磊．物理类期刊中符号书写规范举例浅析［J］. 编辑学报，2015，27（S1）：30–32.

［96］赵文青，崔金贵，陈燕．学术期刊微信传播著作权侵权风险分析与防范［J］. 中国科技期刊研究，2015，26（11）：1181–1186.

［97］毛殷．论科技学术期刊的 4 个特定审稿评判标准［J］. 编辑学报，2015，27（5）：419–422.

［98］韩国秀，辛督强．科技期刊要注意误差、偏差、不确定度和准确度的规范使用［J］. 编辑学报，2015，27（5）：446–448.

[99] 李海燕 . 科技期刊对学术不端行为的干预策略 [J]. 学报编辑论丛，2015（00）：78-82.

[100] 朱赛萍 . 通信作者的署名规范——论抵制学术不端的重要抓手 [J]. 学报编辑论丛，2015（00）：122-125.

[101] 孙涛 . 防范学术不端行为切勿忽视学术不端认知教育 [J]. 学报编辑论丛，2015（00）：345-349.

[102] 曹敏 . GB/T 7714—2015《信息与文献　参考文献著录规则》标准解析 [J]. 科技与出版，2015（9）：41-44.

[103] 于占波 . 汽车期刊中 3 组常用术语的规范用法 [J]. 编辑学报，2015，27（4）：344-345.

[104] 吴艳妮，周春兰 . 科技期刊编辑对学术不端论文的识别——以《护理学报》为例 [J]. 编辑学报，2015，27（4）：361-363.

[105] 陈浩元 . GB/T 7714 新标准对旧标准的主要修改及实施要点提示 [J]. 编辑学报，2015，27（4）：339-343.

[106] 张小强，李欣 . 数据出版理论与实践关键问题 [J]. 中国科技期刊研究，2015，26（8）：813-821.

[107] 本刊讯 . GB/T 7714—2015《信息与文献　参考文献著录规则》正式发布 [J]. 中国科技期刊研究，2015，26（8）：821.

[108] 丁明刚 . 适于文字复制比后检测的科技期刊编辑出版规范探讨——以 2014 年 CSSCI“新闻学与出版学”期刊为例 [J]. 中国科技期刊研究，2015，26（8）：856-861.

[109] 李婉丽，秦茂盛 . 从大学体例标准知识教育看美国学术出版标准体系建构 [J]. 出版发行研究，2015（8）：87-90.

[110] 本刊讯 . GB/T 7714—2015《信息与文献　参考文献著录规则》正式发布 [J]. 中国科技期刊研究，2015，26（7）：692.

[111] 刘铁英，黄春燕，程爱婕，毕莉明，张磊 . 稿件中不规范用词快速修订或标注方法 [J]. 编辑学报，2015，27（3）：273-275.

[112] 王小艳，宋妍娟，蔡明科 . 技术标准的编号应作为其他题名信息著录 [J]. 编辑学报，2015，27（3）：279.

[113] 陈钢，徐锦杭，丛黎明 . 学术期刊审稿专家学术不端行为认知情况调查 [J]. 编辑学报，2015，27（3）：246-248.

[114] 朱银周 . 刻意规避学术不端软件检测论文的再审查 [J]. 编辑学报，2015，27（3）：249-251.

[115] 本刊讯 . GB/T 7714—2015《信息与文献　参考文献著录规则》正式发布 [J]. 中国科技期刊研究，2015，26（6）：587.

[116] 袁芳 . 基于 CNONIX 标准的中文图书纸电一体化信息平台设想 [J]. 出版发行研究，2015（6）：84–87.

[117] 陈志贤 . 学术不端防范中科技期刊编辑的主体意识 [J]. 编辑学报，2015，27（2）：119–121.

[118] 邱尔依 . 关于数理公式中点号规范使用的建议 [J]. 编辑学报，2015，27（2）：142–143.

[119] 明茂修 . 全角还是半角 ?——《标点符号用法》（GB/T 15834—2011）指瑕 [J]. 科技与出版，2015（4）：61–64.

[120] 张琪，姜梅，王艳秀，张桂弘 . 溶剂 DMSO-d_6 的规范表示 [J]. 编辑学报，2015，27（1）：77.

[121] 尹闯，黎贞崇 . 基于学术不端检测系统构建作者信用档案的设想 [J]. 编辑学报，2015，27（1）：50–52.

[122] 张建军，任延刚 . 抓行业热点　创特色专栏　增强综合性期刊的竞争力——谈《中国实用内科杂志》的《规范抗栓专栏》的策划 [J]. 编辑学报，2015，27（1）：83–84.

[123] 钱爱兵 . 中医药学期刊学术规范量化分析——基于 CMSCI（2004—2012）年度数据 [J]. 中国科技期刊研究，2015，26（2）：210–216.

[124] 李旗 . 学术出版标准编制初探 [J]. 中国标准化，2015（2）：88–91.

[125] 杜向民，樊建强 . 人文社科类学术成果同行评议的指标体系及权重分配 [J]. 中国高教研究，2015（1）：70–74，101.

[126] 姚戈，王淑华 . 科技期刊著者姓名规范控制及身份识别分析和探讨 [J]. 中国科技期刊研究，2015，26（1）：41–46.

[127] 张小强，赵大良，游滨 . 期刊数字出版合作协议中的版权保护与风险防范 [J]. 中国科技期刊研究，2015，26（1）：53–59.

[128] 郝远 . 我国实施标准的基本原则是什么？[J]. 编辑学报，2014，26（6）：616.

[129] 陈京香，张华，李刚 . 文章署名权引起的学术不端成因分析及对策 [J]. 编辑学报，2014，26（S1）：136–138.

[130] 杨新玲 . 科技期刊必须认真执行国家标准和规范 [J]. 编辑学报，2014，26（S1）：142–143.

[131] 白雪娜，张辉玲，苏柱华，黄修杰 . 基于学术不端文献检测系统的农业期刊防范学术不端行为的实践与启示——以《广东农业科学》为例 [J]. 编辑学报，2014，26（S1）：171–173.

[132] 谢文亮 . 利用虚拟打印机生成学术不端检测报告 PDF 文件 [J]. 编辑学报，2014，26（5）：464–466.

[133]杨兰芝，刘庆，崔汝静.科技期刊封一执行 GB/T 3179—2009 的调查分析[J].编辑学报，2014，26（5）：427-429.

[134]魏星.全媒体时代面向科技期刊的规范科技名词推广使用[J].编辑学报，2014，26（5）：443-446.

[135]刘清海.从来稿基本信息着手发现学术不端的线索[J].编辑学报，2014，26（5）：449-451.

[136]王福军，谭秀荣，冷怀明.科技期刊中常见学术不端现象分析与思考[J].编辑学报，2014，26（5）：452-455.

[137]鲁翠涛.论文学术不端监管中重要的一环——署名作者的责任[J].学报编辑论丛，2014（00）：80-82.

[138]吴寿林.科技论文学术不端的表现形式及防范措施[J].学报编辑论丛，2014（00）：107-111.

[139]鲁翠涛，赵应征.图形摘要的规范与设计体会[J].中国科技期刊研究，2014，25（9）：1142-1144，1148.

[140]陈浩元.GB 3100 ~ 3102—1993《量和单位》中若干差错的辨析[J].编辑学报，2014，26（4）：369.

[141]郝拉娣，张冬冬，陈阳，赵子仪.13 种水产类期刊 GB/T 15834—2011《标点符号用法》执行情况的调查与分析[J].编辑学报，2014，26（4）：335-337.

[142]武昱，石朝云.与科技期刊著作权相关的三则案例探讨[J].中国科技期刊研究，2014，25（8）：1048-1051.

[143]徐晴.学术期刊防范学术不端的制度探究[J].中国编辑研究，2014（00）：308-317.

[144]章红立.试析图书精品的标准与特征[C]// 湖南省出版工作者协会.出版科学探索论文集第 5 辑，2001：9.

[145]张鲸惊，韩健，黄河清.科技期刊微博发布中的版权问题[J].中国科技期刊研究，2014，25（6）：797-799.

[146]郭媛，王晓琪.从制度建设规避著作权风险探析[J].编辑学报，2014，26（2）：122-126.

[147]汪勤俭，郭建秀，冷怀明.对参考文献中无页码期刊论文著录规范的建议[J].编辑学报，2014，26（2）：149.

[148]郝欣.注意分清标准“附录”的性质[J].编辑学报，2014，26（2）：177.

[149]柯林霞.完善我国版权登记收费标准体系初探——美国版权登记费用立法的启示[J].出版发行研究，2014（4）：67-70.

[150] 曹敏 . 参考文献著录标准 GB/T 7714 的最新修订内容解析 [J]. 科技与出版，2014（4）：74–76.

[151] 席仲恩 . 论社会科学文献英译中的引文规范——以 APA 格式为例 [J]. 中译外研究，2014（1）：150–163.

[152] 柯文辉，张梅，张磊，林海清，黄爱萍，翁志辉 . 科技期刊应规范发展协办单位 [J]. 中国科技期刊研究，2014，25（3）：407–409.

[153] 时硕坤，赵春杰 . 设置 ChemDraw 绘图模版实现化学结构图的规范表达 [J]. 编辑学报，2014，26（1）：30–31.

[154] 杨晨晨 . 运用学术不端文献检测系统检测医学论文存在的问题及对策 [J]. 编辑学报，2014，26（1）：42–44.

[155] 赵鸥，贾国方，朱漪云，李宁 . 近二十年来我国期刊出版中著作权问题研究论文的定量分析 [J]. 中国科技期刊研究，2014，25（2）：277–281.

[156] 孙丰成，崔护社 . 学术不端特征分析及学术期刊编辑防治学术不端的措施 [J]. 编辑学报，2013，25（S1）：34–37.

[157] 李明敏，范真真，蔡斐 . 科技期刊对几种学术不端行为的预防及对策 [J]. 编辑学报，2013，25（S1）：43–45.

[158] 刘彦超 . 军校学报应对学术不端对策探讨 [J]. 编辑学报，2013，25（S1）：45–47.

[159] 黄萍，罗彦卿，陈强，王艳 . 浅议科技期刊编辑应对学术不端的对策 [J]. 编辑学报，2013，25（S1）：54–56.

[160] 刘怡辰，沈波 . 科技期刊应重视出版前学术不端文献检测 [J]. 编辑学报，2013，25（6）：560–561.

[161] 鲁翠涛，赵应征，郑俊海 . 编辑在科技期刊质量控制和学术不端行为防范中的主动作用——一篇国际论文投稿的体会 [J]. 编辑学报，2013，25（6）：609–611.

[162] 刘星星 . 医学期刊中部分拉丁语的规范编排 [J]. 编辑学报，2013，25（6）：537–539.

[163] 代小秋，董秀玥 . 科技期刊英文摘要中数字的书写规范 [J]. 中国科技期刊研究，2013，24（6）：1212–1213.

[164] 高昂，李秦，程越 . DITA 标准数字出版流程研究 [J]. 出版科学，2013，21（6）：75–79.

[165] 白林雪 . 高校学报学术不端现象分析与对策 [J]. 学报编辑论丛，2013（00）：349–352.

[166] 马英 . 在编辑工作中抵制学术不端行为 [J]. 学报编辑论丛，2013（00）：117–120.

［167］孔艳，张铁明．学术不端研究综述及建立遏制学术不端的“第三类法庭”［J］．编辑学报，2013，25（5）：422–426.

［168］李丽娟，陈春晓．关于数理公式中规范使用点号的建议［J］．编辑学报，2013，25（5）：429–430.

［169］谢文亮．科技期刊中“关键词”的英文书写形式建议规范为 Keywords［J］．编辑学报，2013，25（5）：510.

［170］王丽芳，吴克力，郭学兰，肖唐华．几种自定义酶活性单位常见错误辨析及规范使用建议［J］．中国科技期刊研究，2013，24（5）：1009–1011.

［171］闻浩，高博，鲁立．关注法律维权 维护作者权益——关于论文著作权的 2 则案例［J］．中国科技期刊研究，2013，24（5）：929–931.

［172］邬静，张亘稼，侯铭峰．科技期刊版权问题探讨［J］．中国科技期刊研究，2013，24（5）：927–929.

［173］陈雯兰．论科技论文学术不端教育中的编辑角色［J］．编辑学报，2013，25（4）：364–366.

［174］孙丰成．学术不端特征分析及学术期刊编辑防治学术不端的措施［C］// 中国科学技术期刊编辑学会．第 13 届中国科技期刊青年编辑学术研讨会暨科技期刊与学术出版规范建设论坛论文集，2013：4.

［175］李明敏．科技期刊对几种学术不端行为的预防及对策［C］// 中国科学技术期刊编辑学会．第 13 届中国科技期刊青年编辑学术研讨会暨科技期刊与学术出版规范建设论坛论文集，2013：3.

［176］刘彦超．军校学报应对学术不端对策探讨［C］// 中国科学技术期刊编辑学会．第 13 届中国科技期刊青年编辑学术研讨会暨科技期刊与学术出版规范建设论坛论文集，2013：3.

［177］黄萍．浅议科技期刊编辑应对学术不端的对策［C］// 中国科学技术期刊编辑学会．第 13 届中国科技期刊青年编辑学术研讨会暨科技期刊与学术出版规范建设论坛论文集，2013：3.

［178］朱大明．科技期刊论文引用图、表的规范标注［J］．中国科技期刊研究，2013，24（4）：801–802.

［179］刘改换，刘笑达，牛晓勇，刘振民．判别三线表编排规范与否的方法研究［J］．中国科技期刊研究，2013，24（4）：803–807.

［180］郑英龙．网络环境中著作权侵权问题研究［J］．编辑学报，2013，25（3）：216–219.

［181］柯文辉，林海清，张梅，翁志辉．从责任编辑视角谈科技期刊学术不端检测系统的使用［J］．编辑学报，2013，25（3）：276–278.

［182］李兴昌，陈浩元．给科技书刊编辑关于 GB/T 15834—2011《标点符号用法》学

习重点的建议［J］. 编辑学报，2013，25（3）：226–230.

［183］谢文亮，张宜军．科技期刊中数学公式的规范表达［J］. 编辑学报，2013，25（3）：240–242.

［184］黄鹂．科技期刊中测井曲线图对象名称栏的规范表示［J］. 编辑学报，2013，25（3）：247–248.

［185］何莉，丁吉海，王培珍．科技书刊中 X 线光电子能谱图的规范标注与编辑加工［J］. 编辑学报，2013，25（3）：249–251.

［186］张玉．科技论著中人工语言的深度编辑加工和规范使用——以正交试验表为例［J］. 编辑学报，2013，25（3）：251–253.

［187］张栒，游中胜，汤兴华，孙凡．对计算机实验环节不规范描述的识别与编改［J］. 编辑学报，2013，25（3）：254–256.

［188］马艳霞，阮爱萍，王沁萍，李军纪．科技论文退修通知书的规范撰写［J］. 编辑学报，2013，25（3）：269–270.

［189］夏成锋．科技期刊不规范易错词群的批量提示［J］. 编辑学报，2013，25（3）：296–297.

［190］张小强，钟紫红，赵大良，郭毅．我国科技期刊版权协议文本存在问题与修改建议［J］. 中国科技期刊研究，2013，24（3）：526–531.

［191］李婉丽，秦茂盛．基于“作者本位”的美国学术著作标准体系的借鉴性研究［J］. 出版发行研究，2013（5）：89–92.

［192］李婉丽，肖阳．基于互联网搜索我国与美国写作、出版体例标准的比较研究［J］. 出版科学，2013，21（3）：61–64.

［193］程丽红．采用国际图书在线信息交换标准应注意的几个问题［J］. 出版科学，2013，21（3）：65–71.

［194］王曼．医学期刊修回稿再次学术不端文献检测的必要性分析［J］. 编辑学报，2013，25（2）：146–147.

［195］张秀峰，郑芹珠，郑继承，管兴华，吴一迁，黄文华，林琳，叶晨，魏莎莎，刘志强，童菲，杨蕾．上海市科技期刊数字化建设中的版权保护现状及建议［J］. 编辑学报，2013，25（2）：167–170.

［196］郭毅，张小强，赵大良．重庆科技期刊版权保护和经营现状的调查分析［J］. 编辑学报，2013，25（2）：171–174.

［197］余毅，张凌之．学术不端行为教育与预警平台的构建及应用［J］. 编辑学报，2013，25（2）：148–150.

［198］吕相征，李敬文，陈丽，郑湃，朱晖．关于《中华医学会系列期刊编排规范》

中统计学符号相关内容的商榷［J］. 编辑学报，2013，25（2）：198–199.

［199］陈浩元，张铁明，郑进保，颜帅，李兴昌 . 科技出版物应正确执行 GB/T 15835—2011《出版物上数字用法》［J］. 编辑学报，2013，25（2）：128–132.

［200］吕赛英，王维朗 . 科技期刊 GB/T 13417—2009 实施情况的调查与分析［J］. 编辑学报，2013，25（2）：133–134.

［201］何莉，吴宝国 . 科技书刊中三元相图的规范表达与编辑加工［J］. 编辑学报，2013，25（2）：139–140.

［202］唐翔 . EPUB 电子书标准研究［J］. 出版科学，2013，21（2）：89–94.

［203］宋亚珍，刘枫，潘新社，裴阿卫，南红梅 . 分子生物学论文中同源性、相似性、一致性使用调查及规范探讨［J］. 中国科技期刊研究，2013，24（2）：404–405.

［204］黄鹂 . 使用规范的量名称及量符号，提高期刊编辑加工质量［J］. 中国科技期刊研究，2013，24（2）：406–408.

［205］冯琳，王万红 . 对 GB/T 7714—2005 中著者姓名著录的商榷［J］. 中国科技期刊研究，2013，24（2）：408–410.

［206］李小萍，武建虎，尤伟杰 .《武警医学》作者学术不端认知与行为调查分析［J］. 编辑学报，2013，25（1）：57–60

［207］贺德方 . 我国科技期刊著作权流转中的问题及对策研究［J］. 中国科技期刊研究，2013，24（1）：6–10.

［208］张坤，赵粉侠，曹龙 . 植物光合特性相关指标量符号规范使用探讨［J］. 中国科技期刊研究，2013，24（1）：206–208.

［209］林丽珊，李琼，杨兆礼 . 科技期刊使用学术不端文献检测系统的心得［J］. 编辑学报，2012，24（S1）：34–35.

［210］黄先蓉，李晶晶 . 我国新闻出版标准和新闻出版法规协调发展的对策［J］. 出版发行研究，2012（12）：70–72.

［211］徐小刚 . 对 GB/T 15835—2011《出版物上数字用法》的评议［J］. 科技与出版，2012（12）：51–53.

［212］郭柏寿，潘学燕，杨继民，南红梅 . 农业科技论文中数对单位的错误修饰及其规范表达［J］. 中国科技期刊研究，2012，23（6）：1106–1108.

［213］张秀峰，王蔚，段佳，沈玲 . 数字出版时代科技期刊应对学术不端的防范措施［J］. 编辑学报，2012，24（5）：471–473.

［214］林义华，张小强，赵大良 . 法规和标准的一致性分析——也评 GB/T 3179—2009《期刊编排格式》［J］. 编辑学报，2012，24（5）：501–505.

[215] 骆超 .《医学期刊中统计表栏目规范设置 1 例》有 2 个差错 [J]. 编辑学报，2012，24（5）：418.

[216] 魏艳伶 . 对外汉语教材中量词的规范和编辑问题研究 [J]. 编辑之友，2012（10）：100–101.

[217] 徐海丽，刘志强 . 上海市科技期刊数字化采编系统和学术不端检测系统使用情况分析和建议 [J]. 学报编辑论丛，2012（00）：196–200.

[218] 黄莉，侯风华，颜峻，赵莹 . 关于学术不端行为的思考 [J]. 学报编辑论丛，2012（00）：270–273.

[219] 李婉丽 . 中美学术文献著录标准规范的差异研究——《芝加哥手册》与《GB/T 7713》和《GB/T 7714》的对比研究 [J]. 中国出版，2012（19）：63–66.

[220] 金铁成 . 对 GB/T 15835—2011《出版物上数字用法》的几点看法 [J]. 科技与出版，2012（10）：74–75.

[221] 吕佳 . 几个常用字词规范分析 [J]. 编辑之友，2012（9）：96–97.

[222] 肖必宏，戴明，周新华 . 科技论文中直径符号的规范用法 [J]. 中国科技期刊研究，2012，23（5）：892–893.

[223] 李婉丽 . 译美国写作体例《芝加哥手册》之目录对写作、出版体例方面的方向性启示 [J]. 科技与出版，2012（9）：55–58.

[224] 林丽珊 . 科技期刊使用学术不端文献检测系统的心得 [C]// 中国科学技术期刊编辑学会 . 第 12 届中国科技期刊青年编辑学术研讨会暨转型中的科技期刊青年编辑论坛论文集，2012：2.

[225] 陈锐锋 . AMLC 检测结果之《著作权法》与科研道德分析 [J]. 编辑学报，2012，24（3）：219–222.

[226] 李伟，陈新石，游苏宁 . 医学期刊编辑在预防学术不端中的辅助作用 [J]. 编辑学报，2012，24（3）：253–255.

[227] 王立平 . 英美学术著作匿名评审出版制度规范探析 [J]. 编辑之友，2012（5）：125–128.

[228] 张小强，钟紫红，张秀峰 . 科技期刊论文插图的版权与再利用 [J]. 中国科技期刊研究，2012，23（3）：429–432.

[229] 徐国艳，路杰 . 高校学报期刊出版形式规范现状调查研究 [J]. 中国科技期刊研究，2012，23（3）：505–506.

[230] 郑洁，张苹，吕赛英，游滨，王维朗 . 环境类论文学术不端现象分析及编辑的应对策略 [J]. 编辑学报，2012，24（2）：128–130.

[231]汪勤俭，郭建秀，栾嘉，吴培红，冷怀明 . 84 篇因学术不端退稿稿件追踪分析与思考［J］. 编辑学报，2012，24（2）：131–133.

[232]郝远 . 正确表示国家标准的编号［J］. 编辑学报，2012，24（2）：164.

[233]韩爽 . 从“阎”姓和“闫”姓看姓氏的规范用字［J］. 编辑之友，2012（4）：101–102.

[234]王亚丽 . 关于出版规范的几个问题刍议［J］. 编辑之友，2012（4）：97–98.

[235]李婉丽，秦茂盛 . 科研诚信基础层建设对我国学术写作、出版标准建设的启示［J］. 出版发行研究，2012（4）：49–51.

[236]郭玉珍，李久贤 . 研究生学术道德与学术规范现状探究［J］. 东南大学学报（哲学社会科学版），2012，14（2）：122–125，128.

[237]张亘稼 . 科技论文应规范使用统计学符号［J］. 编辑之友，2012（3）：91–93.

[238]高晓培，潘云涛，马峥 . 国际医学期刊署名规范及在我国的实践应用研究［J］. 中国科技期刊研究，2012，23（2）：198–201.

[239]汪挺，阮星星，刘昱菡，陈小宇 . 医学期刊编辑的伦理要求——对国际编辑伦理标准的思考与补充［J］. 编辑学报，2012，24（1）：100–102.

[240]王晓鹰，徐杰 . 科技期刊编辑实践与科技术语规范译名［J］. 中国科技期刊研究，2012，23（1）：153–155.

[241]黄先蓉，李晶晶 . 新闻出版标准与新闻出版法规体系的协调发展研究（一）——基于我国新闻出版标准与新闻出版法规所涉概念的不同解释分析［J］. 出版科学，2012，20（1）：42–47.

[242]郝婷，黄先蓉 . 新闻出版标准与新闻出版法规体系的协调发展研究（三）——环境保护和工程建设行业标准与法规体系的协调发展及其对新闻出版行业的启示［J］. 出版科学，2012，20（1）：53–57.

[243]李晶晶，黄先蓉 . 新闻出版标准与新闻出版法规体系的协调发展研究（二）——从中国标准书号的规制现状谈起［J］. 出版科学，2012，20（1）：48–52.

[244]黄先蓉，郝婷 . 新闻出版标准与新闻出版法规体系的关系［J］. 现代出版，2012（1）：16–20.

[245]肖丽娟，严美娟 . 科技期刊编辑应加强著作权意识［J］. 编辑学报，2011，23（6）：550–552.

[246]陈华 . 高校学报编辑部的法律权利与义务探析——以著作权为例［J］. 编辑学报，2011，23（S1）：59–61.

[247]赵蔚 . 学术不端检测结果的修正标准初探——基于“文字复制比”与“文章抄袭率”的辨析［J］. 中国出版，2011（22）：20–23.

［248］王倩，林燕英，张艳艳，金晓明．科技论文学术不端现象分析与对策［J］．编辑之友，2011（11）：84–86.

［249］齐昆．学术期刊编辑的求实精神——以学术不端为视角［J］．编辑之友，2011（11）：80–81.

［250］王淑华，钟紫红．高校科技期刊的版权风险与收益分析：2010年版权问卷调查［J］．中国科技期刊研究，2011，22（6）：901–903.

［251］原丽欣．分子生物学领域几种常见名词符号的规范编排［J］．中国科技期刊研究，2011，22（6）：962–965.

［252］谈鹤玲，魏本力．科技期刊封面编排规范的实证探究［J］．中国科技期刊研究，2011，22（6）：969–970.

［253］张小强，赵大良．学位论文再次发表的版权与学术不端问题分析［J］．编辑学报，2011，23（5）：377–379.

［254］王音，田喆．从编辑部公告看使用学术不端检测系统中存在的问题［J］．编辑学报，2011，23（5）：420–421.

［255］段桂花，吴立航，刘伟，张凯英，向政．责任编辑要重视科技期刊的论文版权转让书［J］．中国科技期刊研究，2011，22（5）：730–732.

［256］李刚，陈京香，王健梅，李影，方芳，张华．学术不端行为分析及编辑部预防对策措施［J］．编辑之友，2011（S2）：77–78.

［257］王新英，赵艳静，赵阳．彻查科技论文学术不端的编辑策略［J］．编辑学报，2011，23（3）：231–232.

［258］苏培成．规范汉字的定音和定序［J］．编辑之友，2011（5）：71.

［259］苏培成．规范汉字的定量［J］．编辑之友，2011（5）：95.

［260］刘大乾．学术期刊中约定俗成规范——论文基金资助项目中英文标注表述形式浅析［J］．中国科技期刊研究，2011，22（3）：432–434.

［261］林汉枫，贾晓燕，张月红，张纯洁，金美青，张欣欣，翟自洋．重视学术伦理是期刊编辑义不容辞的责任——《浙江大学学报》（英文版）初探CrossCheck的工作模式和规范标准［J］．中国科技期刊研究，2011，22（3）：328–333.

［262］刘华，张丽玲，张谦，刘萍，李秀普．推荐使用人类基因组变异协会关于序列变异描述的规范［J］．中国科技期刊研究，2011，22（3）：452–455.

［263］庞海波．科技学术期刊编辑对学术不端行为的认识误区与防范策略［J］．编辑学报，2011，23（2）：103–104.

［264］刘岩．三线表格的规范及编辑加工［J］．编辑之友，2011（4）：83–84.

［265］宋彦霞．对规范出版物文字使用的几点思考［J］．编辑之友，2011（4）：88–89.

[266]刘英.学术期刊对学术不端行为的防治对策——以学术出版者控制职能为视角[J].编辑之友，2011（4）：48–50.

[267]张小强，蔡珍红，吕赛英，游滨.教育部科技部学术规范视野下的一稿多投及其对编辑工作的启示[J].编辑学报，2011，23（1）：12–14.

[268]郝远."GB/T 8170–2008"应为"GB/T 8170—2008"等3则[J].编辑学报，2011，23（1）：34.

[269]闫玉玲，朱伟，史春薇.数值范围与数字范围规范表达的探讨[J].编辑之友，2011（1）：81–82.

[270]钱俊龙."中国科学院科技期刊工作者职业道德规范研究"课题学术研讨会在沪成功举行[J].中国科技期刊研究，2011，22（1）：166.

[271]张儒祥，丁茂平.医学期刊责任编辑在防止学术不端论文出版中的作为[J].编辑学报，2010，22（6）：519–520.

[272]颜峻，侯风华，黄莉，徐胜.防范学术不端，净化高校学风——使用"学术不端文献检测系统"的体会[J].编辑学报，2010，22（S1）：8–10.

[273]侯丽珊.编辑部如何在遏制学术不端中发挥作用[J].编辑学报，2010，22（S1）：11–13.

[274]王调霞.科技论文中统计学术语"标准差"及其符号的规范化[J].编辑学报，2010，22（S1）：56–59.

[275]郭莉.科技期刊条码上方无需标著国际标准刊号[J].编辑学报，2010，22（S1）：59–61.

[276]武力宏.参考文献著录格式应与国际规范接轨——兼与李俊丹、郑月荣商榷[J].编辑之友，2010（11）：80–82.

[277]一张光盘容量达500GB[J].科技与出版，2010（11）：40.

[278]李晓燕.学术自由、学术规范与学术秩序治理[J].陕西师范大学学报（哲学社会科学版），2010，39（6）：14–22.

[279]郝远.推荐性国家标准的编号可以写为"GB××××—××"吗？[J].编辑学报，2010，22（5）：419.

[280]韩国秀.规范科技论文编排 抵制学术不端行为[J].编辑学报，2010，22（5）：420–421.

[281]刘清海.学术不端医学论文中重复文字的分布[J].编辑学报，2010，22（5）：447–449.

[282]杨秋霞.学术不端行为分析及编辑部应对策略[C]//北京化工大学学报编辑部.学术期刊编辑学理论与实践，2010：4.

[283] 钱茂伟. 研究生学术规范教育初探 [J]. 学位与研究生教育，2010（9）：47-50.

[284] 宿晓静. 关于 GB/T 7714—2005 中三种文献类型著录的探讨 [J]. 中国科技期刊研究，2010，21（5）：719-720.

[285] 颜帅，陈浩元，刘春燕. GB/T 3179—2009《期刊编排格式》部分条款解读 [J]. 编辑学报，2010，22（4）：300-303.

[286] 侯丽珊. 编辑部如何在遏制学术不端中发挥作用 [C]// 中国科学技术期刊编辑学会（China Editology Society of Science Periodicals）. 第十届中国科技期刊青年编辑学术研讨会暨新世纪初十年科技期刊发展回顾与未来展望论坛文集，2010：3.

[287] 颜峻. 防范学术不端，净化高校学风——使用“学术不端文献检测系统”的体会 [C]// 中国科学技术期刊编辑学会（China Editology Society of Science Periodicals）. 第十届中国科技期刊青年编辑学术研讨会暨新世纪初十年科技期刊发展回顾与未来展望论坛文集，2010：3

[288] 郑滢瑜，丛挺，缪婕. 电子书格式标准研究 [J]. 出版科学，2010，18（4）：90-93.

[289] 刘华，李秀普. Entrez Gene 数据库及其在基因书写规范中的应用 [J]. 中国科技期刊研究，2010，21（4）：539-540.

[290] 翟卞. 期刊“版权标志”应包括哪些内容？[J]. 编辑学报，2010，22（3）：256.

[291] 王满新. 对新版 CAJ-CD 规范参考文献项的建议 [J]. 编辑之友，2010（6）：89-91.

[292] 贾宝余，刘红. 研究生学术道德和学术规范教育的趋势与途径 [J]. 学位与研究生教育，2010（5）：46-50.

[293] 钟昭会. 高校学报版面费收支应当合乎规范 [J]. 中国科技期刊研究，2010，21（3）：374-375.

[294] 刘清海，甘章平. 生物医学论文中统计学相关 a ± b 形式的规范表示 [J]. 中国科技期刊研究，2010，21（3）：386-388.

[295] 浩元. 注意准确理解国家标准的条款 [J]. 编辑学报，2010，22（2）：174.

[296] 林彤. 新国家标准《期刊编排格式》《期刊目次表》发布 [J]. 编辑学报，2010，22（2）：125.

[297] 谭华，崔洁. 学术不端文献检测系统的使用建议 [J]. 编辑学报，2010，22（2）：153-155.

[298] 周芷旭.《新闻出版标准体系及重要标准研究》通过验收 [J]. 出版参考，2010（9）：18.

[299] 陈溥远 . 实现水科学论文章节要素规范写作的有效途径——照模板写论文 [J]. 中国科技期刊研究，2010，21（2）：232–237.

[300] 张宏，程建霞，王小唯，张红 . 学术不端现象分析及期刊编辑应对策略 [J]. 编辑学报，2010，22（1）：52–54.

[301] 姚树峰，徐楠楠 . GB/T 15835—1995 数字分节的再认识——与毛善锋等老师商榷 [J]. 中国科技期刊研究，2010，21（1）：101–102.

[302] 向阳洁 . 数学中国家标准要求用黑斜体表示的几个符号 [J]. 编辑学报，2009，21（6）：508–509.

[303] 孔琪颖，蔡斐，张利平，徐晓 . 正确看待“科技期刊学术不端文献检测系统”检测结果 [J]. 编辑学报，2009，21（6）：544–546.

[304] 郝拉娣，刘琳 . 水环境化学中金属离子的规范表示 [J]. 中国科技期刊研究，2009，20（4）：732–733.

[305] 孙海燕 . 浅谈科技期刊编辑的职业道德标准 [C]// 中国科学技术期刊编辑学会 . 编辑学报（2009 年增刊），2009：2.

[306] 王丽 .“科技期刊学术不端文献检测系统”检测结果分析——以《煤田地质与勘探》杂志为例 [C]// 中国科学技术期刊编辑学会 . 编辑学报（2009 年增刊），2009：3.

[307] 蒋旭东 . 浅谈《著作权法》、科技期刊编辑、作者“一稿多投”之间的关系 [C]// 中国科学技术期刊编辑学会 . 编辑学报（2009 年增刊），2009：3.

[308] 郭苒 . 浅议网络环境下如何遏制科技期刊的学术不端行为 [C]// 中国科学技术期刊编辑学会 . 编辑学报（2009 年增刊），2009：2.

[309] 全球数字内容总量逼近 5000 亿 GB [J]. 科技与出版，2009（7）：59.

[310] 马英 . 国外医学期刊的审稿标准 [J]. 编辑学报，2009，21（3）：276–278.

[311] 周望舒 . 科技论文中有关水化学指标术语的规范表达 [J]. 中国科技期刊研究，2009，20（3）：551–552.

[312] 赵业玲 . 化学稿件中常用溶液浓度的规范表达 [J]. 中国科技期刊研究，2009，20（3）：556–557.

[313] 詹先明 .“学术共同体”建设：学术规范、学术批评与学术创新 [J]. 江苏高教，2009（3）：13–16.

[314] 尤伟杰，李小萍 . 学术不端论文的一般规律及应对策略 [J]. 编辑学报，2009，21（2）：151–152.

[315] 黄小茹 . 科学编辑理事会促进科技期刊出版诚信的政策与措施 [J]. 编辑学报，2009，21（1）：92–94.

[316] 张小强，张苹 . 学术期刊开放式访问中的著作权问题及其对策 [J]. 编辑学报，2009，21（1）：17–19.

[317]李军纪，张策，段志光. 科技论文合作作者署名与著作权归属探析［J］. 中国科技期刊研究，2009，20（1）：110–112.

[318]司马朝军. 乾隆时期的禁毁实录——从《翁方纲纂四库提要稿》看禁书标准［J］. 出版科学，2008（6）：82–84，91.

[319]肖台琴，韩权卫. 科技期刊中的国界图应当规范［J］. 中国科技期刊研究，2008，19（5）：894–897.

[320]姚萍，庞立. 科技期刊中新科技名词量符号规范著录探析［J］. 中国科技期刊研究，2008，19（5）：898–899.

[321]赵贤瑶.《GB/T 7714—2005 文后参考文献著录规则》的适用性和规范性探讨［J］. 科技与出版，2008（9）：46–48.

[322]朱彬，刘英辉，刘念. 学术不端与研究生学术规范教育［J］. 西南民族大学学报（人文社科版），2008（8）：267–270.

[323]常思敏. 生物学名规范表达中常见问题分析［J］. 中国科技期刊研究，2008，19（4）：683–686.

[324]赵鸥，李宁. 依法规范学术期刊网络出版　促进和谐社会环境建设［J］. 中国科技期刊研究，2008，19（4）：528–531.

[325]郭洁，郭宁. 美国传统名校是怎样捍卫学术诚信的——普林斯顿大学本科生学术规范管理制度评述［J］. 比较教育研究，2008（7）：76–79，89.

[326]鞠秀芳. 高校人文社科综合性学报学术规范评价指标前 100 名统计分析［J］. 西南民族大学学报（人文社科版），2008（6）：56–68.

[327]陈爱萍，丁嘉羽，洪鸥，潘春枝. 对 GB/T 7714—1987 和 GB/T 7714—2005《文后参考文献著录规则》的比较及几点商榷［J］. 中国科技期刊研究，2008，19（3）：485–487.

[328]王清. 标准出版若干法律问题探析［J］. 出版科学，2008（3）：15–20.

[329]孔艳，陈浩元，颜帅. 探析 GB/T 7714—2005 中的 5 个问题［J］. 编辑学报，2008（2）：159–161.

[330]徐玉梅. GB/T 7714—2005 与 CAJ-CD B/T 1—1998 著录格式对比分析［J］. 中国科技期刊研究，2008，19（2）：293–295.

[331]陶金福. 国标中的错误应予修正——GB/T 16146 及 GB/T 16147 中的错误分析［J］. 科技与出版，2008（2）：43–44.

[332]姚树峰，徐楠楠. 关于 GB/T 15835—1995 中数字分节之我见［J］. 中国科技期刊研究，2008，19（1）：147–148.

[333]王昌栋，陈翔，幸建华. 40 种药学期刊表格编排规范审读分析［J］. 中国科技期刊研究，2007，18（6）：1070–1072.

[334] 任延刚，杨永庆，夏志平 . 规范量与单位符号的连用 [J]. 中国科技期刊研究，2007，18（6）：1074–1075.

[335] 马建华 . 签订论文著作权转让合同的必要性与可行性 [J]. 中国科技期刊研究，2007，18（6）：1003–1006.

[336] 李志春 . 网络传输中的图文混编和版权保护措施研究 [J]. 中国科技期刊研究，2007，18（5）：815–816.

[337] 刘大乾 . 关于“GB/T 7714—2005《文后参考文献著录规则》”的浅见 [J]. 中国科技期刊研究，2007，18（5）：888–891.

[338] 张聪娥，赵惠文 . GB/T 7714—2005 实施的几点体会 [J]. 中国科技期刊研究，2007，18（5）：892–894.

[339] 刘洪涛 . 对 GB/T 7714—2005 参考文献标注规则的一点看法 [J]. 中国科技期刊研究，2007，18（5）：895–896.

[340] 田美娥 . GB/T 7714—2005 中一些需要探讨的问题 [J]. 中国科技期刊研究，2007，18（5）：899–900.

[341] 王金红 . 案例研究法及其相关学术规范 [J]. 同济大学学报（社会科学版），2007（3）：87–95，124.

[342] 曹雅坤，于方 . 科技期刊应规范使用英文缩写词 [J]. 中国科技期刊研究，2007，18（3）：512–514.

[343] 胥橙庭，夏道家，熊春茹，朱德培 . 文后参考文献著录能否简单些——执行 GB/T 7714—2005 文后参考文献著录规则有感 [J]. 中国科技期刊研究，2007，18（3）：522–523.

[344] . 关于加强科研行为规范建设的意见 [J]. 中国科技期刊研究，2007，18（2）：204–205.

[345] 穆能伶 . 顾此 GB 亦勿失彼 GB——因编辑与作者沟通引出的话题 [J]. 科技与出版，2007（3）：38–39.

[346] 陶小雪，丁宇萍 . 科技期刊中参考文献的著录规范 [J]. 编辑之友，2007（1）：88–90.

[347] 彭丹宇 . 关于新旧国标《文后参考文献著录规则》GB/T 7714—2005 与 GB/T 7714—1987 的比较分析 [J]. 编辑学报，2006（S1）：22–25.

[348] 刘淑萍 . 美国国立医学图书馆标准出版数据 XML 文件的制作 [J]. 编辑学报，2006（S1）：156–159.

[349] 李运辉，陈献耘 . 国际期刊检索系统收录标准与我国科技期刊健康发展 [J]. 编辑学报，2006（S1）：178–180.

[350] 李玉红，黄立海，梁祥凤 . 附录在学术论文中的标准位置辨析 [J]. 编辑学报，2006（6）：433.

[351]马爱芳，段玮弘.《CAJ-CD》与《GB/T 7714—2005》网络电子文献著录相关内容的比较研究[J].科技与出版，2006（6）：49-50.

[352]钟传欣，史成娣.数学、物理学中三角符号的规范用法[J].中国科技期刊研究，2006，17（6）：1206-1207.

[353]劳俊华，段利强.研究生学术规范素养的调查与思考[J].学位与研究生教育，2006（10）：16-18.

[354]王凌峰.学术规范中反剽窃的信息技术视角[J].图书与情报，2006（4）：53-56.

[355]李炳汝，宋敏，韩仲琪.对GB/T 15834—1995中连接号用法规定的疑问及修改建议[J].中国科技期刊研究，2006，17（4）：675-676.

[356]谭九生.学术规范的法律视角分析[J].图书与情报，2006（3）：81-84.

[357]吴江洪.科技期刊“中国标准连续出版物号”标志亟待规范[J].编辑学报，2006（3）：193-194.

[358]段明莲，陈浩元.关于GB/T 7714—2005排印错误的说明[J].编辑学报，2006（3）：203.

[359]张黄群，熊春茹.“信噪比”表达与编辑规范的执行[J].中国科技期刊研究，2006，17（3）：498-499.

[360]孔庆合，孔庆勇.“GB/T 7714—2005文后参考文献著录规则”的排印错误[J].中国科技期刊研究，2006，17（3）：500

[361]张桂芳，郝远.推荐性国家标准的编号应为“GB/T XXXX—YYYY”[J].编辑学报，2006（2）：82.

[362]姜志静.科技期刊刊名用字当规范[J].中国科技期刊研究，2006，17（2）：317-318.

[363]杨玉圣.学术期刊与学术规范[J].清华大学学报（哲学社会科学版），2006（2）：43-49.

[364]叶继元.遵循学术规范是学术期刊的重要使命——“中文社会科学期刊学术规范研讨会”综述[J].广东社会科学，2005（5）：185-187.

[365]哲学社会科学学术理论期刊工作者自律公约[J].中国行政管理，2005（10）：93.

[366]顾海良.关于学术规范与学术道德建设的思考[J].武汉大学学报（人文科学版），2005（5）：517-519.

[367]诸韧.要注意区分标准附录的性质[J].编辑学报，2005（4）：251.

[368]叶继元.学术期刊与学术规范[J].学术界，2005（4）：57-68.

[369]杨玉圣.学术规范与论文写作[J].社会科学论坛，2005（8）：81-96.

[370]田振东.社会科学论文的标题与摘要需规范[J].编辑之友，2005（4）：76-77.

［371］叶继元．遵循学术规范是学术期刊的重要使命——“中文社会科学期刊学术规范研讨会”综述［J］．大学图书馆学报，2005（4）：89–90.

［372］郝拉娣，于化东．标准差与标准误［J］．编辑学报，2005（2）：116–118.

［373］赵景来．关于学术规范与学风建设若干问题研究综述［J］．学术界，2005（2）：268–278.

［374］张保生．从学术失范到学术规范［J］．社会科学论坛，2005（3）：33–35.

［375］张小强，吕赛英，成孝义．论科技期刊编辑与作者权利的界限及其统一性［J］．编辑学报，2005（1）：10–12.

［376］余三定．新时期学术规范讨论的历时性评述［J］．云梦学刊，2005（1）：5–11.

［377］孙广盛．国家标准 GB 6447—86《文摘编写规则》校勘［J］．中国科技期刊研究，2005，16（1）：125.

［378］顾海良．学术规范与学术道德：他律与自律［J］．社会科学论坛，2005（1）：11–15.

［379］邓正来．学术规范化与学术环境的建构——对《高等学校哲学社会科学研究学术规范（试行）》之合法性的质疑［J］．开放时代，2004（6）：124–128.

［380］顾志玲，胡如进．刊文内容违反国家标准和法规案例分析［J］．编辑学报，2004（5）：342.

［381］王万红．引用标准的表达亟待规范［J］．编辑学报，2004（3）：175.

［382］高晓清，顾明远．学术自由与学术规范对我国切实性问题的思考［J］．高等教育研究，2004（3）：5–9.

［383］朱大明．参考文献“合理自引”与“不当自引”的区分标准［J］．编辑学报，2004（1）：76.

［384］张维迎．学术自由、“官本位”及学术规范［J］．读书，2004（1）：89–96.

［385］王继鸣，王龙妹，王广治．按照国家标准来规正“浓度”与“分数”的量符号及其他［J］．编辑学报，2003（5）：336–337.

［386］肖力华．学术规范期待“《芝加哥手册》”［J］．编辑学报，2003（5）：358.

［387］周祥森．新旧中西的冲突：关于学术规范讨论的思考［J］．史学月刊，2003（10）：98–107.

［388］钟紫红．中美科技期刊著作权保护现状比较［J］．中国科技期刊研究，2003，14（4）：396–399.

［389］马敏峰，施业，熊水斌．科技期刊编辑实践中常见的著作权问题剖析［J］．编辑学报，2003（3）：172–174.

［390］陈学飞．谈学术规范及其必要性［J］．中国高等教育，2003（11）：25.

[391]陈丽华，于海洪，郭伟，马颖．期刊编辑部取得著作权的几个要件［J］. 编辑学报，2003（1）：19–20.

[392]王栾生．“规范之争”之我见［J］. 编辑之友，2002（6）：56–57.

[393]金永勤，徐晓泉．科技期刊编辑与著作权问题［J］. 编辑学报，2002（6）：400–401.

[394]袁正明，苏春梅．应尽快制定《中国人名书写及汉语拼音拼写规则》国家标准［J］. 编辑学报，2002（6）：451–453.

[395]郝欣．文后参考文献著录有 2 个国家标准吗？［J］. 编辑学报，2002（6）：453.

[396]陈通明，杨杰民．学术规范的基本内容及其他——关于学术界讨论学术规范和学术道德问题的述评［J］. 宁夏大学学报（人文社会科学版），2002（6）：22–27，34.

[397]郝远．国家质检总局发布 GB/T 9999-2001 中国标准连续出版物号［J］. 编辑学报，2002（4）：282.

[398]俞吾金．也谈学术规范、学术民主与学术自由［J］. 学术界，2002（3）：152–155.

[399]杨玉圣．学术腐败、学术规范与学术伦理——关于高校学术道德建设的若干问题［J］. 社会科学论坛，2002（6）：28–34.

[400]袁元．正确使用规范词形——学习《第一批异形词整理表》的几点体会［J］. 编辑之友，2002（2）：55–57.

[401]张连举．期刊规范与作者隐私权的碰撞［J］. 编辑之友，2002（2）：62–63.

[402]方碧真．增强著作权意识 杜绝一稿多投［J］. 中国科技期刊研究，2002，13（3）：250.

[403]陈玉琴，张志新，董金桃．有关科技期刊国家标准修订、完善与发布的建议［J］. 编辑学报，2002（1）：41–42.

[404]陈智．论行业标准与 GB 3100 ~ 3102—93［J］. 编辑学报，2002（1）：42–44.

[405]中华人民共和国新闻出版行业标准　科技文献的章节编号方法［J］. 编辑学报，2002（1）：75–76.

[406]畅引婷．学术出版物编辑与学术规范［J］. 学术界，2001（6）：170–174.

[407]王 笛．学术规范与学术批评——谈中国问题与西方经验［J］. 开放时代，2001（12）：56–65.

[408]张林祥．编辑与学术规范建设［J］. 编辑之友，2001（6）：35–37.

[409]孙成林．论书装艺术审美客观标准的多重性［J］. 出版科学，2001（4）：50–51.

[410]张箭．关于论文一稿两投两发的学术规范［J］. 自然辩证法通讯，2001（4）：7–8.

[411]章红立．试析图书精品的标准与特征［J］. 出版科学探索论文集，2001（00）：94–102.

[412]祝仁.《编辑学报》的条码符合国家标准吗？[J]. 编辑学报，2001（1）：54.

[413]张积玉.学术规范体系论略[J]. 文史哲，2001（1）：80–85.

[414]常向群.学术规范、学术对话与平等宽容——兼论中国社会人类学和社会学的本土化与全球化[J]. 广西民族学院学报（哲学社会科学版），2000（4）：7–14.

[415]王重阳.编辑审稿中的语法标准[J]. 出版科学，2000（2）：28–29.

[416]锦坤，安秀敏，陆伯华，白光武.关于标准刊号唯一性问题的思考[J]. 编辑学报，2000（1）：45–47.

[417]周传敬，王云亭，刘天和.认真执行量和单位国家标准促进医学信息的交流[J]. 编辑学报，1999（3）：165–167.

[418]孙成林.书装艺术审美的主观标准和客观标准[J]. 出版科学，1999（3）：28–29.

[419]李力.科技期刊论文作者著作权保护初探——兼论科技期刊出版者的权利[J]. 中国科技期刊研究，1999，10（2）：91–93.

[420]刘天和.当前科技出版物贯彻量和单位国家标准中的一些问题[J]. 编辑学报，1999（2）：28–36.

[421]廖有谋，言静霞.执行国家标准与规范研讨会纪要[J]. 编辑学报，1999（1）：47–48.

[422]周望舒.水产期刊执行《量和单位》国家标准存在的若干问题[J]. 编辑学报，1999（1）：49–51.

[423]刘仲桂.水利水电科技论文常见非标准写法的评析[J]. 编辑学报，1999（1）：51–53.

[424]孙旭培.学术规范与新闻学研究的深化——兼与喻权域先生商榷[J]. 新闻大学，1999（1）：13–20.

[425]吴劲薇，李成，袁培国.美国科学情报研究所选收期刊标准最新资料介绍[J]. 编辑学报，1998（S1）：117–118.

[426]王广治.执行国家标准或规范要考虑实情和需要[J]. 编辑学报，1998（4）：218–219.

[427]王蔚良，陈咏梅.试论学术类科技期刊评估标准的修订[J]. 编辑学报，1998（1）：32–34.

[428]史新奎.差错认定标准亟待规范[J]. 出版科学，1998（1）：19–20.

[429]金丽莉.加拿大编辑的职业标准[J]. 出版科学，1997（4）：22–23.

[430]孙群.地学期刊实施国家标准《量和单位》的若干问题[J]. 编辑学报，1997（1）：48–50.

[431]郑进保，陈浩元.科技书刊应按新标准使用数学符号[J]. 编辑学报,1996（4）：159–162.

[432]杨雪玲．科技书刊中省略号的规范［J］. 编辑之友，1996（4）：32-34.

[433]林穗芳．认真学习和贯彻新颁布的两项国家标准——《标点符号用法》和《出版物上数字用法的规定》［J］. 出版科学，1996（2）：6-8.

[434]刘可静，鲍良言．参考文献与著作权［J］. 编辑学报，1995（3）：175-180.

[435]著作权问答［J］. 中国科技期刊研究，1993，4（3）：7，20，42，65.

[436]吴颖．期刊社如何取得国外著作权人的授权？［J］. 中国科技期刊研究，1993，4（2）：64.

[437]张小玲．学报工作与著作权法［J］. 编辑学报，1992（4）：241-243.

二、中文图书

[1]埃弗雷特 M．罗杰斯．创新的扩散［M］. 4 版．辛欣，译．北京：中央编译出版社，2002.

[2]邓正来．中国学术规范化讨论文选［M］. 修订版．北京：中国政法大学出版社，2010.

[3]叶继元．图书馆学学术规范与方法论研究［M］. 北京：科学出版社，2014.

[4]叶继元．学术规范通论［M］. 上海：华东师范大学出版社，2005.

[5]张亮．马克思主义理论学科学术规范与方法论研究［M］. 南京：南京大学出版社，2016.

[6]刘伟．政治学学术规范与方法论研究［M］. 南京：南京大学出版社，2017.

[7]夏保华，赵磊．哲学学术规范与方法论研究［M］. 南京：南京大学出版社，2016.

[8]李可，叶继元．法学学术规范与方法论研究［M］. 南京：南京大学出版社，2016.

[9]胡阿祥，颜岸青．历史学学术规范与方法论研究［M］. 南京：南京大学出版社，2018.

[10]黑姆斯．科技期刊的同行评议与稿件管理［M］. 张向谊 译．北京：清华大学出版社，2012.

[11]段明莲，陈浩元．文后参考文献著录指南［M］. 北京：中国标准出版社，2006.

三、英文论文

[1]XIA Jingfeng. Predatory journals and their article publishing charges［J］. Learned Publishing，2015，28（1）：69-74.

[2]KOZAK M，IEFREMOVA O，HARTLEY J. Spamming in scholarly publishing：A case study［J］. Journal of the Association for Information Science & Technology，2016，67（8）：2009-2015.

[3]DADKHAH M，BORCHARDT G . Hijacked journals：An emerging challenge for scholarly publishing［J］. Aesthetic Surgery Journal，2016：sjw026.

[4] NICHOLAS D，WATKINSON A，JAMALI H R，et al. Peer review：Still king in the digital age [J]. Learned Publishing，2016，28（1）：15–21.

[5] HARRIS P R，PINELLI T E . The standardization of publishing practices：An introduction to organizations and the standards process [J]. IEEE Transactions on Professional Communication，1986，PC–29（3）：31–34.

[6] PAUL S K . Standardization bodies in the publishing world [J]. Publishing Research Quarterly，1999，15（2）：4–6.

[7] SIVEK S C. Social media under social control：Regulating social media and the future of socialization [J]. Electronic News，2010，4（3）：146–164.

[8] SMIT E，GRUTTEMEIER H. Are scholarly publications ready for the data era? Suggestions for best practice guidelines and common standards for the integration of data and publications [J]. New Review of Information Networking，2011，16（1）：54–70.

[9] TOMASELLO T K，LEE Y，BAER A P. New media research publication trends and outlets in communication，1990—2006 [J]. New Media & Society，2010，12（4）：531–548.

四、英文图书

[1] STARCK J M. Scientific peer review：Guidelines for informative peer review [M]. Wiesbaden：Springer Fachmedien，2017.

[2] PALTRIDGE B. The discourse of peer review：Reviewing submissions to academic journals [M]. London：Palgrave Macmillan，2017.

[3] WONG. K K. Avoiding plagiarism write better papers in APA，Chicago，and Harvard citation styles [M]. Bloomington：iUniverse，Inc.，2011.

[4] McQuaiL D. Journalisms and society [M].London：SAGE Publications Ltd.，2013.

[5] RAY J M. Research data management：Practical strategies for information professionals [M]. West Lafayette：Purdue University Press，2014.